ARTE, BOTÍN DE GUERRA

EXPOLIO Y DIÁSPORA
EN LA POSGUERRA FRANQUISTA

ARTURO COLORADO CASTELLARY

ARTE, BOTÍN DE GUERRA

EXPOLIO Y DIÁSPORA EN LA POSGUERRA FRANQUISTA

GRANDES TEMAS
CÁTEDRA

1.ª edición, 2021

Ilustración de cubierta: Exposición de «arte recuperado», montada por el Servicio de Defensa del Patrimonio Artístico Nacional en el Palacio de Exposiciones del Retiro de Madrid, donde había un depósito de piezas y se organizaron dos muestras, en 1940 y en 1941. Imagen cedida por el Archivo Regional de la Comunidad de Madrid, Fondo Martín Santos Yubero.

PAPEL DE FIBRA CERTIFICADO

Juan Ignacio Luca de Tena, 15. 28027 Madrid
Depósito legal: M. 30.634-2020
I.S.B.N.: 978-84-376-4225-3
Printed in Spain

A mis hijos, Alejandro, Arturo y Alberto.
Y a mis nietos, Adrián y Mateo

Hay que estudiar seriamente la guerra civil y el franquismo para que no se arrincone su recuerdo como un viejo espantajo —cuando tantas de sus secuelas siguen vivas— o para que no nos lo transformen en una necesidad histórica mal interpretada, que algunos intentan hoy recuperar positivamente.

Josep Fontana, prólogo a Manuel Ortiz Heras (coord.),
La Guerra Civil en Castilla-La Mancha.
De El Alcázar a Los Llanos, 2000.

Para el rebelde vencedor los traidores son siempre los que no lo secundan.

General José Miaja, entrevista realizada por el periódico cubano
El Nacional el 25 de mayo de 1939 camino del exilio en México.

Creo, sin pizca de arrogancia pero con orgullo, que lo más positivo que he hecho en mi vida, lo que de mi quehacer entero ha tenido más alcance universal, es haber coadyuvado con mi esfuerzo, junto con el de cientos de otras personas —que han muerto o viven todavía—, a preservar de una destrucción segura muchos de los signos más altos de nuestra identidad histórica y humana.

Josep Renau, *Arte en peligro, 1936-1939,* 1980.

Se puede decir que el papel de la Junta Central consistía en salvar los tesoros artísticos de toda España y preservarlos contra todo tipo de daños: bombardeos y destrucción, pero también robos, deterioro, etc. Hemos recogido objetos de arte procedentes de todas las regiones del país, e incluso objetos que formaban parte de colecciones privadas y pertenecientes a particulares. Pero siempre les extendíamos un recibo debidamente cumplimentado y el nombre del propietario era cuidadosamente conservado.

Timoteo Pérez Rubio, entrevista realizada por Pierre Deval,
«Une heure avec... L'homme qui sauva les chefs-d'oeuvres espagnols»,
Ginebra, *La Semaine,* 2 de junio de 1939.

Introducción

España, en los años que tratamos fundamentalmente en este libro (1939-1945), era un país exhausto tras una larga guerra de tres años, con un importante descenso demográfico (debido a las muertes y al exilio), que había afectado gravemente a las bases productivas del país, provocando desabastecimiento, hambre y miseria. El Gobierno de Franco se dedicó con ahínco al exterminio del enemigo, con tribunales especiales y una población reclusa por motivos políticos de unos 270.000 prisioneros al inicio de la posguerra[1]. Se calcula que en estos primeros años cuarenta el franquismo ejecutó a unos 50.000 republicanos represaliados y que otros 140.000 murieron en las cárceles o campos de concentración franquistas, debido al hambre, la miseria y las enfermedades[2]. La Ley de Responsabilidades Políticas decretada por Franco el 9 de febrero de 1939 permitía con carácter retroactivo —por penas cometidas desde la revolución de Asturias de octubre de 1934— llevar ante un tribunal de excepción a todos aquellos que habían participado activamente en la vida política de la República y, sobre todo, a los que desde 1936 se habían opuesto al «Movimiento Nacional» con las armas o simplemente mediante la colaboración con el enemigo[3]. A partir de esta herramienta «legal», que sería completada al año siguiente con la Ley para la Represión de la Masonería y el Comunismo[4], el franquismo podía perseguir, castigar y exterminar cualquier oposición política.

---

[1] Estas cifras pueden verse aumentadas a partir del reciente informe encargado por el Gobierno español a expertos sobre la represión franquista. Véase Natalia Junquera, «Prisioneros de guerra: obreros gratis y descalzos. Un informe encargado por el Gobierno recopila 20 años de investigaciones sobre trabajos forzados durante el franquismo», *El País,* 27 de marzo de 2019.

[2] Jorge Luis Marzo y Patricia Mayayo, *Arte en España (1939-2015). Ideas, prácticas, políticas,* Madrid, Cátedra, 2015, pág. 19. Sin embargo, y según citan Marzo y Mayayo, otros autores elevan la cifra de represaliados a 75.000 (Hugh Thomas, *La guerra de España,* 2009), 150.000 (Julián Casanova *et al., Morir, matar, sobrevivir. La violencia en la dictadura de Franco,* 2002), 200.000 (Anthony Beevor, *La guerra de España,* 2006), llegando a los 400.000 (Michael Richards, *A Time of Silence: Civil War and the Culture of Repression in Franco's Spain, 1936-1945,* 1998).

[3] Publicada en el *Boletín Oficial del Estado* de 13 de febrero de 1939, núm. 44, págs. 824-846.

[4] De 1 de marzo de 1940, publicada en el *Boletín Oficial del Estado* de 2 de marzo, núm. 62, págs. 1537-1539.

Si a esta represión política añadimos el retroceso económico, el aislamiento internacional, la autarquía, el control ideológico, el predominio de la Iglesia —que había apoyado sin ambages al «Nuevo Estado»—, el desmantelamiento de las libertades, la arbitrariedad de los jerarcas del régimen y de sus jueces, el hambre, la miseria y las dificultades para la movilidad en un territorio devastado, tendremos el siniestro panorama en el que nos movemos para afrontar un estudio prácticamente inédito: la gestión franquista en la posguerra de las obras de arte salvadas por la República durante la Guerra Civil.

La época del primer franquismo, que se encara aquí desde el punto de vista de la gestión del patrimonio, es un ámbito apenas tratado por la investigación y en el que, por lo tanto, existen numerosas lagunas y, sobre todo, se carece de una visión global. Resulta a todas luces incomprensible que todavía no se haya realizado un estudio pormenorizado de las obras incautadas y almacenadas por la República durante la Guerra Civil, así como de las que salieron a Ginebra en 1939 o al extranjero, y de su destino durante la inmediata posguerra, especialmente cuando este estudio es decisivo para entender la ubicación actual de miles de piezas, muchas de ellas de primer orden.

Se puede afirmar que este es un período fundamental para el conocimiento del devenir del patrimonio artístico español. Y, a pesar de ser un tema tan apasionante y decisivo, la bibliografía es escasísima y hay todavía una gran cantidad de documentación de archivo pendiente de salir a la luz.

Las fuentes utilizadas proceden fundamentalmente de los dos grandes núcleos de gestión de incautación y de devolución/depósito: Madrid y Barcelona. Por un lado, la fuente documental esencial utilizada es el llamado «Archivo de la Guerra». Se denomina así a la documentación producida por ambos bandos durante la Guerra Civil y la posguerra que se conserva en el Instituto del Patrimonio Cultural de España (IPCE), de Madrid: por un lado, la documentación de la Junta del Tesoro Artístico (JTA) republicana durante la guerra, y, por otro, la producida por los gestores franquistas del patrimonio en la guerra y en la inmediata posguerra, en concreto por el Servicio de Recuperación Artística, primero, y por el Servicio de Defensa del Patrimonio Artístico Nacional (Sdpan), después. A su vez, también en el archivo fotográfico del IPCE se conserva el llamado «Archivo Arbaiza», consistente en más de 34.000 negativos de obras. Estas fuentes han sido, sin duda, las fundamentales para esta investigación. Por otro lado, en Barcelona, en el archivo del Museu d'Arqueologia de Catalunya, se conserva el grueso de la documentación del servicio del patrimonio de la Generalitat durante la Guerra Civil y del Sdpan de la zona durante la inmediata posguerra. Es, sin duda, otro de los fondos documentales esenciales para esta investigación.

Al mismo tiempo, existen fuentes documentales también de gran interés, como las del Archivo del Museo del Prado; el Archivo del Museo Arqueológico Nacional; el Archivo Histórico Provincial de Segovia —donde se encuentran los fondos del marqués de Lozoya—; el Archivo General de la Administración, en Alcalá de Henares; el Centro Documental de la Memoria Histórica, de Salamanca; el Archivo del Banco de España; el Archivo General de Palacio, Patrimonio Nacional, en Madrid; etc.; además de los archivos particulares, como el del duque de Alba. En el extranjero, habría que destacar el archivo de la SDN en el Palacio de las Naciones de Ginebra o los Archives Nationales en Pierrefite-sur-Seine, París.

Pero es importante señalar que existe todavía otra documentación pendiente de ser localizada, si esta no ha desaparecido para siempre; me refiero a la que generaría el Sdpan franquista (que contendría también en gran parte la de la JTA republicana) en sus cinco demarcaciones restantes —de las siete totales, junto con Madrid y Barcelona— (con capitales en León, Valladolid, Zaragoza, Sevilla y Granada). De estas zonas se conserva una parte pequeña de la documentación en el IPCE, pero se desconoce el destino del grueso de estos archivos, con la excepción de algunos locales, como el ejemplo de Jaén o de Orihuela[5]. Hoy por hoy, la mayor parte de esta documentación está ilocalizable o sencillamente ha desaparecido.

Los archivos no mienten, como ya es sabido; pero el problema radica en que pueden ser enmudecidos o escamoteados. Me vienen a la cabeza en este sentido las dificultades de algunos investigadores en seguir las huellas de la documentación en los archivos cuando estos han sido suprimidos o sencillamente sustraídos. Heleno Saña, cuando entrevistó a Ramón Serrano Suñer durante la transición y quiso acceder a los documentos españoles correspondientes a su mandato como ministro, al comprobar su desaparición de los archivos, se preguntaba: «¿Acaso fueron robados?» y, en tal caso, «¿por quién?»[6]. Se dice que en la transición varios jerarcas del franquismo sacaron de los archivos la documentación de su mandato, especialmente de la inmediata posguerra. Esperemos que algún día aparezca esta documentación y que sus herederos la reintegren a su punto de origen o la donen al Estado.

Este libro se divide en dos grandes apartados. El primero se centra en la política patrimonial de los dos gobiernos durante la Guerra Civil, especialmente del lado republicano, que desarrolló una importante labor en la incautación, recogida y almacenamiento de obras de arte. Este es el capítulo que indudablemente mejor se conoce, pues ha sido objeto de diversos estudios desde que José Álvarez Lopera lo iniciara en 1982[7]. Después han sido varios los que han continuado en esta línea

---

[5] Para Jaén, véase José Antonio Mesa Beltrán, «Entre incautaciones y museos: la salvaguarda del tesoro artístico de la provincia de Jaén», en Arturo Colorado Castellary (ed.), *Patrimonio cultural, Guerra Civil y posguerra,* Madrid, Fragua, 2018, págs. 97-116; para Orihuela, Arch. HDO, Fondo de la Subjunta Delegada del Tesoro Artístico Nacional: 1937-1939, http://www.archivodoa.es/catedralicio.html.

[6] Heleno Saña, *El franquismo sin mitos. Conversaciones con Serrano Suñer,* Barcelona, Grijalbo, 1982, pág. 15.

[7] José Álvarez Lopera, *La política de bienes culturales del Gobierno republicano durante la guerra civil española,* Madrid, Ministerio de Cultura, 1982, 2 vols.; segunda edición por Ministerio de Cultura y Deporte (Madrid, 2019).

de investigación. Se añade, a su vez, la bibliografía sobre la política franquista sobre el patrimonio en la Guerra Civil[8], así como la de los dos bandos al mismo tiempo[9].

Pero el objetivo de este libro no es la Guerra Civil, que ya ha sido estudiada en profundidad, aunque puedan quedar aspectos todavía por tratar; por esta razón, la primera parte no es sino una síntesis de las diversas aportaciones sobre este período, que pueda servir de planteamiento introductorio al estudio de la política franquista en la posguerra.

Por lo tanto, el objetivo esencial de este libro —que se trata en la segunda parte— ha sido el estudio de la gestión franquista durante la inmediata posguerra del patrimonio mueble almacenado o evacuado por la República, gestión que prácticamente no se ha estudiado y cuya documentación estaba en gran parte pendiente de salir a la luz y de analizar. Es el momento en el que el Sdpan acometía las devoluciones de obras incautadas durante la guerra y las entregas en depósito a museos, a organismos públicos, a la Iglesia e incluso a particulares, que supuso una auténtica reubicación de una parte importante del patrimonio artístico español.

Por un lado, por lo tanto, se trata de intentar hacer el seguimiento de estas miles de obras que cambiaron de ubicación en la inmediata posguerra. Por otro, se aborda el problema de las obras desaparecidas y, finalmente, el de las dobles o triples reclamaciones sobre la misma pieza, así como de los litigios que provocaron. Estos aspectos se tratan en los diversos capítulos de esta segunda parte del libro y pueden considerarse la cuestión central de esta investigación.

Después de analizar la localización y gestión franquista del patrimonio mueble almacenado o evacuado por la República, pasaré a la política de devoluciones, así como a las incautaciones franquistas de las obras pertenecientes a exiliados republicanos, para finalmente centrarme, en diferentes capítulos, en las entregas en depósito de miles de obras adjudicadas a los museos, a los organismos públicos, a la Iglesia y, finalmente, a particulares.

Después, extraigo las conclusiones de la investigación y trato en un epílogo el destino de muchas obras en los años posteriores del franquismo, procurando llegar a la actualidad, cuando ha sido posible hacer el seguimiento.

Es cierto que para tener una visión completa de este complejo período habría que añadir el ámbito internacional, en concreto el estudio de las obras que salie-

---

[8] Alicia Alted Vigil, *Política del nuevo Estado sobre el patrimonio cultural y la educación durante la Guerra Civil,* Madrid, Ministerio de Cultura, 1984.

[9] Rebeca Saavedra Arias, *Destruir y proteger. El patrimonio histórico-artístico durante la Guerra Civil (1936-1939),* Santander, Ediciones de la Universidad de Cantabria, 2016; Teresa Díaz Fraile, «Medidas para la protección del Tesoro Artístico durante la Guerra Civil: las Juntas de Incautación y el Servicio de Recuperación Artística», en Miguel Cabañas Bravo, Amelia López-Yarto Elizalde y Wifredo Rincón García (coords.), *Arte en tiempos de guerra,* Madrid, CSIC, 2009, págs. 539-551.

ron al extranjero durante la Guerra Civil, tanto por evacuación oficial como por vía de robo y saqueo y su posterior recuperación —o no— por parte de los gestores franquistas. En ambos casos, he tenido la oportunidad de analizar estos fenómenos. De la evacuación de febrero de 1939 publiqué mi libro *Éxodo y exilio del arte. La odisea del Museo del Prado durante la Guerra Civil*[10], donde se describe la salida masiva de miles de piezas procedentes del Museo del Prado, del de Arte Moderno, de Patrimonio Nacional, de la Academia de San Fernando, de la Caja de Reparaciones, además de otras procedentes de iglesias y de colecciones privadas.

Con respecto a la salida al exterior por vía de robo y por vía oficial —aparte de las evacuadas a Ginebra en 1939—, he tenido también la oportunidad de publicar recientemente mi libro *Arte, revancha y propaganda. La instrumentalización franquista del patrimonio durante la Segunda Guerra Mundial*[11], donde también he podido analizar el acuerdo francoespañol de 1941, lo que me ha permitido dar una visión de conjunto sobre la política franquista del patrimonio en el exterior en la inmediata posguerra. En este libro destaco toda la energía desplegada por el franquismo para llevar a buen puerto el acuerdo francoespañol de 1941 de intercambio de obras —por el que volvieron a España la llamada *Inmaculada de Soult* de Murillo, la *Dama de Elche,* parte de las coronas de Guarrazar o los documentos de Simancas robados por las tropas napoleónicas, entre otras piezas—, al mismo tiempo que España entregaba a Francia obras de Velázquez o del Greco, aunque esta contrapartida se escondiera a la opinión pública. Es evidente que este «intercambio» Franco-Pétain respondía a objetivos muy evidentes: se trataba de un claro caso de propaganda franquista —especialmente de cara al interior— aprovechando un momento crucial en el que el tradicional enemigo estaba vencido y ocupado por los amigos nazis. Mientras tanto, los esfuerzos franquistas por la recuperación de las obras salidas al extranjero por la vía de robo durante la guerra y la posguerra tuvieron muy escaso éxito, debido sobre todo a la falta de medios y de personal puestos a disposición para este fundamental cometido.

Han pasado más de 80 años desde el final de la Guerra Civil y todavía quedaba un tema por estudiar en torno al patrimonio en estos conflictivos años bélicos y posbélicos. Estaba pendiente, por lo tanto, para tener un panorama global de la política franquista sobre el patrimonio en la inmediata posguerra, encarar el estudio sobre las obras que permanecieron en España o que fueron evacuadas a Ginebra y a Francia y que habían sido gestionadas por la JTA republicana o por las autonomías catalana y vasca durante la contienda y responder a la pregunta que llevaba años planteándome: ¿qué hizo el franquismo al acabar la Guerra Civil con las miles de obras almacenadas o evacuadas por la República? En este sentido,

---

[10] Madrid, Cátedra, 2008.

[11] Madrid, Cátedra, 2018.

con este libro pretendo cerrar una trilogía, que estudia desde la doble perspectiva —internacional y doméstica— la política del patrimonio del franquismo en la inmediata posguerra, y que culmina con el presente volumen un aspecto fundamental de esta.

Es evidente que un análisis de este calibre no podría haber sido encarado sino a través de un trabajo en equipo —con mi reconocimiento a todos los que han formado parte de él, especialmente a Isidro Moreno y Andrés Navarro Newball y a Alberto García Alberti y Maria de Lluc Serra Armengol, además de Yolanda Pérez Carrasco— y que además esta investigación debía tener una base de gestión digital[12]. Todo ello ha sido posible gracias a la concesión de dos proyectos de I+D subvencionados[13], que nos han permitido —a todo el equipo— abrir una sede web desde la que gestionar la investigación con una potente base de datos[14]. A su vez, he ido dando cuenta de esta investigación de cinco años en los diferentes congresos que he tenido la oportunidad de dirigir sobre la guerra, la posguerra y el patrimonio[15].

Se trata, por lo tanto, de una investigación de carácter empírico, a partir de la importante documentación localizada, y de carácter analítico por el esfuerzo que ha supuesto su estudio, el seguimiento de las obras, cuando ha sido posible en el proceso de devolución/depósito, y las conclusiones a las que he llegado sobre la política patrimonial franquista en la inmediata posguerra. Habría que destacar que algunos museos han colaborado con esta investigación, dando datos sobre si actualmente las piezas entregadas en depósito a ellos en la posguerra se encuentran entre sus fondos. Estos museos son citados en los agradecimientos de este libro.

---

[12] Isidro Moreno Sánchez y Andrés Navarro Newball, «Las bases de datos narrativas y la accesibilidad universal al conocimiento. Estudio de caso: Patrimonio artístico durante la Guerra Civil y la posguerra», en Arturo Colorado Castellary (ed.), *Patrimonio cultural, Guerra Civil y posguerra,* Madrid, Fragua, 2018, págs. 511-525.

[13] Proyecto de I+D de Excelencia «Investigación histórica y representación digital accesible. El patrimonio artístico durante la Guerra Civil y la posguerra», que se realizó de 2015 a 2017, concedido por el Ministerio de Economía, Industria y Competitividad, Ref.: HAR2014-53939-P. El segundo Proyecto de I+D de Excelencia, «Investigación histórica y representación digital accesible. Nuevas aportaciones y conclusión del estudio del patrimonio artístico durante la Guerra Civil y la posguerra», se ha desarrollado durante los años 2018 y 2019, concedido por el Ministerio de Ciencia, Innovación y Universidades, Ref.: HAR2017-82788-P. Han sido, por lo tanto, cinco años de investigación subvencionada.

[14] http://pgp.ucm.es/PGP/#/.

[15] Arturo Colorado Castellary, «Síntesis de los resultados del Proyecto de I+D de Excelencia "Investigación histórica y representación digital accesible. El patrimonio artístico durante la Guerra Civil y la posguerra"», en Arturo Colorado Castellary (ed.), *Patrimonio cultural, Guerra Civil y posguerra, op. cit.,* págs. 17-42, presentado en el congreso que dirigí en el IPCE, Madrid. A su vez, las actas del congreso «Museo, guerra y posguerra», que dirigí en el Museo del Prado en octubre de 2019, están actualmente en edición, y allí también Isidro Moreno y yo, investigadores principales II y I, ofrecimos los últimos avances de nuestro proyecto de I+D.

Habría que subrayar que este período estudiado está marcado por dos rasgos fundamentales que no explican —porque es inexplicable— pero que contextualizan el tema analizado: la excepcionalidad jurídica y la importancia de la propaganda del régimen. El franquismo creó una maraña de regímenes jurídicos de excepción, con el predominio de la jurisdicción militar y de tribunales especiales (de Responsabilidades Políticas, de Represión de la Masonería y del Comunismo...), que son el caldo de cultivo donde se cuece la política patrimonial de requisa a los enemigos del régimen (como la colección de Ramón de la Sota, de Pedro Rico y de Luis Arana, o la del coronel republicano José Sicardo y su mujer Mariana Carderera). A su vez, toda esta problemática de la gestión patrimonial está impregnada de la propaganda franquista sobre la destrucción masiva de obras de arte por parte de los «rojos» y el silencio, cuando no la acusación de robo, sobre la labor desarrollada por la JTA republicana.

Estos tres libros —los dos citados, *Éxodo y exilio del arte, Arte, revancha y propaganda* y el presente— analizan un período crucial del patrimonio español que supuso la desaparición de muchas obras o su diáspora y, a la vez, su estudio muestra la consideración que merecía el patrimonio artístico español para el franquismo: por un lado, la falta de medios para su recuperación en el extranjero y, por otro, su utilización como arma de propaganda para afianzar su poder. Todo ello inmerso en una política interna de falta de medios para realizar las devoluciones de las obras incautadas durante la guerra, la sorprendente política de las entregas en depósito a museos, organismos, Iglesia y particulares —indudablemente la parte más impactante de la investigación— y la fuerte carga ideológica que se asignó a esta tarea.

Tan grande fue el montante de obras de este trasiego —con miles de piezas desplazadas o perdidas— que se puede considerar que la posguerra española fue un momento crucial para el devenir y supervivencia del patrimonio artístico español, así como de su ubicación actual.

Sacar a la luz a través de la documentación localizada y de su análisis el proceso de devolución franquista y de entregas en depósito mostrará la realidad de este período crucial en la historia del patrimonio artístico español y, a su vez, determinante para la ubicación actual de miles de obras salvadas, evacuadas o almacenadas durante la Guerra Civil española. Y, en última instancia, permitirá rescatar y reivindicar la labor desarrollada por todos aquellos que durante la contienda lucharon en el frente del arte para su salvamento.

Agradecimientos

Quiero expresar mi agradecimiento a las personas que con su amabilidad y entrega me ayudaron en mi labor para poder escribir este libro, a los ya citados Isidro Moreno, Andrés Navarro Newball, Alberto García Alberti y Maria de Lluch Serra Armengol, miembros del equipo de investigación de los proyectos de I+D que hemos desarrollado en estos años, además de Yolanda Pérez Carrasco.

A Teresa Díaz Fraile, Jefa del Servicio de Documentación; a Isabel Argerich, conservadora de fotografía histórica, y a Leticia García, responsable del Archivo de la Guerra, del Instituto del Patrimonio Cultural de España, Madrid.

A Andrés Gutiérrez, Ángel Cuenca y Paloma de Luelmo, de la biblioteca y archivo; a Enrique Quintana Calamita, coordinador jefe de restauración y documentación técnica, del Museo del Prado, Madrid.

A Carmen Marcos Alonso, subdirectora del Museo Arqueológico Nacional, y a Aurora Ladero, del archivo de dicho museo, Madrid.

A Isabel Clara García-Toraño, de la sección de dibujos del departamento de bellas artes y cartografía de la Biblioteca Nacional, Madrid.

A Juan José Alonso Martín, director del Archivo General de Palacio, Patrimonio Nacional, Madrid.

A Nieves Sobrino, María Jesús Contreras y Rafael Anciones, del Archivo Regional de la Comunidad de Madrid.

A Cristina González Martín, Pilar Casado Liso y Fuensanta Muñoz, del antiguo archivo del Ministerio de Asuntos Exteriores, Madrid.

A Alfonso Dávila y Daniel Gozalbo Gimeno, del Archivo General de la Administración, Alcalá de Henares.

A Eduardo Gómez-Llera, del Archivo Histórico Provincial de Segovia.

A Pilar Blesa Herrero, del Arxiu del Museu Nacional d'Art de Catalunya, Barcelona.

A Àngels Casanovas, del Arxiu del Museu d'Arqueologia de Catalunya, Barcelona.

A María Jesús Clares Montoya, del Museu de Belles Arts de València.

A María Barceló, técnica de patrimonio histórico y cultural del Museo de la Ciudad, Valencia.

A Javier Delicado y Carmen Zuriaga, de la Real Academia de Bellas Artes de San Carlos, Valencia.

A Manuel Mosquera Cobián, del departamento de difusión del Museo de Belas Artes da Coruña.

A Ángeles Tilve Jar, Beatriz de San Ildefonso Rodríguez y Natalia Fraguas Fernández, del Museo de Pontevedra.

A Arantza Barandiaran, del Museo de San Telmo de San Sebastián / San Telmo Museoa, Donostia.

A Mikel Urizar Bernaola, jefe de archivo del Museo de Bellas Artes de Bilbao / Bilboko Arte Ederren Museoa.

A Marisa Arguís Rey, del Museo de Zaragoza.

A Éric Diouris, Florence Clavaud, Pascal Riviale, Dominique Piron y Karim Tighremt, de los Archives Nationales de France, Site de Pierrefite-sur-Seine.

A Jean Mendelson e Isabelle Nathan, del Archive du Ministère des Affaires Étrangères et Européennes, París.

A Catherine Granger y Alain Prevet, de los archivos de los Musées Nationaux, Direction Générale des Patrimoines, Ministère de la Culture et de la Communication, París.

A Nicole Villa, conservateur en chef de la Bibliothèque et Archives des Musées Nationaux au Louvre, París.

Al señor Le Liepvre, de la Bibliothèque de l'Institut de France, y a la señora Laffite-Larnaudie, conservadora del mismo organismo.

Mi agradecimiento también, por su apoyo y por las informaciones facilitadas durante el proceso de esta investigación, al historiador Alfons Martínez Puig, Figueras. Al historiador francés Michel Rayssac, por su ayuda en información y documentación. Al abogado Rafael Mateu de Ros, por su asesoramiento en cuestiones jurídicas. A Cristina Latorre, subsecretaria del Ministerio de Justicia, y a Socorro Prous, de la Dirección General de la Memoria Histórica, dependiente de dicho ministerio, Madrid.

En fin, también quiero agradecer el apoyo de mis hijos, Alejandro, Arturo y Alberto, que en todo momento me han alentado en la publicación de este libro.

Primera parte

El patrimonio artístico durante la Guerra Civil

Mi oficial era un guía amable. Amaba el arte de su país y no era comunista. Para él Franco significaba la destrucción de la cultura tradicional de su pueblo; Hitler traería su barbarie a España y, algo peor, su mediocridad. Me sorprendió la forma en que aquellas obras de arte permanecían allí tal cual en sus vitrinas de cristal. Le pregunté: «¿Es esta la villa de un buen republicano?». «No, señor. El dueño es el marqués de Urralles, un conocido falangista».

—Pero todas estas cosas, como usted sabe, ¡no tienen precio!

—Pertenecen a la gente, ¿por qué deberían destruirse? Su sitio está en los museos, donde todo el mundo puede apreciar su belleza.

Keith Scott Watson,
Rumbo hacia una España en guerra, 1937.

Capítulo primero

La política republicana sobre el patrimonio artístico durante la Guerra Civil

En julio de 1936, el golpe de Estado de los militares insurrectos en contra de la República española fracasó en su intento de hacerse con el poder de forma inmediata. En pocos días la sublevación militar se extendió por todo el país. Se luchó en ciudades y pueblos y España quedó rápidamente dividida en dos zonas; se desembocaba de esta manera en una guerra que sometería al país a mil penalidades en el transcurso de tres años de una larga lucha sin cuartel.

Y las penalidades de la guerra —con los terribles capítulos de los bombardeos y las muertes— alcanzarían al patrimonio, con destrucciones de monumentos, robos y desapariciones de piezas artísticas. Este el contexto en el que iniciamos este libro para poder analizar las dos políticas patrimoniales de los gobiernos en lucha: el republicano y el franquista, que exponemos aquí de una manera sintética para poder centrarnos en la aportación fundamental de este volumen: ¿qué hizo el franquismo con las miles de obras salvadas, evacuadas o depositadas en grandes almacenes por parte de la República?

Los peligros para el patrimonio y las medidas republicanas

El principal problema de primera hora en la zona republicana fue el asalto y la quema de iglesias y la ocupación de palacios de la nobleza y residencias de la burguesía por parte de las organizaciones políticas de izquierdas como reacción al golpe de Estado militar. Pero el Gobierno de la República, en ese momento bajo la presidencia de José Giral, comenzó a atajar las amenazas sobre el patrimonio que provocó la reacción revolucionaria contra el levantamiento militar y puso en

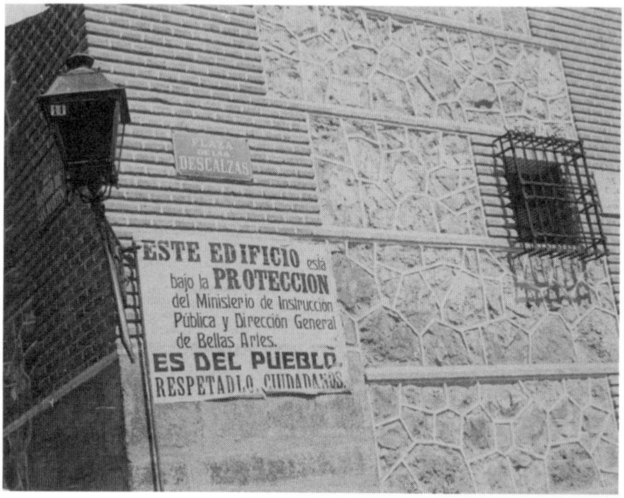

1. Cartel del Ministerio de Instrucción Pública y de la Dirección General de Bellas Artes en la fachada de las Descalzas Reales de Madrid, pidiendo respeto por el edificio.

marcha un plan de protección del patrimonio en peligro mediante una campaña popular pidiendo el respeto por el patrimonio, la protección de monumentos y la recogida y depósito de obras de arte.

El Gobierno Giral, durante los meses de julio y agosto de 1936, mantuvo a Francisco Barnés Salinas como ministro de Instrucción Pública y Bellas Artes y a Ricardo de Orueta como director general de Bellas Artes[16]. Durante este breve tiempo ya se dieron los primeros pasos para la protección del patrimonio, pues el Decreto de 23 de julio de 1936 había establecido la creación de una junta encargada de la conservación y custodia de las obras en peligro de los palacios incautados por las organizaciones políticas. A su vez, el 27 de julio de 1936 el Gobierno del Frente Popular creaba el «Comité de Guerra», con el objetivo, entre otros, de restablecer el orden en la zona republicana, cosa que fue consiguiendo implantar progresivamente.

Pero pocos días después, el 1 de agosto del mismo año, se instituía la Junta de Incautación y Protección del Patrimonio Artístico[17], promovida y creada por Francisco Barnés, que justificaba la ampliación de los establecimientos que había que proteger argumentando que:

---

[16] Véase Miguel Cabañas Bravo, «La Dirección General de Bellas Artes republicana y su reiterada gestión por Ricardo de Orueta (1931-1936)», *Archivo Español de Arte,* 326, abril-junio de 2009, págs. 169-193; «Ricardo de Orueta y la Dirección General de Bellas Artes durante la II República y la Guerra Civil», en Miguel Cabañas Bravo, Amelia López-Yarto Elizalde y Wifredo Rincón García (coords.), *Arte en tiempos de guerra,* Madrid, CSIC, 2009, págs. 481-498.

[17] *Gaceta de Madrid,* núm. 215, 2 de agosto de 1936, pág. 999. Véase José Álvarez Lopera, *La política de bienes culturales del Gobierno republicano durante la guerra civil española,* Madrid, Ministerio de Cultura, 1982, 2 vols.; segunda edición con introducción de Arturo Colorado Castellary, Madrid, Ministerio de Cultura y Deporte, 2019.

Por Decreto de 23 de Julio del corriente año fue creada una Junta encargada de la conservación de las obras de arte que se hallan en los palacios que han sido ocupados. La práctica ha demostrado prontamente que el número de los miembros de dicha Junta es escaso en demasía, así como que las normas fijadas en el Decreto de creación son insuficientes, en buena parte, a causa de limitarse la función de la Junta a los palacios ocupados, con lo que quedan fuera de su misión protectora las obras de valor que se albergan en iglesias, conventos y otros edificios.

Pero el principal problema que se abatió después sobre la zona republicana fue el de los bombardeos indiscriminados sobre las poblaciones por parte de la aviación franquista y de sus aliados nazis y fascistas. La ciudad de Madrid, prácticamente cercada, sufrió de manera especial el bombardeo franquista, al ser considerada la capital un objetivo fundamental. Cuenta Paul Preston que, aunque Franco «se cuidó mucho de evitar daños al elegante barrio de Salamanca», sometió a la ciudad a un sistemático bombardeo, especialmente a partir de la llegada de la Legión Cóndor alemana en noviembre de 1936, con el consiguiente peligro para el patrimonio: «Al decidirse a aterrorizar a Madrid para someterla y permitir el bombardeo incendiario de una ciudad llena de tesoros artísticos, Franco abandonó toda pretensión de no estar dispuesto a no dañar la capital. Había dicho a los periodistas portugueses que destruiría Madrid antes que dejársela a los marxistas»[18].

El 4 de septiembre de 1936, Francisco Largo Caballero, el nuevo presidente del Gobierno, nombró a Jesús Hernández, del PCE, ministro de Instrucción Pública, puesto en el que se mantuvo hasta abril de 1938. A su vez, Jesús Hernández nombró director general de Bellas Artes al pintor y cartelista Josep Renau, del que dependían todas las cuestiones de protección del patrimonio.

El 16 de febrero de 1937 se creaba el Consejo Central de Archivos, Bibliotecas y Tesoro Artístico, y así es como el 5 de abril de 1937, y dependiente de él, se instituía la Junta del Tesoro Artístico (JTA)[19], que a su vez contaba con la junta central, juntas delegadas provinciales y subjuntas locales. Al frente de la junta central, Renau nombró al también pintor Timoteo Pérez Rubio, que sería el máximo responsable de la política de salvamento del patrimonio artístico en peligro durante toda la guerra.

Tras la dimisión de Largo Caballero, el 17 de mayo de 1937 el presidente de la República, Manuel Azaña, nombró presidente del Gobierno a Juan Negrín, puesto en el que se mantendría hasta el final de la guerra. El 9 de abril de 1938, el Gobierno Negrín decretaba que los bienes patrimoniales de la República, inclui-

---

[18] Paul Preston, *Franco, «Caudillo de España»*, Barcelona, Grijalbo, 2002, pág. 236.

[19] *Gaceta de la República,* núm. 109, 19 de abril de 1937, págs. 282-283.

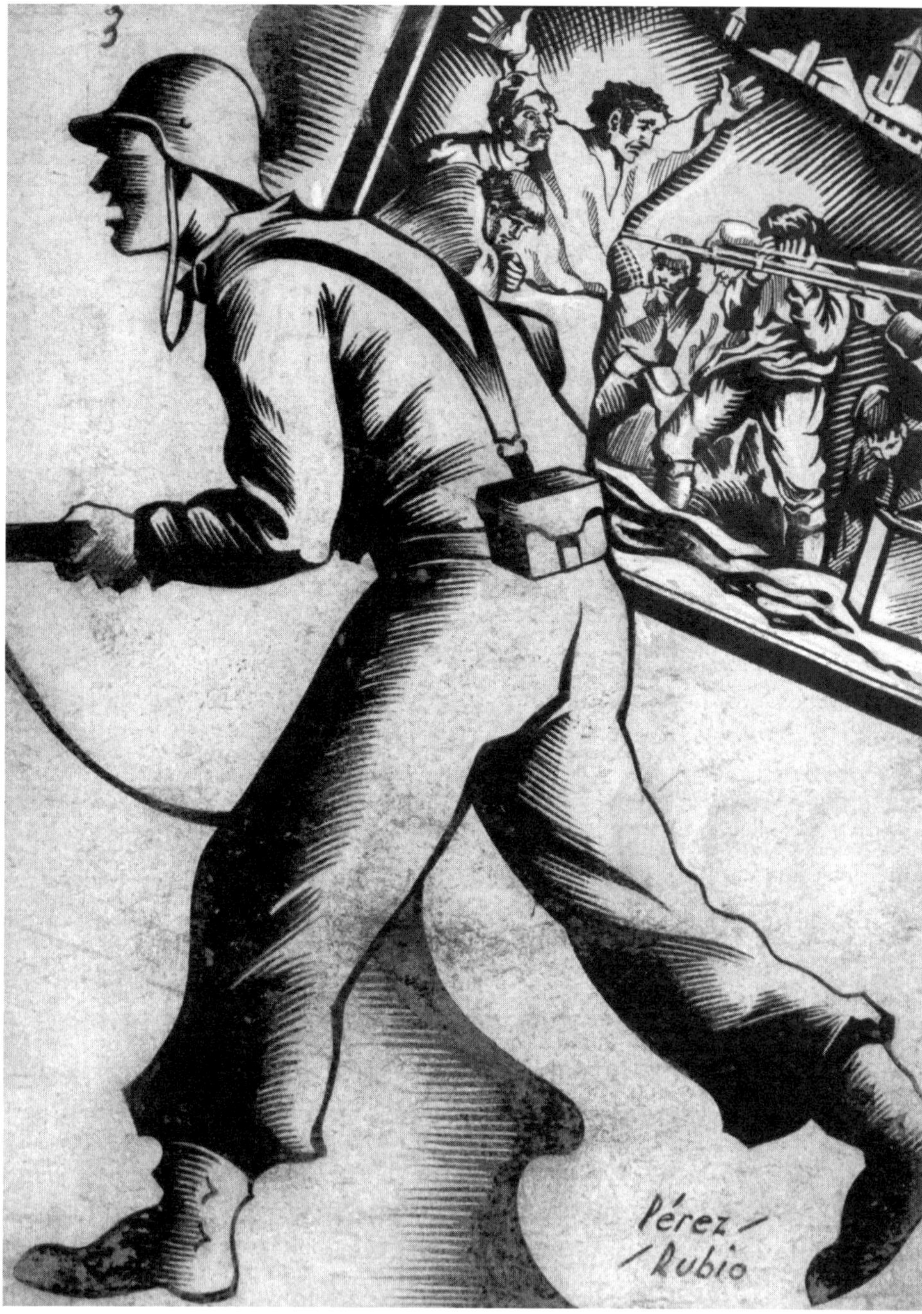

2. Dibujo de Pérez Rubio sobre la *Defensa del Patrimonio Histórico,* 1937.

dos los artísticos, pasaran a depender de nuevo del Ministerio de Hacienda, al que por lo tanto también se adscribiría la JTA[20].

La política de la JTA durante la guerra tuvo dos vertientes fundamentales en lo concerniente al salvamento del patrimonio artístico mueble: la incautación y depósito de miles de obras en todo el territorio republicano y la evacuación de las obras más importantes desde Madrid hasta Valencia, para más tarde llevarlas al norte de Cataluña. Mientras tanto, en las autonomías vasca y catalana se seguía su propia política de salvamento y evacuación del patrimonio artístico.

La incautación republicana y la creación de grandes depósitos

En los inicios de la República, el Decreto de 27 de mayo de 1931 del Ministerio de Instrucción Pública y Bellas Artes establecía[21], con el objetivo de evitar la pérdida o el deterioro de las obras de arte, que las que estuvieran en peligro serían incautadas y depositadas en los museos provinciales o en los museos nacionales. Fue en este decreto en el que, cuando estalla la guerra, se apoyó Orueta para disponer las primeras medidas y actuaciones administrativas de incautación y salvamento[22].

El Decreto de 1 de agosto de 1936, ya citado, establecía en su artículo 3.º la incautación como la vía para protección de las obras salvadas: «La Junta procederá a la incautación o conservación, en nombre del Estado, de todas las obras, muebles o inmuebles, de interés artístico, histórico o bibliográfico, que en razón de las anormales circunstancias presentes ofrezcan, a su juicio, peligro de ruina, pérdida o deterioro».

Estas incautaciones no tendrían carácter definitivo, pues en su artículo 4.º se establecía que «las incautaciones serán hechas por la Junta con carácter provisional, debiendo ser confirmadas, para que tengan carácter definitivo, por Decreto acordado en Consejo de Ministros».

Fue cuando se creó la JTA definitiva, el 5 de abril de 1937, bajo la presidencia de Timoteo Pérez Rubio, cuando se aceleró el proceso de incautación y almacenaje de las obras de arte y de piezas de carácter patrimonial. Los agentes de la JTA acudían a las colecciones artísticas, especialmente de la nobleza y de la Iglesia, y llega-

[20] Rebeca Saavedra Arias, *Destruir y proteger. El patrimonio histórico-artístico durante la Guerra Civil (1936-1939),* Santander, Ediciones de la Universidad de Cantabria, 2016, pág. 80. Sin embargo, el Decreto de 17 de marzo de 1939, pocos días antes del final de la guerra, establecía que la JTA volviera a depender del Ministerio de Instrucción Pública *(Gaceta de la República,* núm. 69, 17 de marzo de 1939).

[21] *Gaceta de Madrid,* núm. 148, 28 de mayo de 1931, pág. 976.

[22] Miguel Cabañas Bravo, «La Dirección General de Bellas Artes republicana...», art. cit., pág. 172.

ban incluso a los pueblos más pequeños. En la zona centro, se dirigían a los ayuntamientos, iglesias y conventos de las localidades, buscando poner a salvo las obras conservadas de las provincias de Madrid[23], Guadalajara[24], Ciudad Real[25], Cuenca[26] y Toledo[27]. Y lo mismo ocurrió en las diferentes zonas en las que se dividió la JTA.

Al mismo tiempo, estas obras eran almacenadas en grandes depósitos. En el caso de Madrid, la JTA los organizó en el sótano del Museo del Prado, en el Museo Arqueológico, en el Museo de Arte Moderno, en el monasterio de la Encarnación —donde la JTA tenía sus oficinas—, en las iglesias de San Francisco el Grande, las Salesas Reales, San Fermín de los Navarros, Santa Bárbara, etc. En todos ellos se realizaron obras de protección contra posibles ataques aéreos, tan habituales por parte de la aviación franquista y de sus aliados. En el resto de ciudades y pueblos más importantes de la zona republicana se aplicaron medidas semejantes en la organización de sus propios depósitos: en Barcelona, en el Palacio de la Virreina; en Valencia, en el Museo de Bellas Artes de San Carlos; en Castellón, en la iglesia de la Casa de la Beneficencia; en Murcia y Alicante, en Orihuela[28] y Játiva, en Cartagena y Alcoy, etc.[29]. La JTA llegó incluso a realizar incautaciones de colecciones de destacados republicanos —como ocurriría con la colección de Pedro Rico, alcalde de Madrid y que había marchado al exilio—, al margen de que otros le entregaron voluntariamente piezas para su mejor conservación.

El problema añadido al de las gestiones de recogida y almacenamiento realizadas por la JTA era el de la multiplicación de diferentes organismos incautadores, pues en los libros de registro de obras de la zona centro aparece, aparte de la JTA,

---

[23] Alcalá de Henares, Algete, Alpedrete de la Sierra, Brea del Tajo, Bustarviejo, Chinchón, Estremera, Meco, Nuevo Baztán, Pezuela de las Torres, San Sebastián de Madrid (hoy de los Reyes), Santorcaz, Titulcia, Valverde, Viñuelas.

[24] Alique, Alocén, Alovera, Auñón, Balconete, Berniches, Casa de Uceda, Castilforte, Chiloeches, Cifuentes, Durón, El Casar de Talamanca, El Cubillo, Escariche, Fuentelviejo, Lupiana, Malaguilla, Mondéjar, Moratilla de los Meleros, Puebla de Valles, Quer, Renera, Salmerón, Sigüenza, Tendilla, Valdeaveruelo, Villaescusa de Palositos, Yebes, Yélamos de Arriba, Yunquera, Zorita de los Canes.

[25] Daimiel, La Solana, Manzanares.

[26] Albendea, Torralba, Villaconejos.

[27] Ajofrín, Almonacid de Zorita, Cabezamesada, Casalgordo, Corral de Almaguer, Cuerva, Dos Barrios, El Toboso, Hontanar, Las Ventas con Peña Aguilera, Los Yébenes, Miguel Esteban, Mora, Noez, Quintanar de la Orden, Santa Cruz de la Zarza, Urda, Villa de Don Fadrique.

[28] El caso de Orihuela fue muy especial, con la creación de un museo con las obras incautadas y almacenadas, gracias a la iniciativa de la subjunta delegada de la JTA presidida por Justo García Soriano. Véase Mariano Cecilia Espinosa y Gemma Ruiz Ángel, «El Museo Nacional de Orihuela: la creación de un museo en plena Guerra Civil», en Arturo Colorado Castellary (ed.), *Patrimonio cultural, Guerra Civil y posguerra,* Madrid, Fragua, 2018, págs. 117-132.

[29] No vamos a relacionar aquí todos los depósito republicanos, pues los tratamos después, cuando estos fueron localizados y gestionados por el Sdpan franquista.

una serie de organismos que aquí relaciono con el número de obras incautadas por cada uno de ellos de las 16.503 piezas que hasta la fecha hemos localizado, tanto de las que salieron al extranjero como de las que permanecieron en España, la mayoría de ellas procedentes de la zona de Madrid y provincias colindantes:

Organismos incautadores y número de obras incautadas

	Organismo	Núm. de obras
Obras que salen al extranjero	• Junta del Tesoro Artístico	1.156
	• Autonomías catalana y vasca	235
	Subtotal	1.391
Obras que permanecen en España	• Junta del Tesoro Artístico	5.599
	• Agrupación Socialista Madrileña	458
	• FAI/CNT	430
	• Caja de Reparaciones	102
	• Socorro Rojo Internacional	24
	• Círculo Socialista del Congreso	23
	• Dirección General de Seguridad	6
	• Brigada Internacional	6
	• Otros organismos incautadores	126
	• Piezas de las que no se tienen datos de incautación o de origen desconocido	8.338
	Subtotal	15.112
Total		16.503

Habría que aclarar que estas 16.503 entradas de nuestra base de datos pueden esconder muchas más piezas, pues algunos de los ítems de las entregas realizadas incluían varias obras[30]. De esta manera, podemos calcular que el número final de obras almacenadas por la República que hemos localizado y sus entregas por el franquismo asciende a unas 17.000 piezas.

Pero partiendo de estas 16.503 entradas de nuestra base de datos, la JTA es el principal organismo incautador, con 6.755 piezas localizadas (sumando las que salen al extranjero y las que permanecen en España), seguida de la Agrupación Socialista Madrileña (458 piezas), de la FAI/CNT (430 piezas), de la Caja de Reparaciones (102, que junto a las 85 evacuadas a Ginebra sumaban 187 piezas), de las dos autonomías (120 piezas, más las que salen al extranjero) y del resto de organismos, con pequeñas cantidades. En el epígrafe «Otros» habría que citar una

[30] Podría citar —aunque indudablemente sea un caso extremo— las «Trece tablas pequeñas y cuarenta y tres lienzos» entregadas a la Sociedad Sacerdotal de la Santa Cruz en una sola entrada del expediente, que después veremos en el capítulo dedicado a las entregas en depósito a la Iglesia, y que en nuestra base de datos aparece como un solo registro o unidad.

serie de organismos —como la Comisaría de Buenavista, el Departamento Especial de Información del Estado, Fortificación (oficinas), Ministerios, el Parque Metropolitano, Recuperación (Barrio de Argüelles), la Brigada Mixta 40 o simplemente direcciones como Castellana 1 (Sindicato Único de la Enseñanza, CNT) o Castellana 18 (4.ª Brigada)— que aumentaban y complicaban las tareas de incautación y el conocimiento del origen de las obras, pues en la mayoría de los casos no se aportaba la procedencia cuando las piezas pasaron a la JTA.

En este capítulo habría que incluir otras piezas —que ascienden a un total de 8.338— de cuya procedencia se carece de datos o que están desaparecidas, que suponen el 50 por 100 del total de las localizadas y que el franquismo entregó en su mayoría en depósito a otros destinos. Estas piezas procedían fundamentalmente de los almacenes de la JTA, seguramente pendientes de clasificación[31], o de otros depósitos de distintos organismos que no las habían aportado a la JTA y que fueron localizados por el Sdpan en la posguerra. El origen de todas ellas está pendiente de localización a la espera de que aparezca nueva documentación que lo esclarezca.

También es cierto que las organizaciones obreras y sindicales, especialmente las anarquistas, ofrecieron una resistencia a entregar las obras incautadas a la JTA, tal como han señalado José Álvarez Lopera[32] y Rebeca Saavedra[33]. El problema fundamental para el seguimiento de las obras desde su origen es que, cuando no era la JTA la que incautaba —que sí reflejaba claramente el origen de la obra en sus expedientes y libros de registro de pinturas y esculturas—, el resto de organismos no aportaban los datos que permitieran conocer su origen y a sus propietarios. Este aspecto será fundamental para la diáspora del patrimonio que realizará el franquismo, que no investigó el origen de las piezas y se dedicó a las entregas en depósito de las piezas, como veremos más adelante.

Con respecto al tipo de bienes patrimoniales, hemos procurado buscar las pinturas y esculturas preferentemente en los expedientes, pero también hay de otros tipos, como grabados, tapices, orfebrería, etc. En el siguiente cuadro se recogen este tipo de piezas, diferenciando de nuevo entre las que salen al extranjero y las que permanecen en España, que hemos localizado hasta ahora.

Podríamos poner como paradigmáticos dos casos de incautaciones de palacios para analizar cómo actuaban los organismos que los ocupaban: el Palacio de Liria

---

[31] Existe en muchas de estas piezas una numeración —diferente a la de los libros de registro de la JTA— de la que no se ha averiguado todavía la procedencia. Si se llegara a localizar este registro, seguramente se podría conocer la procedencia de muchas de ellas.

[32] José Álvarez Lopera, *La política de bienes culturales del Gobierno republicano durante la guerra civil española, op. cit.*, págs. 74-87.

[33] Rebeca Saavedra Arias, *Destruir y proteger. El patrimonio histórico-artístico durante la Guerra Civil, op. cit.*, págs. 152-157.

Número de piezas localizadas por tipo de bienes

Tipos de bienes	Que salen al extranjero	Que permanecen en España	Total
Pinturas	1.075	8.857	9.932
Esculturas	20	810	830
Grabados	6	948	954
Dibujos	157	180	337
Tapices	96	160	256
Piezas arqueológicas	—	129	129
Orfebrería	2	1.238	1.240
Libros y manuscritos	—	29	29
Ropas litúrgicas	1	490	491
Muebles	1	508	509
Cerámicas	—	143	143
Monedas	—	15	15
Otros (de otro tipo o sin asignar)[34]	33	1.605	1.638
Totales	1.391	15.112	16.503

del duque de Alba y el Palacio del duque de Santo Mauro, en calle Zurbano 36, ambos en Madrid.

En el caso del Palacio de Liria del duque de Alba, en ese momento agente de Franco en Londres, fue incautado por las milicias del PCE y convertido en museo del pueblo. Las fotografías tomadas durante estos meses de ocupación muestran hasta qué punto este fue un caso modélico de cuidado y atención tanto del edificio como de los bienes artísticos que albergaba, del que ya he hablado en otro lugar[35]. La gran colección del duque de Alba fue respetada en su integridad y se organizaron visitas dos días a la semana, a la vez que se impartían charlas sobre historia del arte, una actividad que a Renau le pareció modélica para la conservación de los palacios incautados. Pero el 17 de noviembre de 1936 se produjo el bombardeo franquista sobre el palacio, que se repetiría aquella mima noche y al día siguiente. El palacio quedó prácticamente destruido, tal como muestran las fotografías, pero el grueso de la colección pudo ser rescatado por los milicianos que lo ocupaban, con el riesgo de sus propias vidas. Se salvó la mayor parte de la colección, cuyas piezas fundamentales fueron llevadas a Valencia y llegarían hasta Ginebra al final de la guerra, pero también hubo pérdidas importantes[36].

[34] En los expedientes correspondientes no se especifica el tipo de bien o se incluye una amplia variedad (manuscritos, planos, telas, alfombras, joyas, abanicos, etc.) que sería demasiado prolijo relacionar.

[35] Arturo Colorado Castellary, *Arte, revancha y propaganda. La instrumentalización franquista del patrimonio durante la Segunda Guerra Mundial,* Madrid, Cátedra, 2018, págs. 365-376.

[36] De hecho, se perdieron obras de Van Dyck, Palma el Joven, Canaletto, Rosales, José María Sert, y miles de grabados, además de la destrucción de parte de la biblioteca y archivos.

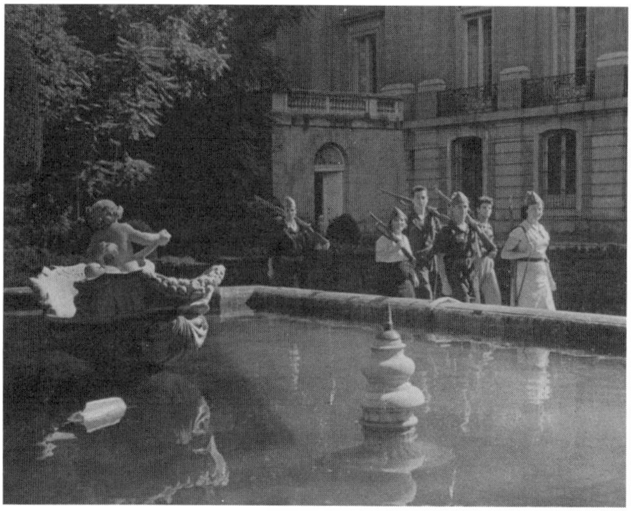

3. Milicianos en el Palacio de Liria en 1936 antes del bombardeo franquista.

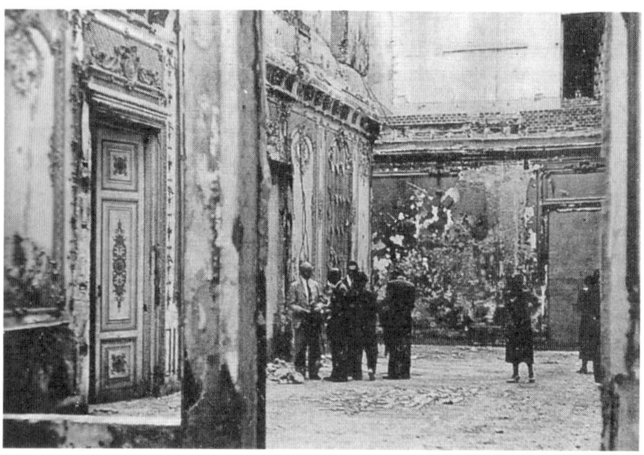

4. Visita de sir Frederic Kenyon, antiguo director del British Museum, al Palacio de Liria en 1937, para comprobar los destrozos del bombardeo franquista.

En el caso del Palacio del duque de Santo Mauro, existe un importante documento, localizado en los Archives Nationales de París, de las declaraciones de Ángel Martín Martín, jefe de milicianos en Madrid y en ese momento exiliado en Francia, que antes de conseguir embarcarse para Cuba fue detenido por la policía francesa en junio de 1939 como sospechoso de poseer bienes robados al duque de Santo Mauro. Fue detenido a causa de una denuncia presentada desde la embajada franquista en París, a instancias del cónsul en Burdeos. En el expediente del «Procès-verbal», realizado en la comisaría de la policía de Burdeos, el detenido declaraba:

> Al inicio de la revolución española, yo era jefe de milicias en Madrid. Los cuarteles no eran suficientes para albergar a las tropas republicanas y el Gobierno había requisado varios establecimientos y palacios para este cometido.

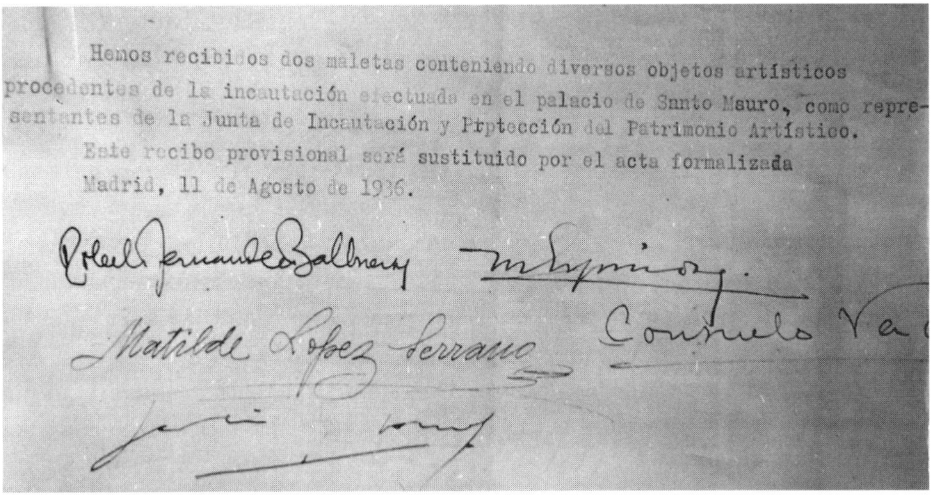

Hemos recibi os dos maletas conteniendo diversos objetos artísticos procedentes de la incautación efectuada en el palacio de Santo Mauro, como representantes de la Junta de Incautación y Prptección del Patrimonio Artístico.

Este recibo provisional será sustituido por el acta formalizada

Madrid, 11 de Agosto de 1936.

Matilde López Serrano

Consuelo Va

5. Recibo de los agentes de la JTA de haber recogido dos maletas con objetos artísticos procedentes del Palacio del duque de Santo Mauro el 11 de agosto de 1936.

> El palacio del duque de Santo Mauro, situado en la calle Zurbano 36, había sido requisado y designado para albergar a los hombres que yo mandaba[37].
>
> Pero, previamente, todo lo que contenía había sido objeto de un inventario minucioso por los magistrados siguientes, diputados en Cortes, en mi presencia:
>
> — 1.º Francisco López Goicoechea, diputado
> — 2.º Benito Pabón, diputado
> — 3.º Mariano López Lucas, magistrado
> — 4.º Mariano Sánchez Roca, magistrado, antiguo Subsecretario de Estado de Justicia.
>
> La lista y los objetos inventariados han sido entregados al jefe de seguridad de Madrid, M. Muñoz, lo concerniente a las obras de arte a la Sociedad Protectora de Objetos de Arte, en Berna (Suiza), y los documentos de valor al palacio de Justicia[38].

Es evidente que el valor de este documento radica en el testimonio de este jefe miliciano para comprender el cuidado con el que se realizó la incautación e inventario de los objetos del Palacio del duque de Santo Mauro, cuyas piezas no fueron entregadas a ese citado organismo en Berna —por cierto, desconocido— sino a los agentes del Sdpan. Existe un documento de 11 de agosto de 1936 en el mismo expediente, que aquí reproducimos, que es el justificante de los agentes de la JTA —se pueden leer claramente los nombres de Roberto Fernández Balbuena y de

---

[37] De hecho, el Palacio del duque de Santo Mauro fue convertido en la sede del Ministerio de Justicia de la República en Madrid.

[38] Arch. NP, F/7/14724.

Matilde López Serrano, así como los de Mariano Espinosa y Consuelo Vaca— para certificar que han recibido «dos maletas conteniendo diversos objetos artísticos procedentes de la incautación efectuada en el palacio de Santo Mauro».

A su vez, existe una extensa acta de incautación de la JTA del Palacio de Santo Mauro[39] en la que se especifica que, tras la apertura con testigos de la caja fuerte del palacio, se eligieron las piezas de valor artístico, entregadas precisamente por Ángel Martín Martín en nombre de «las milicias del Colegio de Abogados». Finalmente, la policía francesa en su informe de esta detención reconocía que sus indagaciones para encontrar bienes del duque de Santo Mauro en manos de Ángel Martín «habían resultados infructuosas».

Lógicamente, no todos los casos de incautaciones de palacios fueron tan positivos, pues también se produjeron destrozos y robos en muchos de ellos por parte de sus ocupantes.

La evacuación a Ginebra de una selección del patrimonio

Pero un porcentaje de las obras recogidas por la JTA no fueron llevadas a los grandes depósitos organizados, sino que se trasladaron fuera de Madrid. La política republicana de evacuación del patrimonio artístico se centró en las obras fundamentales y de mayor importancia, empezando por las más destacadas del Museo del Prado.

Inicialmente la labor de traslado de las obras fue encomendada a María Teresa León, de la Alianza de Intelectuales Antifascistas, que, con la colaboración del poeta Rafael Alberti, comenzó a evacuar hacia Valencia. Esta etapa inicial de la evacuación no reunió las condiciones necesarias de embalaje y seguridad, y no fue hasta que se encargó de esta tarea la JTA, con Timoteo Pérez Rubio al frente, cuando mejoraron de manera evidente.

Las obras eran cuidadosamente embaladas y marchaban en camiones a muy baja velocidad, en una primera etapa a Valencia, donde se encontraba el Gobierno de la República. Después, y siguiendo siempre los pasos del ejecutivo, serían trasladadas a Barcelona y de aquí al norte de Cataluña, en la zona del Ampurdán, a tres depósitos situados cerca de la frontera francesa: el castillo de Peralada, el castillo de San Fernando de Figueras y la mina de talco de La Vajol.

Pero a finales de 1938 las fuerzas franquistas, en su toma de Cataluña, se acercaban imparables a estos depósitos del Ampurdán, sometiendo la zona a un implacable bombardeo. El Comité Internacional para el Salvamento de los Tesoros de Arte Españoles, constituido urgentemente a finales de 1938 e inicios

[39] Arch. IPCE, JTA_0524.

de 1939 a instancias del pintor José María Sert, estaba compuesto por los principales museos de los países democráticos con el objetivo de intervenir en el escenario del norte de Cataluña y contribuir a poner a salvo el patrimonio artístico español en grave peligro de destrucción. Después de sucesivas reuniones entre los delegados del Comité Internacional —Jacques Jaujard, de los Museos Nacionales franceses, y Neil MacLaren, de la National Gallery londinense— y el ministro Julio Álvarez del Vayo, el 3 de febrero de 1939 el Gobierno de la República firmaba en Figueras un acuerdo con aquellos que permitía la salida a Francia de las obras de arte depositadas en el norte de Cataluña. La evacuación se inició aquella misma noche y finalizó el día 9, con la interrupción de los días 6 y 7 debido al intenso bombardeo nacionalista sobre la zona. En estos cuatro días atravesaron la frontera francesa 71 camiones cargados y conducidos por las fuerzas republicanas, una evacuación dirigida por los responsables de la Junta del Tesoro Artístico con la colaboración de los miembros del Comité Internacional[40].

Las condiciones no podían ser más adversas: la saturación de las vías por el éxodo de los fugitivos, el cierre de fronteras a los combatientes, el frío intenso, el corte de las comunicaciones telefónicas y el bombardeo sistemático de la aviación nacionalista y de sus aliados alemanes e italianos sobre las carreteras que sembraban el pánico entre la población que huía desarmada y desesperada. Felizmente, y a pesar de las terribles condiciones apuntadas, lo más importante del patrimonio artístico almacenado en el norte de Cataluña pasó la frontera. Finalmente, el 12 de febrero de 1939, un tren especial partió de Perpiñán transportando el precioso tesoro que llegó a Ginebra al anochecer del día siguiente. La aduana suiza pudo registrar, antes de su depósito en el Palacio de las Naciones, el total del cargamento: 1.868 cajas y un peso de 140 toneladas. Acababa así el momento más grave de toda la contienda para el destino del patrimonio artístico español. Es fácil imaginar que esta salida de obras, escapando de la guerra y de los bombardeos, fue aprovechada por la prensa franquista para acusar de robo a los republicanos.

A partir del inventario de las piezas evacuadas que se realizó en Ginebra por parte del Comité Internacional, podemos calibrar la importancia y número de lo evacuado. Centrándose tan solo en las pinturas, las esculturas y los dibujos del cargamento —que también incluía tapices, piezas de orfebrería, etc.—, se puede realizar un cuadro para evaluar la importancia de lo salvado[41]:

---

[40] Véase Arturo Colorado Castellary, *Éxodo y exilio del arte. La odisea del Museo del Prado durante la Guerra Civil*, Madrid, Cátedra, 2008.

[41] La información para este cuadro procede del «Inventaire des Trésors d'Art Espagnols», Arch. SDN, 5B/27667/36929; y del «Dossier relatif aux Oeuvres d'Art autres que celles du Musée du Prado remis à Genève le 18 Février 1939 par Pérez Rubio», Arch. NP, Z-19.

Relación de la procedencia de pinturas, esculturas y dibujos evacuados a Ginebra en febrero de 1939 e inventariados por el Comité Internacional

PROCEDENCIA	MUSEO O COLECCIÓN	NÚM. DE OBRAS
Museos	• Museo del Prado	525 pinturas 157 dibujos
	• Museo de Arte Moderno	50
	• Patrimonio Nacional	31
	• Academia de San Fernando	17
	• Museo Cerralbo	1
Organismos	• Caja de Reparaciones	85
	• Ministerio de Hacienda	7
Iglesia	• Iglesia de San Ginés, Madrid	1
	• Monasterio de la Encarnación, Madrid	1
	• Iglesia de San Antón, Madrid	1
	• Iglesia parroquial de Santa María Magdalena de Titulcia, Madrid	1 1
	• Escuelas Pías, Madrid	1
	• Iglesia parroquial de Móstoles	1
	• Hospital de la Caridad de Illescas, Toledo	5
	• Carmelitas descalzas de Cuerva, Toledo	1
	• Iglesia parroquial de Polán, Toledo	1
	• Daimiel, Ciudad Real	1
	• Catedral de Cuenca	13
	• Pedroneras, Cuenca	1
	• Catedral de Sigüenza, Guadalajara	1
	• Catedral de Segorbe, Castellón	17
Colecciones privadas	• Duque de Alba	124
	• Lázaro Galdiano	17*
	• Marqués de Muguiro	3
	• Duque de San Pedro de Galatino	1
	• Duque de Sueca	2
	• Juana Cruz Muñoz	1
	• Colección Silva	1
	• Conde de la Cimera	1
	• Generoso González	1
	• Conde de Villagonzalo	2
	• Marqués de Amurrio	1
	• Marqués de Aranda	1
	• Conde de Torre Arias	4
	• Mac-Crohom	1
	• Marqués de Valterra	6
	• Duque de Villahermosa	1
	• Ricardo Baeza	1
	• Marquesa de la Romana	1
	• Miguel Mateu	4
	• Obras de «colección privada», sin datos de origen	6

* En esta lista de 17 piezas de la colección Lázaro Galdiano se incluye como una sola entrada del inventario de Ginebra «Diez aguafuertes en cinco marcos de los "Proverbios"» de Goya.

Procedencia	Museo o colección	Núm. de obras
Bancos	• Banco de España • Banco Hispano Americano	47 15
Aragón	• La Puebla de Castro • Alquézar • Monzón • Barbastro	27 7 2 1
Total		1.198

Habría que aclarar que las obras procedentes de los bancos eran piezas, algunas de gran valor, que habían sido depositadas por sus propietarios en las cajas fuertes del Banco de España e Hispano Americano, de donde fueron incautadas por los agentes republicanos de la JTA, trasladadas con el resto de las obras y finalmente depositadas en Ginebra. De la caja fuerte del Banco de España se sacó durante la guerra un total de 47 pinturas, con obras de Goya, Alonso Cano, Zurbarán, Luis de Morales, Vicente López, Claudio Coello, Eugenio Lucas o David Teniers. De la del Banco Hispano Americano, un total de 15 pinturas, entre las que figuraban obras de Goya, Vicente López o Romero de Torres.

Habría también que señalar de esta lista las obras —fundamentalmente medievales— que la JTA evacuó de las zonas controladas por los anarquistas en Aragón —de las poblaciones de La Puebla de Castro, Monzón, Barbastro o Alquézar—, que también fueron cargadas y llegaron así a Ginebra.

Y, finalmente, habría que mencionar las obras procedentes de Cataluña; en primer lugar, las obras de Miguel Mateu, propietario del castillo de Peralada y en ese momento nuevo alcalde franquista de Barcelona. El castillo de Peralada fue una de las últimas sedes del patrimonio republicano en el norte de Cataluña, y una selección de las obras que albergaba se añadió a la evacuación en el último momento para conducirlas a Ginebra. A su vez, existía un conjunto de obras de «procedencia catalana» —tal como se denominan en el inventario de Ginebra—, con varios centenares de cajas además de piezas no embaladas, que se unieron a la salida en el último momento y cuyo contenido es difícil de precisar, dado que no fueron prácticamente inventariadas por el Comité Internacional debido a la presión franquista para la entrega inmediata de las piezas evacuadas, impidiendo también que se abrieran las cajas de libros[42].

---

[42] Véase Enrique Pérez Romero, «La protección y evacuación del patrimonio bibliográfico de la Biblioteca Nacional», en Arturo Colorado Castellary (ed.), *Arte Salvado. 70 aniversario del salvamento del patrimonio artístico español y de la intervención internacional*, catálogo de exposición, Madrid, Sociedad Estatal de Conmemoraciones Culturales, 2010. Este autor, que ha accedido al contenido de las cajas de libros evacuadas, considera que «la lectura de estas relaciones detalladas permite comprobar que en esas 67 cajas viajó lo más granado del patrimonio bibliográfico custodiado en la Biblioteca Nacional», *ídem*, pág. 49.

Habría que añadir que, una vez que se cerró el camino hacia Cataluña después de la caída en manos franquistas de Castellón, las siguientes expediciones desde Madrid de las obras evacuadas de especial importancia se dirigieron hacia un depósito en Cartagena, exactamente en la estación naval de La Algameca. Al trasladar al Museo del Prado este depósito en la posguerra, se comprobó que, además de sus obras que no habían ido a Ginebra, estaban también los cuadros del Museo de Valencia, el tesoro de la catedral de Cuenca, orfebrería religiosa procedente de Madrid y de Valencia y 106 cajones de la Caja de Reparaciones de Barcelona, con seis toneladas de lingotes de plata.

Las incautaciones de bienes patrimoniales en Cataluña, País Vasco, Cantabria y Asturias y su salida a Francia

Vamos a tratar en este apartado las evacuaciones que se realizaron desde la zona republicana con destino a Francia y vamos a exponerlo cronológicamente, según las fechas de salida: primero, la expedición desde Cataluña, después desde el País Vasco y, finalmente, desde Santander y Asturias. Todas estas evacuaciones se realizaron en el año 1937.

Los dos gobiernos autónomos, el catalán y el vasco, realizaron a su vez una política específica de incautación, almacenamiento y salida de obras fundamentales al extranjero. En el caso de la Generalitat de Cataluña[43], aparte de la creación de sus propios depósitos de obras —Olot, Bescanó, Darnius y Agullana— en su territorio[44], había procedido a evacuar a Francia piezas fundamentales con motivo de la exposición montada en París, en el Jeu de Paume de las Tullerías, titulada *L'Art Catalan du xème au xvème Siècle*, entre marzo y abril de 1937 y que se prolongó, dado el éxito de público, hasta el 20 de mayo. En dicha exposición se encontraban obras tan importantes y significativas como las pinturas murales de Taüll o de Boí, así como obras procedentes de Vic, la Seo de Urgell, Lérida y Gerona.

Acabada la exposición del Jeu de Paume, las piezas catalanas fueron trasladadas al Palacio de Maisons-Laffitte, población cercana a París, donde las autorida-

---

[43] Véase Yolanda Pérez Carrasco, *Patrimonio confiscado. La incautación y el éxodo de colecciones de arte privadas en Barcelona durante la Guerra Civil (1936-1939)*, Barcelona, Base, 2018. En este libro se analiza el destino de las colecciones de, entre otras, Muntadas, Rocamora, Amatller, Bertran i Musitu..., que fueron incautadas por la Generalitat.

[44] Véase Francisco Gracia y Gloria Munilla, *Salvem l'art! La protecció del patrimoni cultural català durant la Guerra Civil*, Barcelona, La Magrana, 2011; Joaquim Nadal Farreras, «El escudo del arte. Protección e itinerancia durante la Guerra Civil en Cataluña (1936-1939)», en Arturo Colorado Castellary (ed.), *Patrimonio cultural, Guerra Civil y posguerra, op. cit.*, págs. 71-95.

des catalanas querían que permanecieran hasta el final de la guerra[45]. Habría que señalar que el Gobierno catalán —con Joaquim Folch i Torres, director general de los Museos de Arte de Barcelona, a la cabeza y que se había ofrecido al Gobierno de Franco para colaborar en la entrega de las obras— pretendía seguir evacuando obras a Francia, pero el Gobierno de la República se opuso ante el temor a una posible incautación en el país vecino debido a las deudas contraídas con proveedores, como de hecho ocurrió[46].

Por parte del Gobierno vasco, que acababa de inaugurar su autonomía, se produjeron dos importantes remesas de obras de arte hacia Francia que pertenecían a los museos de Arte Moderno y de Bellas Artes de Bilbao, junto a otras de particulares y de instituciones religiosas del País Vasco. La primera de ellas respondía a la participación del Gobierno vasco en el pabellón español de la Exposición Internacional de París de 1937, a pesar de que esta no estaba inicialmente prevista. El envío consistía en una selección de obras pictóricas y escultóricas, realizada por Julián de Tellaeche —pintor adscrito a la Dirección General de Bellas Artes—, procedentes fundamentalmente del Museo de Arte Moderno de Bilbao, además de algunas de procedencia privada[47]. La expedición llegó a París, procedente de Bilbao y previa escala en el puerto holandés de IJmuiden, a mediados de mayo de 1937.

La segunda remesa a Francia consistió en las obras evacuadas desde Bilbao pocos días antes de la caída de la ciudad, en junio del mismo año. Para explicar este segundo envío habría que aclarar que el Gobierno vasco, siguiendo la senda iniciada por el Gobierno central y el de la Generalitat, en octubre de 1936 había empezado el proceso de recogida de piezas artísticas, de archivos y bibliotecas para su salvaguarda[48]. El lugar principal de recogida y almacenamiento se encontraba en el depósito franco bilbaíno de Uribitarte, además de otros lugares[49]. Fue el

---

[45] Habría que señalar que durante la Exposición Internacional de París de 1937 el pabellón español decidió que las obras catalanas de Maisons-Lafitte fueran organizadas en una exposición, titulada *L'Art catalán à Paris,* que se anunciaba como parte de sus actividades.

[46] Véase Arturo Colorado Castellary, *Arte, revancha y propaganda, op. cit.,* págs. 76-88.

[47] Véase Francisco Javier Muñoz Fernández, *El museo ausente. La evacuación del Museo de Arte Moderno de Bilbao a Francia durante la Guerra Civil,* Bilbao, Universidad del País Vasco, 2017. Del mismo autor, «Las colecciones particulares de arte durante la Guerra Civil y la posguerra en Bizkaia», en Arturo Colorado Castellary (ed.), *Patrimonio cultural, Guerra Civil y posguerra, op. cit.,* págs. 45-69; «La tragedia del arte: éxodo y exilio del Museo de Arte Moderno de Bilbao durante la guerra civil», en Viviane Delpech (ed.), *Les arts et la diaspora basque, XIXᵉ-XXᵉ siècle,* Saint-Pée-sur-Nivelle, Kilika, 2018, págs. 199-212.

[48] Decreto para la «defensa del Tesoro Artístico» en territorio vasco, *Diario Oficial del País Vasco* de 13 de octubre de 1936. En la misma fecha de este decreto, el 12 de octubre, se dictaba una orden de desarrollo del mismo para la «catalogación, protección y depósito de obras de arte y objetos de interés científico-pedagógico», *Diario Oficial del País Vasco* de 20 de noviembre de 1936.

[49] El patrimonio religioso fue depositado en la iglesia de San Nicolás y en la basílica de Begoña; los libros y archivos se depositaron en el hospital de Górliz. Véase Francisco Javier Muñoz, *El museo ausente, op. cit.,* págs. 46 y 47.

pintor José María Ucelay, recién nombrado director general de Bellas Artes del Gobierno vasco, el que con la colaboración de Tellaeche remitió una circular a los directores de los museos, a iglesias y a particulares ofreciéndose a custodiar las obras que desearan proteger[50]. Las obras recogidas fueron enviadas a Uribitarte para resguardarlas de los bombardeos.

Pero la cercanía de las tropas de Franco y su avance imparable en la zona provocaron que el Gobierno vasco tomara la decisión de evacuar a Francia la parte más importante de las obras almacenadas. Y así fue como, pocos días antes de la toma de Bilbao —que se produciría el 19 de junio de 1937—, salía hacia Francia en varios barcos un importante cargamento de bienes, entre los que se encontraban los de carácter artístico, con destino a los puertos de La Pallice, en La Rochelle, y Pauillac, cerca de Burdeos. La parte artística estaba constituida por el grueso de las obras depositadas en Bilbao y que el Gobierno vasco ponía a salvo en Francia hasta la finalización de la guerra[51].

Las obras de Santander y Asturias habían sido evacuadas por la junta provincial de la JTA cuando el ejército franquista inició el ataque en el frente norte[52]. Las obras de Santander se encontraban expuestas en Comillas y las de Asturias diseminadas en diversos depósitos. El plan de la Junta era reunirlas y trasladarlas a Unquera, localidad cántabra lindante con Asturias, y de allí transportarlas a Francia para finalmente llevarlas a Valencia. El 22 de septiembre de 1937, después de varios días de intenso trabajo bajo el bombardeo franquista, se embarcaba el patrimonio astur-cántabro en el vapor inglés *Mydol,* que transportaba a 6.000 refugiados con destino a un puerto a 50 kilómetros de Burdeos. En la expedición iban cuatro miembros de la junta provincial de la JTA, dirigidos por el militante de la FAI Eleuterio Quintanilla, nombrado para tal función por la Consejería de Cultura de Asturias. El total de cargamento era de 124 cajas, el grueso —107— procedente de Santander, más 15 cajas de Asturias y dos del pintor Vasco Medina. Finalmente, el barco atracó el 2 de octubre en Le Havre, donde el cargamento, para sorpresa de sus custodios, fue embargado por la justicia francesa, ocupadas ya ambas provincias por el franquismo, a instancias de varios bancos de Asturias y Santander, aduciendo que en el cargamento había valores de su propiedad. Ángel Ossorio, embajador de la República en París, presentó una protesta ante el Ministerio de Asuntos Exteriores francés y, tras dos meses en puerto, a finales de no-

[50] Véase Francisco Javier Muñoz Fernández, «Guerra, arte y exilio en el País Vasco», en Arturo Colorado Castellary (ed.), *Patrimonio, Guerra Civil y posguerra,* Madrid, Universidad Complutense, Museo Nacional del Prado / Sociedad Estatal de Conmemoraciones Culturales, 2010, págs. 87-98.

[51] Véase Arturo Colorado Castellary, *Arte, revancha y propaganda, op. cit.,* págs. 100-108.

[52] Véase Rebeca Saavedra Arias, «La destrucción del patrimonio artístico durante la Guerra Civil. El caso cántabro», en Miguel Ángel Aramburu-Zabala Higuera, Celestina Losada Varea y Rebeca Saavedra Arias, *Patrimonio destruido en Cantabria,* Santander, PUbliCan, Ediciones de la Universidad de Cantabria, 2012, págs. 49-105.

viembre, se levantaba el embargo y las obras pudieron ser transportadas hasta la embajada en París. Se desconoce la fecha a lo largo de 1938 en que las obras regresaron a España con destino a Valencia, donde fueron depositadas en el Museo de Bellas Artes de esta ciudad[53].

La Caja General de Reparaciones de daños derivados de la Guerra Civil

Este organismo, que he mencionado ya anteriormente, merece un tratamiento específico, dadas su importancia y significación. Fue creado por el Gobierno de la República el 23 de septiembre de 1936[54], como una dirección general dependiente del Ministerio de Hacienda. Su objetivo era la requisa de los bienes de los sediciosos, especialmente los económicos, con el objetivo de poder afrontar con ellos los quebrantos que la guerra había provocado al país. Con estos bienes se creaba un depósito económico a partir de las incautaciones de las propiedades y activos de los responsables y colaboradores de la sublevación militar para afrontar la guerra y la reconstrucción una vez acabada esta[55].

Amaro del Rosal, director general de la Caja de Reparaciones, nos describe así la función de este organismo:

> El organismo específico del Ministerio de Hacienda con la misión de atender los problemas de las incautaciones, de la recuperación de toda clase de valores y propiedades abandonadas o sujetas a intervención, de hacerse cargo de los bienes de los enemigos del régimen por sus responsabilidades en la sublevación, que resultaran condenados a expropiación por el Tribunal de Responsabilidades, era la Dirección General de la Caja de Reparaciones, con delegaciones en todas las provincias bajo la autoridad del Gobierno de la República y con servicios concentrados en Madrid, Valencia y Barcelona[56].

El depósito de la Caja de Reparaciones en Madrid se encontraba en el Casino de Madrid, que constituía un importante almacén de bienes de gran valor desde marzo de 1937. Además de otros locales[57], tenía la oficina central y los ficheros

---

[53] Habría que destacar que hasta la fecha no se ha localizado el inventario de estas piezas.

[54] *Gaceta de Madrid,* 25 de septiembre de 1936, núm. 269, págs. 1967-1968.

[55] Véase Glicerio Sánchez Recio, *La República contra los rebeldes y los desafectos. La represión económica durante la guerra civil,* Alicante, Universidad de Alicante, 1991.

[56] Amaro del Rosal, *El oro del Banco de España y la historia del Vita,* Barcelona, Grijalbo, 1977, pág. 62.

[57] En el número 9 de la calle de Fomento y en los estudios cinematográficos de Chamartín de la Rosa.

documentales en el número 123 de la calle Claudio Coello y en el 8 de la calle Montalbán. La sede de la Caja en Valencia, bajo la dirección de Antonio Fernández Mallo, se encontraba en la calle del Mar 55, en el Palacio de Ripalda y en los bajos de la calle de Gabriel Miró 20. A su vez, la Caja tenía otra sede importante en Barcelona (en la plaza de Cataluña 15, en el sótano del Banco Español de Crédito), aparte de otras capitales de provincias.

Lo cierto es que la mayoría de los bienes incautados por la Caja General de Reparaciones eran bienes de valor económico, pero también podrían encontrarse piezas de valor artístico, especialmente de orfebrería. En muchas ocasiones los agentes de la Caja de Reparaciones habían entrado en colisión con los miembros de la JTA por la requisa de bienes artísticos, dado que entre sus fondos se encontraban, al lado de joyas, títulos y pagarés, piezas de interés artístico, especialmente las requisadas en iglesias y colecciones privadas[58]. Finalmente, el Ministerio de Hacienda daría la primacía a la JTA en los objetos artísticos, entregándole los bienes que pudieran ser considerados patrimoniales. Según Amaro del Rosal,

> en Valencia funcionaba un Departamento (de la Caja de Reparaciones) de clasificación de objetos y de fundición, bajo la inspección de un representante del Consejo Nacional de Defensa del Patrimonio Artístico[59], que lo era, casi permanentemente, el señor Francisco Giner Pantoja, un verdadero erudito en las cuestiones de arte y un apasionado de ellas. Todo lo que seleccionaba quedaba a disposición del Patrimonio[60].

Las pinturas de la Caja de Reparaciones —un total de 85 piezas— que llegaron hasta Ginebra en la evacuación de febrero de 1939 nos confirman que muchas de las obras de arte fueron finalmente entregadas a la JTA. Los autores de estas pinturas, según el inventario realizado en Ginebra, muestran su importancia: Juan Pantoja de la Cruz, Vicente López, Francisco Bayeu, Raimundo de Madrazo, Barend van Orley, Claudio Coello, Antón Rafael Mengs, George Romney, Camille Corot, José de Ribera, Alonso Sánchez Coello, El Veronés, Joaquín Sorolla, Ingres, Juan de Juanes, Murillo, Giovanni Battista Tiepolo, El Perugino, Tiziano, Gérard David, Mariano Maella, Eugenio Lucas, Mariano Fortuny, Luis Morales o Antonio María de Esquivel. De las obras que permanecieron en España, hemos localizado casi dos centenares de piezas (entre pinturas,

---

58 Por ejemplo, el 25 de mayo de 1938 entraba en la Caja de Reparaciones una arqueta de plata y un conjunto de 23 pinturas pertenecientes a un coleccionista privado de Valencia.

59 Se refiere a las Juntas del Tesoro Artístico republicanas.

60 Amaro del Rosal, *El oro del Banco de España y la historia del Vita, op. cit.*, pág. 62.

esculturas, piezas de orfebrería y otros), procedentes de la Caja de Reparaciones y gestionadas también por la JTA.

La propaganda republicana

La República se presentaba a sí misma como el régimen legítimo y democrático, que desarrollaba una amplia campaña de protección del patrimonio y de concienciación ciudadana de la necesidad de respetar el arte, aunque este fuera religioso. El esfuerzo tuvo sus frutos. Presentaba a los franquistas como unos insurgentes que se dedicaban a la destrucción del patrimonio mediante los bombardeos de su aviación y de sus aliados alemanes e italianos.

Los medios utilizados por la República para potenciar la protección del patrimonio fueron variados, empezando por la radio y la prensa, siguiendo por los carteles en la vía pública —primero realizados como ejemplares únicos por los estudiantes de Bellas Artes y después impresos y diseñados por profesionales— y llegando a la publicación de numerosos folletos de la JTA, en los que se destacaban las labores realizadas para la salvaguarda patrimonial y pidiendo respeto por el patrimonio.

En uno de estos primeros prospectos publicados por la JTA de la República, titulado *El fascismo destruye los tesoros artísticos de España,* publicado en 1936, se destacaba la capacidad aniquiladora del arte de los bombardeos franquistas y de sus aliados. Pero más que atacar al enemigo —que fue la campaña principal llevada a cabo por los franquistas en su propaganda, en la que destacaba de manera insistente la quema de iglesias e incautación de palacios a inicios de la guerra—, las publicaciones republicanas se centraban en la labor positiva de salvamento, como el titulado y traducido al francés, *L'effort culturel du peuple espagnol en armes,* publicado en 1937, donde se destacaba que tan solo en la ciudad de Madrid se habían recogido más de 10.000 cuadros, 300 tapices y 100.000 objetos artísticos. Seguía afirmando que este trabajo de salvamento había sido igualmente intenso en las provincias. En cuanto a las bibliotecas, se señalaba que se había podido salvar más de 500.000 volúmenes, manuscritos, incunables y ediciones de interés, entre los cuales unos 50.000 podían ser considerados de un valor extraordinario.

La Junta Delegada de Madrid fue especialmente activa en las publicaciones sobre el trabajo realizado en su zona. Una de sus publicaciones, titulada *Nuevo descubrimiento del Greco,* de 1938, relacionaba las siete obras recogidas por la Junta Delegada de Madrid procedentes de Cuerva, Daimiel e Illescas[61]. El titulado

---

[61] Madrid, Talleres Tipográficos Blass, C.O., febrero de 1938, 16 págs.

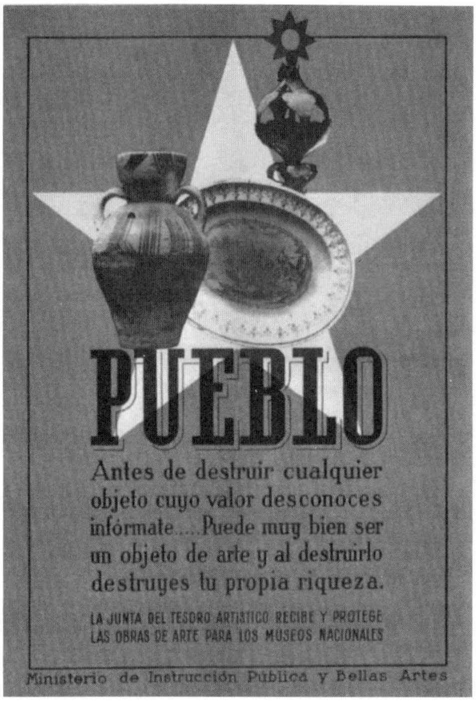

6. Cartel del Ministerio de Instrucción Pública y Bellas Artes pidiendo respeto por los objetos artísticos.

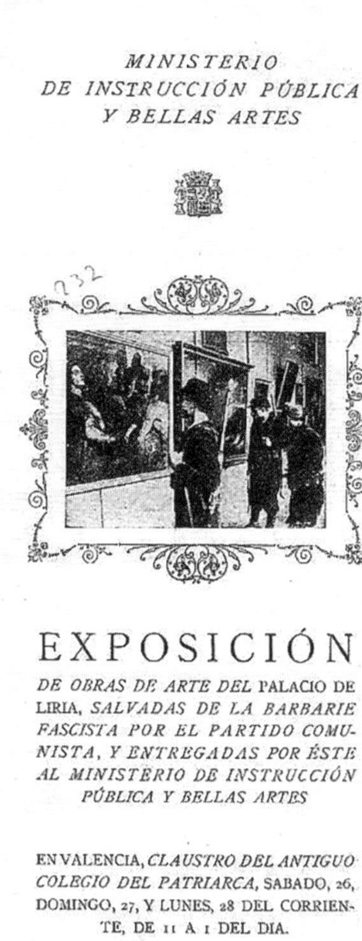

MINISTERIO DE INSTRUCCIÓN PÚBLICA Y BELLAS ARTES

EXPOSICIÓN

DE OBRAS DE ARTE DEL PALACIO DE LIRIA, *SALVADAS DE LA BARBARIE FASCISTA POR EL PARTIDO COMUNISTA, Y ENTREGADAS POR ÉSTE AL MINISTERIO DE INSTRUCCIÓN PÚBLICA Y BELLAS ARTES*

EN VALENCIA, *CLAUSTRO DEL ANTIGUO COLEGIO DEL PATRIARCA*, SABADO, 26, DOMINGO, 27, Y LUNES, 28 DEL CORRIENTE, DE 11 A 1 DEL DIA.

7. Prospecto de la exposición en Valencia con las obras salvadas en el Palacio de Liria durante su bombardeo franquista.

Defensa del tesoro artístico, del mismo año, explicaba el bombardeo del Prado y las razones de la evacuación del patrimonio desde Madrid[62]. En un tercero, titulado *Organización y trabajo de la Junta del Tesoro Artístico de Madrid,* se exponía de manera pormenorizada el almacenamiento y cuidado de las obras incautadas en la zona de Madrid[63].

Gran parte de estas publicaciones fueron traducidas al francés o al inglés, como la titulada *Protección del Tesoro Artístico Nacional,* que tuvo su versión francesa: *Protection du Trésor Artistique National,* publicado en Valencia en 1937[64], o también el

[62] Madrid, Talleres Tipográficos Blass, C.O., marzo de 1938, 39 págs.

[63] Madrid, Talleres Tipográficos Blass, C.O., abril de 1938, 32 págs.

[64] Valencia, Tipografía Moderna, 1937, 12 págs.

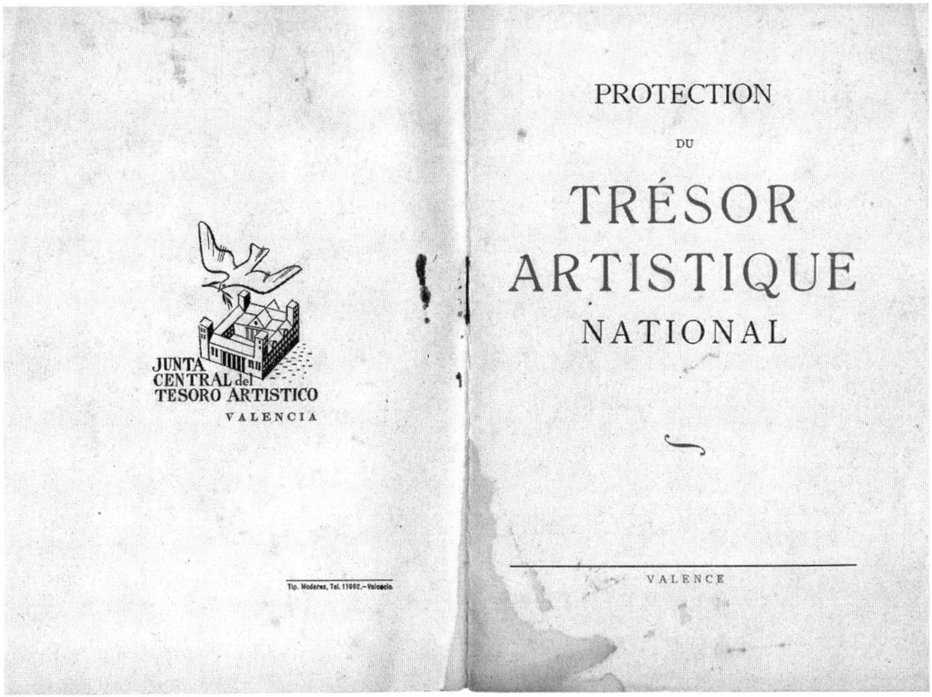

8. *Protection du Trésor Artistique National. Aux universités, académies et centres de culture,* Valencia, Junta Central de Tesoro, 1937 (traducción al francés del original en español).

titulado *Protección del Tesoro Artístico Nacional. Hallazgos notables*[65]. Desde Valencia fueron varias las publicaciones, como la dedicada a la labor de salvaguarda de los libros —la *Protección del tesoro bibliográfico nacional. Réplica a Miguel Artigas*[66]—, las alfombras y tapices —*La collection nationale de tapisseries*[67]— o a la importante *Colección Larrea*[68] o al Museo de Orihuela[69], entre otras.

A su vez, la Oficina Nacional Española de Turismo también publicó varios folletos sobre las destrucciones sufridas a manos de la aviación franquista y de sus aliados, con la denominación de «Le fascisme détruit le trésor artistique de l'Espagne», como el dedicado, entre otros, a *Le palais du Duc d'Albe*.

Otra vía de propaganda fue el montaje de exposiciones, como la organizada por el Ministerio de Instrucción Pública y Bellas Artes en el Colegio del Patriarca

---

[65] Valencia, Tipografía Moderna, 1937, 27 págs.
[66] Valencia, Tipografía Moderna, 1937, 34 págs.
[67] Valencia, Tipografía Moderna, 1937, 11 págs.
[68] Valencia, Tipografía Moderna, 1938, 16 págs.
[69] Valencia, Tipografía Moderna, 1937, 16 págs.

de Valencia con las obras salvadas del Palacio de Liria durante el bombardeo franquista.

A su vez, la República propició la visita de técnicos extranjeros para que comprobaran la eficacia de su labor de salvamento, como la realizada por sir Frederic Kenyon, exdirector del British Museum, y de James Mann, conservador de la Wallace Collection, en 1937. Esta visita, con sus correspondientes publicaciones[70], tuvo una gran repercusión internacional a favor de la República.

[70] La Dirección General de Bellas Artes publicó en forma de folleto el informe de sir Frederic Kenyon, aparecido en *The Times* y en la revista especializada *Mouseion: témoignages des Techniciens étrangers,* Valencia, Ministerio de Instrucción Pública y Bellas Artes, 1937, 24 págs.

Capítulo 2

La política franquista sobre el patrimonio artístico durante la Guerra Civil

Los peligros para el patrimonio en la zona franquista eran otros. El esfuerzo bélico por garantizar la victoria primaba por encima de cualquier otra consideración, de modo que la cuestión patrimonial quedaba relegada a un lugar muy secundario. Por lo tanto, en el campo franquista la preocupación por la conservación del patrimonio se caracterizaba por la desorganización y la falta de interés. No se tomaron medidas para la protección del patrimonio en los primeros meses de la guerra y solo preocupó inicialmente lo que ocurría en el frente.

Tenemos un curioso testimonio de Luis Monreal y Tejada, que fuera agente de vanguardia del Sdpan franquista durante la guerra y más tarde comisario de la zona de Levante de dicho organismo. Cuando se refiere a «la protección de museos y monumentos contra posibles ataques del enemigo, especialmente aéreos sobre las ciudades», reconoce que «en la zona nacional no se tomó ninguna medida, que yo sepa». Y añade que «curiosamente se desdeñó el planteamiento de la cuestión por entender que la adopción de precauciones sería derrotista y minaría la moral de victoria que era preciso mantener en la población»[71].

Hay que esperar al 14 de enero de 1937 para que se produzca la primera medida organizativa en este sentido, con la creación del Servicio Artístico de Vanguardia[72], que se montaba con el objetivo de realizar «la labor de salvamento de

[71] Luis Monreal y Tejada, *Arte y Guerra Civil*, Huesca, La Val de Onsera, 1999, pág. 27.

[72] También denominado en otras ocasiones «Servicio de Recuperación Artística» o «Servicio Militar de Recuperación del Patrimonio Artístico Nacional».

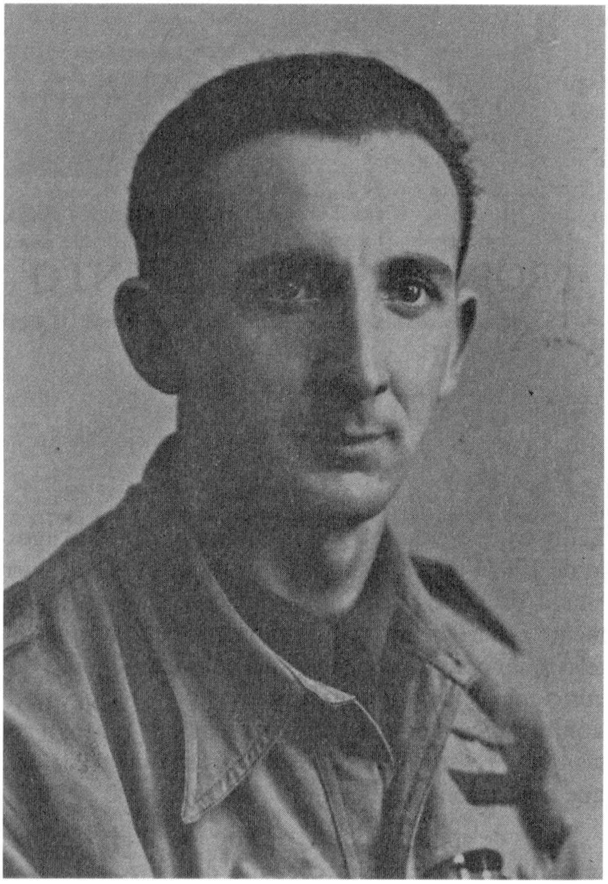

9. Luis Monreal y Tejada como alférez y agente del Sdpan en 1938.

edificios y recogida y custodia de obras de valor histórico o artístico en las zonas de reciente liberación»[73]. Además, este servicio se caracterizó desde el principio por la falta de personal y de medios[74]. Los agentes, que carecían de vehículos propios, tenían que solicitar la colaboración de los militares para poder viajar a los frentes y poder cargar las piezas artísticas que encontraran. Actuaban además sin remuneración alguna. En junio de 1937 se había nombrado a 44 agentes, de los que tan solo estaban activos 23, dado que el resto estaba esperando la toma de Madrid para entrar en acción.

[73] *Boletín Oficial del Estado,* núm. 92, Burgos, de 20 de enero de 1937.

[74] Este Servicio dependía de las Juntas de Cultura Histórica y del Tesoro Artístico provinciales, que habían sido creadas por Orden de 23 de diciembre de 1936 *(Boletín Oficial del Estado,* núm. 66) y que habían tenido escasa actividad en la protección del patrimonio, careciendo además de dotación económica propia.

El informe que Pedro Muguruza, agente del Servicio Artístico de Vanguardia, envió al ministro de Educación, tras su visita en febrero de 1938 a los frentes de Asturias, Aragón y Castilla, es muestra palmaria de la falta de medios y de interés de las autoridades militares por este cometido:

> Apenas se ha hecho nada en la defensa de nuestra riqueza nacional; ni durante los episodios de la guerra, al no hacerse ambiente entre las fuerzas de choque, al no establecerse una verdadera y eficaz colaboración de militares y el servicio artístico de vanguardia; al no unificarse los servicios de estos de carácter oficial y la acción lateral del servicio de FET y de las JONS; ni al restablecerse la vida civil, mediante prestaciones para apeos elementales, obtención de materiales para cierres y arbitrios de conservación, ni contra los ataques rojos al no hacer protecciones contra fuego de cañón o bombardeos aéreos; ni contra la rapiña de las gentes y la inepcia artística de entidades[75].

En última instancia, se puede afirmar que la política franquista sobre el patrimonio durante la guerra fue más de localización de obras en los frentes conquistados que una labor continuada de conservación de obras de arte en su propia zona.

La tardía creación del Servicio de Defensa del Patrimonio Artístico Nacional en 1938

Hay que esperar al 22 de abril de 1938 para que se creara por decreto el Servicio de Defensa del Patrimonio Artístico Nacional (Sdpan)[76], dependiente de la Jefatura Nacional de Bellas Artes, a cuyo frente se encontraba Eugenio d'Ors, y del Ministerio de Educación Nacional, cuyo titular era Pedro Sainz Rodríguez.

Este organismo surgía en hora tardía y con escasos medios. En las motivaciones iniciales para esta creación se afirmaba que:

> La necesidad de reorganizar el servicio de recuperación del Patrimonio artístico nacional y también de las obras de arte de propiedad particular sometidas a los azares de la guerra, cuando no a la furia destructora y a la improbidad adquisitiva de las turbas, gobiernos y otras formas de bandería, en que se ha materia-

[75] Citado por Alicia Alted Vigil, *Política del nuevo Estado sobre el patrimonio cultural y la educación durante la Guerra Civil,* Madrid, Ministerio de Cultura, 1984. pág. 79.

[76] *Boletín Oficial del Estado,* núm. 549, Burgos, de 23 de abril de 1938, págs. 6920-6922. Hay que señalar que el Sdpan recibe en muchos casos, incluso en las órdenes de desarrollo de este organismo, denominaciones diferentes como «Servicio de Defensa y Recuperación del Patrimonio Artístico Nacional», «Servicio de Recuperación Artística», etc.

> lizado la resistencia roja, corresponden a un anhelo tan vivo y claramente sentido, que resulta inútil detenerse en su proclamación. Menos conocido, pero igualmente imperioso, es el deber de corregir y reparar algunos errores y deficiencias en que las iniciativas espontáneas al producirse entre nosotros en este sentido han podido incurrir hasta ahora.

Como vemos, la carga contra la labor republicana y la «furia destructora» de la zona «roja» se anteponía a toda otra cuestión. Al menos, aunque fuera tardíamente, reconocía los errores y desatención cometidos hasta ese momento en el bando franquista en la cuestión patrimonial.

En su artículo cuarto, se organizaba el Sdpan bajo el mandato de un comisario general, para el que se nombraría a Pedro Muguruza Otaño, y un subcomisario general, puesto que ocuparía Juan Contreras y López de Ayala, marqués de Lozoya[77]. Este artículo afirmaba que estos dos cargos deberían «pertenecer necesariamente a la FET y de las JONS».

El decreto establecía, a su vez, las siete comisarías de organización del Sdpan, bajo el mandato de un comisario, que organizaban el territorio bajo control nacionalista: zona occidental, con centro en León; cantábrica, con centro en San Sebastián; primera zona central, con centro en Sigüenza; segunda zona central, con centro en Toledo; Levante, con centro en Zaragoza; Andalucía baja, con centro en Sevilla; Andalucía alta, con centro en Granada[78]. Se añadían, además, dos comisarios de zona, con localización eventual.

Una de las medidas adoptadas era el carácter militar de los agentes, pertenecientes al ejército —y siempre con un grado mínimo de teniente—, o, en caso de que fueran insuficientes los primeros, se procedería a la militarización de «personas idóneas» propuestas por Educación. Los agentes de vanguardia deberían pertenecer, asimismo, a la FET y de las JONS, militarizados con el grado de alférez. Lo cierto es que el ejército toleró a regañadientes a estos nuevos «militares», y de hecho ni asumió su alojamiento ni el transporte de las posibles obras recuperadas.

Por Orden del Ministerio de Educación Nacional de 9 de agosto de 1938 se establecían los dos tipos de agentes: los «Agentes de Recuperación Artística en el Servicio de Vanguardia» y los «Asesores Auxiliares de Recuperación Artística», que deberían emitir los partes o informes con el inventario de lo recuperado tras la

---

[77] Orden de Eugenio d'Ors de 2 de julio de 1938, *Boletín Oficial del Estado,* núm. 10, de 10 de julio de 1938, pág. 158.

[78] La misma orden de 2 de julio de 1938 nombraba a los comisarios de zona: zona occidental: Manuel de Cárdenas, profesor de la Escuela de Arquitectura de Madrid; zona cantábrica y primera zona central: Instituto de España, San Sebastián; segunda zona central: Luis de Villanueva, arquitecto; zona de Levante: José María Muguruza, arquitecto; zona de Andalucía occidental: Pedro Gamero del Castillo, gobernador civil y jefe de la FET y de las JONS; zona de Andalucía oriental: Antonio Gallego Burín, profesor y alcalde de Granada.

entrada de las tropas en la población conquistada[79]. El problema principal es que estos agentes seguían en su actuación sin «remuneración alguna, consistiendo en una aportación voluntaria».

Francisco Íñiguez, el que sería comisario general del Sdpan a partir de finales de 1939, describía así las funciones del nuevo organismo, obviando toda la labor desarrollada por las juntas republicanas:

> La organización tuvo un carácter estrictamente militar en los agentes y compañías que actuaban en el frente, al lado de las tropas y, muchas veces, adelantándose a ellas, en titánica lucha de segundos, para que el retraso más leve no diera tiempo a que se realizaran las ordenadas destrucciones. Y así, en Extremadura y en Bilbao; Santander y Asturias; más tarde en Cataluña, estos agentes, a las órdenes directas de Comisario y Subcomisario, más un jefe militar, fueron recogiendo y almacenando, como era posible y donde fue más sencillo, los inmensos tesoros que, milímetro a milímetro y segundo a segundo, iban disputando al enemigo, transformando en salvamento la obra destructora de un ejército de desastre[80].

Un reglamento de actuación, de 9 de agosto de 1938, marcaba las normas para los agentes de vanguardia, que tenían que redactar partes e informes de lo localizado cuando entraban en las poblaciones conquistadas, tras su toma por las tropas franquistas. Por ello, para los agentes era de suma importancia tener una idea de la localización de los depósitos republicanos antes de la entrada militar. Aunque estas medidas no se tomaron en todos los casos, se conservan los informes de los agentes a la entrada en las poblaciones del norte de Cataluña, donde encontraron los restos de las obras que los republicanos de la JTA no habían podido cargar en su evacuación a Ginebra. Pero aún quedaban importantes depósitos por localizar y gestionar en poblaciones no tomadas, como Madrid o Valencia, que caerían con el final de la guerra en abril de 1939.

El Sdpan creó un boletín denominado *Arte destruido, mutilado, perdido, en venta en el extranjero, recuperado, etc. Informes de las Comisarías y Agentes del Servicio de Vanguardia de Recuperación Artística*[81], con los informes de los agentes, que pretendió convertirse en periódico pero del que tan solo salieron dos números: en diciembre de 1938 se publicaba el primer número, y en marzo de 1939, el segundo, pero aquí acabó el intento...

---

79 *Boletín Oficial del Estado,* núm. 49, de 18 de agosto de 1938, págs. 774-775.

80 Francisco Íñiguez, «El arte en España durante la guerra. Su destrucción, dispersión y rescate», *Revista Nacional de Educación,* núm. 5, mayo de 1941, pág. 33.

81 San Sebastián, Ministerio de Educación Nacional, Servicio Nacional de Bellas Artes, Comisaría General del Servicio de Defensa del Patrimonio Artístico Nacional, 2 vols., diciembre de 1938 y marzo de 1939.

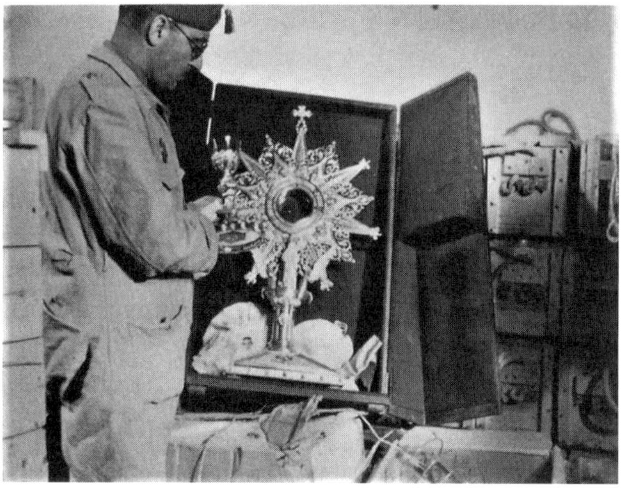

10. Agente del Sdpan franquista en el depósito de Figueras localizando en febrero de 1939 piezas que no habían sido evacuadas a Ginebra por la JTA.

Habría que señalar que la Falange creó su propio «Servicio Artístico» con escasa coordinación con el Sdpan, con lo que a la carencia de medios se añadía la falta de unidad de acción en la cuestión del salvamento del patrimonio en el campo franquista.

La propaganda franquista: acusaciones, falsedades, publicaciones y exposiciones

La propaganda sobre el patrimonio ocupó un lugar importante en la labor franquista. Se basaba fundamentalmente en la acusación contra los «rojos» de destructores y ladrones del patrimonio, campaña que fue tan eficaz que esta visión —a pesar de sus falsedades— ha dejado una honda huella en la mentalidad de los españoles. Todavía mucha gente identifica la zona republicana durante la guerra con el asalto, incendio y robo de iglesias y conventos, olvidando toda la labor de salvamento realizada por la JTA.

Con este objetivo, los jerarcas franquistas no tenían límite en lanzar esta campaña con todo tipo de exageraciones y mentiras. Empecemos con Francisco Íñiguez, comisario general del Sdpan, que en 1941 escribió sobre las destrucciones que sufrió el patrimonio artístico a manos de los «rojos», mostrando un espeluznante panorama en la zona republicana a partir del momento del golpe de Estado militar: «Segunda mitad de julio de 1936. La revolución estalla con una violencia, quizá no superada jamás por ninguna otra conocida: los saqueos, los asesinatos y las detenciones se amontonan y multiplican de modo increíble y, como es natural, los incendios y destrozos de obras de arte, tanto religiosas como de particulares...»[82].

[82] Francisco Íñiguez, «El arte en España durante la guerra», art. cit., pág. 29.

A partir de este panorama, cualquier barbaridad es comprensible, como cuando añade, sin que al parecer el pulso le tiemble, que al decidir la República trasladar el Gobierno y parte del patrimonio a Valencia, el presidente de la JTA ordenó que «se quemen los ficheros de los objetos recogidos y el depósito fundamental de ellos, entonces casi único, de San Francisco el Grande»[83]. No contento con esta aseveración, más adelante afirma que «hay diócesis enteras que no conservan apenas una iglesia en estado decoroso y, desde luego, ninguna intacta. La pérdida fundamental del arte español en la guerra ha sido esta: la de retablos, imágenes, ropas y orfebrerías, tan abundantes como ricos, en España entera»[84].

Antonio Gallego y Burín, comisario del Sdpan de la zona de Andalucía oriental y presidente de la Comisión de Monumentos de Granada, tampoco tenía empacho en destacar «el despojo que, si cuantioso a través de los años corridos del dominio republicano, alcanzó proporciones extraordinarias a partir del 18 de julio de 1936 pues hay provincia en la que, en solo tres o cinco días, se perdió la totalidad de su patrimonio artístico»[85].

Así es que, cuando Francisco Íñiguez recuerda en su artículo la creación de la JTA, destaca —como justificando la falta de atención franquista por este cometido de salvamento del patrimonio— que «en la zona dominada por los nacionales, nada de esto hizo falta y, por tanto, nada análogo se creó, quedando en su sitio todas las obras de culto y arte, dedicadas a su función habitual y sin el menor riesgo de pérdida o deterioro».

La propaganda franquista se centró, de esta manera, en el objetivo de acusación contra el enemigo, utilizando la publicación de libros y folletos y el montaje de exposiciones con las obras atacadas y deterioradas. Entre las publicaciones, destaca el folleto «La destrucción de obras de arte en España», publicado por la Jefatura Nacional de Bellas Artes en 1938 y enviado a todas las delegaciones franquistas en el extranjero[86].

---

83 *Ídem,* pág. 31. Lógicamente esa orden es completamente un infundio, pues este depósito siguió existiendo. Para justificar su mentira, Íñiguez añadía que «los ficheros desaparecen, pero afortunadamente la orden queda incumplida respecto de la iglesia».

84 *Ídem,* pág. 33. Tan solo el depósito del Museo Arqueológico Nacional, con miles de piezas de orfebrería y de ropa de culto, desmiente esta afirmación, tal como se demostraría con la exposición *Orfebrería y ropas de culto. Arte español de los siglos* XV *al* XIX*,* inaugurada al mes siguiente de la aparición de este artículo con piezas salvadas por la República.

85 Antonio Gallego y Burín, *La destrucción del tesoro artístico de España. Informe sobre la obra destructora realizada por el marxismo en el patrimonio de arte español, de 1931 a 1937, según los datos aportados por las Comisiones Provinciales de Monumentos,* Granada, Imp. H.º de Paulino Ventura, 1938, pág. 6.

86 Para el estudio de la propaganda franquista en el exterior y la acusación a los republicanos de ladrones y destructores del patrimonio, véase Arturo Colorado Castellary, *Arte, revancha y propaganda. La instrumentalización franquista del patrimonio durante la Segunda Guerra Mundial,* Madrid, Cátedra, 2018.

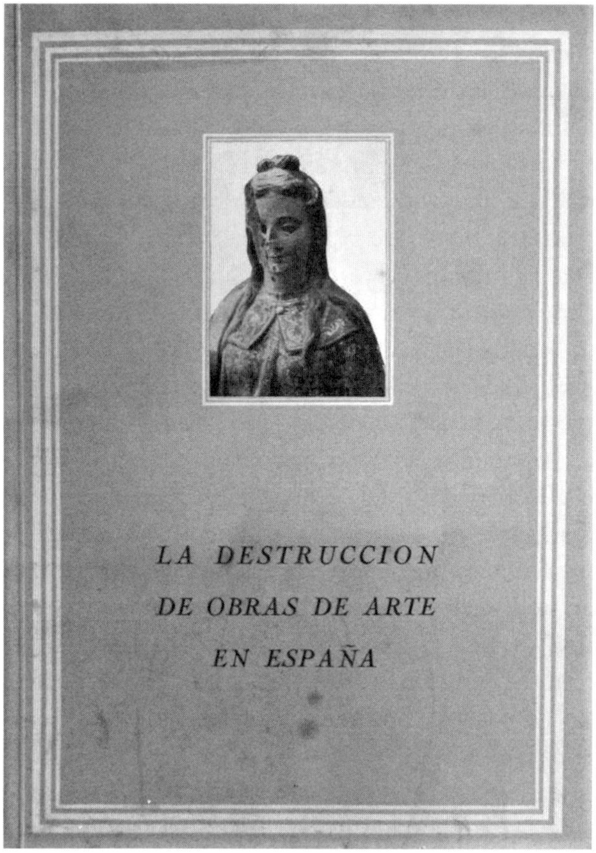

11. Folleto «La destrucción de obras de arte en España», 1938.

Juan Manuel Barrios Rozúa ha estudiado la propaganda franquista, y la utilización de las destrucciones de la zona «roja» como componente esencial de esta, mediante la acusación de anticlericalismo e iconoclasia, para aniquilar moralmente al enemigo[87]. Por supuesto que parte de esta propaganda radicaba en silenciar la labor de la JTA en el salvamento de las imágenes religiosas e inventar —con capacidad ilimitada de falseamiento— cómo se habían salvado gracias a la intervención providencial de particulares.

Ya en otro lugar he hablado del caso de la Virgen de Covadonga, que según la versión franquista había sido salvada por una mujer devota —cuyo marido era un médico comunista— y guardada en su casa, cuando realmente se encontraba en la embajada de la España republicana en París, donde la recuperaron los franquistas y la remitieron a España, entrando por Irún rodeada de una inmensa manifes-

---

[87] Juan Manuel Barrios Rozúa, «Las destrucciones iconoclastas durante la Guerra Civil y su papel en la propaganda franquista», *Investigaciones Históricas,* núm. 28, Universidad de Valladolid, págs. 185-200.

tación presidida por la mujer y la hija de Franco[88]. Destaca también el caso del Cristo de los Cerdanes, de la diócesis de Cuenca, única imagen procesionaria que se había conservado. Según la versión franquista, se había salvado milagrosamente durante la Guerra Civil escondida en casa de un ferviente católico, pero lo cierto es que esta obra había sido depositada en los locales de la JTA delegada conquense, junto a numerosas obras de la diócesis, y así pudo conservarse. Con todas estas historias inventadas, se trataba por parte franquista de negar mérito alguno a todos aquellos que por parte republicana habían participado en el salvamento del patrimonio artístico español en circunstancias tan extremas. Y dado que hablamos de Cuenca, habría que recordar que el que fuera el delegado de su JTA, Juan Jiménez de Aguilar, al finalizar la guerra fue acusado de robo, juzgado y torturado, encarcelado y condenado a muerte[89].

Entre las exposiciones organizadas con las obras destruidas, destaca la montada en octubre de 1937 en la Torre Merino de Santillana del Mar, propiedad del conde Güell, por la Centuria del Servicio de Trabajo de la FET y de las JONS con el título *Museo provincial de arte, mutilado por los marxistas,* con 190 obras recogidas en edificios religiosos de la provincia de Santander, ejemplo que sería seguido en otras ciudades y pueblos de la zona franquista[90].

Hay que reconocer que Manuel Chamoso Lamas, comisario de la 3.ª zona del Sdpan, publicó un amplio artículo en 1943 sobre la labor del «Servicio de Recuperación y Defensa del Patrimonio Artístico Nacional»[91], en el que daba cuenta de los trabajos realizados desde el final de la guerra. Aparte de la labor de propaganda al denunciar que en la zona republicana se había dado «una consigna de destrucción sistemática de todo cuanto tuviese carácter, origen o procedencia religiosa, y, más aún, concretamente católica», este artículo ofrece enorme interés por las numerosas informaciones en él suministradas y porque es de los pocos escritos franquistas —por no decir el único— en el que se reconoce la importante labor desarrollada por la junta central y las juntas delegadas de la JTA que actuaron en territorio republicano:

> Ya desde un comienzo se fue dando acceso a los cargos de la Junta a ciertas personas, técnicos de gran altura científica y moral, cuyo espíritu estaba dirigido tan solo por la abnegación y el anhelo de salvamento, y que realizaron una labor de defensa y protección del Tesoro Artístico, a ellos encomendado, que en ocasiones rayó en lo heroico.

---

[88] Arturo Colorado Castellary, *Arte, revancha y propaganda, op. cit.,* págs. 113-117.

[89] Véase Víctor de la Vega Almagro (Vitejo), *Tesoro artístico y Guerra Civil,* Cuenca, Ediciones de la Universidad de Castilla-La Mancha, 2007. La condena a muerte fue conmutada y Juan Jiménez de Aguilar moriría en 1947, alejado de su casa y en libertad vigilada.

[90] Alicia Alted, *Política del nuevo Estado sobre el patrimonio cultural, op. cit.,* pág. 74.

[91] *Boletín de la Sociedad Española de Excursiones,* Madrid, 1943, págs. 174-212 y 259-294.

Estas palabras de reconocimiento, en tiempos en que cualquier actitud de complacencia hacia el enemigo era sospechosa y predominaba el exterminio físico y moral del bando contrario, no dejan de ser un testimonio de que todavía había gente capaz de actuar con cierta nobleza.

Relacionado con la labor propagandística se encuentra el tema de los robos de obras de arte perpetrados durante la contienda, y es importante destacar que en este campo las acusaciones fueron mutuas, aunque también los franquistas cargaron las tintas contra los republicanos.

Es evidente que el estudio de las obras robadas durante la Guerra Civil presenta una dificultad especial, pues se carece en gran parte de documentación completa y fidedigna[92], dado su carácter clandestino y que fue utilizado como elemento de propaganda contra el enemigo y, por lo tanto, magnificado especialmente por el franquismo.

Baste como muestra de esta propaganda la entrevista realizada a Jacinto Alcántara, jefe nacional de los Servicios Artísticos de la Falange, por la agencia Faro y publicada en el periódico *La Voz de España,* donde afirmaba que «no queda ninguna obra de valor en Madrid, todas han desaparecido... todas las colecciones han sido profanadas»[93]. Y añadía que la mayor parte de las pinturas habían pasado la frontera y se encontraban en el Louvre, aseveración evidentemente falsa.

Y dado que este miembro de la Falange señalaba las obras robadas por los «rojos» y sacadas al extranjero, habría que destacar que el problema del saqueo artístico afectó por igual a las dos zonas en lucha y que con seguridad se ha magnificado el volumen de obras salidas por vía ilegal durante la guerra. Esta idea del saqueo de obras al extranjero es producto de la propaganda franquista y de cómo sus enemigos aprovecharon el caos de la guerra para robar todo lo que quisieron, metiendo en el mismo capítulo las obras salidas por vía oficial, como las que llegaron a Ginebra —que destacan por su importancia, mayor número y porque todas volvieron—, y las que fueron producto del robo, a las que el franquismo prestó por cierto muy poca atención.

Ya en otras publicaciones he procurado hacer contribuciones sobre este tema tan problemático, en una sobre los casos localizados en el transcurso de la

[92] Amaro del Rosal, presidente de la Caja de Reparaciones republicana, narra tres casos de robos que se produjeron en la zona republicana: la corona de la Virgen de Requena, el portapaz de Uclés y el libro procedente de Segorbe titulado *Cortes del Rey don Martín en Alcañiz.* Los tres casos fueron perpetrados, según Del Rosal, por «incontrolados» anarquistas. Amaro del Rosal, *El oro del Banco de España y la historia del Vita,* Barcelona, Grijalbo, 1977, págs. 62-63. La segunda de ellas apareció en los años ochenta: véase el artículo de *El País,* 20 de octubre de 1986: «Un funcionario de la República entrega una valiosa colección de orfebrería. "El portapaz de Uclés" había desaparecido en 1937».

[93] *La Voz de España,* San Sebastián, 28 de abril de 1938.

guerra[94], y en otra sobre la salida de obras robadas con motivo del gran éxodo republicano de 1939 por la frontera francesa[95].

Habría, por lo tanto, que concluir en este campo que el mercado negro de obras de arte y antigüedades afectó a ambos bandos y no, como pretendía el franquismo, solo al republicano. Y es evidente que en las dos zonas en lucha se produjeron robos, que los responsables del patrimonio se veían prácticamente incapacitados para evitar.

Pero, ganada la guerra, ahora el franquismo tenía por delante una enorme tarea que desarrollar: la localización de los depósitos republicanos de obras y la gestión de las devoluciones, que abordaremos en la segunda parte, dedicada a la gestión franquista durante la posguerra del patrimonio salvado por la República, contribución esencial de este libro.

---

[94] Arturo Colorado Castellary, «Contribución al estudio de la salida delictiva de obras de arte al extranjero durante la Guerra Civil», *Archivo Español de Arte,* núm. XC, 359, julio-septiembre de 2017, págs. 275-286.

[95] Arturo Colorado Castellary, *Arte, revancha y propaganda, op. cit.,* págs. 25-51.

Segunda parte

La política franquista sobre el patrimonio en la inmediata posguerra

Regía un organismo, exigido por las circunstancias, por primera vez dadas en la historia, de recoger todo el arte disperso, recuperarlo y devolverlo a sus dueños o lugares de procedencia, reparando, además, lo destruido y mutilado en la huida o la actuación anterior de la horda de asesinos internacionales, sujetos a mandos tan criminales como ellos y a órdenes no menos salvajes, que constituían, por entonces, el llamado «ejército republicano».

Francisco Íñiguez, «El arte en España durante la guerra. Su destrucción, dispersión y rescate», 1941.

Capítulo 3

La localización y administración franquista del patrimonio salvado por la República

A partir del 1 de abril de 1939, alcanzada la tan deseada victoria por el franquismo y liquidada la República, el patrimonio artístico no tendría mejor destino. Ahora eran otros los peligros: la desatención, la falta de medios y de personal para su gestión, la localización de los depósitos republicanos y la caótica política de devoluciones de las piezas. En mayo de 1939, los agentes militarizados del Sdpan alcanzaban los 115, pero estos seguían trabajando de modo altruista, sin sueldo y sin medios de trasporte necesarios para realizar su labor. Hasta 1942 el Sdpan no sería desmilitarizado.

Eugenio d'Ors fue cesado como director general de Bellas Artes el 25 de agosto de 1939[96], fecha en la que fue nombrado para el cargo Juan de Contreras y López de Ayala, marqués de Lozoya[97]. El nuevo director general cesó a su vez a Pedro Muguruza como comisario general del Sdpan y fue sustituido por Francisco Íñiguez Almech[98]. A partir de este momento, Lozoya e Íñiguez serán los máximos responsables del destino del patrimonio artístico en España, con el importante capítulo de la localización, gestión y devolución de las obras almacenadas en los depósitos republicanos y la localización y rescate de las salidas al extranjero[99].

---

[96] Las circunstancias del cese de D'Ors se debieron en gran parte a su desastrosa política de recuperación de obras en el extranjero, en París y en Ginebra.

[97] Decreto de 25 de agosto de 1939 que dispone que cese en el cargo de director general de Bellas Artes don Eugenio D'Ors y Rovira y Decreto de 25 de agosto de 1939 que nombra en dicho cargo a don Juan Contreras y Pérez de Ayala, *Boletín Oficial del Estado,* núm. 245, de 2 de septiembre de 1939, pág. 4882. Juan de Contreras y López de Ayala, marqués de Lozoya (1893-1978), escritor y catedrático de Historia de España y de Historia del Arte en diversas universidades, fue director general de Bellas Artes de 1939 a 1951.

[98] Orden de 24 de noviembre de 1939, *Boletín Oficial del Estado,* núm. 358, pág. 7227.

[99] Para la gestión franquista de las obras salidas al extranjero durante la Guerra Civil, véase Arturo Colorado Castellary, *Arte, revancha y propaganda. La instrumentalización franquista del patrimonio durante la Segunda Guerra Mundial,* Madrid, Cátedra, 2018.

La localización de los depósitos de las juntas republicanas

Cuando todavía continuaba la Guerra Civil, en marzo de 1939, José María Sert enviaba desde Ginebra a Francisco Jordana, ministro de Asuntos Exteriores del Gobierno de Franco, una larga misiva que pretendía convencerle de que atendiera la petición del Comité Internacional para el Salvamento de los Tesoros Españoles —organismo creado a iniciativa suya y formado por los principales museos del mundo democrático— para montar una exposición con las obras salvadas en febrero de dicho año desde el norte de Cataluña y poder así, con los beneficios, saldar la deuda contraída —moral y económica, tal como señalaba Sert— con dicho organismo[100]. En esta carta destacaba que deberían ser los miembros de la JTA que habían llevado las obras hasta Ginebra los que se encargasen de mantenerlas en custodia y colaborasen con la exposición[101].

Como prueba de la buena voluntad de los miembros de la JTA que se habían adherido a la causa de Franco[102], Sert añadía una información esencial, facilitada por estos, que permitiría localizar los depósitos de obras de arte en territorio republicano todavía pendientes de ocupar. Y adjuntaba una larga relación, que se iniciaba con los depósitos de Madrid: la Calcografía Nacional, «con las planchas grabadas por Goya y algunas pinturas importantes»; la iglesia de las Salesas Reales, donde se encontraba «el depósito grande de la Junta»; el Museo del Prado, con «toda la armería, la biblioteca de Palacio, todas las pinturas no transportadas a Cartagena, Valencia o Ginebra, entre las cuales los Goyas de Erlanger, el Fra Angélico, los Jordaens, el Van der Weyden del Escorial, etc.»; el Ayuntamiento, donde se encontraba la biblioteca del duque de Alba, además de su archivo y las dos armaduras del conde-duque de Olivares; el Museo Arqueológico, con «los marfiles y cerámicas más importantes recogidos en Madrid y en sus contornos»; el Museo de Arte Moderno; el Archivo Histórico Nacional; la Biblioteca Nacional; el sótano del Banco de España, y el Palacio de Fernán Núñez.

Sert añadía a esta información, en páginas sucesivas, la descripción de los depósitos que se encontraban todavía bajo mandato republicano en otras localidades: Orihuela (con «bibliotecas y objetos de arte de la provincia de Murcia»), Játiva (en la iglesia de San Félix, con «retablos góticos y del Renacimiento suma-

---

[100] Arch. EB, Sección de Cultura.

[101] Véase Arturo Colorado Castellary, *Éxodo y exilio del arte. La odisea del Museo del Prado durante la Guerra Civil*, Madrid, Cátedra, 2008, págs. 293-294.

[102] Todos los miembros de la JTA republicana, con la excepción de Timoteo Pérez Rubio y otros dos, que marcharían al exilio.

mente importantes», o en el museo, con «una gran cantidad de cuadros, cerámica y orfebrería»), Valencia (con los importantes depósitos de las torres de Serrano o del Colegio del Patriarca), Murcia (en la torre de la catedral, con las «esculturas de Salzillo en su totalidad, los Juan de Mena, el retablo de Jumilla»...), Alicante (con depósito en la Diputación) y, finalmente, Cartagena, en cuyo antiguo polvorín la JTA había organizado un importante depósito con «cuadros del Prado, del Escorial, probablemente de Toledo, Grecos del Colegio del Patriarca e imágenes de talla muchas de ellas de Málaga».

Se puede por lo tanto afirmar que con esta información, facilitada por los agentes de la JTA en Ginebra pasados al bando franquista y a través de la mediación de Sert, el Gobierno de Franco tenía conocimiento directo de los depósitos republicanos de obras de arte y, de esta manera, podía dar instrucciones para que estos locales fueran respetados al ocupar las poblaciones señaladas y ser controlados por los agentes del Sdpan.

Luis Monreal y Tejada nos ha dejado un inestimable testimonio de sus actividades como agente durante la guerra y la posguerra[103], como su llegada a Valencia en abril de 1939. Según cuenta, pudo localizar los depósitos de la JTA y contó con la colaboración de sus miembros, que le facilitaron toda la documentación de su archivo.

Asimismo, al entrar en Madrid, Pedro Muguruza se reunió con los responsables de la JTA, que le pasaron los ficheros de los depósitos del Museo Arqueológico y del Prado, sin que esto supusiera el perdón por sus actuaciones durante la guerra. Muguruza ha dejado un importante informe sobre estos contactos con los agentes y localización de los depósitos de la JTA, en el que afirmaba que

> al recibir los depósitos de obras de arte constituidos por la Junta de Incautación del Tesoro Artístico, reuní a sus componentes y les invité a seguir en el lugar que les había alcanzado el triunfo de nuestro Ejército, para colaborar en la protección del Arte Nacional, encomendada a nuestro Servicio. Admitiendo como técnicos útiles a España a quienes de buena fe quisieran secundar nuestra labor, sin que tal admisión prejuzgara situaciones de otro orden ni permitiera alimentar esperanzas de amparo ni de ayuda en el caso posible de que cualquier investigación sobre sus conductas durante la época del dominio rojo les encuadre dentro de un campo de culpabilidad punible[104].

---

[103] Luis Monreal y Tejada, *Arte y Guerra Civil*, Huesca, La Val de Onsera, 1999.

[104] Informe de Pedro Muguruza de 26 de junio de 1939, Arch. IPCE, Papeles guerra, Archivo Pedro Muguruza (Ref. provisional).

Localizados por los agentes del Sdpan los depósitos republicanos y las piezas que albergaban, este organismo procedió a reorganizarlos. En algunos casos, como en Madrid, manteniendo los ya creados por la República o habilitando otros nuevos, dada la gran cantidad de obras almacenadas. En cada zona del Sdpan se actuó igual, respetando en lo principal los depósitos republicanos, como ocurrió en Barcelona con el Palacio de la Virreina o en Valencia con el Museo de Bellas Artes de San Carlos.

La Comisaría General del Sdpan tenía su sede en Madrid, en la calle del duque de Medinaceli 6 y 8[105]. No hay que olvidar que las tareas del Sdpan incluían la restauración de las edificaciones históricas dañadas por la guerra, además de la gestión de las devoluciones de las obras almacenadas por la República. Se puede entender, desde esta doble perspectiva, la ingente labor que tenía que afrontar este organismo, al que en muchos casos las diferentes autoridades locales —fueran políticas, militares o eclesiásticas— prestaban poca atención y ayuda. Baste como muestra la carta que Francisco Íñiguez enviaba al marqués de Lozoya el 11 de junio de 1940 quejándose de la falta de refrendo y sensibilidad por las cuestiones patrimoniales que encontraba en las autoridades mencionadas:

> En repetidas ocasiones lo mismo verbalmente que por escrito me he visto obligado a transmitir ante V.I. la protesta por el incumplimiento de las órdenes de esta Comisaría, por parte de las autoridades civiles, militares y religiosas, ante varias de las cuales no tienen valor ninguno nuestras decisiones, aunque estén refrendadas por V.I., como si se tratase solamente de recomendaciones más o menos caprichosas de una entidad pintoresca[106].

Después, Íñiguez describía alguna de las situaciones que había tenido que afrontar y soportar, citando «lo ocurrido con los palacios reales, murallas de Cádiz, Catedral de Pamplona y Alcázar de Segovia, en cuyos monumentos se ha visto no solo coartada sino completamente falta de acción esta Comisaría por la actitud del Jefe de la Casa Militar del Caudillo, del Alcalde y Gobernador, del Obispo y del Ministro de la Guerra», que se habían atenido a las recomendaciones y asesoramientos de personas que habían sugerido hacer todo lo contrario de lo que ordenaba el Sdpan, cometiendo «verdaderos desatinos con pérdidas de ele-

---

[105] Al trasladarse de San Sebastián a Madrid, el Sdpan tuvo inicialmente su sede en la Real Academia de Bellas Artes de San Fernando.

[106] Arch. GA, (03)109.007 CA 1104 TOP. 12/28.

mentos artísticos importantes». Íñiguez, en su desesperación por verse contrariado por las autoridades, y considerando que la Comisaría del Sdpan «debe estar en sus decisiones respaldada precisamente por las Autoridades que ahora no la apoyan», lanzaba la única amenaza que le quedaba en cartera, aduciendo que «vale más se renuncie a toda acción y se suprima la Comisaría y el Servicio, porque es de todo punto innecesario».

Podemos imaginar que si esto pasaba en las intervenciones arquitectónicas, que estaban a la vista de todos, ¿qué no ocurriría con las obras muebles almacenadas en los depósitos republicanos, que escapaban al conocimiento público y podían gestionarse en la más absoluta impunidad?

Los responsables del Sdpan —con Lozoya e Íñiguez ya a la cabeza—, casi un año después de la toma de Madrid, reorganizaron las zonas en las que se dividía el organismo, también en número de siete pero que ahora cubrían todo el territorio nacional, y pusieron al frente a un comisario y a los correspondientes «agentes de Recuperación de Obras de Arte»[107]:

> Primera zona, con capital en León y comisarios Luis Menéndez Pidal hasta 1940 y después Manuel Cárdenas Pastor, que comprendía las provincias de León, Zamora, Oviedo, Coruña, Lugo, Orense y Pontevedra.
>
> Segunda zona, con capital en Valladolid y comisario Luis Villanueva Echeverría, que comprendía las provincias de Burgos, Santander, Palencia, Soria, Segovia, Valladolid, Ávila y Salamanca.
>
> Tercera zona, con capital en Zaragoza y comisario Manuel Chamoso Lamas hasta 1945 (cuando pasaría a dirigir la primera zona), que comprendía las provincias de Zaragoza, Huesca, Teruel, Navarra, Guipúzcoa, Vizcaya, Álava y Logroño.
>
> Cuarta zona, con capital en Barcelona y comisarios José María Muguruza Otaño hasta 1940 y después Luis Monreal y Tejada, que comprendía las provincias de Barcelona, Gerona, Lérida, Tarragona, Castellón, Valencia, Alicante y Baleares.
>
> Quinta zona, con capital en Madrid y comisario Antonio C. Floriano Cumbreño hasta 1945, que comprendía las provincias de Madrid, Toledo, Guadalajara, Cuenca, Albacete, Ciudad Real y Cáceres.
>
> Sexta zona, con capital en Sevilla y comisario Joaquín Romero Murube, que comprendía las provincias de Sevilla, Córdoba, Badajoz, Huelva, Cádiz, Tenerife, Las Palmas y Colonias españolas de África.

---

[107] Orden de 8 de marzo de 1940 que divide el territorio nacional en siete zonas, a los efectos del Servicio del Tesoro Artístico, designación de Arquitectos-conservadores de Monumentos, y que anula todos los carnets, oficios, volantes, etc., de agentes de Recuperación de Obras de Arte, *Boletín Oficial del Estado,* núm. 73, de 13 de marzo de 1940, pág. 1777. La Orden por la que se cesa y nombra nuevos comisarios de zona es de 24 de abril de 1940, *Boletín Oficial del Estado,* núm. 134, de 13 de mayo de 1940, págs. 3280-3281.

Séptima zona, con capital en Granada y comisario Antonio Gallego y Burín, que comprendía las provincias de Granada, Málaga, Almería, Jaén, Murcia y plazas de soberanía española en el norte de África.

El 29 de marzo de 1941 se nombraba subcomisario general del Sdpan a Joaquín María Navascués y de Juan y se disponía el cese de Luis Villanueva Echeverría para dicho cometido[108]. También en esta época se les establecía un sueldo a los agentes del Sdpan, además de una asignación de gastos a las comisarías de zona. A pesar de que estas cantidades eran realmente exiguas y que no se acababan las penurias, parece que se marcaba un camino para una tímida dignificación del servicio.

Vamos a centrarnos ahora en lo que es el tema esencial de esta investigación: la gestión de las devoluciones de obras procedentes del extranjero y de los depósitos creados por la JTA republicana. Es indudable que las zonas que tuvieron mayor trasiego de obras y responsabilidades fueron aquellas que habían estado bajo mandato republicano, donde se habían creado depósitos de obras, además de que en muchos casos parte de ellas habían salido al extranjero como vía para garantizar su salvamento. Y esto ocurrió especialmente en la cuarta zona, con capital en Barcelona, y en la quinta zona, con capital en Madrid. Vamos ahora a sintetizar las gestiones y procedencia de las obras de las principales zonas de gestión, ordenadas en función del montante de obras[109].

Quinta zona, con capital en Madrid

Habría que subrayar desde el principio que desde Madrid se centralizó una gran parte de las devoluciones que se realizaron en la posguerra por el Sdpan, pues en los archivos consultados se conservan expedientes de envío a prácticamente todos los rincones de España, no solo a la zona centro sino a Galicia, Asturias, País Vasco, Navarra, Aragón, Cataluña, Valencia, Baleares, Castilla, Murcia, Andalucía, etc.

Habría que subrayar también que este importante contingente de obras gestionadas desde Madrid se debía, en primer lugar, a la gran cantidad de piezas que se guardaban en los depósitos madrileños, con seguridad los más numerosos de

---

[108] Decreto por el que se nombra Subcomisario General del Servicio de Defensa del Patrimonio Artístico Nacional a don Joaquín María Navascués y de Juan, *Boletín Oficial del Estado,* núm. 99, de 9 de abril de 1941, pág. 2390. El cese de Luis Villanueva Echeverría aparecía en el mismo *BOE,* pág. 2389.

[109] Entre otras, una fuente de información para los depósitos del Sdpan ha sido el artículo de Manuel Chamoso Lamas, «El Servicio de Recuperación y Defensa del Patrimonio Artístico Nacional», *Boletín de la Sociedad Española de Excursiones,* Madrid, 1943, págs. 174-212 y 259-294.

todo el país. Por un lado, se habían mantenido los ya creados por la JTA republicana (Museo Arqueológico Nacional, Museo de Arte Moderno, Museo del Prado, iglesias de San Fermín de los Navarros y de Santa Bárbara), pero por otro se habían habilitado otros nuevos (en el Palacio de Exposiciones del Retiro, el Jai-Alai o el Palacio de Hielo), dada la gran cantidad de obras almacenadas.

A estas obras gestionadas en los depósitos madrileños había que añadir las procedentes del extranjero, como las que llegaron desde Ginebra en tres expediciones[110] u otras obras localizadas en diversos países, especialmente en Francia[111].

Finalmente, también desde Madrid se gestionó el depósito procedente de Cartagena, en la estación naval de La Algameca, con los cuadros del Museo del Prado que no habían sido trasladados a Ginebra. Este depósito fue evacuado por el Sdpan en un tren de 11 vagones y al llegar al Museo del Prado se comprobó —tal como ya he descrito anteriormente— que, además de sus obras, había también piezas procedentes del Museo de Valencia y de la catedral de Cuenca, y asimismo orfebrería religiosa de Madrid y de Valencia y bienes económicos de la Caja de Reparaciones de Barcelona. Otro depósito de la Caja de Reparaciones se encontraba en Alcoy, en una masía cercana a la población llamada Torrebella; su contenido fue trasladado a Madrid en 16 camiones.

Vamos ahora a describir, aunque sea someramente, los principales depósitos de Madrid[112], organizados por el tipo de bienes que almacenaban y su importancia. Sabemos por el artículo de Manuel Chamoso Lamas el contenido de algunos de los depósitos de la Junta que el Servicio de Recuperación Artística encontró al entrar en Madrid[113], a los que se añadieron los de nueva creación por traslado en algunos casos.

En el Museo del Prado se conservaba un importante conjunto de pinturas, incluyendo especialmente los cuadros de particulares procedentes de Ginebra. Se puede calcular un montante de 23.560 cuadros almacenados. Existía otro gran depósito complementario de pinturas en el Museo de Arte Moderno, además de otros bienes, como tapices, cuberterías, etc. En la Real Academia de Bellas Artes de San Fernando se encontraba otro depósito de pequeñas pinturas y piezas de arqueología.

Sabemos que en el depósito principal del Museo Arqueológico Nacional había 32.640 objetos artísticos de toda clase, especialmente porcelanas, relojes y esculturas,

---

110 Véase Arturo Colorado Castellary, *Éxodo y exilio del arte, op. cit.*

111 Véase Arturo Colorado Castellary, *Arte, revancha y propaganda, op. cit.*

112 Véase Laura Rodríguez Peinado, «Los depósitos de arte del Servicio de Recuperación Artística de Madrid», en Miguel Cabañas Bravo, Amelia López-Yarto Elizalde y Wifredo Rincón García (coords.), *Arte en tiempos de guerra,* Madrid, CSIC, 2009, págs. 569-581.

113 Manuel Chamoso Lamas, «El Servicio de Recuperación y Defensa del Patrimonio Artístico Nacional», art. cit.

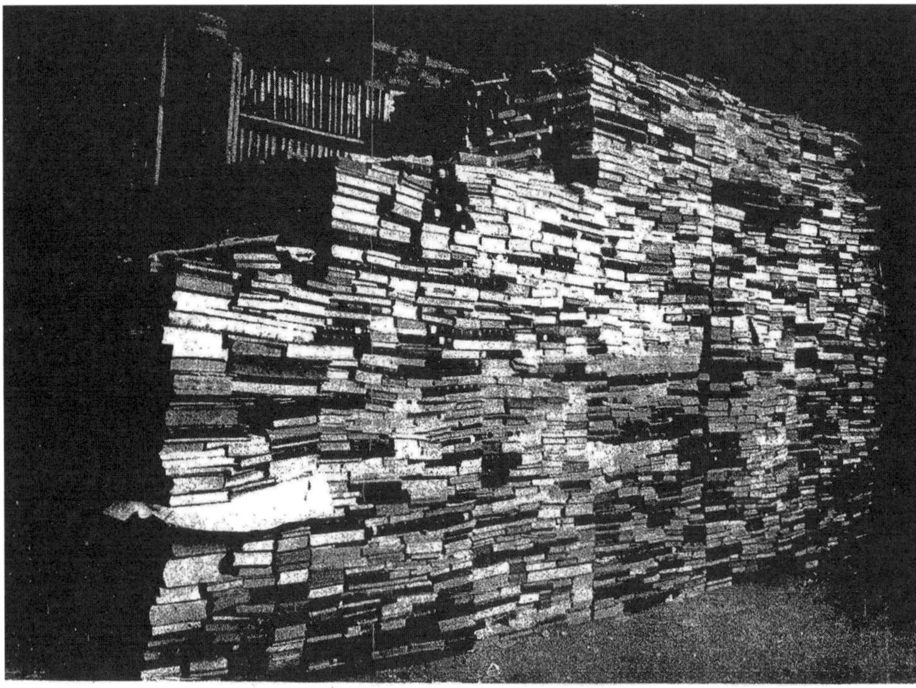

12. Depósito de libros de la Biblioteca Nacional; fotografía aparecida en *Revista Nacional de Educación* de abril de 1941.

identificados con etiquetas. Pero en otras salas se encontraban unas 6.000 piezas de procedencia desconocida. Otros depósitos incluían también objetos de todo tipo, como el Palacio de Exposiciones del Retiro (con muebles, estatuillas y objetos de decoración); la Comisaría General del Sdpan (con relojes, esculturas, tapices, objetos diversos), o el Palacio de Hielo (ubicado en la calle del duque de Medinaceli, 2 a 8), donde, según Chamoso Lamas, el Sdpan almacenó obras procedentes de los Ateneos Libertarios y otros centros políticos y sindicales, hasta un total de 13.200 «piezas de arte, sin la menor indicación de procedencia»[114]. En el Palacio Real se concentraban los tapices, entre los que se encontraban los numerosos procedentes de Ginebra.

Las iglesias de San Fermín de los Navarros y de Santa Bárbara eran depósitos de muebles artísticos durante la guerra, organizados por la JTA, y allí los encontraron los responsables franquistas del Sdpan, que pronto las evacuaron para dedicarlas a los oficios religiosos y trasladaron su contenido al frontón Jai-Alai[115]. En este último depósito se concentraron unos 2.200 muebles, a los que se añadieron más de 800

[114] *Ídem,* pág. 284.

[115] En San Fermín de los Navarros se iban a celebrar los actos conmemorativos de la «Victoria» y era, por lo tanto, urgente su desalojo.

procedentes del Teatro Alcázar, de las Comendadoras de Santiago y del Casino de Madrid. Tal cantidad de muebles llenó por completo la cancha del frontón y también los dos primeros pisos, a tal extremo que —según su encargado, Felipe San Pedro— «constituía una gran dificultad transitar por entre ellos»[116]. El frontón Jai-Alai funcionó como depósito de muebles del Sdpan durante algo más de seis meses, desde mayo hasta diciembre de 1939, cuando fue clausurado como tal.

En la documentación localizada se habla de otros depósitos de piezas, como la parroquia de Chamberí, la calle Fomento 9 o Villa Elvira, situada entre la calle López de Hoyos y Arturo Soria 73. Finalmente, en la Biblioteca Nacional, el Sdpan localizó una gran cantidad de libros almacenados para su conservación que, unidos a otros de diferentes orígenes, sobrepasaban el millón de ejemplares.

Podemos resumir aquí los principales depósitos de Madrid que gestionó el Sdpan en la inmediata posguerra, su contenido y el número de piezas, cuando este dato es conocido:

Relación de depósitos de Madrid y contenido

Depósitos	Contenido	Número de piezas
Museo del Prado	Cuadros	23.560
Museo de Arte Moderno	Cuadros y otros bienes como tapices, cuberterías, etc.	¿?
Real Academia de Bellas Artes de San Fernando	Pequeñas pinturas y piezas de arqueología	¿?
Museo Arqueológico Nacional	Toda clase de objetos artísticos. Piezas de orfebrería y de arqueología	• 32.640 obras catalogadas, con núm. de acta y procedencia • 6.000 de procedencia desconocida.
Comisaría General del Sdpan	Relojes, esculturas, tapices y objetos diversos	¿?
Palacio de Hielo	Obras procedentes de los Ateneos Libertarios y otros centros políticos y sindicales	13.200, sin indicación de procedencia
Palacio Real	Tapices	¿?
Frontón Jai-Alai	Muebles (procedentes de las iglesias de San Fermín de los Navarros y de Santa Bárbara, además del Teatro Alcázar, de las Comendadoras de Santiago y del Casino de Madrid)	2.871

[116] Informe del depósito Jai-Alai de diciembre de 1939, Arch. GA, 51/11252.

Además de los depósitos madrileños enumerados, y según Chamoso Lamas[117], había depósitos de obras de arte en Toledo, Guadalajara, Cuenca, Ciudad Real e incluso en Murcia y Jaén, que también eran gestionados desde el Sdpan de Madrid.

En el caso de Toledo, el Sdpan recogió las obras y las concentró en grandes depósitos en la misma catedral, en el local destinado al tesoro bajo la gran torre, con obras del Museo de San Vicente, Hospital de Tavera, Santo Domingo de Silos el Antiguo, Santa Isabel de los Reyes, conventos de jesuitas y capuchinos, además de las obras de la misma catedral. Cuando este local estuvo completo, se continuó con el depósito en la capilla mozárabe. Los cuadros del Museo del Greco fueron custodiados en los sótanos del edificio. Algo parecido ocurrió con las obras del Museo de Santa Cruz, a donde también se enviaron los cuadros de la Diputación Provincial y piezas de otras entidades. *El entierro del conde de Orgaz* fue encontrado en la iglesia que lo albergaba, echado en el suelo y cubierto con colchones y sacos terreros.

Cuarta zona, con capital en Barcelona

En el caso de la demarcación del Sdpan dirigida desde Barcelona había un gran número de piezas por gestionar que alcanzaba una amplia zona, en gran parte bajo mandato republicano o de la Generalitat durante la guerra: Barcelona, Gerona, Lérida, Tarragona, Castellón, Valencia, Alicante y Baleares.

Su sede en Barcelona cambió de ubicación en varias ocasiones; inicialmente, después de la ocupación franquista de la ciudad, estuvo en la planta baja de la Universidad de Barcelona[118]; después, en mayo de 1939, se trasladó al Palacio de la Virreina, donde permaneció hasta finales de 1947, cuando se instaló en el Museo Arqueológico de Barcelona.

El comisario de la zona fue inicialmente José María Muguruza Otaño, hasta 1940, cuando fue sustituido por Luis Monreal y Tejada, figura fundamental de la gestión en esta zona durante la posguerra y que nos ha dejado un estimable testimonio de ella[119]. Finalmente, en 1947, el cargo fue ocupado por Martín Almagro Basch, que realizó el cambio de sede del Sdpan al Museo Arqueológico de Barcelona, del que era director[120].

---

[117] Manuel Chamoso Lamas, «El Servicio de Recuperación y Defensa del Patrimonio Artístico Nacional», art. cit., pág. 287.

[118] *La Vanguardia Española,* 1 de febrero de 1939, pág. 4.

[119] Luis Monreal y Tejada, *Arte y Guerra Civil, op. cit.* No deja de ser muy significativa la motivación que da Monreal para haber dejado el puesto de comisario de la zona, «por una razón práctica y perentoria: el sueldo asignado a mi cargo no permitía mantener con decoro a una familia con esposa y tres hijos» (pág. 213).

[120] *Boletín Oficial del Estado,* núm. 339, de 5 de diciembre de 1947, pág. 6466. Entendemos que debido a esta nueva sede y a su director, la documentación del Sdpan en esta zona se encuentra en el Museu d'Arqueologia de Catalunya, Barcelona.

También esta zona tuvo que gestionar no solo los numerosos depósitos creados por la Generalitat[121], sino también las obras que habían sido trasladadas al extranjero, especialmente a Francia, o las que procedían de Cataluña y que salieron, gestionadas por la JTA republicana, en febrero de 1939 a Ginebra[122]. En estos depósitos catalanes también había obras procedentes de Aragón.

El mayor depósito de obras de arte en Barcelona, creado por la Generalitat ya en 1939, fue el edificio de la Caja de Pensiones, situado en Montjuïc[123]. Allí se reunió una gran cantidad de objetos de arte procedentes de otros depósitos durante la guerra, gestionados por la Generalitat. Entre ellos destacaban los del monasterio de Pedralbes, que tenía un gran depósito que contenía, además de cuadros, piezas de valor y muebles, el archivo de la Corona de Aragón, edificio que, así como sus pinturas, no había sufrido daños. Otros depósitos en Barcelona estaban en la residencia de sacerdotes de San Severo, en la calle de la Paja, y en el Palacio Solferino de la bajada de San Miguel[124].

Existe una interesante descripción de los depósitos de Barcelona realizada por los agentes de la Comisión de Recuperación del Patrimonio Nacional, Benito Castillo Sánchez y Alfredo López Helguero, que en febrero de 1940 marcharon a esta ciudad para recuperar las piezas que allí se encontraran procedentes de esta institución. En su informe, destacaban el «Palacio Nacional de Montjuich», donde se hallaban «expuestos diversidad de objetos procedentes, unos de Ginebra y otros concentrados de los infinitos depósitos establecidos en la zona roja por las entidades políticas y sindicales, principalmente los de Peralada, Pedralbes, Figueras y Olot»; el palacio de la «Caja de Pensiones de Montjuich», con las «joyas artísticas, debidamente presentadas en sus correspondientes vitrinas, los cuadros y tapices orlando los lienzos de los departamentos que sirven de exposición, [que] hacen de aquel lugar un magnífico museo de arte español»; el palacio y monasterio de Pedralbes, con «diversos archivos de importante valor histórico»; etc.[125].

A su vez, otros depósitos creados y gestionados por la Generalitat fueron el monasterio de Poblet (con un importante contingente de cuadros, libros, muebles o encajes procedentes de instituciones religiosas) o el monasterio de Santas Creus, ambos en la provincia de Tarragona. También en el Palacio Arzobispal de Tarrago-

---

[121] Maria de Lluc Serra Armengol, «Arte en tiempos de guerra. Los orígenes de los depósitos de arte en la Guerra Civil y su destino durante la posguerra en Cataluña», en Arturo Colorado Castellary (ed.), *Patrimonio cultural, Guerra Civil y posguerra,* Madrid, Fragua, 2018, págs. 151-165.

[122] Véase Arturo Colorado Castellary, *Éxodo y exilio del arte, op. cit.*

[123] Este edificio, pabellón de la Caixa d'Estalvis i Pensions de Barcelona y construido en 1929 por Josep Maria Ribas i Casas y Manuel Maria Mayol, con motivo de la Exposición Universal, había sido durante la guerra hospital y banco de sangre, pero fue pronto abandonado por su difícil acceso. Hoy es la sede del Institut Cartogràfic i Geològic de Catalunya.

[124] Véase Luis Monreal y Tejada, *Arte y Guerra Civil, op. cit.,* pág. 89.

[125] Arch. GP, AG_2288_7.

na, que había sido convertido en Museo Arqueológico durante la guerra, el Sdpan encontró un importante contingente de obras procedentes del Museo Provincial, de la Escuela de Bellas Artes, de las iglesias locales e incluso de particulares.

El resto de depósitos catalanes estaban en Gerona, Sabadell, Manresa o Granollers, en Olot, Bescanó, Darnius, Agullana y Viladrau. En los depósitos del norte de Cataluña, ya muy cerca de la frontera, en el castillo de Peralada, en una mina de La Vajol o en la fortaleza de Figueras —la parte más importante del contenido de estos tres depósitos había sido evacuada a Ginebra— los agentes franquistas encontraron una cantidad de obras que los republicanos no habían podido evacuar, dada la cercanía de las tropas franquistas y los bombardeos sobre la zona[126]. Todas estas obras fueron gestionadas en Barcelona, tras ser transportadas en camiones.

En Lérida, la Generalitat convirtió la ermita de Butsenit, a pocos kilómetros de la ciudad, en un gran depósito de obras evacuadas de todos los pueblos de la provincia e incluso de fuera de ella, como las procedentes de los pueblos de la franja oriental de Aragón y el tesoro de la catedral de Roda de Isábena. Otro depósito se hallaba en el hospital gótico de Santa María. Y el tercer depósito se encontraba en el Museo Morera, que había sido convertido en «Museo del Pueblo» durante la guerra, donde el Sdpan concentró las obras y sus servicios[127].

En la zona de Levante, el Sdpan organizó en la posguerra varios depósitos, procedentes en gran parte de los creados por la JTA: en Castellón, en la provincia de Valencia, con varios almacenes de obras en la capital, así como en Játiva; en la provincia de Alicante, en la capital, en Alcoy, en Elche y en Orihuela.

En Castellón, los agentes de vanguardia del Sdpan se hicieron cargo de los diversos depósitos donde la JTA había recogido piezas de las iglesias y conventos, así como de particulares, aunque gran parte había sido evacuada a Valencia antes de la entrada de las tropas franquistas. El principal depósito se hallaba en la iglesia barroca de la Casa de la Beneficencia, también llamada Casa de Misericordia[128].

---

[126] Véase Arturo Colorado Castellary, *Éxodo y exilio del arte, op. cit.*, págs. 169-191.

[127] Luis Monreal nos ha dejado testimonio de su visita a Lérida como agente del Sdpan: «No encontramos en Lérida ni conocimos a los recuperadores republicanos, que habían hecho un buen trabajo. Estaban las colecciones del Museo de Lérida con magníficas tablas góticas y otras obras medievales, como los sarcófagos de madera pintada y el trono de la abadesa del destruido monasterio de Sijena, en Aragón. Pero además los abundantes cuadros de dos destacados pintores paisajistas del naturalismo del siglo XIX: el belga Carlos de Haes, profesor en Madrid, y su mejor discípulo, el leridano Jaime Morera Galicia. Se había salvado también, en todo o en parte, el contenido del Museo Diocesano». Véase Luis Monreal y Tejada, *Arte y Guerra Civil, op. cit.*, pág. 54.

[128] Según Luis Monreal, «el depósito de la Casa de Misericordia era riquísimo y estaba perfectamente ordenado. Habían actuado a tiempo, no solo en la capital, sino también en pueblos de la provincia, incluso los alejados del Maestrazgo. También alcanzaron el salvamento de alguna notable colección particular». Véase Luis Monreal y Tejada, *Arte y Guerra Civil, op. cit.*, pág. 75.

En la capital de Valencia, la sede del Sdpan se encontraba en el Museo de Bellas Artes de San Carlos; como depósito allí se almacenaban 10.500 piezas, fundamentalmente de pintura y cerámica. En las torres de Serrano se hallaban los tesoros de la catedral de Segorbe —las piezas que no habían llegado a Ginebra— y la de Castellón, que habían sido evacuados a esta ciudad antes de la toma franquista. En el Colegio del Patriarca se encontraban los retablos de Teruel, los códices de la catedral de Toledo, el archivo de la catedral de Ciudad Real y archivos de la región valenciana. Finalmente, en el Archivo Municipal de Valencia estaban depositadas las obras de Goya y las más destacadas pinturas de la catedral de Valencia.

La tercera zona del Sdpan, con capital en Zaragoza y comisariada por Manuel Chamoso Lamas hasta 1945, englobaba las provincias de Zaragoza, Huesca, Teruel, Navarra, Guipúzcoa, Vizcaya, Álava y Logroño.

En Zaragoza se habilitó como depósito el edificio de la Lonja de Comercio y, según la descripción de los agentes de recuperación de Patrimonio Nacional antes referenciado en su paso por esta ciudad camino de Barcelona, la sala de exposiciones estaba en la iglesia del Carmen[129]. En Huesca, los franquistas construyeron, durante el asedio de la ciudad, dos pequeños refugios para almacenar las obras de arte.

Esta tercera zona incluía las provincias vascas, donde se encontraban los principales depósitos ya descritos del puerto de Bilbao y también había uno considerable en el Museo de San Telmo en San Sebastián. Ambos contenían las obras que habían permanecido en tierras vascas y que no habían sido evacuadas a Francia.

La gestión de las obras salidas al extranjero

Otras de las tareas fundamentales que tenían los agentes del Sdpan franquista era la localización y repatriación de las obras salidas al extranjero durante la guerra.

Con respecto a las obras de origen vasco[130], recordemos que eran dos los contingentes de piezas evacuadas: el primero consistía en la colección de artistas vascos contemporáneos que había sido llevada a París para participar en el pabellón español de la Exposición Internacional de 1937; y el segundo contenía piezas evacuadas urgentemente de Bilbao antes de caer en manos franquistas, fundamentalmente en ese momento depositadas en el puerto de La Rochelle[131].

---

[129] Arch. GP, AG_2288_7.

[130] He tratado este tema con mayor amplitud en Arturo Colorado Castellary, *Arte, revancha y propaganda, op. cit.*, págs. 100-108.

[131] Para una información más completa sobre los avatares de las obras evacuadas del País Vasco a Francia durante la guerra y su recuperación franquista, véase Francisco Javier Muñoz Fernández,

La colección de los artistas vascos, después de que Ucelay seleccionara 17 cuadros para su exposición en el pabellón español[132] e intentara infructuosamente organizar una exposición general en el Jeu de Paume con el conjunto de piezas —que se calcula que eran un total de 250 cuadros y 15 esculturas, realizadas por 69 artistas vascos[133]—, fue llevada en itinerancia por diversas ciudades europeas acompañando al grupo de canto y danza Eresoinka. Cuando los agentes franquistas intentaron recuperar estas obras, los nacionalistas vascos se negaron a entregarlas y hubo que esperar a la ocupación nazi de Francia y a la intervención directa de la Gestapo para que las obras volvieran a España el 18 de octubre de 1940.

Con respecto al segundo contingente de obras vascas, las cosas fueron aún más complicadas, pues las autoridades franquistas de Burgos —en connivencia con el Ayuntamiento bilbaíno, la Diputación guipuzcoana, particulares y bancos— entablaron acciones ante los tribunales franceses para recuperarlas. El tribunal de La Rochelle embargó preventivamente el cargamento del barco en junio de 1938 —en el que se contabilizaban unas 496 piezas artísticas— y el juicio se celebró en mayo de 1939. El veredicto del tribunal francés, emitido el 21 de junio de 1939 —acabada ya la guerra y vencida la República— fue a favor de los intereses franquistas. El barco que transportaba las obras llegó a Pasajes el 14 de agosto, donde se desembarcaron las piezas guipuzcoanas, y el 15 de agosto a Bilbao.

Con respecto a las obras catalanas en Francia, y a pesar de la colaboración de Folch i Torres con los franquistas y la aparición en París de Eugenio d'Ors para reclamar la entrega de dichas piezas en connivencia con el primero, estas no volvieron a España hasta septiembre de 1939, en un tren especial conseguido por José María Sert que atravesaría la frontera una semana después del que transportaba las obras procedentes de Ginebra[134].

Recordemos que las obras cántabras, gestionadas en la primera zona del Sdpan, con capital en León, y las obras asturianas, gestionadas en la segunda zona del Sdpan, con capital en Valladolid, habían sido evacuadas a Francia durante la guerra y que después de un litigio en los tribunales franceses iniciado a instancias franquistas volvieron, según hemos visto[135], a Valencia en 1938, desde donde fueron

---

El museo ausente. La evacuación del Museo de Arte Moderno de Bilbao a Francia durante la Guerra Civil, Bilbao, Universidad del País Vasco, 2017.

[132] Con obras de Aurelio Arteta, Juan de Echevarría, Darío de Regoyos, Julián de Tellaeche, Valentín de Zubiaurre, Arrúe, García Asarta, Bernardino Bienabe, José Benito de Bikandi y del mismo José María Ucelay.

[133] Carta de 17 de septiembre de 1937 del director general de Bellas Artes al director de los Museos Nacionales, Arch. NP, 20150044/87.

[134] Véase Arturo Colorado Castellary, *Arte, revancha y propaganda, op. cit.*, págs. 76-88.

[135] Rebeca Saavedra Arias, «La destrucción del patrimonio artístico durante la Guerra Civil. El caso cántabro», en Miguel Ángel Aranburu-Zabala Higuera, Celestina Losada Varea y Rebeca Saa-

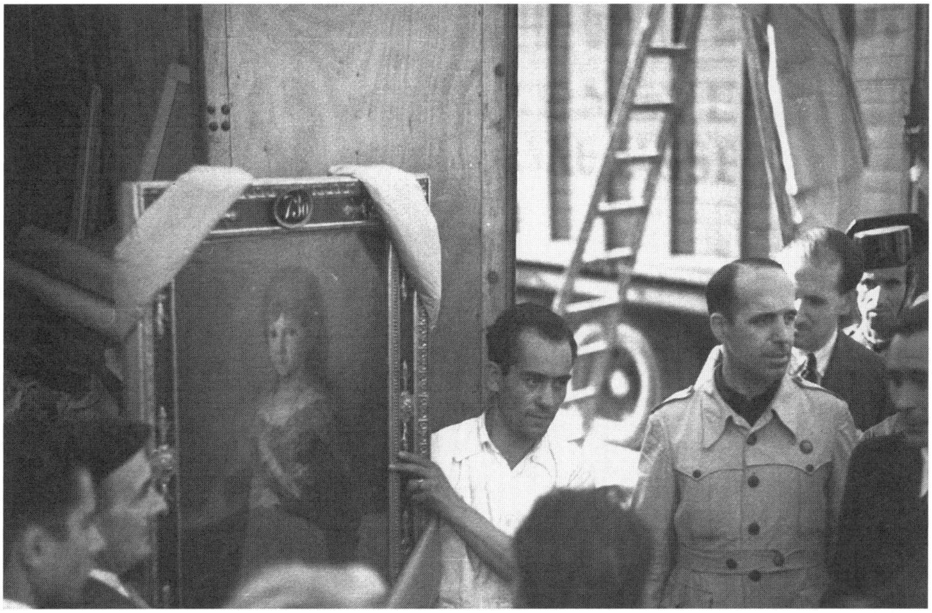

13. Llegada a Madrid de las obras procedentes de la exposición del Museo del Prado en Ginebra, en septiembre de 1939. En la fotografía, la obra de Goya *El infante Francisco de Paula Antonio de Borbón y Borbón-Parma.*

enviadas en la posguerra a ambos destinos. Pero según otra información[136], estas piezas fueron recuperadas por los franquistas en París, de donde volvieron a España a finales de 1939.

Las obras de Ginebra, después de inventariadas en su mayoría por el Comité Internacional para el Salvamento de los Tesoros Españoles, volverían a Madrid en dos expediciones, en mayo y junio de 1939. Pero de las obras de Ginebra se hizo una selección, con la que se organizó una gran exposición en el Museo de Arte y de Historia de Ginebra —con un increíble éxito internacional—, cuyo contenido volvió definitivamente a España el 9 de septiembre de 1939, a la Estación del Norte de Madrid[137]. Habría que añadir que las obras de Ginebra, con piezas fundamentales, procedían en su mayoría de Madrid, pero también había un importante porcentaje que pertenecía a otros territorios en manos republicanas durante la guerra, tal como ya hemos comentado.

---

vedra Arias, *Patrimonio destruido en Cantabria,* Santander, PUbliCan, Ediciones de la Universidad de Cantabria, 2012, págs. 49-105.

[136] Manuel Chamoso Lamas, «El Servicio de Recuperación y Defensa del Patrimonio Artístico Nacional», art. cit., pág. 183.

[137] Véase Arturo Colorado Castellary, *Éxodo y exilio del arte. La odisea del Museo del Prado durante la Guerra Civil,* Madrid, Cátedra, 2008, págs. 345-351.

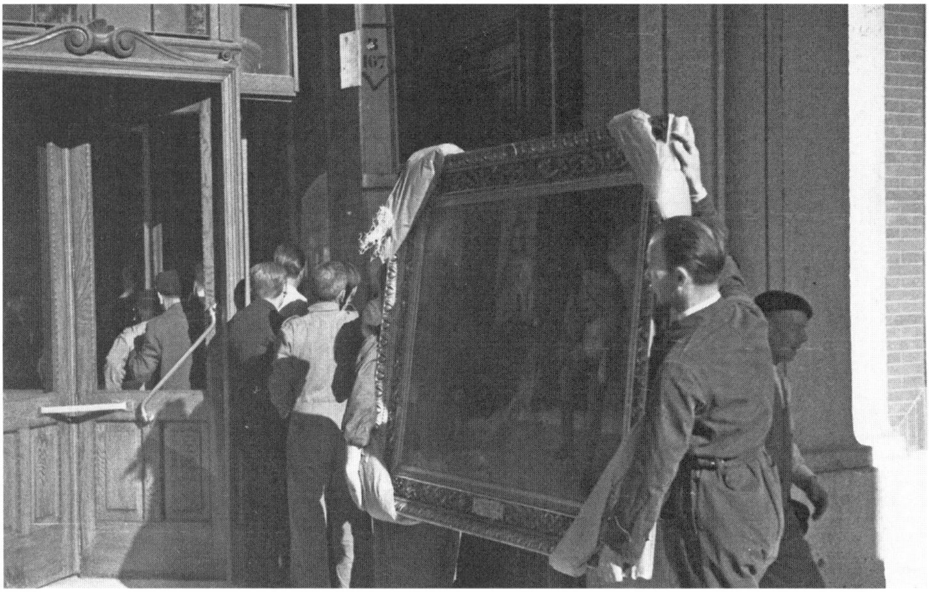

14. Ingreso en el Prado, en septiembre de 1939, de la obra de Tiziano *La Virgen con el Niño entre San Antonio de Padua y San Roque,* procedente de Ginebra.

El martirio del arte: la propaganda franquista y la acusación de destrucción y saqueo del arte religioso

Después del largo intervalo de la Guerra Civil, el Museo del Prado reabría sus puertas el 7 de julio de 1939. Con tal motivo se organizó en el propio museo, y con el objetivo de cubrir los huecos de las obras fundamentales que se exponían en Ginebra paralelamente, la muestra denominada *De Barnaba da Modena a Francisco de Goya. Exposición de pinturas de los siglos* XIV *al* XIX *recuperadas por España.* En ella figuraban las pinturas que habían vuelto de Ginebra en las dos primeras expediciones —que llegaron a Madrid el 14 de mayo y el 3 de junio de 1939—, las procedentes del depósito de Cartagena —que habían regresado el 30 de mayo—, además de otras que habían formado parte del depósito del Prado durante la Guerra Civil. En la introducción al catálogo de la exposición, Sánchez Cantón, subdirector del Prado, justificaba de esta manera la muestra:

> El paso por Madrid y la estancia en el Prado de cuantiosas pinturas pertenecientes a iglesias y museos de varias localidades de España, recuperadas, como uno de los frutos de la victoria, gracias a las gestiones del Ministerio de Asuntos Exteriores y a los desvelos del Servicio de Defensa del Patrimonio Artístico Nacional y traídas, principalmente, de Ginebra y de Cartagena, da motivo a esta exposición que, por coincidir con la admirable que se celebra en la mentada ciudad suiza,

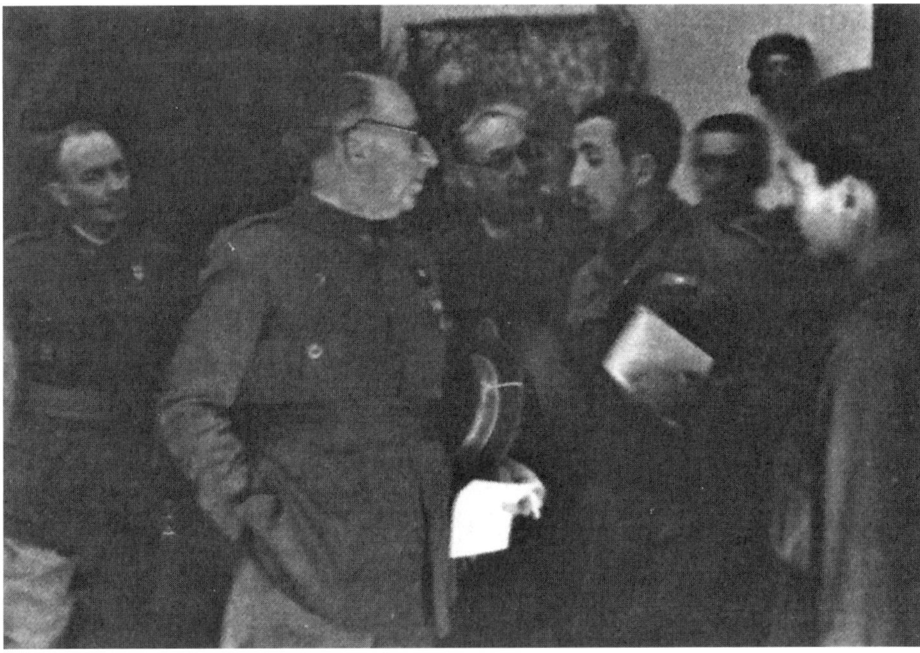

15. Los generales Orgaz y Martín Alonso con Luis Monreal en la inauguración de la exposición *Arte mutilado por los rojos,* montada en Valencia en mayo de 1939.

> viene a compensar, por el atractivo de la novedad, la ausencia de ciento cincuenta obras capitales de las Salas de nuestro Museo; aquellas y estas entregadas a todos los riesgos por un régimen de oprobio, que las hizo viajar sin razón[138].

Es evidente que el franquismo no perdía oportunidad para exterminar ideológicamente al enemigo, ya vencido por las armas. En este caso, Sánchez Cantón utilizaba el catálogo de la exposición montada en el Prado para desacreditar la política de evacuación de las piezas artísticas más importantes llevada a cabo por la República y su salida al extranjero, precisamente bajo las bombas franquistas, al final de la guerra.

Y es evidente también que la exposición fue un medio idóneo utilizado por la propaganda franquista especialmente para mostrar las obras por ellos salvadas o para denunciar la capacidad destructiva de las «hordas rojas», una propaganda que ya se había iniciado durante la guerra —como hemos visto en el capítulo anterior— y que continuaría con insistencia machacona durante la posguerra.

Recién acabada la guerra, en abril de 1939, el Sdpan organizaba en Valencia, en un local comercial de la calle de la Paz, una exposición titulada *Arte mutilado*

---

[138] *De Barnaba da Modena a Francisco de Goya. Exposición de pinturas de los siglos* XIV *al* XIX *recuperadas por España,* catálogo de exposición, Madrid, Blass, 1939, pág. III.

por los rojos, que según Monreal mostraba un conjunto de piezas «maltratadas por los revolucionarios: cuadros acuchillados o quemados, tallas destrozadas, objetos de culto rasgados o triturados»[139].

También en Valencia, al mes siguiente, en mayo de 1939, se montaba otra exposición de idénticas características titulada *Martirio del arte y huellas de la barbarie roja,* organizada por el Sdpan con el material fotográfico tomado por Pelayo Mas en 1938 en Toledo. Se trataba de una muestra que recogía aquellas obras de carácter religioso mutiladas por los anarquistas. Esta exposición se había montado previamente en Bilbao.

Y precisamente para diferenciarse de estos ataques del enemigo al arte religioso y destacar el carácter esencialmente católico del nuevo régimen, se montaba la *IV Exposición Internacional de Arte Sacro,* celebrada en mayo de 1939 en Vitoria[140]. Comisariada por Eugenio d'Ors, a la inauguración asistieron el Gobierno, el cuerpo diplomático, con la figura destacada de Pétain, y el episcopado. La ubicación en Vitoria se debía —entre otras razones logísticas por la cercanía a la frontera— a la especial consideración que merecía esta ciudad a los ojos franquistas por su apoyo al golpe de Estado nacionalista y por haberse decantado por los sublevados en contraste con las otras provincias vascas «separatistas».

A su vez, continuaban en esta inmediata posguerra las publicaciones franquistas en las que se destacaban las destrucciones de obras de arte por parte de las «hordas marxistas», como el libro, publicado en 1939, titulado *Vía Crucis del Señor en las tierras de España,* de Manuel Augusto[141]. En 1943 Juan Francisco Rivera publicaba *Despojo marxista de la catedral de Toledo*[142], y todavía en 1948 se seguía insistiendo en esta perspectiva, como queda reflejado en el libro el *Saqueo del tesoro religioso de España,* publicado en Madrid por la Oficina Informativa Española[143].

Otra de las campañas —también con implicaciones propagandísticas— que emprendió el Sdpan fue la localización en Madrid de obras producto del robo durante la guerra, y para ello sus agentes se personaron en los «anticuarios y en tiendas de "viejo" del Rastro de Madrid», una empresa que obtuvo un «éxito fundamental», según Manuel Chamoso[144].

---

[139] Luis Monreal y Tejada, *Arte y Guerra Civil, op. cit.,* pág. 112.

[140] Andere Larrinaga Cuadra, «La Exposición Internacional de Arte Sacro de Vitoria de 1939: un hito artístico en la postguerra española», *Ondare,* núm. 25, 2006, págs. 221-232.

[141] Barcelona, Editora Nacional, 1939, 32 páginas y numerosas fotografías de las obras mutiladas o destruidas.

[142] Toledo, Editorial Católica Toledana, 1943.

[143] Con 143 páginas y numerosas ilustraciones de obras mutiladas o edificios religiosos destruidos.

[144] Manuel Chamoso Lamas, «El Servicio de Recuperación y Defensa del Patrimonio Artístico Nacional», *op. cit.,* pág. 292. Chamoso añade que estas piezas eran «producto de compras y ventas efectuadas durante la dominación marxista, con origen de despojos o dudoso, declarado así por los mismos industriales».

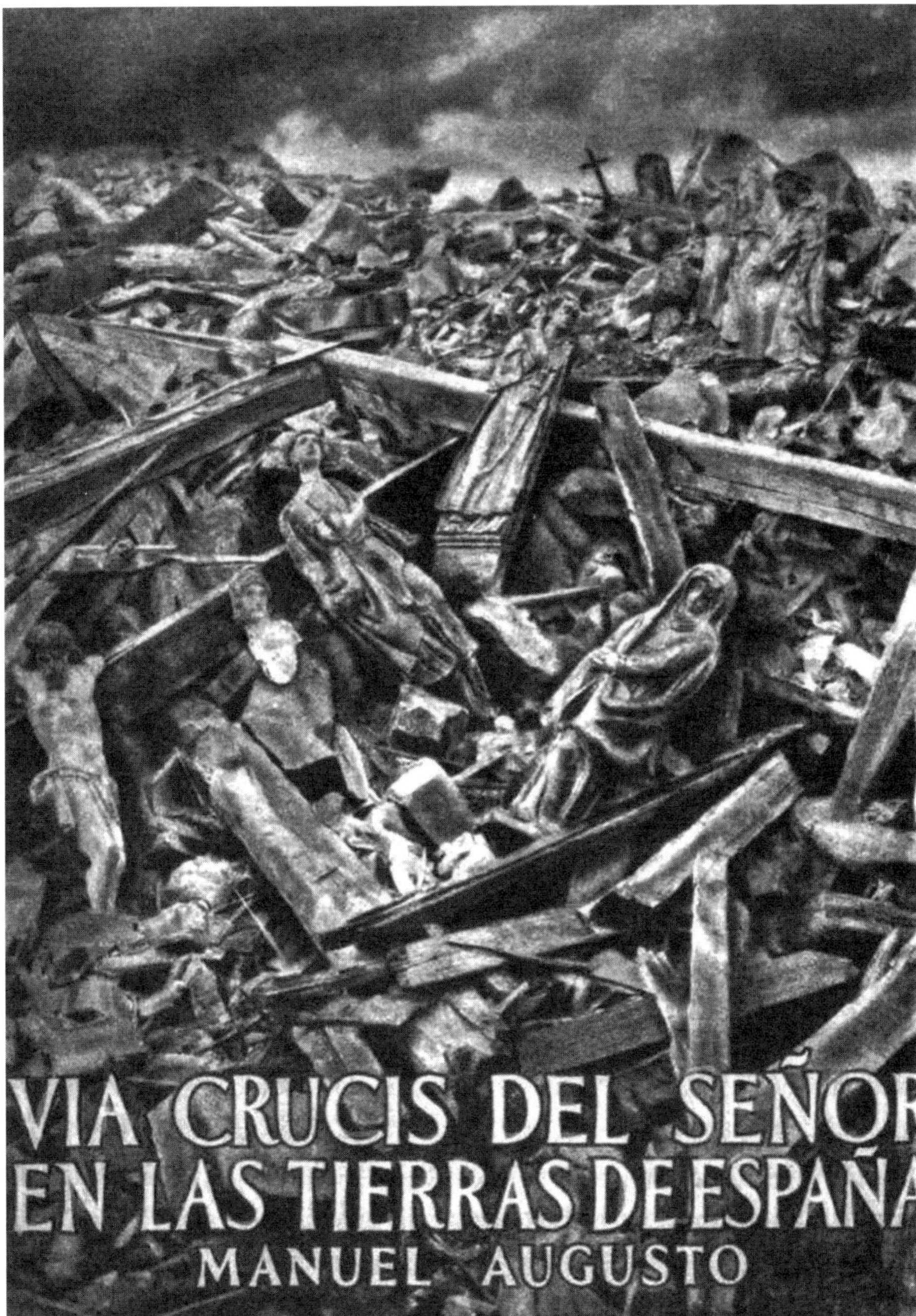

16. Portada del libro de Manuel Augusto *Vía Crucis del Señor en las tierras de España,* Barcelona, Editora Nacional, 1939.

Estas piezas fueron incautadas por el Sdpan y expuestas, y Chamoso afirmaba que «son muchas las personas que las reclaman, habiendo sido designado, a petición del Servicio, un juez especial que instruye los expedientes oportunos»[145]. Habría que añadir que algunas casas de comercio de antigüedades fueron cerradas como represalia.

El 19 de enero de 1940, el Ministerio de Educación Nacional se había dirigido al ministro del Ejército en una carta que no tiene desperdicio por los datos que aporta y la solicitud de un juez especial para gestionar las confiscaciones de piezas:

> A la entrada del Ejército Nacional en Madrid, los agentes del Servicio de Recuperación Artística realizaron en el Rastro y en las tiendas de anticuarios una información acerca de los despojos realizados en casas particulares durante el dominio rojo. El resultado de la información fue poner de manifiesto la existencia de una banda de criminales que actuaba encubierta por las sindicales obreras U.G.T. y C.N.T. principalmente, aunque otros partidos como el Sindicalista tuvieron también intervención análoga, amparados todos por diversas personalidades.
>
> Los objetos producto de los despojos se vendían, unos en el Rastro, alcanzando precios considerables, y otros entre anticuarios, saliendo finalmente de España en número tan considerable, que según indicios, completaron el cargamento de tres barcos, existiendo aún una gran parte de ellos repartidos entre anticuarios, lo que ha dado lugar al cierre de algunos establecimientos.
>
> Clara la trama de todo se procedió a la incautación de todos los objetos dudosos y por el Servicio de Recuperación Artística se solicitó del Señor Auditor General del Ejército del Centro el nombramiento de un Juez especial, para entender en este asunto y en las incidencias de orden jurídico a que diese lugar la devolución de los objetos incautados, nombramiento que aún no se ha realizado, produciendo esta demora las complicaciones consiguientes y dificultando y tal vez anulando de momento la prueba consiguiente.
>
> Por lo expuesto este Ministerio ha decidido recabar de VE disponga el nombramiento del referido Juez especial[146].

Resulta chocante, en primer lugar, que quien tuviera que nombrar al juez especial fuera el ministro del Ejército y que este nombramiento, en segundo, no se hubiera realizado diez meses después de esta «inspección» en las tiendas de anticuarios y de la petición del Sdpan.

Pero llegaba el momento, que se había atrasado hasta el final de la contienda, de proceder a la devolución de los bienes almacenados o evacuados por la JTA y las dos autonomías —la catalana y la vasca—, así como de los que habían sido objeto de robo. Y para ello había que crear una normativa y un procedimiento que reglamentaran la tarea. Pero, como vamos a ver a continuación, esta labor no sería nada fácil.

---

[145] Manuel Chamoso Lamas, «El Servicio de Recuperación y Defensa del Patrimonio Artístico Nacional», art. cit.

[146] Arch. GA, (3)5.3 51/11208.

Capítulo 4

Las devoluciones de las obras salvadas

El tema que vamos a tratar aquí —las devoluciones realizadas por el franquismo en la inmediata posguerra de las piezas muebles salvadas y almacenadas por la JTA republicana durante la guerra— no ha sido hasta ahora prácticamente estudiado, razón por la cual existe una escasísima bibliografía al respecto[147]. En otro lugar ya me referí a que, además de la restauración de los edificios históricos afectados, el principal esfuerzo del Sdpan en la inmediata posguerra, una vez localizados los depósitos republicanos creados durante la contienda, radicó precisamente en gestionar las devoluciones de las obras que habían sido almacenadas por la JTA[148]. Pero, como veremos, la tarea no estuvo exenta de múltiples problemas.

El Sdpan comenzó su labor de devolución con obras de especial valor simbólico y de origen conocido. Así es como de las obras procedentes de Ginebra en los dos envíos de mayo y junio de 1939 se reintegraron las piezas del Patrimonio Nacional[149], del Museo de Arte Moderno o del Museo del Prado. Al Museo Naval se le entregó el mapa de Juan de la Cosa y el astrolabio de Felipe II; al Arqueoló-

---

[147] Véase María Paz Aguiló, «El destino de los objetos incautados durante la Guerra Civil», en Miguel Cabañas Bravo, Amelia López-Yarto Elizalde y Wifredo Rincón García (coords.), *Arte en tiempos de guerra,* Madrid, CSIC, 2009, págs. 583-588.

A partir de las convocatorias de los congresos sobre «Patrimonio, guerra y posguerra», que he tenido la oportunidad de dirigir, han ido apareciendo en las actas publicadas diferentes aportaciones sobre las devoluciones franquistas en la posguerra, que iremos desgranando en este y siguientes capítulos: Arturo Colorado Castellary (ed.), *Patrimonio, Guerra Civil y posguerra,* Madrid, Universidad Complutense / Museo Nacional del Prado / Sociedad Estatal de Conmemoraciones Culturales, 2010; Arturo Colorado Castellary (ed.), *Patrimonio cultural, Guerra Civil y posguerra,* Madrid, Fragua, 2018.

[148] Arturo Colorado Castellary, «La política franquista sobre el patrimonio en la primera posguerra», en Arturo Colorado Castellary (ed.), *Patrimonio, Guerra Civil y posguerra, op. cit.,* págs. 99-122.

[149] Expediente de 14 de julio de 1939 de entrega a Manuel Álvarez Sagrera de los «paquetes que contienen tapices del Palacio Real de Madrid y que proceden de Ginebra», Arch. IPCE, SRA_2977.

gico Nacional, el tesoro de los Quimbayas, y lo mismo ocurrió con los códices de la biblioteca de El Escorial o la *Biblia de San Luis* de la catedral de Toledo. Y a la Iglesia precisamente se devolvieron obras de gran significación popular, antes incluso de que hubiera normativa alguna sobre el procedimiento a aplicar, como el *Cristo de Medinaceli* a la iglesia de los Capuchinos de Madrid, el *San Francisco* de Pedro de Mena y la *Santa Ana* a la catedral de Toledo o las obras de Juan de Borgoña a la catedral de Cuenca. Cuando finalizó la exposición de Ginebra de junio-agosto de 1939 con una selección de 195 obras, especialmente del Prado, fueron conducidas a dicho museo directamente desde la estación a donde había llegado el tren el 9 de septiembre de 1939[150].

Pero el problema no radicaba en las obras de los museos y catedrales o en las grandes colecciones, claramente identificables, sino en las de los particulares, organismos y pequeñas iglesias.

Habría que aclarar que, en la identificación de las obras y de sus autores, la documentación de la época no es muy explícita, y en la mayoría de los casos —especialmente en las de los particulares o pequeños organismos e iglesias— las piezas están registradas con «anónimo», lo cual dificulta, si cabe, su seguimiento. En este sentido es importante señalar que, en nuestra base de datos, cuando la obra no ha sido identificada en su ubicación actual, se mantiene su carácter anónimo, y que solo en el caso de que haya sido localizada y se le haya atribuido una nueva autoría, se respeta esta última.

A su vez, habría que diferenciar entre las obras de los depósitos republicanos controlados por la JTA, en la mayoría de los casos perfectamente inventariados, y las obras producto de incautaciones, saqueos y robos o requisadas por otros organismos políticos, acerca de cuyo origen prácticamente se carece de datos. Además, las obras de pintura, esculturas, etc., son más fácilmente localizables porque en los registros se hacía referencia en muchos casos a su autor —si era conocido—, medidas, materia, etc. Sin embargo, en las piezas de orfebrería, porcelana o joyería los datos son muy escasos, solo someras descripciones.

Es evidente que, especialmente en sus inicios, el Sdpan careció de los medios necesarios para poder afrontar la gestión de las devoluciones de las obras ubicadas en los depósitos de este organismo[151]. Sirva de muestra el informe que Pedro Muguruza, comisario general del Sdpan, enviaba en abril de 1939, a los pocos días del final de la Guerra Civil, en el que describía el complejo panorama que tenían que afrontar para atender las visitas y reclamaciones de los particulares en los depósitos:

---

[150] Véase Arturo Colorado Castellary, *Arte, revancha y propaganda. La instrumentalización franquista del patrimonio durante la Segunda Guerra Mundial,* Madrid, Cátedra, 2018, págs. 365-376.

[151] Véase Laura Rodríguez Peinado, «Los depósitos de arte del Servicio de Recuperación Artística de Madrid», en Miguel Cabañas Bravo, Amelia López-Yarto Elizalde y Wifredo Rincón García (coords.), *Arte en tiempos de guerra,* Madrid, CSIC, 2009, págs. 569-581.

El trabajo abrumador que pesa sobre este Servicio, mantenido sin recursos y sin medios adecuados al enorme volumen de labor a atender, se ve constantemente perturbado por las impaciencias particulares que consideran fundamental verse atendidas en sus deseos de invadir los depósitos e intervenir todos los ficheros logrados por este Servicio, tras no pocos esfuerzos [se refiere a los depósitos y ficheros de la JTA republicana][152].

Se evidenciaba con esta queja la falta de dotación y de personal que sufría el Sdpan, encargado de la identificación y devolución de obras. Así es como el comisario general solicitaba al director general de Bellas Artes que

> sería particularmente beneficioso a la finalidad de índole general y Nacional de este Servicio, que por la Suprema Autoridad de S. E. se nos comunique una prohibición de acceder a esas lógicas, pero perjudiciales apetencias, cuya satisfacción, por otra parte, se ha visto en la práctica resulta imposible dada la acumulación de objetos existentes en los depósitos que interviene este Servicio.

La normativa para las devoluciones

La falta de una normativa clara para la actuación en la cuestión de las devoluciones se añadía a la escasez de medios y de personal del Sdpan. Así es como la desorganización inicial en las devoluciones obligó a dictar la Orden de 31 de mayo de 1939 del Ministerio de Educación Nacional en la que daba instrucciones sobre la «devolución a entidades y particulares de los elementos y conjuntos rescatados por el Servicio Militar de Recuperación del Patrimonio Artístico Nacional»[153]. La orden establecía, en sus dos artículos primeros, la creación de los depósitos y de los inventarios correspondientes:

> 1.º Los elementos y conjuntos recuperados hasta el presente y cuantos en lo sucesivo se rescaten por el Servicio Militar de Recuperación del Patrimonio Artístico Nacional, serán identificados y almacenados en los lugares y locales que fijen los Comisarios de Zona respectivos, con arreglo a las condiciones de visualidad y acomodo que permita cada caso.
>
> 2.º Las Comisarías de Zona formarán relación de los lugares y locales de almacenado y formularán los inventarios del contenido de los mismos. En dichos inventarios se hará constar:
>
> a) Los objetos de culto religioso sin valor esencialmente artístico.

[152] Arch. GA, (3)5.3 51/11101.

[153] *Boletín Oficial del Estado,* núm. 162, de 11 de junio de 1939, págs. 3194 y 3195.

b) Los objetos de culto religioso que tengan valor artístico.

c) Los objetos de arte cuyos propietarios sean plenamente conocidos.

d) Los objetos de arte cuyos propietarios no se hayan identificado.

e) Las alhajas, metales preciosos y objetos de valor que no tengan mérito artístico.

En esta diferenciación del «valor artístico» de las piezas que establecía el artículo 2.º es donde las comisarías de zona, además de la habilitación de los almacenes y la exposición de las obras, se encontrarían con una gran tarea de inicio. Pero, sin embargo, el más importante de los problemas sería la publicidad de los inventarios para que, según establecía la orden, «las entidades o particulares puedan deducir reclamaciones sobre la propiedad de los objetos enumerados». A pesar de que la orden exigía también la obligación de que la Comisaría General «publicará en el *BOE* y en la prensa de mayor circulación los inventarios», lo cierto es que esta publicidad apenas se llevó a cabo, seguramente porque no se hizo inventario alguno de las piezas, sino en todo caso expedientes individualizados de entrega a los propietarios. Finalmente, esta orden reglamentó el proceso de reclamación y devolución en caso de «demanda de tercero», dada la cantidad de reclamaciones y litigios.

El 11 de junio de 1939, la Comisaría General del Sdpan dictaba «Instrucciones para devoluciones», según las cuales «de todos los objetos que se van a devolver hay que obtener previamente su fotografía» —lo que no se hizo en muchos casos y con obras importantes, especialmente las procedentes del extranjero y las piezas de porcelana, orfebrería, etc.—, y establecía normas para levantar la correspondiente acta de devolución, «de la que se harán un original y tres o cuatro copias, según los casos», y obligar al propietario de las piezas devueltas a entregar una de las copias, «que irá debidamente autorizada, firmada y sellada»[154]. Estas actas de entrega de obras son una de las bases documentales fundamentales de este estudio en la gestión franquista de las devoluciones y entregas en depósito en la inmediata posguerra.

El 11 de enero de 1940, ocho meses después del fin de la guerra, se dictaba la Orden del Ministerio de Educación Nacional que fijaba «normas para que en plazo no lejano pueda liquidarse el Servicio de Recuperación Artística, reintegrando al de Defensa del Patrimonio Artístico Nacional a las funciones únicas que le son propias»[155], lo que significaba la desaparición de este organismo instituido al inicio de la contienda y el predominio del nuevo, el Sdpan, creado en 1938. En su introducción, su redactor se lamentaba de la «inercia de los que desposeídos de objetos de su pertenencia no han acudido con la debida presteza a recabar sus

---

[154] Arch. GA, 51/11252.

[155] *Boletín Oficial del Estado,* núm. 13, de 13 de enero de 1940, págs. 286-287.

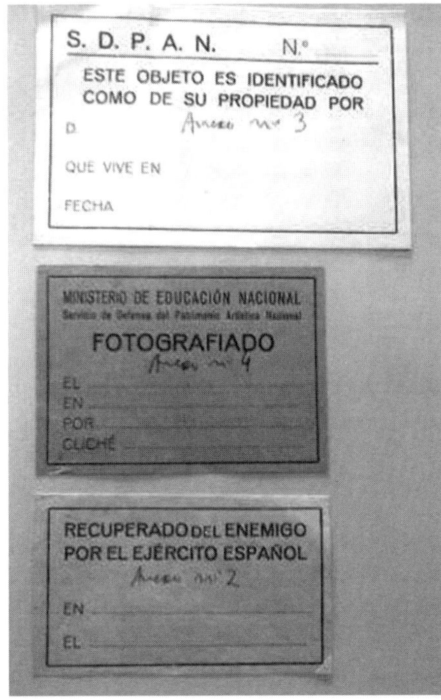

17. Etiquetas del Sdpan con la identificación y fotografía de la pieza, para ser pegadas al dorso de ella.

derechos, o de los que habiéndolo hecho no ejercitan los que se les concedieron con la diligencia necesaria».

Además, al no poder «el Estado soportar indefinidamente la carga que de tales dimana», y para que «en plazo no lejano pueda liquidarse el Servicio de Recuperación Artística», ordenaba a los propietarios cuyos expedientes estuvieran concluidos que en el «plazo improrrogable de ocho días hábiles» se hicieran cargo de los bienes de su pertenencia previo abono de los gastos de liquidación. De no cumplir este plazo, cada objeto devengaría en concepto de almacenaje una peseta diaria; transcurridos otros tres meses sin que el propietario retirara sus obras y pagara los gastos de almacenaje, el Gobierno entendía que se renunciaba a la propiedad, de modo que las obras pasarían al Estado. Con el resto de piezas gestionadas por el Sdpan y «cuyo expediente de devolución no haya sido iniciado», se establecía la organización de exposiciones temporales para que sus propietarios pudieran identificarlas.

Pero más importante aún es que en esta orden se hablaba ya de manera meridiana de las entregas en calidad de depósito a la Iglesia y «a los museos o centros oficiales en que mejor encuadren». Con ello se abría la puerta de las entregas en depósito que afectaría finalmente a miles de obras en los siguientes años, tal como veremos al final de este capítulo y en los que siguen.

Esta orden, en su artículo cuarto, establecía la creación de un inventario de las piezas que no hubieran sido reclamadas:

Los objetos que no hubiesen sido motivo de reclamación serán incluidos en un inventario, que abarcará las siguientes secciones:

a) Utensilios de oro, plata y otros metales (que se entregarán al Ministerio de Hacienda).

b) Obras de arte y demás efectos de carácter religioso (que se entregarán a la Iglesia en depósito).

c) Pinturas en sus diversos procedimientos, grabados, estampas, etcétera, esculturas y tapices.

d) Objetos de porcelana, cerámica y marfil.

e) Efectos de armería.

f) Telas, encajes, mantones, etcétera.

g) Mobiliario.

h) Efectos no incluidos en las Secciones anteriormente citadas.

Que se sepa, y a juzgar por la documentación localizada hasta el momento, este inventario nunca se hizo. De hecho, el Sdpan partía siempre en sus gestiones de los inventarios y libros de registro confeccionados por la JTA republicana durante la guerra.

Las exposiciones de obras recuperadas para su localización por los propietarios

Esta importante Orden de 11 de enero de 1940 establecía, en su artículo tercero, la organización de exposiciones para que los particulares pudieran localizar y reclamar sus obras: «Con los objetos cuyo expediente de devolución no haya sido iniciado, se organizarán exposiciones públicas de una duración no menor de un mes, durante el cual podrán incoarse por sus legítimos propietarios los oportunos expedientes de devolución».

A partir de esta normativa, las comisarías de zona del Sdpan y los juzgados gubernativos empezaron a organizar exposiciones de las obras almacenadas por la JTA para que los incautados durante la guerra pudieran localizar las piezas de su propiedad y proceder a su reconocimiento y solicitud de devolución. De esta manera, continuó la difícil tarea del proceso de devolución que se había iniciado recién acabada la guerra, pues, como hemos visto, a los pocos días de la entrada de las tropas de Franco en Madrid ya se habían producido las primeras devoluciones.

Habría que destacar desde el principio que estas exposiciones de «arte recuperado» tenían un fuerte componente propagandístico, pues eran muestra del «saqueo» republicano que el franquismo devolvía a sus legítimos propietarios. En este sentido, se vinculaban claramente con las exposiciones de arte «mutilado» que hemos analizado en el capítulo anterior. Todas ellas eran muestra de la capacidad de destrucción del arte y de su robo por los «rojos» vencidos.

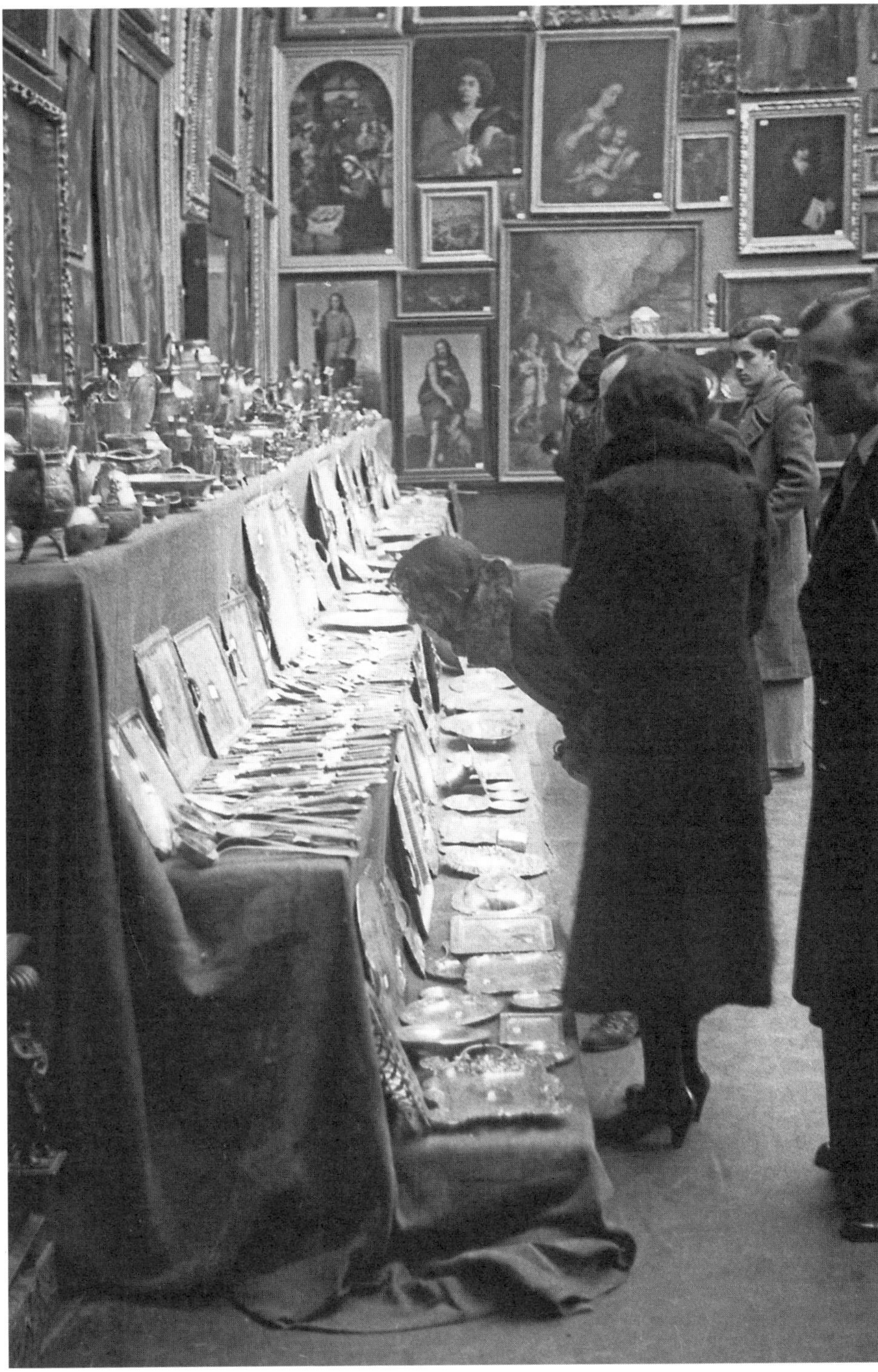

18. Una de las exposiciones de «arte recuperado», organizada en el Palacio de Exposiciones del Retiro de Madrid por el Sdpan.

Eran miles las piezas expuestas, y de todos los tipos: pinturas y esculturas, piezas de orfebrería y de cerámica, tapices, muebles, monedas, piezas arqueológicas, etc. Numerosos particulares, junto a delegados de iglesias y organismos, acudieron a estas insólitas muestras solicitando las obras de su pertenencia, lo que produjo, en varias ocasiones, dobles o triples reclamaciones.

De todas maneras, el principal problema con el que se topó el Sdpan con las exposiciones montadas es que muchas de las obras no eran reclamadas por nadie. Existe un informe del comisario de una de estas exposiciones, celebrada en Madrid, que, después de describir los procedimientos seguidos en la confección de los ficheros, las fotografías de las piezas y la clasificación de los lotes, se quejaba de que no tenía espacio para montar la siguiente exposición y añadía que existía un «inconveniente difícil de vencer: ¿dónde podrá depositarse todo el remanente de la actual exposición —el 70 por 100 de su contenido— y que no implique obstrucción para el desenvolvimiento de la próxima a organizar?»[156].

Habría que precisar que existían varios tipos de exposiciones según el organismo que las montaba: las organizadas por el Ministerio de Educación Nacional a través del Sdpan; las realizadas por la Iglesia con las piezas entregadas por el Sdpan; las de los juzgados gubernativos, y, como más adelante veremos, las del Ministerio de Hacienda con las obras recuperadas fundamentalmente de la Caja de Reparaciones republicana. Pero en todas ellas las condiciones de precariedad y de falta de medios fueron la tónica general.

Cuando se conocía el origen de la obra, no había problemas para la devolución, como ocurrió en Valencia, donde los miembros locales de la JTA entregaron los ficheros del depósito del Museo de Bellas Artes a los agentes del Sdpan. Así es como Luis Monreal, comisario de la zona, reconocería que en Valencia «las cosas fueron muy bien», pues «todo estaba perfectamente registrado y constaba el legítimo propietario de cada objeto, de modo que en gran parte evitamos las enojosas exposiciones para que el público reconociera y reclamara sus pertenencias, donde eran numerosas las declaraciones que no merecían confianza y sobre las que había que investigar»[157].

El problema principal radicaría en que se desconocía el origen de muchas piezas —ya he señalado antes la razón— y que una parte considerable de ellas no era reclamada. Llegados a este punto, creo que pueden existir dos razones de base fundamentales que expliquen por qué muchas piezas no eran reivindicadas: la primera, que muchos posibles propietarios habían fallecido durante la guerra, estaban en paradero desconocido, se habían marchado al exilio o estaban prisioneros. Ya veremos qué hizo el franquismo con las colecciones y piezas de los exiliados y de los prisioneros de guerra.

---

[156] Arch. GA, (3)5.3 51/11252.

[157] Luis Monreal y Tejada, *Arte y Guerra Civil,* Huesca, La Val de Onsera, 1999, pág. 109.

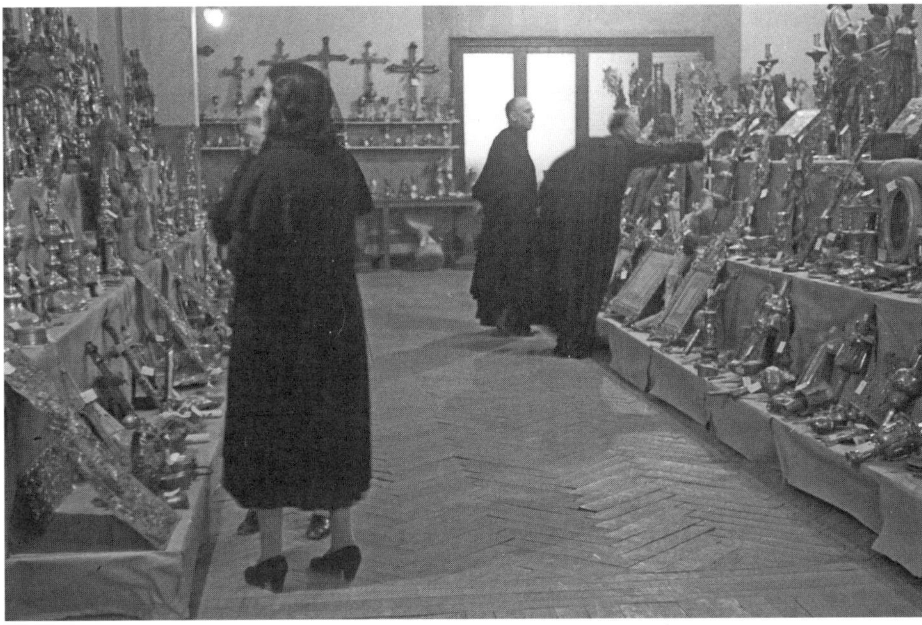

19. Exposición de piezas de orfebrería montada en Madrid en septiembre de 1940.

Pero la razón de mayor peso radicaba en las condiciones de la época y en la organización de las propias exposiciones. Una España marcada por la precariedad y la más absoluta pobreza no era precisamente la más adecuada para los viajes y los desplazamientos para visitar las exposiciones. Este es el desolador panorama del país que dibujaba Carlton J. H. Hayes, el embajador de Estados Unidos ante Franco que llegó a España en mayo de 1942 y que evidencia las deplorables comunicaciones:

> Los grandes inconvenientes del momento son los pésimos transportes y la escasa y excesivamente cara alimentación. Los ferrocarriles están verdaderamente destrozados y las carreteras piden a gritos una nueva pavimentación. Casi no se ven coches particulares y los pocos autobuses y camiones, al igual que los taxis, avanzan a saltos, con unos contrapesos que llaman «gasógenos». La falta de transportes, unida a la carencia durante seis años de abonos, explican la terrible escasez de alimentos[158].

Finalmente, el corto calendario y el reducido horario de las exposiciones eran inconvenientes que se añadían a las dificultades apuntadas. Víctor de la Vega, que ha estudiado el caso de las obras de Cuenca, apunta que, además del régimen de clausura del convento donde se montaban —como ocurría también con la orga-

---

[158] Carlton J. H. Hayes, *Misión de guerra en España,* Madrid, Ediciones y Publicaciones Españolas, 1946, págs. 64-65.

nizada en el monasterio de la Encarnación de Madrid—, «los horarios y las lógicas dificultades de la época para muchas cosas, fueron causa de que la Iglesia conquense no compareciera a reclamar algunas cosas de su propiedad y que fueron repartidas por otras diócesis (Segovia, Madrid)»[159]. Todo este cúmulo de razones podría explicar, en una España marcada por el miedo, la pobreza y la precariedad de las vías de comunicación, que muchos de los propietarios no reclamasen las obras que les pertenecían.

Resulta como mínimo sorprendente que Manuel Chamoso, del Sdpan, reconociera que «la enorme cantidad de obras recuperadas permitió conocer importantísimas obras artísticas desconocidas, y logró reunir tesoros inmensos, hasta ese momento dispersos», y que este reconocimiento —sin mencionar para nada la labor de salvamento republicana, muy al contrario— le llevara a una conclusión: «esto hizo pensar al Servicio en la conveniencia de aprovechar tan enorme contingente de obras de arte, por única vez reunidas, para exponerlas al público y hacer resaltar de esta manera, no solo su importancia pedagógica, sino también el grandioso valor representativo de nuestro arte nacional»[160].

El 10 de junio de 1941 se inauguraba en el Museo Arqueológico Nacional la exposición titulada *Orfebrería y ropas de culto. Arte español de los siglos* XV *al* XIX[161], que tuvo gran repercusión y que llegaría a ser visitada por Francisco Franco y su esposa Carmen Polo. Estaba comisariada por Joaquín Navascués y tenía un doble objetivo: mostrar la riqueza de la orfebrería religiosa española y del vestuario litúrgico y servir al mismo tiempo para que iglesias y parroquias pudieran reclamar las piezas incautadas durante la guerra. En la presentación del catálogo, Francisco Íñiguez reconocería que «aun no siendo esta, como se dijo, una Exposición más de recuperación, al fin hay en ella objetos desconocidos que es de desear se reconozcan, y reclamen por sus legítimos propietarios»[162]. De hecho, en este mismo año, se montaba en el Palacio de Exposiciones del Retiro una exposición de «arte recuperado», donde había piezas perfectamente identificadas, como la bandeja del *Rapto de las Sabinas* de Benvenuto Cellini de la catedral de Toledo procedente de París y localizada gracias a la colaboración de los nazis[163].

---

[159] Véase Víctor de la Vega Almagro (Vitejo), *Tesoro artístico y Guerra Civil,* Cuenca, Ediciones de la Universidad de Castilla-La Mancha, 2007. El horario para visitar la exposición, previa autorización de la Delegación de Recuperación, era los lunes, jueves y viernes, de tres a seis de la tarde.

[160] Manuel Chamoso Lamas, «El Servicio de Recuperación y Defensa del Patrimonio Artístico Nacional», *Boletín de la Sociedad Española de Excursiones,* Madrid, 1943, pág. 293.

[161] Esta exposición se monta por Orden ministerial de Educación Nacional de 20 de agosto de 1940.

[162] *Exposición de orfebrería y ropas de culto (Arte Español de los siglos* XV *al* XIX*),* catálogo de exposición, Madrid, Comisaría General del Servicio de Defensa del Patrimonio Artístico Nacional, 1941, pág. 8.

[163] Véase Arturo Colorado Castellary, *Arte, revancha y propaganda, op. cit.,* págs. 158-162.

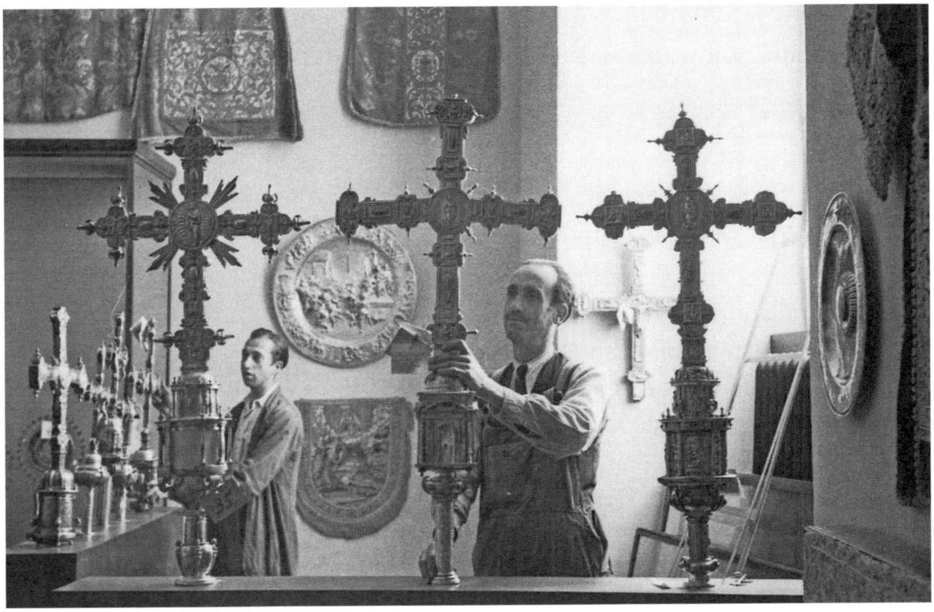

20. Mayo de 1941: preparación de una exposición de «arte recuperado», que se celebró en el Palacio de Exposiciones del Retiro en Madrid. En el centro, la bandeja del *Rapto de las Sabinas* de Benvenuto Cellini de la catedral de Toledo, localizado en París gracias a la colaboración nazi.

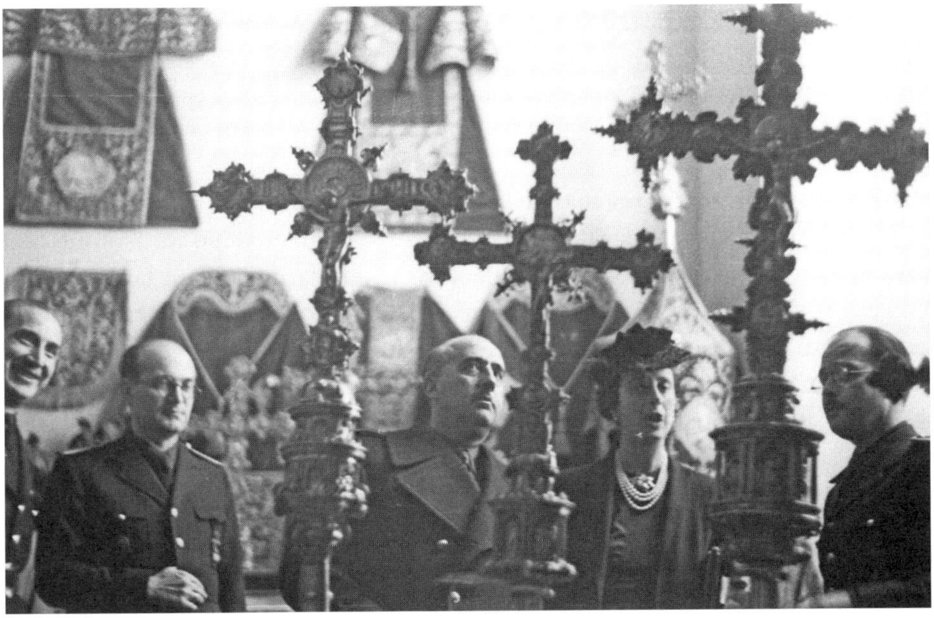

21. Francisco Franco y Carmen Polo visitando la exposición *Orfebrería y ropas de culto* en el Museo Arqueológico de Madrid en 1941.

La exposición, meticulosamente organizada por Joaquín Navascués, se estructuraba cronológicamente desde el siglo XV hasta el XIX:

— Sala I: época de los Reyes Católicos (1474 a 1516) y época de Cisneros (1516 a 1517).
— Sala II: época de Carlos I (1517 a 1556).
— Sala III: época de Felipe II (1566 a 1580).
— Sala IV: época de Felipe II y Felipe III (1580 a 1600).
— Capilla: orfebrería del siglo XVII.
— Sala V: época de Felipe III y Felipe IV (1600 a 1637).
— Sala VI: época de Felipe IV y Carlos II (1637 a 1700).
— Sala VII: época de Felipe V y Fernando VI (1700-1759).
— Sala VIII: época de Carlos III (1759-1788).
— Sala IX: época de Carlos IV, Fernando VII e Isabel II (1788-1868).

Las obras provenían, tal como se afirmaba en la presentación del catálogo, del «riquísimo almacén de arte que durante el dominio rojo había sido acumulado en el Museo en que ahora se expone». Pero a toda esta selección y organización se superponía la labor de devolución de las piezas:

> Fue deseo vivísimo realizar la selección de lo mejor y más interesante de aquel fondo para estudiarlo como merecía y exponerlo más tarde, sin mengua del trabajo apremiante de devolución impuesto desde el primer día como necesidad imperiosa, tan imperiosa y fuerte, que la Exposición fue pasando a segundo término ante el trabajo abrumador, que impidió otras ocupaciones, que no habían de ser leves, pues la inmensa variedad de objetos acumulados no permitía selecciones fáciles ni aún dejaba vislumbrar la extensión que el proyecto pudiera tener[164].

Pero lo cierto es que muchas de las piezas expuestas de esta importante exposición no fueron reclamadas por nadie y se entregarían en depósito a numerosas iglesias y organismos, como después veremos. Se podría afirmar que la clausura de esta exposición supuso el impulso definitivo a la política franquista de las entregas en depósito, especialmente con destino a la Iglesia.

Fueron varias las exposiciones de «arte recuperado» organizadas en Madrid. Destacan las dos montadas en el Palacio de Exposiciones del Retiro, celebradas en 1940 y en 1941, con piezas de orfebrería, cerámica, porcelana, etc., además de cuadros. De estas exposiciones se conservan las fichas que los visitantes redactaban para reclamar las piezas que reconocían como de su propiedad[165].

---

[164] *Exposición de orfebrería..., op. cit.*, pág. 5.
[165] Arch. IPCE, Cajas 167 a 174.

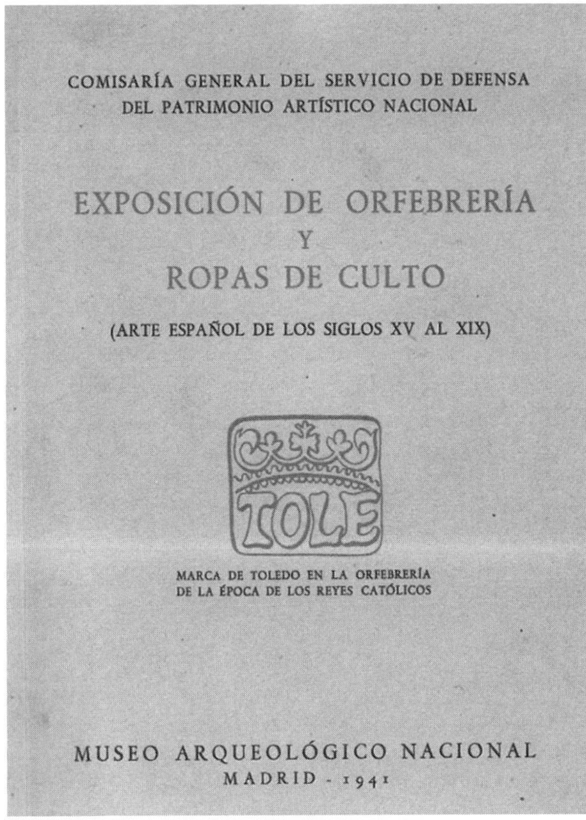

22. Portada del catálogo de la exposición *Orfebrería y ropas de culto,* celebrada en el Museo Arqueológico Nacional en 1941.

También en Madrid se montó la denominada *Primera Exposición de Miniaturas,* celebrada en 1941. Y en el Palacio de Hielo se instalaron dos exposiciones temporales, en septiembre y en diciembre de 1941, con objetos de arte de todo tipo.

La exposición de muebles en Madrid se celebró de mayo a diciembre de 1939 en el frontón Jai-Alai. Se procedió a fotografiar las piezas y a principios de junio comenzaron a realizarse las devoluciones a sus propietarios, que —según su responsable, Felipe San Pedro— «eran conocidos de antemano en su casi totalidad». Según San Pedro, este conjunto fotográfico constituía «la colección más completa de mobiliario artístico que existe en España»[166]. En el mes de agosto comenzaron a llegar, tal como hemos visto, otros muebles procedentes de otros depósitos de la Junta, de las Comendadoras de Santiago, del Casino de Madrid —sede de la Caja de Reparaciones— o de la iglesia de San Fermín de los Navarros y la totalidad del Teatro Alcázar, que, a pesar de haber estado abierto varios meses, no había proce-

[166] Informe del depósito Jai-Alai de diciembre de 1939, Arch. GA, 51/11252.

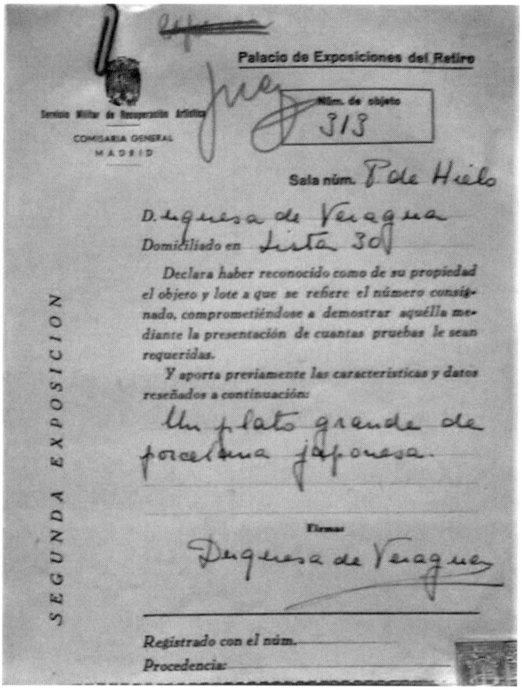

Servicio Militar de Recuperación Artística
COMISARIA GENERAL
MADRID

Palacio de Exposiciones del Retiro

Núm. de objeto 313

Sala núm. P. de Hielo

D. Duquesa de Veragua
Domiciliado en Lista 30

Declara haber reconocido como de su propiedad el objeto y lote a que se refiere el número consignado, comprometiéndose a demostrar aquélla mediante la presentación de cuantas pruebas le sean requeridas.

Y aporta previamente las características y datos reseñados a continuación:

Un plato grande de porcelana japonesa.

Firmas

Duquesa de Veragua

Registrado con el núm.
Procedencia:

SEGUNDA EXPOSICION

23. Ficha de la duquesa de Veragua en la que solicita un «plato grande de porcelana japonesa» en la segunda exposición celebrada en 1941 en el Palacio de Exposiciones del Retiro de Madrid.

dido a devolver ningún mueble. De este último conjunto, con un montante aproximado de 800 piezas, se desconocía, sin embargo, a los propietarios. El conjunto de muebles en el Jai-Alai alcanzaba así una cifra cercana a 3.000 piezas.

En otras ciudades se organizaron a su vez muestras, como las montadas en el Palacio de la Virreina o la Caja de Pensiones de Barcelona; en Valencia, en el Museo de San Carlos, inaugurada en noviembre de 1939[167]; la *Exposición de arte recuperado* en la Lonja de Comercio de Zaragoza, inaugurada el 21 de enero de 1940[168] y cuyas obras y acto de inauguración fueron recogidos por la prensa de la época[169].

Pero también a través de la documentación se puede conocer el contenido de esta última muestra en Zaragoza —que servía a su vez de conmemoración del centenario de la Virgen del Pilar, con la colaboración del Sdpan, organizada a tal efecto—, montada con «cuadros y demás objetos» procedentes de las diócesis de Huesca, Zaragoza, Teruel y Albarracín que se encontraban en el depósito del Mu-

---

[167] *ABC*, Madrid, 18 de noviembre de 1939, pág. 6.

[168] Laura Mañas Pérez y Elena Sarnago Notivoli, «Las Obras de Arte del Museo de Zaragoza recuperadas por el Servicio de Defensa del Patrimonio Artístico Nacional», *Seminario de Arte Aragonés,* núm. 48, 1999, págs. 499-523.

[169] Francisco de Cidón, «Exposición de Arte Recuperado, instalada en la Lonja de Zaragoza», *Aragón,* enero de 1940, págs. 10-12.

seo del Prado, muchos de ellos procedentes de Ginebra, así como con los retablos de Alquézar o La Puebla de Castro[170]. También se llevaron a Zaragoza el tesoro de la catedral de Roda de Isábena y 14 tapices de la catedral de Tarragona, que se encontraban en Madrid, pese a la reclamación de su cabildo para recuperarlos lo antes posible[171].

Es evidente que estas exposiciones de «arte recuperado» tenían también un fuerte componente propagandístico de mostrar el arte salvado de la «barbarie roja». Esta perspectiva se ve corroborada en el discurso del marqués de Lozoya con motivo de la inauguración de la exposición de Zaragoza, tal como fue recogido por el periodista Francisco de Cidón, todo un compendio de propaganda política a favor del «Caudillo» y su atención por el arte:

> Dijo también que al Caudillo y a sus valientes soldados se debía en primer término el éxito, pues fue preocupación constante del Jefe del Estado el salvar cuanto fuera humanamente posible de nuestra riqueza artística, y a él y las valerosas tropas por él llevadas a la victoria, se debe el que en un vertiginoso avance hacia la frontera del Pirineo a través de Cataluña pudieran recuperarse tantas y tantas obras de arte dispuestas para traspasarla, que quedaron abandonadas por las masas expoliadoras al huir, presas de pánico, ante el arrollador avance de las tropas de España[172].

Vendrían después las exposiciones montadas por la Iglesia, muchas veces en colaboración directa con el Sdpan. El arzobispo de Toledo, como primado de España, organizó una exposición en el monasterio de la Encarnación de Madrid, del 7 de enero al 6 de febrero de 1942, con las obras que el Sdpan le había entregado. Este fue un ejemplo de las dificultades de la época para la reclamación de las piezas expuestas, pues, debido al escaso horario impuesto por la clausura y las penalidades ya apuntadas, muchos párrocos no pudieron reclamar los objetos de su parroquia. Estas exposiciones organizadas por la Iglesia se montaron en otros puntos del territorio nacional, como la *Exposición Diocesana de Recuperación Religiosa,* en la catedral y en el Palacio Episcopal de Santander[173].

---

[170] Carta de 14 de diciembre de 1939 del comisario general del Sdpan al director del Museo del Prado, que autoriza al agente Mariano Roca Fuertes a retirar una serie de piezas para la exposición, Arch. IPCE, SRA_2983.

[171] Arch. IPCE, SRA_2983.

[172] Francisco de Cidón, «Exposición de Arte Recuperado...», art. cit., pág. 10.

[173] Rebeca Saavedra Arias, «La destrucción del patrimonio artístico durante la Guerra Civil. El caso cántabro», en Miguel Ángel Aranburu-Zabala Higuera, Celestina Losada Varea y Rebeca Saavedra Arias, *Patrimonio destruido en Cantabria,* Santander, PUbliCan, Ediciones de la Universidad de Cantabria, 2012, pág. 93.

Con respecto a las exposiciones montadas por los juzgados gubernativos, estas se celebraron durante cuatro años, de 1939 a 1942, pues el Decreto de 12 de diciembre de 1942 suspendía su continuidad[174]. En él se establecía que a partir de ese momento los juzgados gubernativos dejarían de exponer los objetos de dos tipos: «los de valor artístico, arqueológico e histórico, que serán entregados a la Dirección General de Bellas Artes», y «los de valor artístico, arqueológico e histórico propios de la Iglesia», que se entregarían a las iglesias a través del cardenal arzobispo de Toledo. Para cerrar el proceso de devolución, se ordenaba a los juzgados gubernativos el montaje de las últimas exposiciones con los objetos recuperados con un valor superior a las 300 pesetas y que, además, no hubieran sido expuestos anteriormente o que tuvieran marcas, inscripciones o etiquetas que permitieran la identificación del propietario. A partir de ese momento las piezas no devueltas pasaban al Estado.

Sin embargo, el proceso de devolución a partir de las exposiciones —con el especial capítulo de las entregas en depósito— continuaría todavía varios años como una especie de goteo que nunca se agotaba. Todavía en marzo de 1944 se montaba una exposición en el Museo del Prado con las obras del depósito de la Comisaría General del Sdpan.

El proceso de devolución

La ingente tarea que tenía por delante el Sdpan radicaba fundamentalmente en la devolución de miles de piezas que habían sido almacenadas en España o evacuadas al extranjero por la JTA durante la guerra. Este proceso comenzó en abril de 1939 —con una serie de obras muy significativas y, por lo tanto, fácilmente localizables en su origen—, pero no fue hasta agosto de este año cuando esta labor se sistematizaría. El proceso de devolución continuó durante varios años, hasta 1946, y todavía en los años cincuenta se seguían entregando piezas. Tenemos datos del número de expedientes de devolución de algunos depósitos de Madrid, como el de pinturas del Museo del Prado —con un total de 23.560 cuadros almacenados, que derivaron de 1939 a 1945 en unas 1.900 actas de devolución y depósito—; el del Jai-Alai —con casi 3.000 muebles, de los cuales quedaron solo 300 después de las devoluciones, que fueron destinadas al Palacio de Exposiciones—, o el del Museo Arqueológico Nacional, donde durante los años que se produjeron las devoluciones y depósitos se realizaron 3.924 actas de entrega de las 38.640 piezas que almacenaba.

---

[174] Decreto de 12 de diciembre de 1942 por el que se reforma la Instrucción de 7 de agosto de 1939 sobre recuperación de objetos expoliados bajo dominio marxista, *Boletín Oficial del Estado,* núm. 360, de 26 de diciembre de 1942, págs. 10558-10559.

En Barcelona, en la Caja de Pensiones de Montjuïc, aparte de las exposiciones ya comentadas, se pudo iniciar el proceso de devolución a partir de la documentación localizada y de las etiquetas pegadas en el dorso de muchas de las piezas. Este local estuvo operativo hasta 1947. Según testimonio que nos ha dejado Luis Monreal, «los organismos recuperadores de la Generalitat ponían a todos los objetos que tenían en su poder (incluidos los propios del Museo) un número de cinco cifras puesto a pincel en rojo vivo», y añadía que «en los cuadros solía estar en el ángulo inferior derecho del anverso», calculando que esta cifra «al final pasaba de 82.000»[175].

Habría que establecer desde el principio que en la labor de localización de los propietarios por parte del Sdpan se estableció una evidente diferenciación entre aquellas obras cuyo origen constaba claramente en las actas de recogida —como eran las de los organismos (museos, iglesias) y un porcentaje de las colecciones privadas, identificadas en los expedientes y libros de la JTA o de la Generalitat— y aquellas en las que no figuraba. En el caso de Madrid, habría que diferenciar claramente entre las primeras, que habían sido incautadas por la JTA, que puso toda su atención en marcar el origen de las piezas, y las segundas, que procedían de los múltiples organismos políticos —tal como ya hemos destacado— que habían procedido a la recogida de obras sin registro alguno y que, por lo tanto, no aportaron a la JTA datos de la procedencia cuando esta conseguía que se las entregaran[176].

Podemos, por lo tanto, deducir que las obras incautadas por la JTA no tenían problema alguno para su devolución a sus propietarios y que, sin embargo, las procedentes de las incautaciones de otras organizaciones planteaban grandes dificultades para localizar su origen. Y, sin embargo, vemos que no en todos los casos fue así, pues muchas piezas con un origen claro fueron desviadas a otros destinos, como constataremos más adelante en el análisis de las entregas.

De hecho, incluso con las piezas cuyo propietario se conocía también hubo problemas, seguramente porque muchos de ellos sencillamente no habían acudido a recogerlas, habían fallecido o habían marchado al exilio. El Sdpan publicaba de vez en cuando en la prensa la relación de los propietarios que no habían acudido a recoger sus obras, como la aparecida en el *ABC* el 14 de mayo de 1941, donde se mezclaban nombres propios con direcciones, iglesias y ayuntamientos:

---

175 Véase Luis Monreal y Tejada, *Arte y Guerra Civil, op. cit.*, pág. 90.

176 Los incautadores que habían actuado durante la guerra en Madrid —además de la JTA— fueron fundamentalmente la CNT y la Agrupación Socialista Madrileña, pero después sabemos por la documentación que existía una gran cantidad de organizaciones, cuya relación ya hemos visto en capítulos anteriores.

Comisaría General
del Patrimonio Artístico Nacional
Recuperación de objetos de arte

Del Depósito de Recuperación nos envían la siguiente relación de actas pendientes de devolución:

Tutor, número 42; María Molins, Cabezuela, Marqués de Urquijo, número 46; Marqués de Amurrio, calle de Gaztambide, número 3; marqués de Villalonga, Príncipe de Vergara, núm. 85; Villanueva, núm. 1; duque de Hernani, José P. Agote, Mariano Perales, Bermúdez de Castro, Princesa, núm. 19; conde de Vallellano, marqués de Cavalcanti, Ayuntamiento de Polán (Toledo), señora viuda de Barrios, Joaquín Payá, San Pedro el Real, Ayuntamiento de Villa de D. Fadrique (Toledo), doña Alicia Foquignon, María Martínez, señora viuda de Carlos Rodríguez Santa María, marqués de Cambil, iglesia de San Pedro, señor marqués de Toca, Gabriel Rodríguez, Tomás Borrás, Arisgotas (Ayuntamiento) (Toledo), Colegio de León XIII, Silva Coyeneche, Pedro Salinas, duque de T'Serclaes, Ayuntamiento de Pareja (Guadalajara), convento de Carmelitas, duquesa de Atarte, marqués del Llano de San Javier, señor Begua, doña Alicia Foquignon, duque de Lécera, Ayuntamiento de Alocén (Guadalajara), Ayuntamiento de Chinchón (Madrid), iglesia de Vallecas, iglesia de San Pascual, Ayuntamiento de Valdilecha (Madrid). Ayuntamiento de Retamoso (Toledo), monasterio de El Escorial, Ventas con Peña Aguilera (posada de Félix Martín), Mayor, núm. 8 (pasamanería); Robert Chollet, Martínez Cubells, conde de Sóller, calle de San Quintín, núm. 6; convento de las Comendadoras de Santiago, Bougean, Ayuntamiento de Zorita de los Canes (Guadalajara), señor Dusmet, Ferraz, número 4; Aurelio Lerroux, Espinar de los Ríos, iglesia del Sacramento, marqués de Campofuerte, marquesa de Montealegre, F. Muguiro, D. Ezequiel Selgas, marqués de Foronda, Ayuntamiento de San Sebastián (Madrid). Ayuntamiento de Almonacid de Zorita (Guadalajara), Bruno Madrazo, María Daza de Campos, marqués de Lozoya, duque de Medina Sidonia, Ayuntamiento de Villalbilla (Madrid). D. Carlos Urcola, conde de Revillagigedo, Eduardo López de Ceballos.

Este anuncio del Sdpan —donde por cierto se incluía al marqués de Lozoya como uno de los rezagados a la hora de recuperar sus obras— añadía una nota final que anunciaba que «los incluidos en esta relación se presentarán en el plazo de ocho días en el Museo Arqueológico Nacional, a fin de proceder a recoger sus lotes, bien entendido que de no hacerlo pasarán a propiedad del Estado»[177]. La advertencia del Sdpan, así como su urgencia en cerrar este tema, eran muy evidentes.

---

[177] *ABC,* Madrid, 14 de mayo de 1941, pág. 6. Se ha transcrito literalmente, respetando incluso los signos de puntuación.

La devolución de las obras a particulares: la colección del duque de Alba como paradigma de la gestión franquista

La recuperación de las obras de la importante colección del Palacio de Liria del duque de Alba en Madrid puede ser un buen ejemplo de este complejo proceso de devolución.

Ya hemos referido aquí la historia de la incautación del Palacio de Liria por parte del PCE, su bombardeo por parte de las tropas franquistas y el salvamento de sus tesoros a manos de los milicianos, así como la exposición de las obras salvadas en Valencia y el traslado de una parte de ellas hasta Ginebra. Resulta peculiar que la incautación de la JTA del resto de las obras se llevara a cabo muy tardíamente, en concreto el 20 de marzo de 1938. Seguramente los milicianos del PCE, al salvar las obras del incendio, las depositaron en alguna de sus sedes, pero finalmente la Junta las recogió y las guardó en sus propios almacenes. A su vez, tenemos noticias de que la Caja de Reparaciones republicana se incautó de una veintena de cuadros, que fueron conducidos a Valencia y a Barcelona, a las sedes de este organismo.

El duque de Alba seguramente fue uno de los primeros en reclamar sus obras. Aunque seguía ejerciendo de embajador de Franco en Londres, dio plenos poderes a su apoderado Manuel Castells García, que a su vez entregó en alguna ocasión autorizaciones a sus subalternos Miguel Velasco o Pablo Castellanos para actuar en su nombre[178]. El 15 de julio de 1939 recibía una primera entrega de nueve cuadros procedentes del depósito del Museo del Prado. El 21 de julio de 1939, el apoderado del duque de Alba reclamaba el resto de las obras que se encontraban en el Museo del Prado. Así es como, ocho meses más tarde, el 26 de marzo de 1940, se hacía entrega del grueso de los cuadros que habían permanecido en España, que sumaban un total de 93 piezas.

El 19 de julio de 1939 se hacía entrega por parte del Sdpan de 66 muebles (bargueños, mesas, cómodas, sillones, sofás, sillas, etc.) procedentes del depósito de San Fermín de los Navarros. El 29 de septiembre de 1939 reclamaba los 28 tapices recientemente reintegrados de Ginebra y que se encontraban en el depósito de Palacio Real para ser confiados en depósito a la Real Fábrica de Tapices, aduciendo que no tenía en ese momento «ningún local adecuado». Finalmente, el 27 de junio de 1940 se le entregaban 31 tapices.

Procedentes del Palacio de Hielo se le entregó, el 25 de noviembre de 1939, un total de 17 piezas de ropa litúrgica y un cuadro con una escena religiosa.

---

178 Arch. IPCE, SRA_0785.

Ya en 1940, el 3 de enero, el duque de Alba reclamaba un velador de caoba que se encontraba en Villa Elvira. A los pocos días, el 11 de enero, Velasco tomaba posesión de los objetos de su propiedad que se encontraban en la Real Academia de Bellas Arte de San Fernando, consistentes en dos camafeos, tres esmaltes y siete piezas arqueológicas romanas.

Del Museo de Arte Moderno, el 11 de mayo de 1940 se les entregaron a sus representantes un total de 24 lotes, especialmente de cubertería de plata.

Procedentes del Museo del Prado se entregaron al duque de Alba el 21 de mayo de 1940 un total de 124 obras, todas procedentes de Ginebra. Allí estaban las principales obras de la colección: de Perugino, Goya, Rubens, Zurbarán, Murillo, Van Dyck, Winterhalter, Mengs, etc.

Del Palacio de Exposiciones del Retiro comenzaron a llegar varias entregas de objetos (muebles, estatuillas, tapices y objetos de decoración)[179]. Esta sucesión de entregas también ocurrió con los objetos procedentes del Museo Arqueológico Nacional, especialmente porcelanas, relojes y esculturas[180]. Finalmente, del depósito de la Comisaría General del Sdpan se fueron entregando lotes sucesivos de objetos (relojes, esculturas, tapices, objetos diversos), desde 1940 hasta 1944[181].

A lo largo, por lo tanto, de cinco años, se había hecho entrega al duque de Alba de un total de 782 ítems, que alcanzarían más de un millar teniendo en cuenta que muchas de las entradas que aparecen en los expedientes incluyen lotes de varias piezas. A esta cantidad habría que añadir la veintena de cuadros de la Caja de Reparaciones que, procedentes de Valencia y Barcelona, se habían depositado en el Museo de Arte Moderno de Madrid y que serían devueltos al duque de Alba el 13 de mayo de 1940. Diez días más tarde, se hacía entrega de otro cuadro de la Caja de Reparaciones y de seis colmillos de elefante de gran tamaño.

Pero no acababa aquí la historia de la recuperación de la colección Alba, pues aún el duque echaba en falta una serie de obras que creía habían sido robadas y llevadas al extranjero[182]. Desde la Comisión de Reivindicación de Bienes en el Extranjero, dependiente del Ministerio de Asuntos Exteriores, fue enviada en octubre de 1941 a varias embajadas —a Roma, a Berlín, a París...— la relación de

---

[179] El 3 de junio de 1940 (13 objetos); el 11 de junio de 1940 (1); el 19 de junio de 1940 (1), y el 4 de abril de 1941 (36).

[180] El 28 de octubre de 1939 (con 70 objetos entregados); el 3 de noviembre de 1939 (5); el 13 de noviembre de 1939 (5); el 14 de noviembre de 1939 (5); el 9 de diciembre de 1939 (1); el 8 (2), el 20 (2) y el 25 de enero (5) de 1940; el 29 de febrero de 1940 (2); el 6 de abril de 1940 (2); el 21 de mayo de 1940 (1); el 8 de julio de 1940 (1); el 20 del mismo mes (1); el 24 de junio de 1941 (4), y hasta en 1942 todavía se hacía una entrega el 15 de diciembre.

[181] El 24 de mayo de 1940 (3); el 28 de mayo de 1940 (218); en 1941 (1); en 1942 (7); en 1943 (1), y en 1944 (18).

[182] Véase Arturo Colorado Castellary, *Arte, revancha y propaganda, op. cit.*, págs. 365-376.

obras que «habían sido robadas de la casa del duque de Alba» y que se buscaban, adjuntando la lista de los cuadros[183]. Pero la mayor parte de estas obras, en octubre de 1957 —cuatro años después de la muerte del duque—, aparecieron, «por una feliz casualidad», en palabras de Pita Andrade, en los sótanos de la embajada británica de Madrid y todavía se encuentran hoy en la colección Alba[184].

Pero aquí no acaba la rocambolesca historia de la recuperación de la colección Alba, pues varias obras, según hemos podido comprobar documentalmente, fueron entregadas en depósito a otros destinatarios, a pesar de que previamente se las habían devuelto al duque, reconocidas de su propiedad. Estas obras, en el estadio actual de la investigación, fueron:

— Cerezo (copia): *Magdalena,* entregada a las religiosas trinitarias descalzas de San Ildefonso de Madrid[185].
— Anónimo de escuela veneciana: *Adoración del Niño [Sagrada Familia y otras figuras adorando al Niño],* entregada al Ministerio de Justicia[186].
— Tiziano: *D. Federico Gonzaga,* entregado a Capitanía General de Madrid, aunque después fue recuperada y devuelta al duque de Alba[187].

Hasta aquí la compleja y movida historia de la devolución Alba, que muestra los trasiegos, tardanzas y errores por parte del Sdpan. A su vez, esta devolución se convierte en paradigma de este proceso porque tiene todos los componentes: restituciones a su propietario y desvío de piezas a otros destinos, como ocurre en gran cantidad de otros casos.

Pero, aparte de los desvíos de obras, también hubo importantes pérdidas de la colección Alba ocasionadas principalmente por el bombardeo franquista sobre el Palacio de Liria. Según una lista, confeccionada en septiembre de 1966, perteneciente al archivo de la Fundación de la Casa de Alba, los «cuadros perdidos en 1936» alcanzan la cifra de 103 obras[188]. Entre ellas se incluyen la *Virgen de la Paloma* de Eduardo Rosales —que sí fue destruida en el incendio provocado por el bombardeo franquista—, o algunas desaparecidas, como el *Retrato del XIV duque de Alba*

---

[183] *La Virgen, San Benito y Santo Domingo de Silos,* tríptico del siglo XVI; *Bodegón,* de J. Fyt; *Anunciación a la Virgen con el retrato del primer conde de Alba; Puente de Westminster,* de Canaletto; *La Virgen contemplando a Jesús dormido,* de Lorenzo de Credi o Albertinelli; *Supuesto retrato de Bianca Capello,* de Veronés; *Autorretrato,* de Pontormo; *Retrato de niño,* atribuido a Van Dyck; *La Virgen de la Paloma,* de Rosales, y *Vanidad mundana,* de Brueghel.

[184] José Manuel Pita Andrade, *El Palacio de Liria,* Madrid, Instituto de Estudios Madrileños, 1959, pág. 12. En estas fechas la embajada británica se encontraba en la calle Fernando el Santo.

[185] Arch. IPCE, ARB-MP-00036.

[186] Arch. IPCE, ARB-MP-00061.

[187] Arch. IPCE, ARB-MAM-5166.

[188] Arch. FCA, Fondos de la guerra.

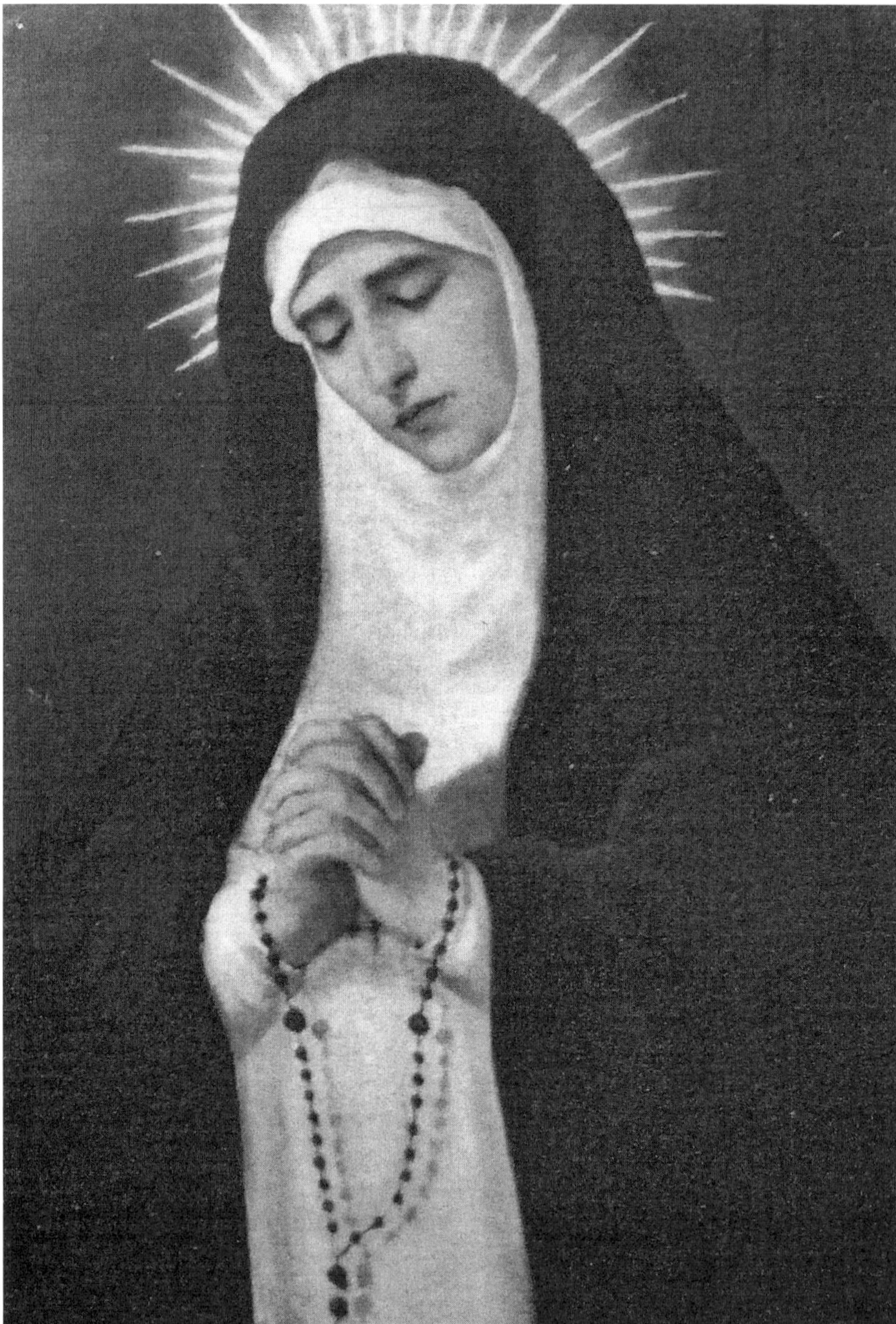

24. Eduardo Rosales, *Virgen de la Paloma,* obra desaparecida en el bombardeo e incendio del Palacio de Liria en noviembre de 1936.

de José Aparicio, una obra anónima del siglo xvi con el *Retrato del IV duque de Alba* o *El sueño de san José,* de Mengs[189].

Desapariciones, destrucciones, desvíos, tardanza en las entregas... Como se puede comprobar, este expediente del duque de Alba tiene todos los componentes del complejo panorama de las entregas de obras por parte del Sdpan en la inmediata posguerra.

Los testimonios de los responsables del Sdpan en la reclamación de obras

Aparte de la documentación localizada en archivos —base primaria de esta investigación—, existen dos testimonios directos de responsables del Sdpan que describen los trabajos realizados para la devolución de las obras: el de Manuel Chamoso, comisario de la tercera zona del Sdpan con capital en Zaragoza, y el de Luis Monreal, comisario de la cuarta zona con capital en Barcelona.

Manuel Chamoso Lamas publicó en 1943 un amplio artículo sobre la labor del Sdpan donde daba cuenta de los trabajos realizados desde el final de la guerra[190]. En él suministraba importantes informaciones, aunque no todas ellas fueran exactas o ciertas. Pero hay que admitir que fue de los pocos en reconocer la labor de la JTA republicana en la atención desarrollada en la recogida de obras: «Las incautaciones del Tesoro Artístico se efectuaban mediante acta, realizándose el depósito correspondiente y sometiéndolo a una debida comprobación, lo cual venía a constituir una garantía para la conservación del objeto»[191]; y de devolución por parte del Sdpan, tendría que haber añadido.

Chamoso Lamas describía así el proceso desarrollado por el Sdpan en la devolución de las obras:

> La manera de efectuarse las devoluciones quedó establecida de la siguiente manera:
>
> Primero se investigaba la propiedad del objeto por todos los medios al alcance, actas de incautación, catálogos y publicaciones, declaraciones, etc. En los casos en que esta tarea ingente daba resultado positivo, se avisaba a la persona o entidad propietaria y se le hacía entrega de cuanto se había comprobado de su pertenencia.
>
> Por el contrario, en los casos en que no pudo lograrse identificación alguna pasaban los objetos a la categoría de *desconocidos,* clasificándolos y exponiéndo-

---

[189] Arch. FCA, Fondos de la guerra.

[190] Manuel Chamoso Lamas, «El Servicio de Recuperación y Defensa del Patrimonio Artístico Nacional», art. cit.

[191] *Ídem,* pág. 282.

los para que sus presuntos propietarios, previa la declaración jurada en relación descriptiva de sus piezas desaparecidas, las examinasen y las reclamasen alegando los datos de propiedad que poseían, y, si estos eran suficientes, se les hacía entrega de los correspondientes a su declaración[192].

También Luis Monreal, comisario en este caso de la zona de Levante con capital en Barcelona, nos ha dejado un estimable testimonio —obviando sus añoranzas ideológicas y sus diatribas contra historiadores— sobre los procesos de devolución de obras de arte en su demarcación, diferenciando entre Castellón y Valencia —donde «apenas tuvimos problemas, porque las respectivas Juntas republicanas nos pasaron una documentación muy completa, en la que constaban los propietarios de los bienes incautados», añadiendo que «únicamente había que investigar los hallazgos de origen desconocido»— y Barcelona, donde las cosas fueron mucho más complejas, dada la gran cantidad de obras almacenadas, la falta de documentación en algunos casos y «la inseguridad de las declaraciones hechas por muchos de los que reclamaban objetos como de su propiedad»[193]. En este sentido, Monreal cuenta una anécdota que no tiene desperdicio, cuando «un personaje de cierta notoriedad» se presentó en uno de los almacenes del Sdpan en Barcelona reclamando «una magnífica Virgen catalana gótica del siglo XIV, casi de tamaño natural y esculpida en alabastro»:

> Invitado a aducir pruebas (y molesto por tal exigencia) nos envió como testigos a un par de hombres que declararon haber transportado en una ocasión la estatua de un lugar a otro. Se le preguntó de qué medio de transporte se habían valido y contestaron muy tranquilos que de ninguno; entre los dos la habían tomado en brazos y la habían llevado de una parte a otra. Se les contestó que en esa misma forma podían llevársela ya, sin más trámites. Pasaron al departamento donde estaba la gran pieza y quedaron desconcertados, pues aquel bloque de alabastro tenía que pesar más de media tonelada[194].

En pocas palabras, la clave se encontraba en la documentación suministrada por la JTA o la Generalitat y que llegó a manos del Sdpan. Si la obra en cuestión estaba documentada, la devolución no planteaba problemas, pero si no lo estaba, el Sdpan tenía que tomar una decisión. Tanto el testimonio de Chamoso como el de Monreal ratifican esta perspectiva. Pero como veremos, las cosas no fueron tan evidentes.

---

[192] *Ídem,* pág. 291. La cursiva es del autor.

[193] Luis Monreal y Tejada, *Arte y Guerra Civil, op. cit.,* pág. 138.

[194] *Ídem,* págs. 139-140. Después se comprobaría que se trataba de la *Virgen de Boixadors* del Museo Episcopal de Vic.

Habría que aclarar que desde Madrid se centralizó gran parte de las devoluciones, pues se conservan expedientes de entrega para prácticamente todas las regiones de España.

Finalmente, habría también que subrayar que la actuación del Sdpan y la normativa que generó en el proceso de devolución tuvieron consecuencias fundamentales en la reubicación de una parte importante del patrimonio artístico español. Puedo adelantar que en la inmediata posguerra muchas obras fueron a parar a lugares diferentes al de su origen, y de otras se desconoce su paradero y se pueden considerar desaparecidas.

A estas circunstancias se añadían las apetencias de muchos por las obras almacenadas. Existe una carta de Íñiguez al marqués de Lozoya de 29 de abril de 1940 en la que muestra un ejemplo muy significativo de estos desvíos de obras, en este caso por parte del director del Museo de Arte Moderno. El escrito tampoco tiene desperdicio:

> Ilmo. Sr.
>
> Repetidas veces me he visto en la obligación de dar cuenta a V.I. de intromisiones intolerables en nuestro Servicio del Director del Museo de Arte Moderno, Sr. Llosent[195], hasta haberle tenido que llamar la atención lo mismo de palabra que por escrito el encargado del Museo Arqueológico, Sr. Navascués.
>
> Y como dicho Sr. Llosent persiste en sus impertinencias y oficiosidades, retirando a su despacho cuadros de nuestros almacenes y facilitando, a particulares, referencias de los que en ellos existe, lo vuelvo a poner en conocimiento de V.I. declinando mi responsabilidad en cuantos incidentes y desapariciones de obras de arte puedan ocurrir en el repetido depósito del Museo de Arte Moderno[196].

Después de este escrito, en el que se denuncia a uno de los principales responsables franquistas del patrimonio, sus apetencias por obras de arte y sus «desapariciones», cualquier cosa es posible en el asunto de la gestión de las devoluciones de obras.

Las obras dependientes de la Caja General de Reparaciones del Ministerio de Hacienda

Mayor dificultad hubo incluso con la devolución de obras y liquidación de la Caja General de Reparaciones, organismo creado por la República, dependiente del Ministerio de Hacienda, que, aparte de monedas y acciones, podía gestionar también obras de valor artístico. La gestión de las devoluciones de este organismo asimismo fue inicialmente responsabilidad del Sdpan.

---

[195] Se trata de Eduardo Llosent y Marañón, director del Museo de Arte Moderno de Madrid, a cuyo frente estuvo hasta su extinción en 1951.

[196] Arch. HPS, Fondos Lozoya.

Parece ser, según reconoce Manuel Chamoso, que la devolución de las obras procedentes de este organismo republicano —recordemos, con piezas incautadas a los sublevados por el daño ocasionado al país— presentó una especial dificultad, dado que existía una «falta de concordancia entre las actas y las expediciones a que hacían referencia». Por ello, el Sdpan solicitó al Ministerio de Justicia la designación de un juez especial y, más tarde, la creación de una «Comisión liquidadora de la Caja de Reparaciones»[197].

Recordemos también que el Sdpan tenía la sede central de gestión de la Caja de Reparaciones en la calle Claudio Coello 123, donde estaba la oficina central con los archivos, ficheros y documentos del organismo. Era tal la magnitud de los bienes incautados por este organismo que contaba con otras sedes en el Casino de Madrid, calle de Alcalá, que constituía el depósito principal; en las calles de Fomento 9 y Montalbán 8, y en los Estudios Cinematográficos de Chamartín (Av. de Burgos 5, en Chamartín de la Rosa).

Pero a los problemas apuntados, a los pocos meses de acabada la guerra, se añadió otro nuevo, pues el ejército reclamó al Sdpan la sede central en la calle Claudio Coello 123 para convertir este local en nuevo despacho del coronel Manzaneque. Ello obligó al Sdpan a trasladar toda la documentación de la Caja de Reparaciones a la calle Montalbán 8, sede a su vez de la delegación de Hacienda.

La respuesta de Pedro Muguruza ante esta imposición del ejército no se hizo esperar, pues el 22 de julio de 1939 enviaba una carta al subsecretario de Educación Nacional:

> Este Servicio ha trabajado de manera ininterrumpida en la investigación de todos aquellos documentos y puesta en orden de los mismos, labor previa indispensable para la devolución, de acuerdo con las disposiciones por el Gobierno en tal sentido.
>
> En el día de hoy se nos comunica de las Oficinas de Montalbán, 8, que en un plazo de 24 horas debe ser desalojado aquel Departamento, instalándose en un local totalmente inadecuado para el Servicio.
>
> Esta Comisaría, que solo encuentra dificultades para el cumplimiento de misiones a que voluntariamente se ha prestado, rehúsa a seguir ocupándose de este asunto, que deja a la entera disposición del Ministerio de Hacienda, por hallarse en la imposibilidad de encontrar local al que trasladar toda aquella documentación[198].

La mayor parte de los bienes de la Caja de Reparaciones eran de carácter crematístico, pero también contaba con algunos de valor artístico. De hecho, duran-

---

[197] Manuel Chamoso Lamas, «El Servicio de Recuperación y Defensa del Patrimonio Artístico Nacional», art. cit., pág. 292.

[198] Arch. GA, (3)5.3 51/11208.

te la guerra, se había establecido una competencia entre la Caja de Reparaciones y la JTA por gestionar estos últimos que finalmente se saldó con la victoria de la JTA, a la que la Caja entregó una parte considerable de dichas piezas.

Prueba de esta cesión son las pinturas de la Caja de Reparaciones que fueron evacuadas a Ginebra por el Gobierno de la República y gestionadas por la JTA, que sumaban un total de 85 piezas, muchas de ellas de relevancia con autores de primera importancia. Varias de estas piezas fueron devueltas a sus propietarios, cuando llevaban en el dorso la etiqueta de procedencia, pero de muchas no se sabía su origen y, adelantemos, varias de ellas fueron entregadas en depósito. Hasta ahora hemos localizado otras 102 obras provenientes de la Caja de Reparaciones que permanecieron en España, lo cual suma un total de 187 piezas de esta procedencia.

Una parte de estos bienes había sido depositada por el Gobierno republicano en la mina de talco de La Vajol y en la fortaleza de Figueras. El primero de los depósitos había sido evacuado en febrero por el Gobierno de Negrín, una parte —la artística— hacia Francia y Ginebra y la de bienes económicos hacia Francia para embarcar finalmente en el yate *Vita* con destino a México[199]. El depósito de Figueras había sido evacuado solo en parte hacia Ginebra, de modo que cuando los agentes de recuperación franquistas entraron en la fortaleza, acompañados de periodistas extranjeros, constataron la «desproporción patente entre la importancia fabulosa de los tesoros acumulados allá como consecuencia de reunir todos los depósitos de cajas del Banco de España, Hispano-Americano, Central, etc., y el volumen escaso de obras de arte»[200].

Todos estos bienes, incluyendo los varios de interés artístico que quedaban, fueron a parar finalmente —tras la renuncia del Sdpan a hacerse cargo de ellos— al Ministerio franquista de Hacienda, que procedió a la organización de exposiciones para que los visitantes pudieran reconocer y reclamar las piezas de su propiedad. Así es como a principios de 1940 se montaba en la sede del Ministerio de Hacienda una exposición con las piezas recuperadas en Figueras. Luis Monreal y Tejada comentaba en carta a Francisco Íñiguez que consideraba muy importante esta

---

[199] José Fuentes Mares, *Historia de un conflicto: México-España (El tesoro del «Vita»),* México, CVS Ediciones, 1975; Francisco Gracia Alonso y Gloria Munilla, *El tesoro del «Vita». La protección y el expolio del patrimonio histórico-arqueológico durante la Guerra Civil,* Barcelona, Universitat de Barcelona, 2013; Ángel Herrerín López, *El dinero del exilio. Indalecio Prieto y las pugnas de la posguerra,* Madrid, Siglo XXI, 2007; Abdón Mateos, *La batalla de México. Final de la Guerra Civil y ayuda a los refugiados,* Madrid, Alianza Editorial, 2009; Amaro del Rosal, *El oro del Banco de España y la historia del Vita,* México, Grijalbo, 1976; Aurelio Velázquez Hernández, *Empresas y finanzas del exilio. Los organismos de ayuda a los republicanos españoles en México (1939-1949),* México D.F., El Colegio de México, 2014.

[200] Informes de febrero de 1939 de los agentes Navarro, Torre, Baranda y Muguruza de sus visitas a Olot, Cabanellas, Figueras, Agullana, La Vajol y Darnius, Arch. IPCE, Leg. 094.04.

iniciativa, «también desde el punto de vista político», pero pedía que dicha muestra también se montara en Barcelona:

> Según parece se exponen en Madrid, en Hacienda, las joyas de propiedad desconocida encontradas en Figueras. Sería justo que dicha exposición se celebrase también en Barcelona pues como era lógico muchísimas de las cosas que quedaron en Figueras eran procedentes de Cataluña. Nosotros podríamos colaborar en dicha exposición que podría celebrarse quizás aquí en la Virreina[201].

Y Monreal añadía que «la gente está aquí un poco descontenta por considerar que no se dan suficientes facilidades». El 9 de marzo de 1940, el Ministerio de Hacienda dictaba las normas para las devoluciones creando la «Comisión liquidadora de la Caja marxista de reparaciones»[202]. La Orden de 13 de octubre de 1941 concedía un último plazo de un mes para que «los interesados puedan presentar ante la Comisión liquidadora de la Caja de reparaciones marxista, instancias reivindicatorias de los valores mobiliarios, documentos y objetos expoliados»[203]. Y, finalmente, la Orden de 24 de abril de 1942 fijaba la fecha de terminación de los trabajos de la «Comisión Liquidadora de la Caja de Reparaciones marxista»[204], que sería el 30 de junio de dicho año[205].

Las entregas en depósito

Tengo que reconocer que este es el capítulo que mayor sorpresa me ha deparado en esta investigación y que la sorpresa se ha ido convirtiendo en auténtico asombro ante la gran cantidad de piezas entregadas en depósito a museos, Iglesia, organismos públicos e incluso a particulares.

En la normativa del Gobierno de Franco y en la normativa del Sdpan la entrega en depósito prácticamente no se contempla; de hecho, tan solo he localizado una importante referencia a este tema en la Orden del Ministerio de Educación

---

[201] Carta de Monreal a Íñiguez de 7 de febrero de 1940, Arch. GA, 51/11101. Se refiere al Palacio de la Virreina de Barcelona.

[202] *Boletín Oficial del Estado,* núm. 79, de 19 de marzo de 1940, págs. 1908-1909.

[203] *Boletín Oficial del Estado,* núm. 290, de 17 de octubre de 1941, págs. 8070-8071.

[204] *Boletín Oficial del Estado,* núm. 117, de 27 de abril de 1942, pág. 2967.

[205] Pero el Ministerio de Hacienda, dada la gran cantidad de bienes que almacenaba no reclamados (incluyendo los de la Caja de Reparaciones), organizó la *Exposición general de objetos y bultos recuperados,* celebrada en Madrid, en el Banco de España y en el Palacio de Cristal, en mayo y junio de 1944 *(Boletín Oficial del Estado,* núm. 309, de 5 de noviembre de 1943, págs. 10682-10683), que después se prolongaría hasta el 31 de julio *(Boletín Oficial del Estado,* núm. 181, de 29 de junio de 1944, pág. 5042). A su vez, en noviembre de 1944, el ministerio decretaba la entrega por el Juzgado Gubernativo al Arzobispado de Toledo de 16 lotes de objetos.

Nacional de 11 de enero de 1940, en la que se establecían las entregas en depósito de objetos de carácter religioso a la Iglesia, y de todos los demás, a los museos y organismos oficiales:

> Los objetos de carácter puramente religioso serán clasificados en dos grupos: uno, que comprenderá los objetos procedentes de la Iglesia, a la que serán reintegrados, y el otro, con los que no tengan la procedencia anterior, que, con los incluidos en las restantes secciones del inventario que ofrezcan suficiente interés, serán entregados a los Museos o Centros Oficiales en que mejor encuadren. *Todas estas entregas lo serán en calidad de depósito*[206].

Seguramente estas entregas en depósito, que comenzaron a producirse desde los inicios de la posguerra, se generalizarían a partir de esta orden hasta alcanzar una magnitud considerable. Lo que no he encontrado es una normativa específica sobre las entregas en depósito, quizás porque tenía carácter reservado, como tantas otras cuestiones bajo el franquismo. Ángel Viñas ha descubierto un «Decreto reservado número 52» y se pregunta dónde se encontrarán los otros, al menos, los 51 decretos reservados anteriores y quizás posteriores[207]. Parece que esta era una práctica habitual en el franquismo, especialmente en su primera década, sumada a la de no dejar rastro de ello en los archivos.

En su artículo de 1941 sobre el destino del arte durante la Guerra Civil, Francisco Íñiguez, comisario general del Sdpan, afirmaba, sin ningún tipo de duda, que

> las devoluciones, de cualquier casta que sean, se verificaban siempre como entrega en depósito, mediante su acta, que, unida a la fotografía correspondiente, queda en el local especial de este Servicio, a disposición de toda persona que quiera la última y establecer sobre la misma la reclamación que crea conveniente, por estimar que reproduce un objeto suyo[208].

Lo peculiar es que en su informe sobre el Sdpan publicado en 1943, Manuel Chamoso Lamas repetía exactamente estas mismas palabras, cambiando en todo caso algún término y el tiempo verbal —del presente de Íñiguez al pasado—, en un ejemplo clarísimo de plagio o de obediencia ciega al jefe[209]. Pero por mucho que la repitan los responsables del Sdpan, esta afirmación de que toda devolución era en calidad de depósito es evidentemente falsa. Los expedientes del Sdpan di-

---

[206] *Boletín Oficial del Estado,* núm. 13, de 13 de enero de 1940, págs. 286-287. La cursiva es mía.

[207] Ángel Viñas, *La otra cara del Caudillo. Mitos y realidades en la biografía de Franco,* Barcelona, Crítica, 2015, pág. 127.

[208] Francisco Íñiguez, «El arte en España durante la guerra. Su destrucción, dispersión y rescate», *Revista Nacional de Educación,* núm. 5, mayo de 1941, pág. 39.

[209] Manuel Chamoso Lamas, «El Servicio de Recuperación y Defensa del Patrimonio Artístico Nacional», art. cit., pág. 291.

ferencian claramente entre las obras devueltas a su propietario y las entregadas en depósito. Un problema añadido es que en el mismo expediente se mezclan muchas veces ambas, la devolución y la entrega en depósito. Este ha sido uno de los aspectos más sorprendentes de la investigación desarrollada, que afecta a más de 8.000 piezas y que iremos desgranando en posteriores capítulos[210].

Habría que añadir que desde la generalización de estas entregas en depósito, empezaron a llegar al Sdpan numerosas solicitudes de obras de los museos (como el Prado, que solicitaba tres obras en mayo de 1942, dos de Boucher procedentes de Ginebra y un retrato de José Gutiérrez de la Vega[211], que le serían entregadas); de los organismos públicos (como la de la directora de la Escuela Normal de Pontevedra solicitando en depósito, también en mayo de 1942, un cuadro del siglo XVII sobre *Santa Teresa de Jesús coronada por Jesucristo,* que se le daría dos meses después)[212], y de la Iglesia (como la del vicario general del Obispado de Segorbe que pedía en diciembre de 1942 «un lote de cuadros en calidad de depósito»[213], petición que también sería atendida por parte del Sdpan en enero de 1943). Y la lista podría continuarse con una gran cantidad de solicitudes de entrega en depósito: del director de las Escuelas Salesianas de la Ronda de Atocha en octubre de 1942 pidiendo «material religioso»[214]; de la superiora del Colegio del Sagrado Corazón en diciembre de 1942 solicitando «vasos sagrados»[215]; de la directora del Centro de Cultura Superior Femenina en abril de 1943 requiriendo «varias imágenes para las aulas y otras dependencias»[216]; del Museo Romántico de Madrid solicitando «algunas armas» en abril de 1945[217].

Y las solicitudes de entrega en depósito se hacían a veces con curiosas peticiones, como la del subsecretario del Ministerio de Hacienda, que solicitaba en junio de 1942 «doce cuadros de las dimensiones aproximadas que figuran en la adjunta nota»[218], o la del Museo de la Rábida, que en octubre de 1949[219] pedía un objeto concreto, en este caso una «cruz gótica», que se le entregó en abril de 1950.

En los papeles del archivo del marqués de Lozoya se conservan peticiones de obras de diversas instituciones religiosas y la orden de la entrega en depósito de un «armónium» a los dominicos de Atocha; «alguna custodia y copón» a las «monjitas»

---

[210] El total de piezas entregadas en depósito alcanza hasta ahora en nuestra base de datos la cantidad de 8.710, pero todavía hay numerosos expedientes por analizar e introducir.

[211] Arch. MP, Caja 1324, Leg. 11.329, Exp. 3.

[212] *Ídem.*

[213] Arch. GA, Exp. 1104.

[214] *Ídem.*

[215] *Ídem.*

[216] *Ídem.*

[217] *Ídem.*

[218] Arch. GA, Exp. 51/11101.

[219] *Ídem.*

benedictinas de San Plácido «para que sustituyan a los que los rojos les arrebataron de su monasterio»; un piano y unos cuadros a las «monjitas» de Santa Catalina; un cuadro para el salón del trono del Palacio Episcopal de León; etc.[220].

Así es como Lozoya e Íñiguez iban repartiendo dádivas procedentes de los depósitos, al socaire de las solicitudes recibidas: muebles para la «Fundación Generalísimo Franco», unos cuadros «con preferencia de asunto histórico o de cosas militares» para el Regimiento de Infantería de Plasencia, etc.

Pero para entender en toda su magnitud este capítulo de las entregas en depósito —fundamental en esta investigación—, habría que comenzar por estudiar las requisas franquistas del patrimonio de los republicanos que habían muerto durante la guerra, habían sido juzgados y encarcelados o habían marchado al exilio dejando atrás sus bienes.

[220] Estas peticiones se encuentran en el Arch. HPS, Fondos Lozoya.

Capítulo 5

La confiscación franquista de las colecciones de los represaliados republicanos y de los exiliados

La Ley de Responsabilidades Políticas de febrero de 1939[221] tramitó unos 250.000 expedientes que abocaron a muchas familias con un pasado republicano o nacionalista, además de a la cárcel o el paredón, a la desestructuración económica. Los casos más notorios fueron las personas públicamente relevantes, que estuvieron especialmente perseguidas por el nuevo régimen con imposición de multas desmesuradas e impagables, como fue el de Manuel Azaña, con 100 millones; José Giral, 50 millones; Niceto Alcalá-Zamora, 50 millones; Dolores Ibárruri, 25 millones... Esta ley tenía carácter retroactivo desde octubre de 1934 y declaraba delictiva la pertenencia a partidos de izquierdas o a logias masónicas. De esta manera, la represión que ya se había practicado durante la contienda de manera sistemática en la zona ocupada se institucionalizaba a escala nacional, y fue la base para el arresto masivo, los juicios sumarísimos, encarcelamientos y ejecuciones durante la posguerra.

Habría que añadir que el Tribunal de Responsabilidades Políticas se basaba en la Ley de 1 de marzo de 1940 «sobre represión de la Masonería y del Comunismo»[222], en cuyo artículo 2 se establecía que, «disueltas las indicadas organizaciones, que quedan prohibidas y fuera de la ley, sus bienes se declaran confiscados y se entienden puestos a disposición de la jurisdicción de responsabilidades políticas». Con ello los franquistas tenían el camino despejado para la confiscación de los bienes patrimoniales de sus enemigos declarados, además de los múltiples desmanes contra ellos.

---

[221] *Boletín Oficial del Estado,* núm. 44, de 13 de febrero de 1939, págs. 824-847.

[222] *Boletín Oficial del Estado,* núm. 62, de 2 de marzo de 1940, págs. 1537-1539.

Si comparamos las actas de incautación de la JTA durante la contienda con las actas de devolución del Sdpan en la inmediata posguerra, descubrimos que hay una serie de organismos y de personas a los que no se les devuelven las obras incautadas. La relación de todos los desposeídos, de los que no existe expediente de devolución, sería excesivamente prolija, pero vamos en todo caso a citar casos muy evidentes. Podemos ir desde las confiscaciones a políticos, como Pedro Rico, alcalde republicano de Madrid, el ministro de Estado Joaquín Urzáiz y Cadaval o el diplomático Ricardo Baeza Durán, pasando por el naviero y nacionalista vasco Ramón de la Sota, hasta artistas como los escultores Francisco Pérez Mateo, Emiliano Barral o Alberto Sánchez, muertos los dos primeros en el frente y en el exilio el último. Y, finalmente, un caso muy especial fue el de la confiscación, ya en la posguerra, de las colecciones de los militares enemigos, como la del coronel republicano José Sicardo y de su mujer Mariana Carderera, que habían marchado al exilio, o la del teniente coronel republicano Joaquín Zulueta, que había sido juzgado, condenado y encarcelado por el franquismo. Habría que dedicar, a su vez, una atención especial a las bibliotecas incautadas, como la del poeta Pedro Salinas.

Las piezas de los políticos y militares republicanos de las que hay acta de incautación pero no de devolución. La colección Pedro Rico

Como decíamos, de una parte importante de estos desposeídos existe acta de incautación de la JTA republicana, pero no existe acta de devolución del Sdpan franquista. Lo que sí tenemos, en todo caso, son expedientes de entrega en depósito a museos y organismos de piezas procedentes de estas colecciones, cuando no de desvío a otros propietarios que afirmaban que estas obras eran suyas. Este hecho nos permite hacer una indagación sobre el destino de las obras confiscadas por el franquismo a sus enemigos políticos.

Es el caso de la colección de Pedro Rico, alcalde de Madrid en dos ocasiones (1931-1934 y al inicio de la Guerra Civil), político y miembro de Acción Republicana que había marchado al exilio a finales de 1936, de la que existe acta de incautación de la JTA pero no de devolución del Sdpan, aunque podamos seguir su pista en gran parte a través de las entregas de sus obras a otros destinatarios.

El acta de incautación de la JTA, realizada en el domicilio de Pedro Rico —calle de Villanueva 41— con fecha de 9 de julio de 1938, comprende un total de 25 obras (23 pinturas y dos dibujos), todas ellas de autores españoles del siglo XIX (Eugenio Lucas, Roberto Domingo, Ángel Lizcano, José Jiménez

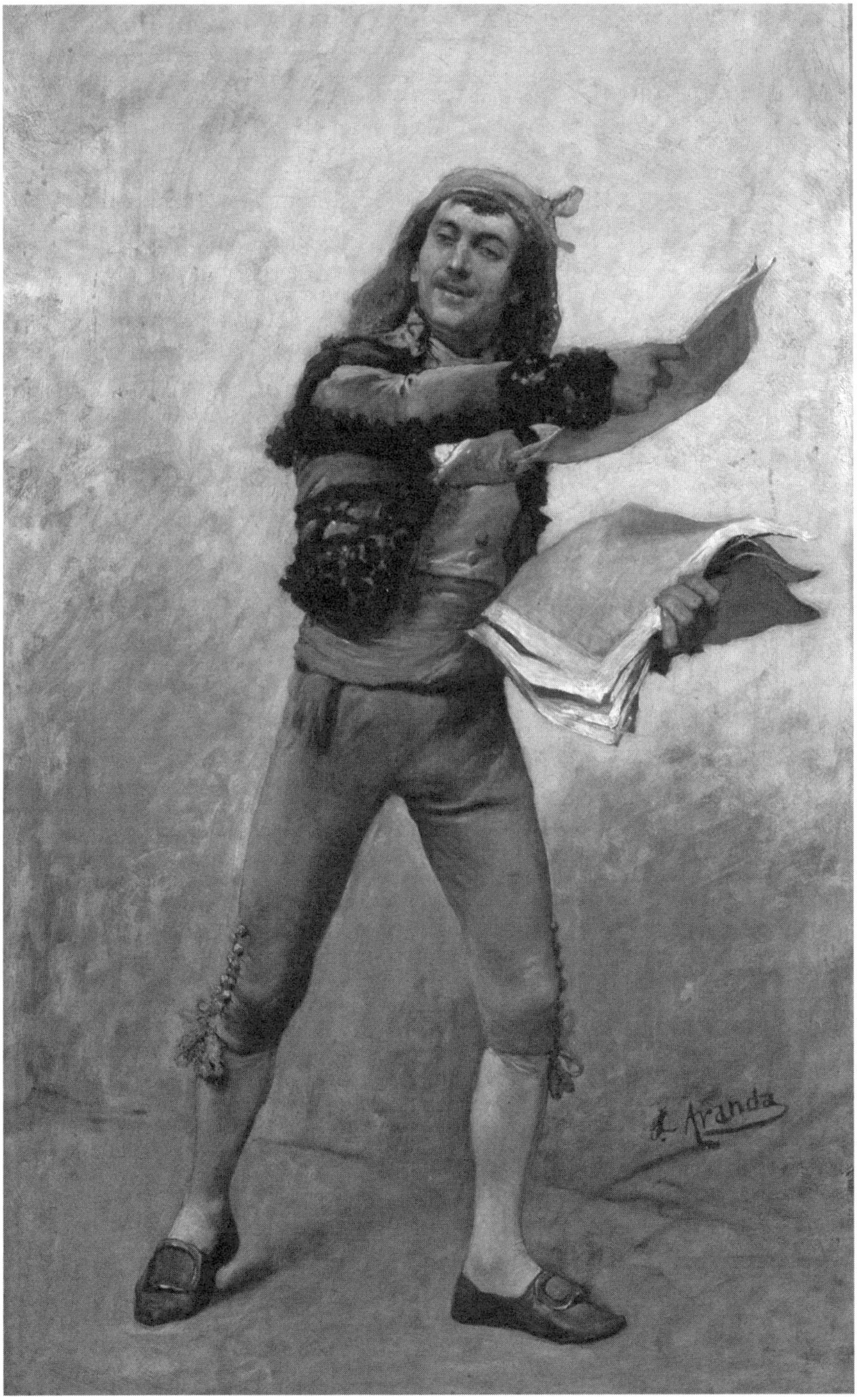

25. *Vendedor de periódicos,* de José Jiménez Aranda, procedente de la colección de Pedro Rico y entregado en depósito en julio de 1941 al Museo Provincial de Oviedo, hoy Museo de Bellas Artes de Asturias.

Aranda...)[223]. Hemos localizado la mayoría de estas obras a través de los expedientes del Sdpan de su entrega en depósito a distintos organismos: al Gobierno Civil de Las Palmas, al Museo de Bellas Artes de San Carlos de Valencia, al Museo de Arte Moderno de Madrid, al Museo Provincial de Oviedo y al Museo de Segovia. Hasta el momento hemos localizado 19 obras de las incautadas a Pedro Rico y entregadas en depósito, que se relacionan en el siguiente cuadro, además de las seis pendientes de localización en su posible entrega, o sencillamente perdidas o en paradero desconocido:

Relación de las obras incautadas a Pedro Rico por la JTA y entregadas en depósito a organismos y museos en la posguerra por el Sdpan[224]

Autor	Título / Soporte	Entregada a
Eugenio Lucas	*Una fiesta en la dehesa (Majos y garrochistas en el campo)*	Gobierno Civil de Las Palmas
Eugenio Lucas	*Toro desmandado (Toro embistiendo a un grupo de majos en el campo)*	Gobierno Civil de Las Palmas
Francisco Domingo Marqués	*En el patio de una posada. Escena del siglo XVII (Mosqueteros junto a una tapia)*	Gobierno Civil de Las Palmas
Eugenio Lucas Villaamil	*Un bautizo (Fiesta religiosa en un templo)*	Gobierno Civil de Las Palmas
Roberto Domingo	*Toro fogueado*	Gobierno Civil de Las Palmas
Eugenio Lucas Villaamil	*En la feria (Escena en la verbena)*	Museo de Bellas Artes de San Carlos de Valencia
Eugenio Lucas Villaamil	*Una capea de pueblo*	Museo de Bellas Artes de San Carlos de Valencia
	Una corrida pueblerina	Museo de Bellas Artes de San Carlos de Valencia
Eugenio Lucas	*Baile de majos (Fiesta nocturna en una gran sala)*	Museo de Bellas Artes de San Carlos de Valencia
Ángel Lizcano	*La Virgen del Puerto (Romería)*	Museo de Bellas Artes de San Carlos de Valencia
Eugenio Lucas Villaamil	*Una riña sangrienta (Escena de celos en una taberna)*	Museo de Bellas Artes de San Carlos de Valencia
Eugenio Lucas	*Escena de bandidaje (Asalto a la diligencia)*	Museo de Arte Moderno, Madrid

[223] Arch. IPCE, JTA_0450.

[224] El primer título de las obras que figuran es el del expediente de incautación de la JTA y se añade entre paréntesis, en su caso, un segundo título que es el de los expedientes de entrega del Sdpan.

Autor	Título / Soporte	Entregada a
Eugenio Lucas	*Un exorcismo (Escena de una endemoniada en una cripta)*	Museo de Arte Moderno, Madrid
Eugenio Lucas	*Escena religiosa (Fiesta religiosa en un templo)*	Museo de Arte Moderno, Madrid
Eugenio Lucas	*Escena amorosa (Escena de majos y celestina)*	Museo de Arte Moderno, Madrid
Ángel Lizcano	*El merendero*	Museo Provincial de Oviedo
José Jiménez Aranda	*Vendedor de periódicos*	Museo Provincial de Oviedo
Eugenio Lucas Villaamil	*Majas y majos bajo la lluvia*	Museo Provincial de Oviedo
Eugenio Lucas Villaamil	*Los novios (Novios y cortejo)*	Museo de Segovia
Eugenio Lucas	*Antes del despeje de la plaza*	Pendiente de localización
	Baile en una posada	Pendiente de localización
Eugenio Lucas Villaamil	*Romería*	Pendiente de localización
Eugenio Lucas	*El viático*	Pendiente de localización
Martín León	*Por sevillanas (Romería del Rocío).* Dibujo a pluma	Pendiente de localización
	Caricaturas goyescas. Dibujo	Pendiente de localización

La conclusión es evidente: la colección particular de Pedro Rico, que había marchado al exilio y era considerado por el franquismo un enemigo político, fue sencillamente diseminada entre diferentes instituciones a lo largo y ancho del territorio español[225]. Habría que añadir que el archivo personal de Pedro Rico, que también fue confiscado por los agentes del Sdpan, según consta en el acta de incautación, se entregó al Archivo Histórico Nacional.

Sigamos con el caso del diplomático y escritor Ricardo Baeza Durán, masón y embajador de la República española en Chile de 1931 a 1935. Al inicio de la Guerra Civil marchó con su familia a Londres, pero regresó a España para presidir en Valencia el II Congreso Internacional de Escritores para la Defensa de la Cultura, organizado por la Alianza de Intelectuales Antifascistas, hasta que cedió esta responsabilidad a José Bergamín. Finalmente, la derrota republicana forzó su exilio a Argentina, de donde no volvería hasta 1952.

De Ricardo Baeza sabemos por el inventario de las piezas evacuadas a Ginebra en 1939 que una obra suya, de destacada importancia, se encontraba allí: el tríptico atribuido a Barend van Orley titulado *La Virgen, el Niño y San Antonio, paneles con santos*. Y comprobamos que esta obra fue entregada a una particular, la marquesa de Arnuossa, que por cierto reconoció como suya, como después veremos.

[225] En el epílogo de este libro haré referencia a la ubicación actual de estas piezas.

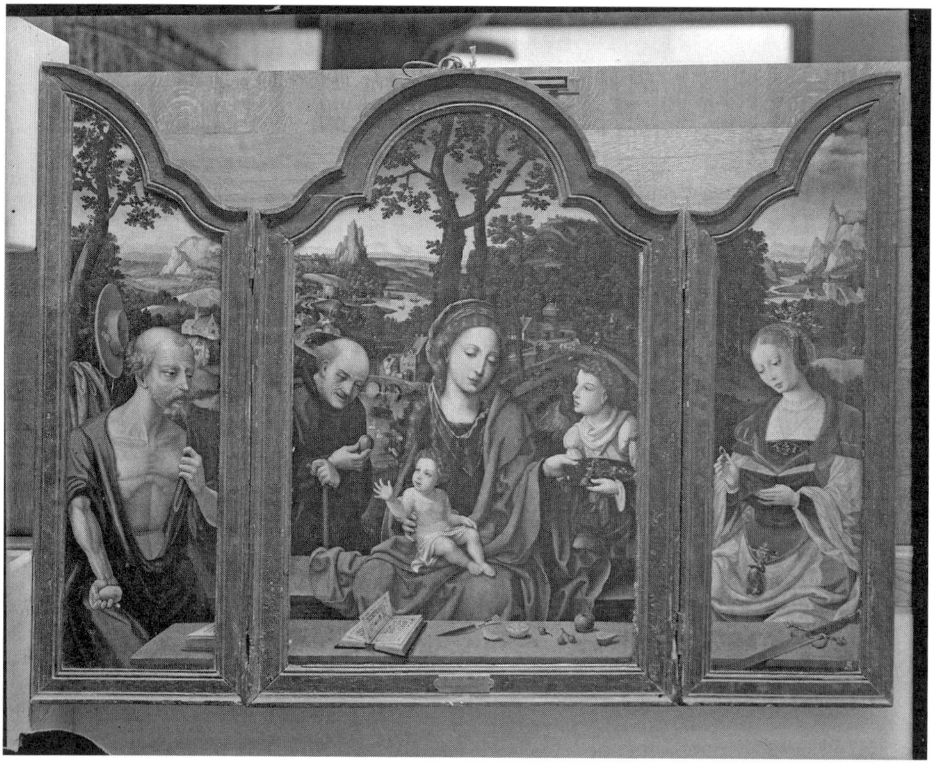

26. Tríptico *La Virgen, el Niño y San Antonio, paneles con santos,* atribuido a Barend van Orley, propiedad de Ricardo Baeza, recuperado por los franquistas en Ginebra y entregado en agosto de 1941 a la marquesa de Arnuossa, que afirmaba ser de su propiedad.

Son numerosos los expedientes de obras de organismos incautadores durante la Guerra Civil que no tienen su correspondiente acta de devolución por parte del Sdpan. Puede parecer lógico, dado que muchos de estos organismos tenían carácter político, y más en concreto de izquierdas, pero la pregunta que surge es: ¿adónde fueron a parar todas estas obras? Podemos citar algunos de estos organismos, sistematizados en políticos (Asociación de Amigos de la Unión Soviética, Círculo Socialista Congreso Centro, Socorro Rojo, etc.), culturales y educativos (Centro Instructivo del Obrero, Escuelas Aguirre, Instituto Escuela, etc.), militares (Batallón Mixto de Transportes, Comandancia del V.º Regimiento, Subsecretaría de Armamentos, etc.) y empresas (Azucarera del Gállego S.A., Estudios Cinematográficos de Chamartín, Papelera Madrileña, etc.).

A su vez, existe otro capítulo de las incautaciones concretas en las que solo se especificaba el domicilio, la calle y el número, sin aportar más datos cuando estas obras llegaron a manos de la JTA republicana. El problema es que el Sdpan franquista no se molestó demasiado en averiguar quiénes eran estos propietarios, pues sencillamente se dedicó a entregar en depósito las obras de este origen.

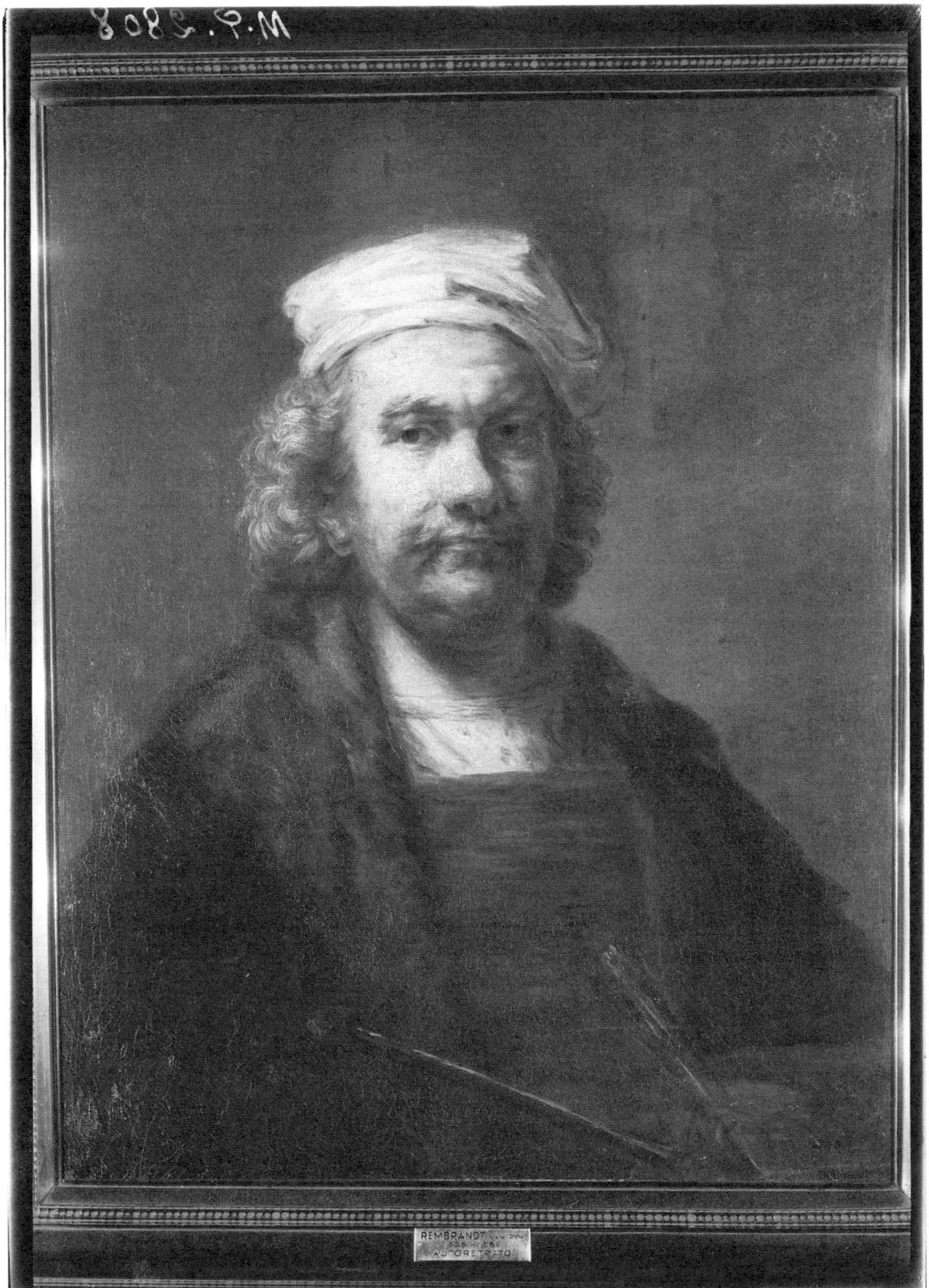

27. Autorretrato atribuido a Rembrandt, entregado en depósito al Museo del Prado en marzo de 1942, procedente de Moreto 11.

Es el caso de la dirección «Moreto, 11» —así aparece en el expediente correspondiente—, aunque he podido saber que allí se encontraba durante la guerra la Subpagaduría del Ejército del Centro. De esta procedencia hay cuatro obras que fueron entregadas a distintos destinos, dos en depósito:

— un *Autorretrato* de Rembrandt, entregado al Museo del Prado[226], y
— una obra titulada *Maja y majos tocando palmas y guitarra,* de escuela sevillana del siglo XIX, entregada a la Fundación Generalísimo Franco[227],

y otras dos entregadas, «tras reconocer la obra de su propiedad», a dos instituciones religiosas:

— una *Virgen del Pilar,* a las religiosas mercedarias de Don Juan de Alarcón[228], y
— una *Sagrada Familia de busto,* obra anónima del siglo XVI, a los padres dominicos de la basílica de Atocha[229].

La confiscación franquista de la colección del nacionalista vasco Ramón de la Sota

Un caso muy específico de la política franquista de revancha contra el enemigo fue la requisa de la colección artística del naviero nacionalista vasco Ramón de la Sota. Habría que aclarar que Ramón de la Sota y Llano era un importante empresario vasco, que en 1900 había creado con su primo Eduardo Aznar y de la Sota, marqués de Berriz, la compañía de construcción de buques Euskalduna y al año siguiente la compañía de seguros La Polar[230]. Pero su gran empresa fue la naviera Sota y Aznar, creada en el año 1906, al mismo tiempo que participaba en la fundación de los bancos Bilbao y Vizcaya. Ramón de la Sota llegó a concentrar así una de las mayores fortunas del país y una flota de barcos de las más importantes de la España de la época. Durante la Primera Guerra Mundial puso su flota al servicio de la corona británica, por lo que recibió el nombramiento de *Knight Commander of the Order of the British Empire;* desde entonces antepuso el tratamiento de «sir» a su nombre.

Defensor a ultranza de los fueros vascos, después de haber sido presidente de la Diputación Provincial, se acercaría al PNV de Sabino Arana, del que llegaría a

---

226 Arch. IPCE, SRA_0003.

227 Arch. IPCE, SRA_1858.

228 Arch. IPCE, SRA_0062.

229 Arch. IPCE, SRA_2540.

230 Véase Eugenio Torres Villanueva, *Ramón de la Sota (1857-1936). Un empresario vasco,* Madrid, LID, 1998.

ser uno de sus principales dirigentes, y en 1918 fue elegido diputado en Cortes por este partido. Su postura política, más pragmática, moderada y realista que la del radicalismo aranista, le llevaría a apoyar la creación de un estatuto de autonomía vasca, que finalmente sería aprobado en el inicio de la Guerra Civil.

Pero Ramón de la Sota murió el 17 de agosto de 1936, con 79 años y a los pocos días del desencadenamiento de la Guerra Civil, aunque esta circunstancia no fue impedimento para que el Tribunal franquista de Responsabilidades Políticas le impusiera una multa *post mortem* en marzo de 1938 —después de la toma del País Vasco y año y medio después de su fallecimiento— de 100 millones de pesetas, acusado de nacionalismo y separatismo[231]. Dado que sus herederos habían marchado al exilio en Biarritz y no habían satisfecho esta cantidad, el juez especial de Responsabilidades Políticas procedió a la confiscación de todos sus bienes, empresas, inmuebles y muebles, entre los que se incluía su importante colección de pintura.

Ya he tratado en otro lugar el asunto de las obras que habían sido evacuadas a Francia en 1937 procedentes de la colección Sota, junto a las de los Museos de Arte Moderno y de Bellas Artes de Bilbao y de otras colecciones particulares y de la Iglesia vasca[232]. Depositadas estas obras en el puerto de La Pallice, en La Rochelle, fueron embargadas preventivamente por un juez francés ante la denuncia presentada por las autoridades franquistas para la devolución de los bienes evacuados. Finalmente, en junio de 1939 —una vez acabada la guerra—, la sentencia fue favorable a los intereses franquistas y todos estos bienes volvieron a España, tal como hemos visto.

Así es como el Gobierno franquista tuvo a su disposición la importante colección Sota, cuyos cuadros en muchos casos pasaron a decorar los despachos de los jerarcas franquistas. Lo cierto es que la Dirección General de Bellas Artes y el Sdpan no tuvieron control alguno sobre estas obras, pues en febrero de 1940 el marqués de Lozoya se dirigió al Ministerio de la Gobernación —cuyo titular en ese momento era Ramón Serrano Suñer— para conocer qué obras de la colección Sota se encontraban en su sede[233]. La respuesta fue que en este ministerio se encontraban tres obras fundamentales: un *Retrato de la reina Doña María de Austria* de Juan Carreño de Miranda, un *San Francisco* del Greco y *La Piedad* de Luis de Morales. Pero la colección Sota era muy importante, con un montante de 93 piezas, que aquí vamos a relacionar, según expediente que se

[231] Véase José María de la Sota Guimón, «El expolio a la familia Sota: ¿responsabilidades políticas o botín de guerra? Los franquistas pusieron multas por el equivalente a 4.270 millones de euros a la familia Sota por ser nacionalistas vascos», *Deia,* 18 de octubre de 2015.

[232] Arturo Colorado Castellary, *Arte, revancha y propaganda. La instrumentalización franquista del patrimonio durante la Segunda Guerra Mundial,* Madrid, Cátedra, 2018, págs. 100-108.

[233] Carta del marqués de Lozoya a Íñiguez de 29 de abril de 1940, en la que incluye documentación de su correspondencia con el Ministerio de la Gobernación, Arch. GA, 51/11101.

conserva[234], donde constaban, entre otras muchas obras, un *greco,* un *morales* y dos *goyas.* Ya hemos comentado el destino de algunas de estas piezas, pero habría que preguntarse dónde acabó el resto en la inmediata posguerra[235].

Relación de cuadros de la colección Sota

1. *Retrato de hombre.* Escuela holandesa. Siglo XVII.
2. *Escena de rapto de la época romana.* Escuela francesa del siglo XVII.
3. Escuela francesa. Siglo XVIII. Se puede atribuir a Jean Ranc. *Retrato de caballero de Santiago.*
4. Grabado. *Vista de Bilbao.* Siglo XVIII.
5. ¿Juan de Toledo? Siglo XVII. *Paisaje con figuras.*
6. Escuela de Pablo Veronés. Siglo XVI. *Cristo en casa de Marta.*
7. Escuela flamenca. Siglo XVII. *Escena de caza.*
8. Escuela española. Siglo XVIII. *Retrato de dama cazadora (D.ª Mariana de Austria).*
9. Copia de Goya. *Retrato del General Urrutia.*
10. Escuela francesa. Siglo XVIII. *Paisaje con figuras.*
11. Escuela española. Siglo XVII. *Santo monje en oración.*
12. Gutiérrez de la Vega. *Retrato de señora.*
13. Escuela española. Siglo XVIII. *Retrato de Don Félix Joaquín de la Sota.*
14. Larroque. *Retrato de Don Ramón de la Sota y Llano.*
15. Escuela española. Siglo XVIII. Influida por Tiepolo. *La Concepción.*
16. Goya. *Escena de las brujas.*
17. Escuela romántica sevillana. Siglo XIX. *Escena Votiva.*
18. Escuela española. Siglo XIX. *Escena de guerra.*
19. Escuela española. Siglo XIX. *Retrato de mujer con mantilla.*
20. Guinea. Cartón para vidriera.
21. Atribuido a Goya. *Desastres de la guerra.* Boceto.
22. Escuela española. Siglo XVIII. *Cabeza de Cristo.*
23. Escuela flamenca. Siglo XVI. *La Virgen y el Niño Jesús.* Tabla.
24. Atribuido a Goya. *Desastres de la guerra.* Boceto.
25. Atribuido a Goya. *Desastres de la guerra.* Boceto.
26. Vicente López. *Retrato de un militar.*
27. Carreño. *Retrato de la reina Doña Mariana de Austria.* (Anteriormente en la colección Beruete).

---

234 Relación de cuadros descritos en el inventario denominado «Relación de cuadros hallados en la cámara acorazada que fue de don Ramón de la Sota y Llano», Arch. GA, 51/11252. También se conserva una relación de obras denominado «Inventario de las obras de Ramón de la Sota, procedentes de la casa de Las Arenas», con un total de 76 piezas, fundamentalmente de pintores vascos contemporáneos, Arch. MBAB, D 1367.

235 Véase Francisco Javier Muñoz Fernández, «Las colecciones particulares de arte durante la Guerra Civil y la posguerra en Bizkaia», en Arturo Colorado Castellary (ed.), *Patrimonio cultural, Guerra Civil y posguerra,* Madrid, Fragua, 2018, págs. 45-69.

28. Greco. *San Francisco.* (Antes en la colección del marqués de la Remisa). Segunda época del autor.
29. Arteta. *Retrato de señora.*
30. Escuela napolitana-española, hacia 1700-Lucas Jordan? *San Antonio de Padua.*
31. Escuela alemana. Siglo XVI. *San Francisco de Asís.* Tabla.
32. Risueño. *Cristo crucificado con la Virgen y San Juan.*
33. Bejarano. *Retrato de hombre.* Óvalo.
34. Zuloaga. *Retrato de Don Ramón de la Sota y Llano.*
35. Arteta. *Retrato del marqués de Mac-Mahon.*
36. Guinea. Cartón para vidriera.
37. Bejarano. *Retrato de Señora.* Óvalo.
38. Leonart. *Marina.*
39. Escuela holandesa. Siglo XVII. Atribuido a Wouvermans. *Paisaje con figuras.*
40. Escuela flamenca. Fin siglo XVI. *Carnaval en la plaza de san Marcos en Venecia.* Id. *La Piazzeta de Venecia con figuras.*
41. Copia de escuela italiana. Siglo XVII. *La Virgen en oración.*
42. Escuela holandesa. Siglo XVII. ¿Van Goyen? *Paisaje con un río.* Tabla.
43. Escuela flamenca. Siglo XVI. *La Virgen y san Juan ante el Cristo desnudo y maniatado.*
44. Escuela española. Siglo XVI. *Retrato de dama.*
45. L. Morales. *La Piedad.* Tabla siglo XVI.
46. Vicente López. *Retrato de la reina María Cristina de Borbón.*
47. Escuela española. Siglo XIX. *Retrato de hombre.*
48. Escuela flamenca. Siglo XVII. *Retrato de hombre.*
49. Escuela española. Siglo XVII. *Religioso en éxtasis.*
50. Escuela española. Siglo XVII. *Un santo religioso en su lecho mortuorio.*
51. Escuela inglesa. Siglo XVIII. *Retrato del marqués del Llano.*
52. Escuela holandesa. Siglo XVII. *Figura femenina.* ¿Representa a la reina Dido?
53. Lucas. *Carnaval.*
54. Estilo de Lucas. *Capricho.*
55. Escuela francesa. Siglo XVIII. *Paisaje con figuras.* Pintura sobre vidrio.
56. Escuela francesa. Siglo XVIII. *Paisaje con figuras.* Pintura sobre vidrio.
57. T. Campuzano. *Marina.*
58. Escuela francesa. Siglo XIX. *El Calvario.*
59. Lucas. *Escena fantástica.*
60. Arteta. *Muchachas en el campo.*
61. Estilo de Mengs. *Retrato del marqués de Llano.*
62. Escuela española. Siglo XVII. *San Francisco de Asís.*
63. Teniers. *Bebedor.* Tabla.
64. Escuela francesa. Siglo XVIII. *Retrato de hombre.* Óvalo.
65. Escuela española. Siglo XVII. *La aparición de Cristo resucitado a los apóstoles.* Miniatura sobre cobre.
66. Escuela española. Siglo XIX. ¿Tejeo? *Retrato de señora.* Miniatura.
67. Escuela española. Siglo XIX. *Retrato de señora.* Miniatura.

68. Escuela de Van Dyck. Siglo xvii. *Cristo Crucificado.*
69. Escuela española. Siglo xvii. *Grupo de niños.* Composición decorativa.
70. Atribuible a Nattier. Escuela francesa. Siglo xviii. *Retrato de dama.*
71. Escuela francesa. Influida por Luis David. Fin del siglo xviii. *Retrato de un abate.*
72. Escuela española. Siglo xx. *Bodegón de frutas.*
73. Atribuible a Mengs. Réplica de un fragmento del *retrato de la marquesa de Llano.* De la Academia de San Fernando.
74. Goya. *Retrato de Zapater.*
75. Escuela goyesca. Siglo xix. Muy repintado. *Retrato de niña con frutas.*
76. Escuela inglesa. Siglo xviii. *Retrato de hombre.*
77. Guiard. *Paisaje.*
78. Teniers. *Escena de taberna.*
79. Escuela española. Siglo xix. *Desembarco.*
80. Escuela española. Siglo xix. *Batalla.*
81. Escuela española. Siglo xix. Miniatura. *Retrato de señora.*
82. Escuela francesa. Siglo xviii. *Paisaje con figuras.* Pintura sobre vidrio.
83. Escuela francesa. Siglo xviii. *Paisaje.* Pintura sobre vidrio.
84. Reinagle. *Un perro de caza.*
85. Ruiz Guerrero. *Retrato de una señora en la calle.*
86. Escuela francesa. Siglo xviii. *Paisaje con figuras.* Pintura sobre vidrio.
87. Barrueta. *Interior con figura.*
88. José Arrue. *Caricatura vasca.*
89. Regoyos. *Paisaje.*
90. Escuela española. Siglo xviii. *Divina pastora.*
91. Escuela flamenca. Siglo xviii. *Paisaje con figuras.*
92. Escuela flamenca. Siglo xviii. *Paisaje con figuras.*
93. Guinea. Cartón para vidriera.

En la respuesta del Ministerio de la Gobernación a Lozoya se añadía que «los mencionados cuadros se hallan en el despacho del Excmo. señor Ministro, por lo que se ruega a V.E. se sirva autorizar que los mismos continúen en depósito en este Ministerio». Al marqués de Lozoya seguramente no le quedó más alternativa que autorizar la permanencia de los cuadros donde se encontraban, dado el desconocimiento que tenía sobre ellos y la gran cantidad de obras que debía gestionar el organismo a su cargo.

A mediados de 1941, Íñiguez escribía al marqués de Lozoya reconociendo que ignoraba «a nombre de quién figuran los cuadros que existen en el Ministerio de la Gobernación»[236]. Es evidente que pasaban los años y el Sdpan no conseguía controlar la procedencia, el estatuto jurídico y la ubicación de las obras de la colección Sota, lo que ratifica la descoordinación franquista en las cuestiones del patrimonio artístico entre los diversos ministerios y organismos del Estado.

---

[236] Carta de 2 de julio de 1941, Arch. HPS, Fondos Lozoya.

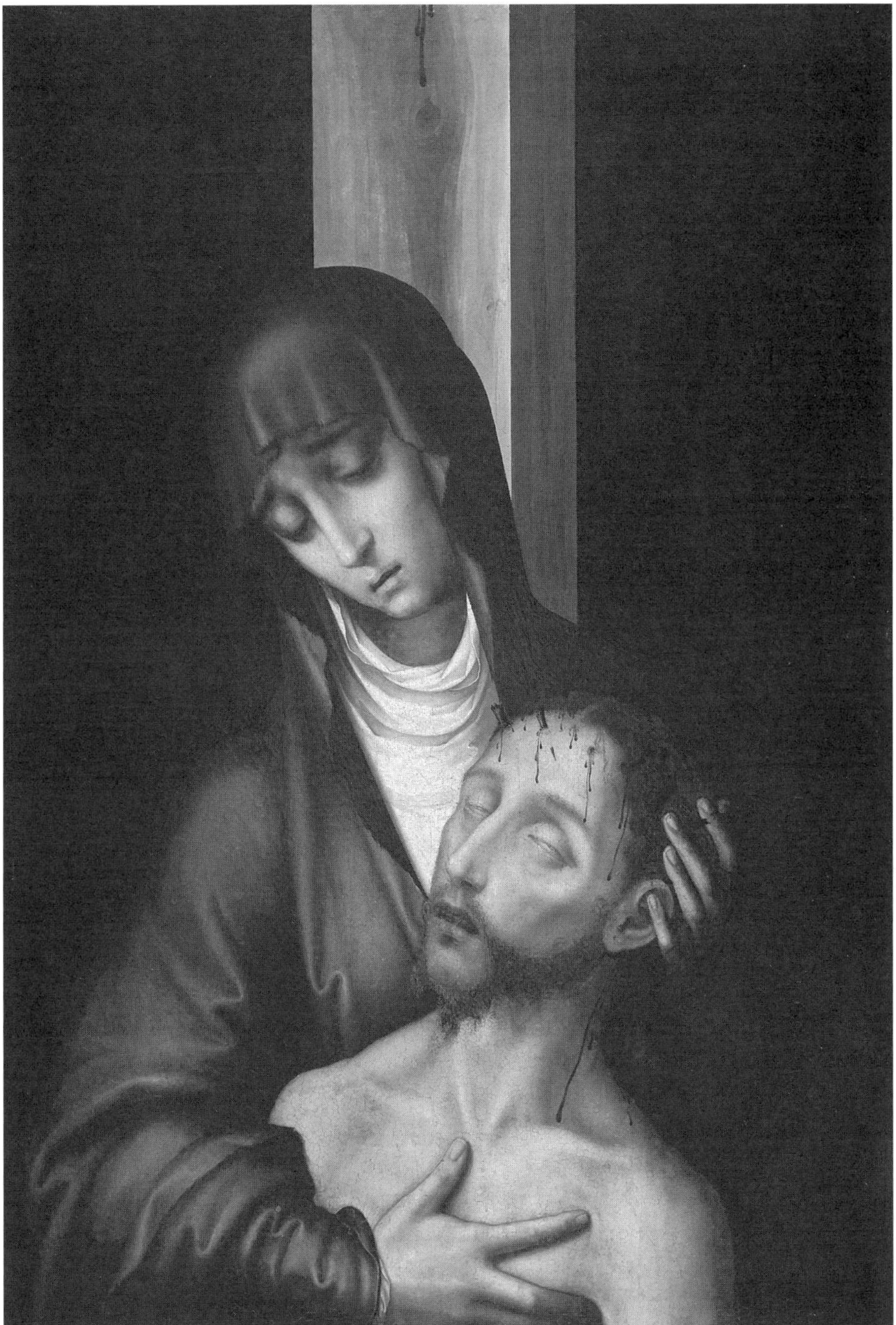

28. Luis de Morales, *La Piedad,* obra perteneciente a la colección del nacionalista vasco Ramón de la Sota y que decoraba el despacho del ministro franquista Ramón Serrano Suñer.

El desvío de los bienes patrimoniales de artistas e intelectuales

Otro caso de confiscación de obras por el franquismo fue la de los artistas e intelectuales republicanos que habían marchado al exilio o que habían fallecido durante la Guerra Civil, y cuyas colecciones fueron desperdigadas en distintos destinos durante la posguerra.

Habría que empezar por las confiscaciones realizadas por el Sdpan de las colecciones de los artistas republicanos que previamente habían sido incautadas o recogidas por la JTA republicana. Este fue el caso de la colección del pintor Miguel Ángel del Pino Sardá. La JTA republicana había recogido el 18 de agosto de 1938 en su estudio, sito en el paseo de Recoletos 7, un importante contingente de pinturas, exactamente 19 piezas de los siglos xv al xix[237]. Del Pino se exilió en Argentina al acabar la guerra durante 30 años y, que sepamos, no hubo acta de devolución de estas obras, lo que hace suponer que fueran entregadas en depósito a otros lugares o personas. Esta suposición viene confirmada con la localización de una entrega por el Sdpan de una tabla castellana del siglo xv, que representa el *Entierro de Cristo,* al convento de las agustinas recoletas de Colmenar de Oreja, por cierto «tras reconocer la obra de su propiedad»; sin embargo, en el expediente de entrega de la obra se especificaba el número de los libros de registro de la JTA donde se indicaba claramente que la procedencia de esta obra era «Del Pino»[238].

Del estudio en Madrid del pintor José María López Mezquita, en el pasaje de la Alhambra 1, la JTA republicana había recogido durante la guerra varias piezas, entre las que destacaba un altar barroco[239]. El pintor, que permaneció en el extranjero tras la Guerra Civil, parece que no recuperó sus obras, y no existe acta de devolución del Sdpan. No hay que olvidar que López Mezquita había sido cofundador en 1933 de la Asociación de Amigos de la Unión Soviética.

Pero más importante fue la requisa de 70 pinturas de López Mezquita que el general Ricardo de Rada y Peral[240] realizó en la inmediata posguerra en el domicilio de este pintor. Existe un sorprendente informe de los agentes del Sdpan, Antonio Fernández Curro y Joaquín Ruiz Carreras, cuando acudieron al domicilio de este

[237] Arch. IPCE, JTA_0422.

[238] Arch. IPCE, SRA_0067.

[239] Arch. IPCE, JTA_0317.

[240] El general Ricardo de Rada y Peral (1885-1956) fue un militar africanista español, de ideología carlista, que participó en la Guerra Civil española en el bando de los sublevados. Durante la dictadura franquista ocupó importantes mandos militares hasta ascender a la categoría de teniente general.

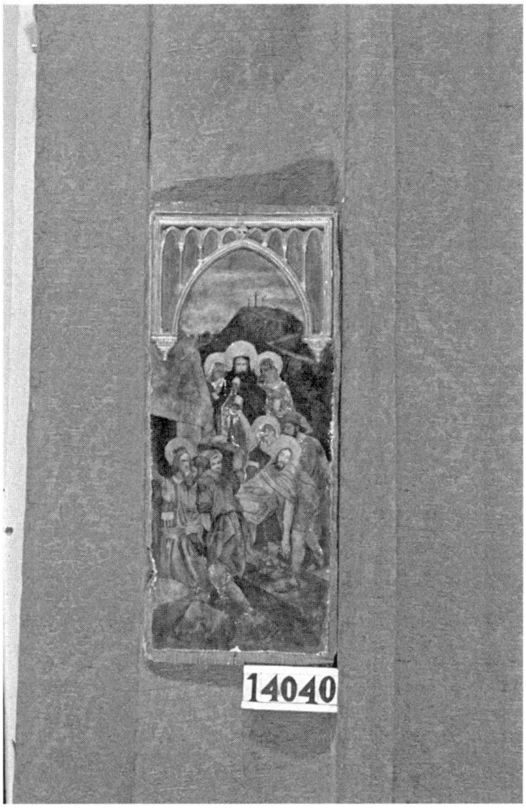

29. *Entierro de Cristo,* tabla castellana del siglo XV entregada en diciembre de 1941, «tras reconocer la obra de su propiedad», a las agustinas recoletas de Colmenar de Oreja, procedente de la colección del pintor Miguel Ángel del Pino.

general franquista —sito en Velázquez 15— con el objetivo de encontrar «las obras ejecutadas por el pintor López Mezquita, las cuales fueron retiradas al parecer por la Brigada de dicho general del domicilio del referido pintor y con destino, según manifestaciones que nos hizo el propio General, a Edificios Militares»[241].

Este caso, de requisa franquista en la posguerra de la colección de un enemigo político marchado al exilio —sin que hubiera sido objeto de incautación republicana previa durante la guerra—, forma parte de un montante de tal importancia que le dedicaré un apartado especial al final del presente capítulo. Además, es un caso de requisa incontrolada por el Sdpan que no ha dejado huella documental, a no ser este informe, que añade que cuando el agente vio que en el domicilio del general había varios cuadros del pintor López Mezquita, ante su requerimiento para poder llevárselos, el general se opuso, «negándose terminantemente a que fue-

[241] «Visitas realizadas por los agentes al domicilio de Ricardo Rada Peral para recuperar un cuadro del pintor José María López Mezquita», Arch. IPCE, SRA_3792. Resulta también sorprendente que los agentes del Sdpan añadieran en su informe «que además de los cuadros, existen en dicho inmueble otros objetos que pueden ser de propiedad de dicho pintor».

ran retirados a nuestros depósitos dichos cuadros, ante la sugerencia que en nombre del Servicio le expuso el Agente que subscribe».

Otro caso es el del poeta y ensayista Juan Larrea, que había tenido un papel protagonista en el encargo del *Guernica* a Picasso y que había hecho donación voluntaria, el 16 de septiembre de 1937, al Museo de Arte Moderno de un lienzo de temática histórica atribuido a Géricault. Esta donación la hizo a través de la JTA republicana[242]. No existen noticias del destino de esta pieza durante la posguerra ni acta de devolución. Larrea había marchado al exilio en América, donde realizó gran parte de su obra, y falleció en Argentina en 1980.

Ya en otro lugar he tratado sobre el destino de las obras de arte que estuvieron expuestas en el pabellón español de la Exposición Internacional de París de 1937[243]. Este conjunto constituye un caso especial, pues el grueso de las obras fue enviado a Barcelona en varias remesas en 1938 y fue almacenado en el Palacio Nacional de Montjuïc en Barcelona con un total de 238 pinturas y esculturas, además de tres álbumes de grabados[244]. El franquismo —seguramente por el carácter político de muchas de ellas— mantuvo en secreto este depósito, que no llegó nunca a exponer. Habría también que citar que varias piezas de primera importancia —como el mural *El payés catalán en revolución,* de Joan Miró, y *El pueblo español tiene un camino que conduce a una estrella,* de Alberto Sánchez—, seguramente remitidas a Valencia, desaparecieron ya en la posguerra, así como obras, entre otros, de Rafael Pérez Contel o de Timoteo Pérez Rubio.

Un caso especial fue el de las esculturas de Francisco Pérez Mateo, muerto en el frente de Carabanchel en 1936, y que figuraron en el pabellón español de 1937 en París. El 1 de julio de 1937 habían sido remitidas a Valencia, para después enviarlas a París, por los agentes de la JTA Manuel Laviada y Ángel Ferrant[245]. Después, en la posguerra, fueron entregadas en depósito por el Sdpan, con la autorización del padre del artista, Vicente Pérez Mateo, a la Junta de Museos de Barcelona en 1944 y finalmente al Museu d'Art Modern de Barcelona y al Museu de Terrassa. Una de ellas, titulada *Oso polar,* sin embargo, fue devuelta a los fondos del Museo Español de Arte Contemporáneo de Madrid, donde había ingresado en 1931, y hoy se encuentra en el Museo Nacional Centro de Arte Reina Sofía[246].

Un camino paralelo recorrieron las 18 esculturas de Emiliano Barral, varias de las cuales habían sido recogidas en su estudio de Madrid por los agentes de la JTA

---

[242] Arch. IPCE, JTA_0300.

[243] Arturo Colorado Castellary, *Arte, revancha y propaganda, op. cit.,* págs. 90-98.

[244] Véase Josefina Alix Trueba, *Pabellón español 1937. Exposición Internacional de París,* catálogo de exposición en Centro de Arte Reina Sofía (25 de junio-15 de septiembre de 1987), Madrid, Ministerio de Cultura, Dirección General de Bellas Artes y Archivos, 1987, págs. 165-171.

[245] Arch. IPCE, JTA_0417.

[246] Núm. de registro: AS01882. Véase obra en imagen 45 (pág. 153) de este libro.

Thomas Malonyay y Ángel Ferrant el 2 de julio de 1937 para ser remitidas a Valencia y París[247]. No hay que olvidar que Emiliano Barral también era agente de la JTA y que había muerto en la defensa de Madrid, en el frente de Usera, el 21 de noviembre de 1936. Las esculturas de Barral fueron entregadas en depósito en 1945 por el Sdpan al Museu d'Art Modern de Barcelona, donde actualmente se encuentran[248].

El poeta Pedro Salinas, que se encontraba en Santander cuando estalló la guerra y se exilió a Estados Unidos y Puerto Rico, fue otro caso de los que existe acta de incautación de sus bienes por parte de la JTA republicana y, sin embargo, no existe acta de devolución del Sdpan franquista. El 11 de agosto de 1937, el «evacuado» Francisco Reyes, teniente de la 70 Brigada Mixta[249], hacía entrega de la colección de Pedro Salinas a la Junta, consistente en tres cuadros[250], un espejo con marco dorado, un marco de conchas, dos fanales de flores y, lo que era más importante, la biblioteca del poeta. Según el estudio que ha realizado Juana María González García[251], la biblioteca de Pedro Salinas fue depositada en la Biblioteca Nacional durante la contienda y de allí pasó durante la posguerra al Instituto de Enseñanza Secundaria Cervantes de Madrid, donde se encuentra actualmente. Esta autora calcula que pueden ser unos 330 libros seguros del poeta, a los que habría que añadir otros 604 probables, que el poeta no recuperó nunca. Según esta autora, la biblioteca tiene «un interés formidable», pues, aparte de ser fuente fundamental para el estudio del poeta, contiene numerosos ejemplares firmados por sus autores, como Marcel Proust, John Dos Passos, Henry de Montherlant o Jean Cassou.

Y ya que hablamos de una biblioteca, son numerosos los casos de intelectuales de ideología republicana y que marcharon al exilio cuyas colecciones de libros, archivos y documentos fueron confiscados por los agentes franquistas.

Existe un primer capítulo en este apartado de aquellos propietarios que decidieron hacer entrega voluntaria a la JTA republicana para mejor conservación de sus bibliotecas. Fue el caso del escritor Rafael Cansinos Assens, que el 25 de agosto de 1938 ponía en manos de la JTA su importante biblioteca, sita en su domicilio en el paseo de Ramón y Cajal 6, «de literatura moderna y filología, con sus estanterías, entregadas por su propietario para

---

[247] Arch. IPCE, JTA_0062.

[248] Véase Josefina Alix Trueba, *Pabellón español 1937, op. cit.*, pág. 167.

[249] El piso de Pedro Salinas en Madrid, en Príncipe de Vergara 76, 2.º —el cual no volvió a pisar— fue ocupado por evacuados durante la Guerra Civil.

[250] Según el Libro de la JTA (Arch. IPCE, libro 2, pág. 485), estos cuadros eran: firmado «Esteban 32»: *Lanchones; Retrato de la hija de Pedro Salinas de media figura* y *Tarro con flores y frutas,* ambos de la escuela española del siglo xx.

[251] Juana María González García, «La biblioteca de Pedro Salinas», *Arbor, Ciencia, Pensamiento y Cultura,* vol. CLXXXVI, núm. 744, julio-agosto de 2010, págs. 739-776.

su mejor conservación», según reza el acta firmada por el agente José María Lacarra[252].

Durante la contienda, Cansinos Assens había tomado partido por los republicanos, lo que le supuso ser depurado durante la posguerra por los sublevados y privado de la acreditación de periodista. A partir de ese momento vivió una especie de exilio interior, dedicándose a las traducciones de libros. De su biblioteca entregada a la JTA no recuperó sino una parte[253].

Otro caso de la entrega de libros durante la guerra que no tiene su correspondiente acta de devolución en la posguerra fue la del bibliotecario e historiador Jesús Domínguez Bordona, que fue director de la biblioteca del Palacio Real de Madrid. Habría que señalar que Domínguez Bordona fue también depurado por las autoridades franquistas y destinado forzoso en 1942 a la biblioteca provincial de Tarragona[254]. La entrega de su biblioteca a la JTA lo fue, según especifica claramente en el acta, en «calidad de depósito»[255].

Podemos deducir que fueron numerosas las bibliotecas de intelectuales republicanos que fueron depuradas por el franquismo y el resto de cuyo contenido fue entregado a instituciones u otros destinos[256].

La «conspiración judeomasónica» y la requisa franquista de sus colecciones patrimoniales

Es evidente que Franco y sus correligionarios tenían auténtica obsesión con lo que el régimen calificaba de «contubernio judeo-masónico», al que se añadía la implicación de los comunistas. Incluso se llegó a crear un Tribunal Especial para la Represión de la Masonería y el Comunismo. Y esta obsesión tuvo sus repercusiones en la normativa represiva, con numerosos fusilamientos de masones, y en la confiscación de sus colecciones artísticas en la inmediata posguerra.

---

[252] Arch. IPCE, JTA_0636.

[253] Según me ha informado su hijo, que gestiona la Fundación-Archivo Rafael Cansinos Assens.

[254] Felip Mateu y Llopis, «Quién es cada cual. Leonardo Jesús Domínguez Sánchez Bordona», *Boletín de la Dirección General de Archivos y Bibliotecas,* núm. 38, 1956, págs. 20-22.

[255] Arch. IPCE, TJA_0651.

[256] Véase Marta Torres Santo Domingo, *La Biblioteca de la Universidad de Madrid durante la Segunda República y la Guerra Civil* (tesis doctoral presentada en la Universidad Complutense de Madrid en 2011), que analiza el desvío de numerosas bibliotecas a otros lugares en un capítulo especial titulado «La política de depuración de libros e incautación de bibliotecas en la dictadura de Franco», con casos en Asturias, Valencia, Galicia y otros lugares de España; https://eprints.ucm.es/14119/1/BHTD6.pdf.

La Ley de Represión de la Masonería y el Comunismo, de 1 de marzo de 1941[257], partía en su preámbulo de la consideración de que

> acaso ningún factor, entre los muchos que han contribuido a la decadencia de España, influyó tan perniciosamente en la misma y frustró con tanta frecuencia las saludables reacciones populares y el heroísmo de nuestras Armas, como las sociedades secretas de todo orden y las fuerzas internacionales de índole clandestina. Entre las primeras, ocupa el puesto más principal la masonería, y entre las que, sin constituir una sociedad secreta propiamente, se relacionan con la masonería y adoptan sus métodos al margen de la vida social, figuran las múltiples organizaciones subversivas en su mayor parte asimiladas y unificadas por el comunismo.

Después de tan demoledora visión de la masonería y del comunismo, el artículo segundo de esta ley establecía la confiscación de sus bienes: «Disueltas las indicadas organizaciones, que quedan prohibidas y fuera de la Ley, sus bienes se declaran confiscados y se entienden puestos a disposición de la jurisdicción de responsabilidades políticas».

A partir de esta ley, cualquier confiscación de los bienes de los masones y comunistas estaba justificada. Se podría afirmar que la persecución nazi contra los judíos tuvo en España su equivalente en la persecución contra los masones y los comunistas. Así es como en la documentación sobre incautaciones franquistas encontramos casos de colecciones de masones cuyas piezas fueron confiscadas en la inmediata posguerra y entregadas a otros lugares.

Una confiscación directa de los agentes del Sdpan —además del diplomático y escritor Ricardo Baeza, que hemos visto anteriormente— fue la de la biblioteca, archivo y obras de arte del historiador y erudito Julián Sanz Martínez, que había marchado al exilio en Francia por su pertenencia a una logia masónica. Existen dos informes del agente Floriano[258], del Sdpan, que dan cuenta de lo confiscado en su domicilio —San Juan de la Cruz 10 de Madrid— los días 4 y 5 de abril de 1939. El primer día, el agente recogió una importante documentación histórica original, así como «cuatro o cinco pequeñas imágenes barrocas», y en cuanto a pintura, «dos o tres tablitas estimables y varios lienzos»[259]. Además, el agente informaba de que «se ha hallado una copiosa documentación masónica de la que se han incautado los agentes del S.I.M.»[260]. El segundo día —el 5 de abril—, en este caso acompañado de otro agente del Sdpan llamado Arriero[261], procedieron a confiscar numerosa documentación histórica ade-

---

257 *Boletín Oficial del Estado,* núm. 62, de 2 de marzo de 1940, págs. 1537-1539.

258 Debe tratarse de Antonio Floriano Llorente.

259 Arch. IPCE, SRA_3091.

260 Servicio de Información Militar, que por lo visto se había adelantado al Sdpan en la confiscación de los bienes de Julián Sanz Martínez.

261 Debe de tratarse de José Arriero Moracia.

más de la biblioteca[262]. Así es como años más tarde, el 2 de agosto de 1943, el Sdpan entregaba al CSIC, además de numerosas pinturas, relojes y esculturas, «cuatro cajones conteniendo libros y papeles de D. Julián Sanz Martínez»[263].

Vamos a incluir aquí dos colecciones incautadas a extranjeros, que a su extranjería —lo que los hacía sospechosos— unían su carácter masón o judío: José Weissberger, claramente calificado de masón y de judío por la documentación franquista, y Carlos Walter Heiss. Y cerramos este apartado con la confiscación de la importante colección de la familia judía Baüer.

José Weissberger, que vivía en la calle Almagro 25 de Madrid, además de masón era un destacado coleccionista de origen austriaco y judío afincado en España[264]. Tras ser juzgado por el Tribunal de Responsabilidades Políticas, su colección fue incautada y su piso requisado por el franquismo[265]. De esta colección se entregaron unas 800 piezas al Museo Nacional de Artes Decorativas[266].

Parece que el proceso partió de una denuncia del general Rafael García Valiño, presentada en el Juzgado de Responsabilidades Políticas[267], debida

> a un presunto delito [...] tras haber encontrado en su casa diversos documentos de origen judío, un mandil y una Banda de Gran Maestre de la Masonería. Además, se le inculpó por haber organizado entre los años 1936 y 1937 una exposición de obras de arte en América con el fin de ayudar al Gobierno republicano[268].

Otro caso de colección confiscada fue la de Carlos Walter Heiss, que poseía un importante conjunto de piezas arqueológicas que intentó en 1934 vender al Museo Arqueológico Nacional sin que esta transacción llegara a realizarse, seguramente porque el precio que pedía el propietario —150.000 pesetas— fue considerado demasiado alto. La siguiente noticia es la entrega de esta colección en de-

---

[262] Arch. IPCE, SRA_3108.

[263] Arch. IPCE, SRA_2989.

[264] Como «judío y austriaco» es calificado en el acta de las «Visitas realizadas por los agentes a la Biblioteca Nacional, y al domicilio del judío austriaco Weissberger para recogida y traslado de objetos», Arch. IPCE, SRA_3530.

[265] En el CDMH existe ficha de encausado a su nombre en el Tribunal Especial para la Represión de la Masonería y el Comunismo: ES.37274.CDMH/7//TERMC,FICHERO,77,2701761.

[266] En nuestra base de datos hay 181 entradas de las entregas en depósito de esta colección, pero algunas de ellas con varias piezas, como una —tal como indica la documentación que ha servido de base— que se describe como «Cuatrocientos ocho objetos de porcelana y cerámica». Esto implica que fueron más de 1.200 las piezas entregadas.

[267] Javier Pérez-Flecha González, «El marchante y coleccionista José Weissberger y la incautación y depósito de su colección en el Museo Nacional de Artes Decorativas», *Además de: Revista on line de Artes Decorativas y Diseño,* núm. 2, 2016, págs. 139-152.

[268] *Ídem,* pág. 144.

pósito por parte del Sdpan al Museo Arqueológico Nacional en la inmediata posguerra, en 1941. Esta circunstancia hace suponer que la colección estaba todavía en el museo y que se procedió a su confiscación por parte del Sdpan para poder entregarla, con lo que es evidente que el museo se ahorró cualquier pago. No hay pruebas documentales de que Heiss fuera judío o masón, pero esta entrega fraudulenta hace sospecharlo, además de que existe una ficha a su nombre en la Sección Político-Social de la represión franquista[269].

La importante colección Heiss constaba de 83 objetos numerados y 39 sin numerar. Según Esperanza Manso Martín, que ha estudiado esta entrega, en el inventario de estas piezas,

> de los 83 objetos numerados, 24 son cerámicas ibéricas del estilo «Elche-Archena», a excepción de una pieza de *terra sigillata,* 25 piezas exvotos ibéricos de bronce, 24 piezas metálicas, principalmente adornos, hasta completar las 83; el resto lo componen 39 piezas sin numerar entre las que se encuentran piezas de distintas épocas y también monedas[270].

Indudablemente, el lote más importante era el de las «cerámicas ibéricas, que estaba formado por 6 *kálathos* denominados "sombreros de copa", 8 jarras, tres de ellas con boca trebolada, 1 vaso zoomorfo, 3 platos y 4 cuencos»[271]. La importancia de esta colección fue demostrada en un artículo publicado por el propietario con el reconocido experto prehistoriador y paleontólogo Hugo Obermaier[272].

Los Baüer eran una familia de banqueros judíos residentes en España como agentes de los Rothschild, que habían constituido la empresa Baüer & Cía y que actuaron en España durante tres generaciones[273]. El primero en llegar a España en 1855 fue Ignacio Baüer (1827-1895), desde Trieste, donde se formó. Su hijo, Gustavo Baüer Morpurgo (1865-1917), continuó con los negocios de su padre y amasó una importante fortuna, con la compra de las mansiones de la calle San Bernardo (hoy Conservatorio de Canto), la finca el Capricho en la Alameda de Osuna en Madrid (que fue mandada construir por la duquesa de Osuna entre 1787 y 1839) y un palacete en La Granja, en la calle de Infantes, además de «una importante colección de cuadros, tapices, objetos de arte»[274]. Sus hijos Alfredo Baüer Landauer (1893-1956), Ignacio Baüer Landauer (1891-1961) y Eduardo Baüer Landauer

---

[269] CDMH: ES.37274.CDMH//DNSD-SECRETARIA,FICHERO,30,H0002139.

[270] Esperanza Manso Martín, «Entre colecciones: organizando e investigando las cerámicas de Elche y Archena», *Boletín del Museo Arqueológico Nacional,* núm. 36, 2017, págs. 145-168.

[271] *Ídem,* pág. 163.

[272] H. Obermaier y C. W. Heiss, «Iberische Prunk-keramik vom Elche-Archena-Typus», *Jahrbuch für Prähistorische und etnographische Kunst,* núm. 8, 1929.

[273] Miguel Ángel López-Morell, *La Casa Rothschild en España,* Madrid, Marcial Pons, 2005.

[274] *Ídem,* pág. 346.

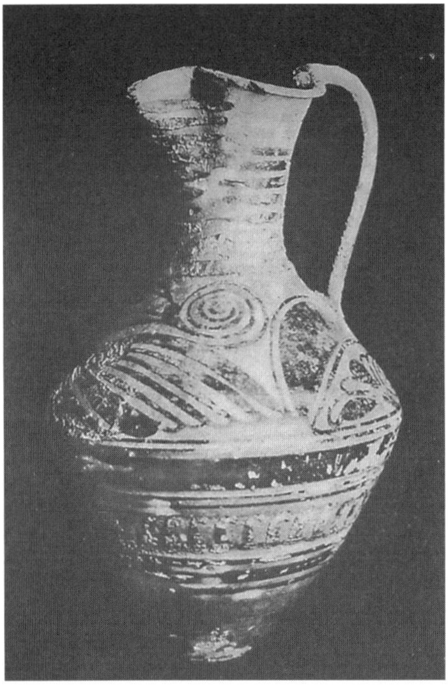

30. *Jarra de tipo oinochoe,* una de las piezas de la colección Heiss entregada en depósito al Museo Arqueológico Nacional en mayo de 1941.

(¿-1939) continuaron las actividades de la casa en España hasta 1931, año de la quiebra de la firma familiar y de la suspensión de pagos de Baüer & Cía debido a la crisis de 1929 y al advenimiento de la República, dada su estrecha relación con la monarquía.

La colección de la viuda de Baüer fue subastada en 1933 en el palacete de la Alameda de Osuna. Con tal ocasión, se vendió un cuadro de Goya, *La cocina de las brujas,* que fue comprado por la embajada de México, pero tanto el Gobierno de la República como el de Franco se opusieron a que esta obra saliera de España. Hoy está en paradero desconocido.

Durante la guerra, el general José Miaja estableció su cuartel general bajo las lomas del jardín del Capricho y el palacete de la calle de San Bernardo fue incautado por los milicianos, pero en lo principal respetaron los edificios. Sus colecciones artísticas fueron incautadas por la República desde enero de 1936 —por lo tanto, antes del estallido de la guerra— y hasta septiembre de 1938, ya por la JTA[275]. En la posguerra —en 1940— la colección —con un total de 177 piezas— le fue entregada por el Sdpan a la «Comisión Liquidadora de Baüer y Compañía tras reconocer la obra de su propiedad»[276].

[275] Arch. IPCE, JTA_0067.

[276] Arch. IPCE, SRA_0861.

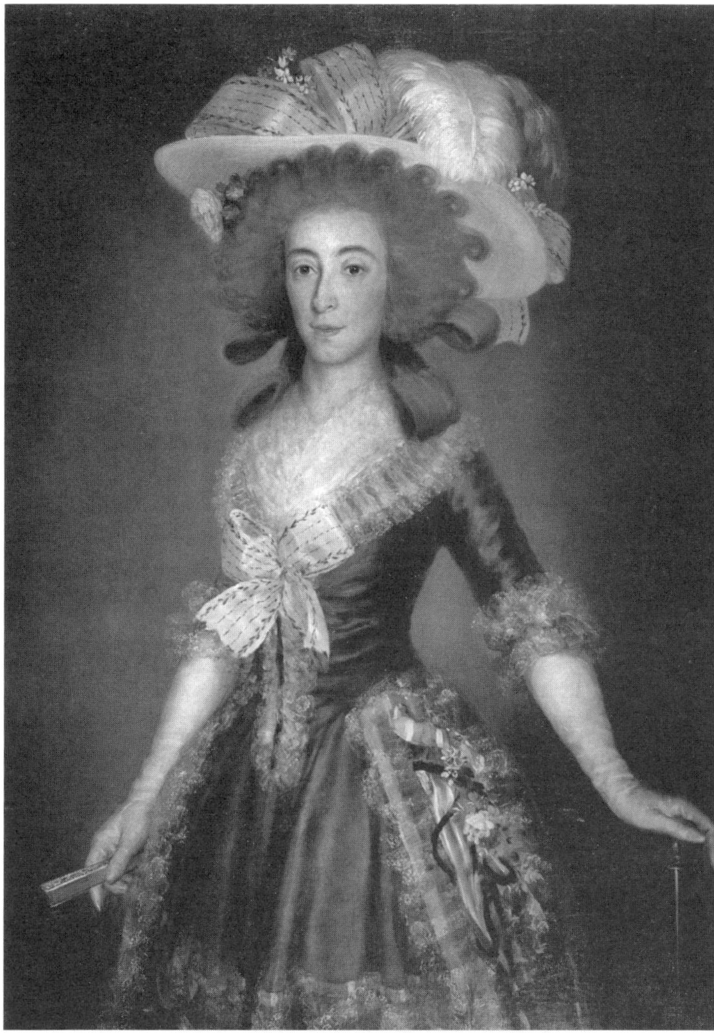

31. Francisco de Goya, *La duquesa de Benavente,* obra perteneciente a la colección Baüer que después de su evacuación a Ginebra y de su regreso en mayo-junio de 1939, pasó a la «Comisión Liquidadora de Baüer y Compañía» y hoy se encuentra en colección privada.

Es evidente que esta Comisión Liquidadora procedió a la venta de las obras de la colección o a su entrega en depósito, pues hemos localizado el destino de tres de ellas, seguramente las más significativas:

— Francisco de Goya: *La duquesa de Benavente,* obra que había sido evacuada por la República a Ginebra en 1939 como procedente de «la caja fuerte del Banco de España, núm. 20», fue entregada por el franquismo el 3 de septiembre de 1940 a la «Comisión Liquidadora de Baüer y Compañía tras reconocer la obra de su propiedad», después perteneció a Juan March Ordinas y a Bartolomé March Servera y hoy pertenece a una colección privada no identificada.

— Francisco de Goya: *Mujer con mantilla* perteneció a la colección de Emil Bührle (Zúrich) y después a una colección particular desconocida, antes de ser adquirida en 1991 por el Gobierno de Aragón, que la entregó a su vez al Museo de Zaragoza, donde actualmente se encuentra.
— Luis de la Cruz y Ríos: *Fernando VII y María Cristina* fue entregada en depósito al Museo Provincial de Oviedo, hoy de Bellas Artes de Asturias.

La requisa y desvío franquistas de los bienes del enemigo en la inmediata posguerra. La colección Sicardo-Carderera

Otro ámbito de las requisas franquistas fue el de las colecciones de los enemigos políticos que habían marchado al exilio o habían sido represaliados y que fueron confiscadas y diseminadas en la posguerra. Estos casos presentan, por lo tanto, una especificidad, pues las obras no fueron recogidas por la JTA durante la Guerra Civil sino que fueron directamente confiscadas por los agentes del Sdpan una vez acabada la contienda. La mayoría de estas obras también fueron entregadas en depósito a organismos y a la Iglesia, cuando no a particulares. Por lo tanto, podemos hablar de una confiscación franquista en toda regla, pues los agentes se dirigieron a los domicilios de estos exiliados o represaliados para tomar posesión de sus colecciones. Ya hemos visto anteriormente la confiscación de la colección del pintor José María López Mezquita, que presenta una especificidad por haber sido realizada por el general Ricardo de Rada y Peral al margen del Sdpan y porque al menos una parte de las obras la tenía en su domicilio.

Un caso evidente en este ámbito —de requisa directa por el Sdpan franquista— fue el de la colección Sicardo-Carderera. El coronel republicano José Sicardo Jiménez-Córdova estaba casado con Mariana Carderera Fernández, de quien seguramente procedía el importante conjunto de obras de arte que poseía el matrimonio, por ser descendiente de Valentín Carderera y Solano, coleccionista, arqueólogo, pintor y escritor español que había poseído una importante colección de obras, entre ellas varias de Goya[277]. Con sus hijas, el matrimonio Sicardo-Carderera marchó al exilio, primero a Francia y definitivamente a Puerto Rico, donde había nacido el coronel republicano. Poco después de acabada la guerra, el 2 de mayo de 1939, los agentes del Sdpan Beltrán de Heredia y Marcelino Macarrón acudieron a su vivienda en Madrid —sita en la calle Moreto 1 bajo— y procedieron a la incautación de sus bienes artísticos. Estos constituían un importante lote consistente —además de porcelanas, cerámicas, relojes, objetos decorativos y muebles— en 104 cuadros de diferentes épocas y autores, que desgraciadamente no identifi-

---

[277] Xavier de Salas, «Inventario de las pinturas de la colección de Don Valentín Carderera», *Archivo Español de Arte*, XXXVIII, Madrid, 1965, págs. 207-227.

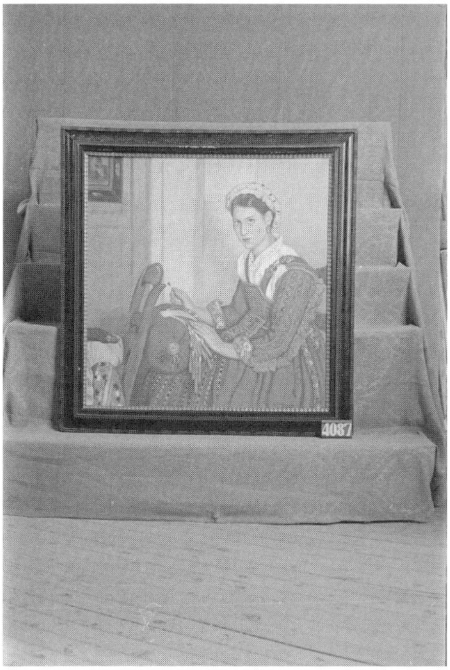

32. *Encajera,* de Eduardo Chicharro, obra propiedad del ministro republicano Domingo Barnés Salina, que fue confiscada por el Sdpan y entregada en depósito en julio de 1941 al Museo Provincial de Oviedo.

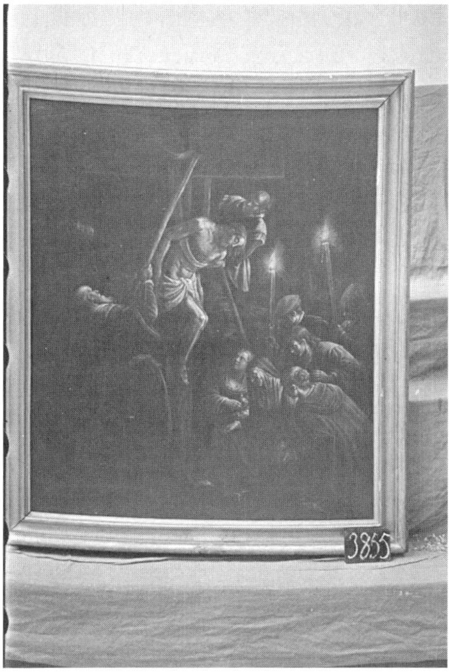

33. *El descendimiento,* atribuido a Bassano, confiscado en abril de 1939 al teniente coronel republicano Joaquín Zulueta y entregado a las religiosas mercedarias de Don Juan de Alarcón de Madrid en septiembre de 1941.

caron en su informe, además de 15 dibujos, tres miniaturas y «veintinueve cuadritos pintados sobre madera»[278]. Todas estas piezas fueron llevadas al depósito del Museo de Arte Moderno.

En los expedientes de entrega de los agentes se calificaba a José Sicardo de «Jefe militar rojo», y ya veremos, con el transcurrir de los acontecimientos, qué destino depararía el franquismo a estos bienes de un enemigo exiliado, pero podemos adelantar que ninguno de ellos fue devuelto a sus propietarios y que fueron entregados en su mayoría a particulares, algunos de los cuales reconocieron las piezas como de su propiedad. La biblioteca Sicardo-Carderera, con más de 2.500 volúmenes, también fue incautada y entregada a la Universidad Complutense de Madrid[279].

Otra confiscación fue la de la colección de Domingo Barnés Salinas, ministro de Instrucción Pública y Bellas Artes durante la República y que fue depurado por

[278] Arch. IPCE, SRA_3408.

[279] La biblioteca Sicardo-Carderera se encuentra en la Biblioteca Histórica Marqués de Valdecilla de la Universidad Complutense de Madrid.

los franquistas de su cátedra de la Universidad Complutense de Madrid. El 11 de julio de 1939, los agentes del Sdpan Manuel Chamoso y Marcelino Macarrón acudieron a la residencia de este político republicano, sita en San Bernardo 113, y se incautaron de varias obras: una acuarela de José Villegas Cordero, un dibujo de José Solana y una pintura de Eduardo Chicharro, además de numerosas piezas de plata[280].

El mismo día, los agentes citados acudieron a la residencia de Ángel Retana, conocido escritor, humorista y letrista de cuplés, que había sido condenado a muerte por rojo y homosexual, aunque la pena finalmente le fue conmutada por 30 años de prisión. Se llevaron de su domicilio 20 cuadros —que no se especifican en el acta de confiscación—, además de numeroso mobiliario y objetos de plata[281].

Un cuarto caso de confiscación franquista en la posguerra fue el de dos pinturas del teniente coronel Joaquín Zulueta Isasi. Este militar republicano, de la Junta de Defensa de Madrid, había sido condenado a 30 años de prisión por los tribunales franquistas. El 14 de abril de 1939, estando ya detenido, se personaron en su domicilio, en la calle Velázquez 55, los agentes del Sdpan Juan Macarrón y Javier Gómez Acebo, que procedieron a llevarse un cuadro, *El descendimiento,* atribuido a Bassano[282]. Pero el mismo día otros agentes también se llevaron de este domicilio un *Retrato de joven,* de escuela inglesa[283].

Estos dos cuadros del coronel Zulueta fueron entregados a otros destinatarios, el primero a las religiosas mercedarias de Don Juan de Alarcón de Madrid (tras reconocer la obra de su propiedad), y el segundo, al Ayuntamiento de Madrid, que lo destinó a la Hemeroteca Municipal.

Joaquín Urzáiz y Cadaval había sido ministro de Estado entre el 30 de diciembre de 1935 y el 19 de febrero de 1936 en el Gobierno de Portela Valladares. Fue elegido diputado por Huelva como candidato del Partido Republicano Progresista en las elecciones de 1936. Dos obras suyas sobre cobre —*La adoración de los pastores* y *La adoración de los magos*— fueron entregadas en depósito en agosto de 1941 al Consejo Superior de Investigaciones Científicas (se encontraban en la capilla de la Virgen en la iglesia del Espíritu Santo de dicho organismo), de las que por cierto no hay acta de incautación de la JTA, solo de entrega en depósito por el Sdpan[284].

Como puede verse, existen numerosos expedientes de los agentes franquistas a diferentes domicilios de republicanos exiliados o encarcelados, cuyos bienes fueron secuestrados y requisados[285]. Habría que añadir que en muchos casos los agen-

---

280 Arch. IPCE, SRA_3657.

281 *Ídem.*

282 Arch. IPCE, SRA_3217.

283 Arch. GA, 51/11101.

284 Arch. IPCE, SRA_2989.

285 En el Arch. IPCE se conservan más de 700 de estos expedientes de «Visitas de agentes» a domicilios.

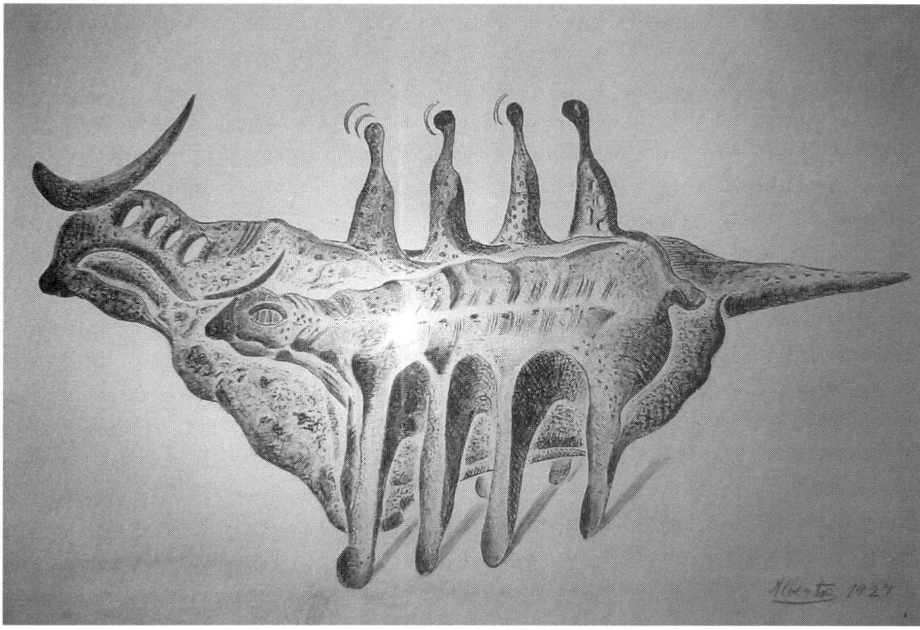

34. *Toro o dos figuras de animales* de Alberto Sánchez, dibujo de tinta y acuarela sobre papel realizado en 1927 y entregado en depósito por el Sdpan a la Biblioteca Nacional en junio de 1943.

tes franquistas no especificaban ni describían estos bienes —cosa que sí habían hecho los de la JTA republicana durante la guerra—, lo que dificulta aún más si cabe la localización de las piezas.

Un caso importante de estas confiscaciones es la de los diez dibujos del escultor Alberto Sánchez —exiliado en la Unión Soviética— y que fueron entregados a la Biblioteca Nacional. No existe acta de incautación republicana pero sí de entrega en depósito por parte franquista[286].

Y ya pasando a otras áreas geográficas, un caso relevante fue el de la confiscación franquista de la colección del abogado leridano Bergos, calificado por los informes franquistas como «izquierdista», que marchó al exilio y cuyas obras «decoraban» la comandancia militar de esta ciudad. Su importante biblioteca también fue confiscada[287].

Otro caso es el de la requisa de la colección del nacionalista vasco Luis Arana, fundador junto a su hermano Sabino del PNV. Entre las obras incautadas figura-

---

286 Arch. IPCE, SRA_2992.

287 *Boletín* del Ministerio de Educación Nacional, Servicio Nacional de Bellas Artes, Comisaría General del Servicio de Defensa del Patrimonio Artístico Nacional, San Sebastián, vol. I, diciembre de 1938, pág. 8.

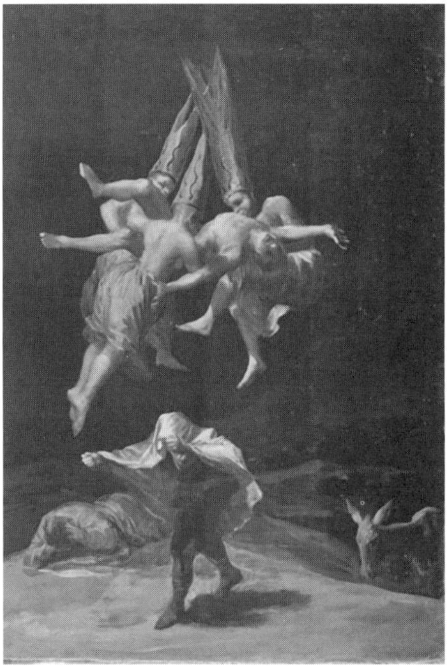

35. *Vuelo de brujas,* de Goya. Esta obra pertenecía a la colección del nacionalista vasco Luis Arana, fue confiscada por el franquismo y se encontraba en la inmediata posguerra en el despacho del ministro de la Gobernación.

ba la de Goya titulada *Vuelo de brujas,* que en la posguerra decoraba el despacho del ministro de la Gobernación Ramón Serrano Suñer[288].

Después de esta apretada relación de confiscaciones de piezas artísticas realizadas por el franquismo entre sus enemigos políticos —de las que hay, por supuesto, muchas más—, resulta a todas luces incomprensible que Luis Monreal, comisario de la zona de Levante del Sdpan, afirmara: «Tengo entendido únicamente que los tribunales nombrados al efecto se incautaron de dos o tres colecciones artísticas del País Vasco en diligencias por *responsabilidades políticas* de nacionalistas»[289]. Como estamos viendo, esta afirmación es falsa por incompleta, y aún tenemos que ver otros muchos casos de desvío de piezas artísticas, como comprobaremos en los capítulos que siguen.

---

[288] Según figura en el libro de Pierre Gassier y Juliet Wilson *Vie et oeuvre de Francisco Goya,* Ginebra, Office du Livre, 1970.

[289] Luis Monreal y Tejada, *Arte y Guerra Civil,* Huesca, La Val de Onsera, 1999, pág. 26. La cursiva es suya.

Capítulo 6

Las entregas de obras en depósito a los museos

Los destinatarios de las entregas en depósito fueron muy diversos. Además de a conventos e iglesias, la entrega de obras se fue ampliando a los museos, organismos públicos, ayuntamientos, centros de enseñanza, etc. A su vez, muchas obras fueron destinadas a montar ministerios, organismos oficiales de todo tipo, centros educativos e incluso domicilios particulares. Francisco Íñiguez, comisario general del Sdpan, hablaría sin tapujos de los «remiendos provisionales» a los que hubo que acudir en estas entregas, pues «así se montaron los Ministerios, la mayoría de los departamentos oficiales, las iglesias y cuantas viviendas fueron necesarias»[290].

Quizás lo más sorprendente —si es que todavía nos queda capacidad de asombrarnos en este tema— es que las entregas en depósito empezaron poco después de acabarse la guerra. El expediente de entrega más temprano que tenemos data de julio de 1939, lo que significa que es anterior a que se montaran las exposiciones públicas para que los pretendidos propietarios pudieran acudir a identificar y reclamar sus obras.

He encontrado un importante documento que contiene una relación de las entregas en depósito desde el 12 de julio de 1939 hasta el 3 de febrero de 1942; en algo menos de tres años el Sdpan había realizado —siempre según este documento— 46 expedientes de entrega en depósito[291]. Los principales beneficiarios en estos primeros años de la posguerra, siempre según esta fuente, fueron los organismos oficiales, con 53 actas de entrega, entre los cuales destacan los ministerios, el jefe del Estado, el ejército y la Falange; en este capítulo habría que incluir las cuatro entregas a Javier Gómez Acebo, agente del Sdpan y encargado de suministrar bienes a las residencias de Franco —el castillo de Viñuelas y El Pardo—,

[290] Francisco Íñiguez, «El arte en España durante la guerra. Su destrucción, dispersión y rescate», *Revista Nacional de Educación,* núm. 5, mayo de 1941, pág. 36.

[291] «Relación de entidades a las que se han entregado objetos en calidad de depósito», Arch. GA, (3)5.3 51/11252.

así como a la Falange. Después vendrían en importancia las entregas a la Iglesia (con 44 actas de entrega), los museos (con 36 actas) y, finalmente, y a mucha distancia, a los centros educativos (con nueve actas).

Sin embargo, como se puede comprobar documentalmente, durante la posguerra, y hasta principios de los cincuenta, las entregas en depósito continuaron y esta distribución entre organismos, Iglesia y museos fue cambiando a favor de los centros expositivos y de las instituciones religiosas. Lo que sí podemos apreciar desde el principio es que fueron miles las piezas artísticas que fueron reubicadas, desplazadas y entregadas en depósito durante estos años.

Es importante destacar que la documentación localizada procede fundamentalmente del Sdpan en Madrid, y en menor medida de Barcelona. Indudablemente fue desde estas dos ciudades desde donde se redistribuyó una parte destacada del patrimonio que había sido incautado por la JTA republicana y por la Generalitat.

Pero es importante acudir a los expedientes concretos de entrega en depósito y realizar un estudio pormenorizado a partir de los destinatarios, que es lo que vamos a hacer a partir de ahora en el presente y siguientes capítulos. Los he dividido precisamente en función de los destinatarios de estos depósitos: los museos, los organismos públicos, la Iglesia y, finalmente, las entregas a particulares.

Para mostrar los 35 museos de toda España que fueron beneficiarios de las entregas en depósito realizadas desde Madrid y Barcelona, vamos a seguir el orden de las comisarías de zona del Sdpan: de norte a sur y de oeste a este. Será también la manera de comprobar, de manera fehaciente, que desde Madrid, y en menor medida desde Barcelona, se produjo una auténtica diáspora a todo el territorio nacional de obras que habían sido incautadas por la JTA republicana o los responsables del patrimonio catalán, pero fundamentalmente en la zona centro.

Primera zona, con capital en León

Los museos beneficiarios de esta zona fueron el Museo Provincial de La Coruña, el Museo Provincial de Pontevedra y el Museo Provincial de Oviedo. Al primero de estos museos —hoy día Museo de Belas Artes da Coruña— fueron a parar 15 obras entregadas en depósito en 1941 con algunas piezas de especial importancia, como el *Florero* de Juan de Arellano, la *Sagrada Familia* de Juan de Juanes, el *Retrato de D. Juan de Villalba* de Federico de Madrazo, un *Paisaje* de Carlos de Haes o los *Niños músicos* de Pietro Francesco Cittadini[292].

---

[292] Arch. IPCE, SRA_0007. A través de la web de CER.es Colecciones en red, del Ministerio de Educación, Cultura y Deporte, hemos podido comprobar que estas obras se encuentran actualmente en dicho museo.

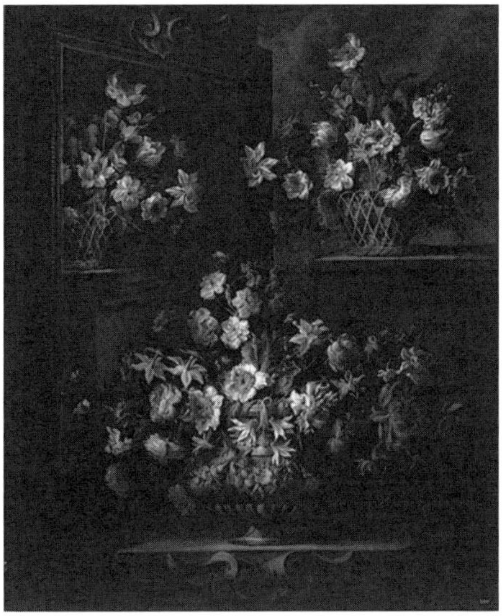

36. *Florero* o *Dos floreros frente a un espejo,* de Juan de Arellano, obra entregada en depósito al Museo Provincial de La Coruña en octubre de 1941, incautada por la CNT en 1937 y de colección desconocida.

Al Museo Provincial de Pontevedra fue a parar una importante entrega en depósito en 1941 de 172 piezas, entre abanicos, orfebrería, porcelana, cerámica, muebles y pintura[293]. En este último capítulo destacan, además de numerosas miniaturas, obras pictóricas de autores como Eugenio Lucas Velázquez *(Cogida de un vaquero)* o Jenaro Pérez Villaamil *(Paisaje con río, castillo y escena de pescadores).* El recibo de entrega de las obras fue firmado por Francisco Javier Sánchez Cantón, representante del Patronato del Museo de Pontevedra —lo que puede dar una pista sobre la generosidad con este museo—, y Manuel Chamoso Lamas.

Pero todavía en 1946 el Museo de Pontevedra recibiría una nueva remesa de cinco obras, que habían sido entregadas en depósito a la Comisaría de la 1.ª zona en Santiago de Compostela y que finalmente llegarían a esta institución[294]. En esta segunda entrega había obras de Santiago Rusiñol *(París: el Sena junto a Notre Dame),* Pérez Villaamil *(Castillo de Jadraque, Guadalajara)* y un curioso dibujo de Benito Pérez Galdós *(Visión portuaria)* que, según información facilitada por este museo, pertenecía a Gregorio Marañón, que se lo cedió definitivamente en 1951[295].

Finalmente, al Museo Provincial de Oviedo, hoy Museo de Bellas Artes de Asturias, se entregó un importante lote de 131 obras, casi todas pinturas —aparte

[293] Arch. IPCE, SRA_0005.

[294] Arch. IPCE, SRA_2121.

[295] Gracias a la colaboración del Museo Provincial de Pontevedra, se ha podido constatar que la totalidad de pinturas y miniaturas entregadas se encuentra en dicho museo.

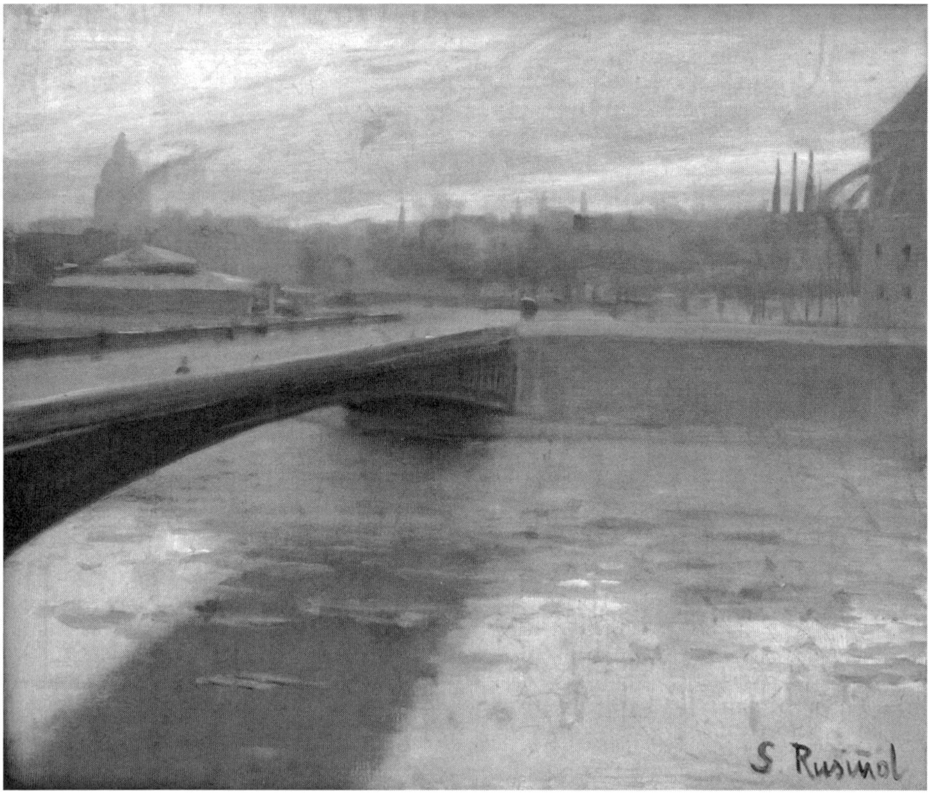

37. *París: el Sena junto a Notre Dame,* pintura de Santiago Rusiñol entregada en depósito al Museo Provincial de Pontevedra en julio de 1946, de propietario desconocido.

de unos dibujos, dos fotografías y una escultura— y algunas de ellas de especial significación[296]. Gracias a la investigación realizada por Paula Lafuente Gil[297], podemos afrontar un análisis del devenir de estas obras y de su ubicación actual, algunas de ellas en paradero desconocido.

Habría que aclarar desde el principio que en estos años de la inmediata posguerra no existía el «Museo Provincial de Oviedo», tal como especifican los expedientes de entrega de obras, tan solo el Palacio de la Diputación de Oviedo, a donde las obras fueron a parar para decorar sus salas y pasillos. No será hasta el año 1980 cuando se cree el Museo de Bellas Artes de Asturias, donde estas obras —o al menos la mayoría— se encuentran en la actualidad. En este

[296] Arch. IPCE, SRA_0013.

[297] Paula Lafuente Gil, «Lo que la guerra unió... ¿lo habrá separado la historia?», en Arturo Colorado Castellary (ed.), *Patrimonio cultural, Guerra Civil y posguerra,* Madrid, Fragua, 2018, páginas 137-150.

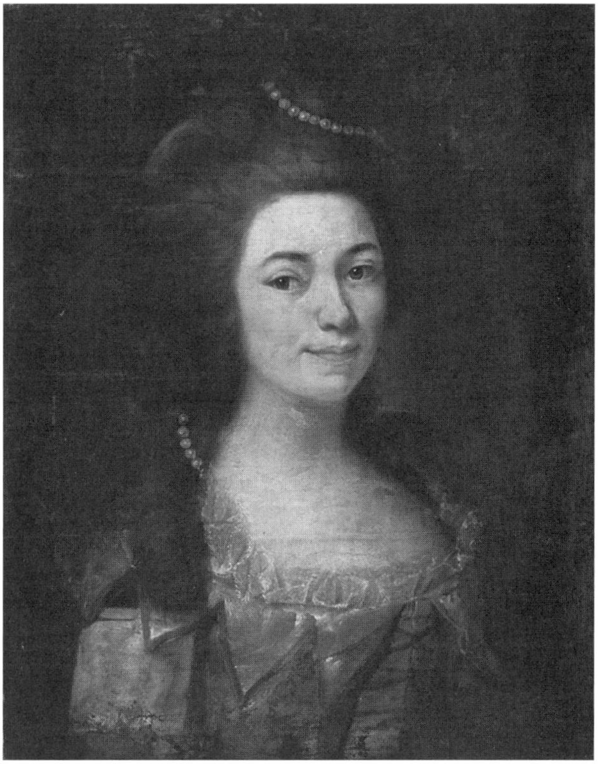

38. *Dama,* de escuela francesa del siglo XVIII, procedente de la colección Ruperto de Besga y entregada en depósito en julio de 1941 al Museo Provincial de Oviedo.

sentido, más que entregadas en depósito a un museo, este contingente de obras fue a parar a un organismo oficial y, por lo tanto, desde esta perspectiva, debería estar incluido en un capítulo posterior.

Las obras llegaron a Oviedo en dos remesas. La primera, el 17 de julio de 1941, con 64 piezas procedentes del depósito del Museo del Prado; la segunda, el 28 de julio de 1941, con un total de 67 piezas, en este caso procedentes del depósito del Palacio de Exposiciones del Retiro. Esto haría un total de 131 obras, de las que hoy día están localizadas en el museo un total de 98 piezas; el resto se quedaron en el Palacio de la Diputación y no pasaron al museo, o fueron devueltas cuando fueron reclamadas por sus propietarios[298], o sencillamente han desaparecido.

[298] Estas obras reclamadas y devueltas a sus propietarios fueron: de Eduardo Chicharro: *Encajera,* que se devolvió a los herederos de Domingo Barnés en 1949; de José María López Mezquita, dos obras: *Prostíbulo* y *Retrato de mi madre,* devueltas en 1947, y, finalmente, la obra de Bartolomé Carducho, *Estigmatización de San Francisco,* pertenecía al Prado y volvió a él.

Entre las obras entregadas más destacadas se encontraban *Fernando VII y María Cristina paseando por los jardines de palacio,* de Luis de la Cruz y Ríos (procedente de la colección Baüer), la *Echadora de cartas* de Ignacio Zuloaga, *Virgen con el Niño y San Juanito* de Zacarías González Velázquez, la *Adoración de los magos* de Paolo de San Leocadio y dos obras de Eugenio Lucas Villaamil: *Majas* y *Romería gallega.* La escultura antes mencionada, que se sabe que era de Benlliure, y titulada la *Estocada de la tarde,* se quedó en el Palacio de la Diputación[299]. Aunque de la mayoría de las obras entregadas no existe constancia documental de sus propietarios, sí la hay de algunas de ellas, como —aparte de la ya citada de la colección Baüer— *Dama,* de anónimo francés del siglo XVIII, que pertenecía a Ruperto de Besga[300], o *El Bautista se despide de sus padres,* copia de Massimo, que pertenecía a María Paz García de la Lama[301], obras de la colección de Pedro Rico y otras que veremos en el capítulo 10 de este libro, cuando hablemos del desvío de obras.

Segunda zona, con capital en Valladolid

De esta zona, los museos beneficiados por las entregas en depósito realizadas desde Madrid fueron el Museo Nacional de Escultura de Valladolid, el Museo Arqueológico de Valladolid —hoy Museo de Valladolid— y el Museo de Segovia.

El primero recibió tan solo una escultura en madera titulada *Grupo de la Sagrada Familia* y descrita como «tallado en madera, en su color natural; relieve con las figuras de medio cuerpo de San José y de la Virgen, del Niño y de San Juan que ofrenda un cestillo de frutas», de origen no especificado en el expediente[302]. Habría que aclarar que este museo había sido denominado de varias formas a lo largo de los años. Inicialmente, el «Museo Provincial de Bellas Artes» de Valladolid había sido creado en 1842 a partir de la desamortización de Mendizábal con las obras de los conventos, y pasó a llamarse en 1934, por iniciativa de Ricardo de Orueta, «Museo Nacional de Escultura» como homenaje de la República a la importancia y riqueza de sus fondos. En su afán de deshacer toda la labor republi-

---

[299] Según Paula Lafuente, «Lo que la guerra unió...», art. cit., pág. 144, hay 13 pinturas en paradero desconocido de las obras entregadas en depósito a este museo.

[300] En el Arch. IPCE existe acta de incautación de la JTA (JTA_0079) de la colección de Ruperto de Besga, pero no de devolución por parte del Sdpan.

[301] En este caso es al revés, en el Arch. IPCE existe acta de devolución del Sdpan a María Paz García de la Lama (SRA_2132), pero no de incautación.

[302] Arch. IPCE, SRA_0034.

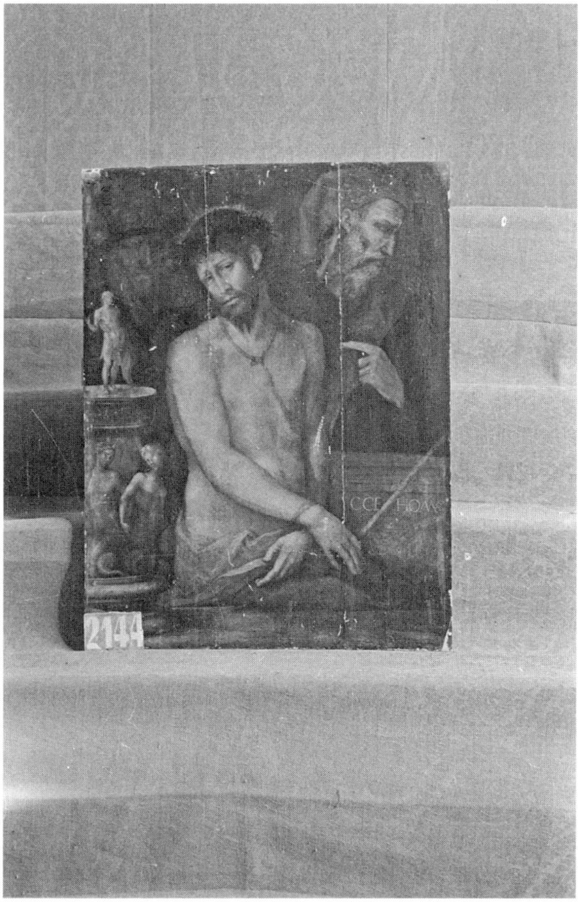

39. *Ecce Homo,* pintura sobre tabla entregada en depósito al Museo Arqueológico de Valladolid en agosto de 1941.

cana, el Gobierno de Franco, en mayo de 1939, reabría sus puertas llamándolo «Museo Nacional de Escultura Religiosa» de Valladolid[303], aunque pronto volvería a su anterior denominación.

Al Museo Arqueológico de Valladolid fue a parar entre 1939 y 1941 un conjunto de obras consistente en 156 piezas, fundamentalmente de arqueología y pintura: desde un *Torso romano,* pasando por una *Virgen románica* y una *Botella de plata con inscripción cúfica,* hasta un numeroso conjunto de pinturas medievales y renacentistas sobre tabla[304].

---

303 «Solemne inauguración del Museo Nacional de Escultura Religiosa en Valladolid», *ABC,* 15 de agosto de 1939, pág. 11.

304 Arch. IPCE, SRA_2984. Un rasgo de este expediente es que no se marca origen de ninguna de las piezas.

Finalmente, al Museo de Segovia fueron a parar 17 pinturas, entre ellas un *Retrato de joven* de Mariano Quintanilla y *Novios y cortejo* de Eugenio Lucas Villaamil (procedente, por cierto, de la colección requisada a Pedro Rico)[305].

Tercera zona, con capital en Zaragoza

Con destino a esta zona se hicieron desde Madrid dos entregas, al Museo Municipal de San Telmo de San Sebastián y al Museo de Bellas Artes de Zaragoza. Al primero de ellos fueron a parar más de 60 obras, algunas de primera importancia, como piezas de David Teniers *(Interior con dos hombres),* Jan Metsys *(Casta Susana),* Giovanni Battista Caracciolo, llamado «il Battistello» *(Santa orante),* Eugenio Caxés *(Enterramiento de Jesucristo),* Lucas Jordán *(Idolatría de Salomón),* Ignacio de Iriarte (dos *Paisajes),* Eugenio Lucas Velázquez *(El ajusticiado),* Federico de Madrazo *(Retrato de señora),* Francisco Pradilla *(Cabezas de niño),* Mariano Benlliure *(Corrida de toros),* Eliseo Meifrén *(Ribera de un río)* o Joaquín Sorolla *(Cabeza de gitana* y *Retrato de anciano)*[306].

Procedentes de las obras evacuadas a Ginebra, el Sdpan entregó también al Museo de San Telmo dos piezas. La primera era una obra atribuida a Goya, *Escenas de interior (Personas huyendo),* que, procedente de la caja fuerte del Banco Hispano Americano, núm. 7, fue entregada en depósito al museo el 18 de noviembre de 1941. Pero esta obra fue reclamada por la marquesa de Arnuossa, a la que se le entregaría el 14 de febrero de 1947. La segunda es una obra anónima, *Militar a caballo,* procedente de la «Caja de Reparaciones, núm. 607», con el título *Boceto de un caballero* y que fue entregada en depósito al Museo Municipal de San Telmo de San Sebastián, donde actualmente se encuentra[307] (núm. de Inv. P-000070).

Con respecto al Museo de Bellas Artes de Zaragoza, se le entregó en octubre de 1941 un total de 11 obras en depósito[308], la mayoría incautadas por la CNT durante la guerra. Gracias a la colaboración de dicho museo, he podido localizar cinco de ellas, que se encuentran actualmente entre sus fondos y entre las que destacan *Retrato de militar,* de Antonio María de Esquivel, dos pinturas religiosas de los siglos XVI y XVII y especialmente —por su importancia— una

---

305 Arch. IPCE, SRA_0012. De este museo, a pesar de los correos remitidos, no ha habido respuesta para que se nos informara de la ubicación actual de las piezas.

306 Arch. IPCE, SRA_0008. Gracias a la colaboración del Museo de San Telmo, se ha podido comprobar que el grueso de las obras entregadas en depósito permanece allí al día de hoy. Una de ellas fue devuelta a su propietario, el conde de Casas Rojas, en 1946, y otras 11 están actualmente en paradero desconocido.

307 Núm. de Inv. P-000070.

308 Arch. IPCE, SRA_0014.

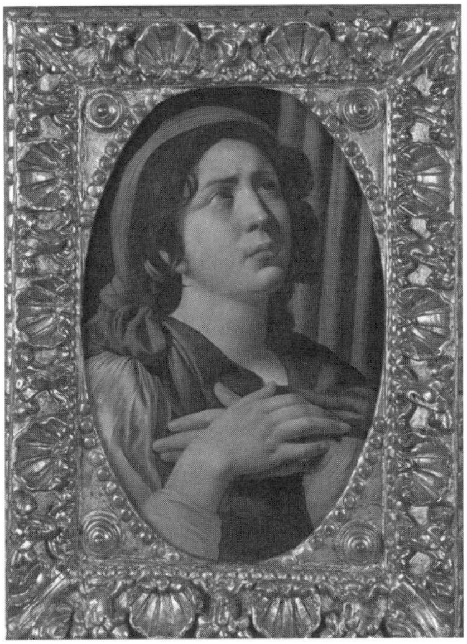

40. *Santa orante,* obra de Giovanni Battista Caracciolo, llamado «il Battistello», entregada en depósito al Museo de San Telmo de San Sebastián en septiembre de 1941.

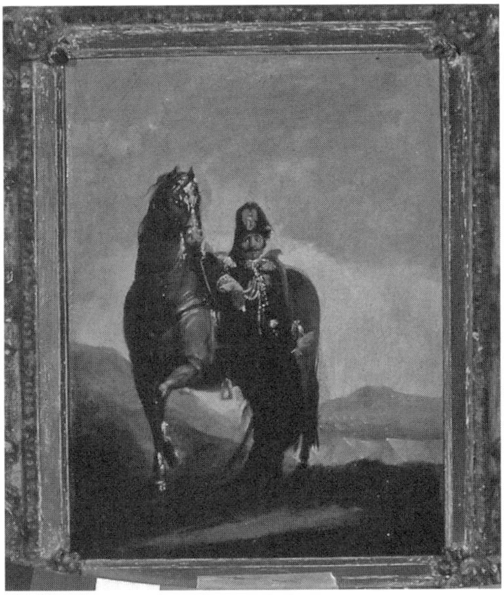

41. *Militar a caballo,* obra anónima procedente de la «Caja de Reparaciones, núm. 607», que llegó a Ginebra y que fue entregada en depósito al Museo Municipal de San Telmo de San Sebastián en noviembre de 1941.

Anunciación de Andrés Marçal de Sas, tabla de escuela hispano-flamenca. El resto de obras no están ya en el Museo de Zaragoza, una de ellas *(Retrato de señora de busto,* de Federico de Madrazo) porque fue recuperada por su propietaria en 1946[309], y las demás porque están en paradero desconocido, a pesar de tener todas ellas número de registro de dicho museo. De todas maneras, existen interesantes estudios sobre estas y otras obras que ingresaron en el Museo de Zaragoza, tanto piezas de platería[310] como pinturas, durante la posguerra. Con respecto a las pinturas, la mayor parte medievales y que hacían un total de 96 piezas, no se conserva la documentación de entrega en depósito de casi ninguna de ellas[311]. Compruebo, además, que varias de ellas procedían de los castillos de Figueras y de Peralada o de las evacuadas a Ginebra, y también de Barbastro, La Puebla de Castro o Alquézar, lo cual es muestra, una vez más, de la auténtica diás-

[309] Laura Pardo Manuel de Villena.

[310] María Pilar García Lasheras, «La platería en el Museo de Zaragoza: las cruces procesionales», *Boletín del Museo de Zaragoza,* núm. 4, Zaragoza, 1985, págs. 201-240.

[311] Laura Mañas Pérez y Elena Sarnago Notivoli, «Las obras de arte del Museo de Zaragoza recuperadas por el Servicio de Defensa del Patrimonio Artístico Nacional», *Seminario de Arte Aragonés,* núm. 48, Zaragoza, 1999, págs. 499-523.

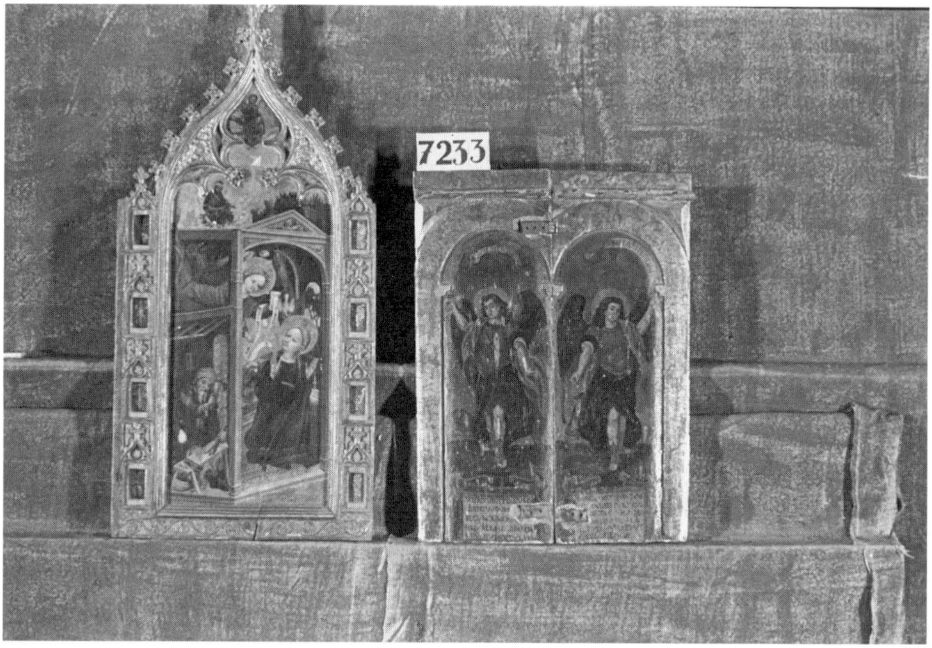

42. A la izquierda, la *Anunciación* de Andrés Marçal de Sas, tabla de escuela hispano-flamenca entregada en octubre de 1941 al Museo de Zaragoza, donde actualmente se encuentra.

pora que realizó el Sdpan en la inmediata posguerra en vez de investigar la procedencia de las obras.

Cuarta zona, con capital en Barcelona

Esta amplia zona, que englobaba todo el este peninsular y las Baleares, tenía dos puntos de origen en las entregas en depósito a museos: aquellas que se enviaban desde la Comisaría General del Sdpan en Madrid y las que se gestionaban desde la Comisaría de zona del Sdpan en Barcelona.

Desde Madrid se remitieron obras en depósito al Museo Provincial de Bellas Artes de San Carlos de Valencia y a los museos de Alcoy y Elche. Con respecto al primero, se le entregó desde Madrid un total de 34 piezas, todas ellas pinturas, menos una escultura gótica en madera[312]. Entre ellas destacan obras de Juan de Juanes (dos tablas de los profetas *Malaquías* y *Daniel*), Vicente López (*Sagrado Corazón de Jesús adorado por ángeles*), Bernardo López (*San Pascual Bai-*

[312] Arch. IPCE, SRA_0009. Gracias a la colaboración de este museo, se ha comprobado que 12 de estas piezas se encuentran hoy en él.

lón adorando la Eucaristía), Ángel Lizcano *(Romería)* o Blas Benlliure *(Refectorio en Asís).*

Al Museo de Alcoy se entregó, entre 1941 y 1942, un total de 14 piezas, todas ellas pinturas[313]. Siete de ellas las he podido localizar gracias al catálogo de la Colección de Arte del Ayuntamiento de Alcoy, donde actualmente se encuentran[314]. Destacan, aparte de dos tablas anónimas del siglo XVI, un cuadro de Ricardo Federico de Madrazo *(Venecia)* y una interesante tela de José Mongrell *(Lección de lectura).*

Al Museo de Elche se entregaron 13 piezas en concepto de depósito, todas ellas pinturas, menos un altorrelieve, y de origen desconocido, la mayoría incautadas por la CNT[315]. Las piezas no son de gran significación, pero hay varias obras de los siglos XVI al XVIII.

Las obras que fueron entregadas en depósito desde la Comisaría del Sdpan de Barcelona se destinaron en primer lugar a la Junta de Museos de Barcelona[316], que recibió tres esculturas de Francisco Pérez Mateo que actualmente se encuentran en el Museu Nacional d'Art de Catalunya[317], en el Museu de Terrassa[318] y en el Museo Nacional Centro de Arte Reina Sofía[319].

También desde Barcelona se hicieron entregas en depósito a los siguientes museos: el Museo de Bellas Artes de Barcelona recibió 72 piezas, especialmente de cerámica y miniaturas[320]; el Museo Municipal de Arte Moderno de Olot, 16 piezas de pintura, dibujo y grabado entre las que destacan obras de Ramón Casas, Joaquín Vayreda o Anglada Camarasa[321], y al Museo de Manresa fueron a parar 107 piezas, especialmente pinturas, esculturas y cerámicas[322].

Al Museo Municipal de Industrias y Artes Populares de Barcelona se destinaron un total de 71 piezas en depósito[323], fundamentalmente joyas (pendientes, medallones, relicarios...). El problema principal para hacer el seguimiento de estas piezas es el destino del propio museo. En 1942 el museo tenía su sede en el recin-

---

313 Arch. IPCE, SRA_0010.

314 *Col·lecció d'Art Ajuntament d'Alcoi. I. Catàleg de pintures. Del segle XVI a la dècada de 1930,* Alcoi, Ajuntament d'Alcoi-Àrea de Cultura, 2013.

315 Arch. IPCE, SRA_0017.

316 Arx. MAC, Armario 4.

317 *Bañista. Figura de mujer joven en traje de baño, de pie sobre un pedestal. Peinada con trenzas,* número de registro: 040285-000.

318 *Retrato de Antonio Alix. Cabeza de hombre, con facciones muy acusadas, sobre un pedestal,* número de registro: 1352.

319 *Oso,* número de registro: AS01882. Ingresó en 1988 procedente de la ordenación de fondos del Museo Español de Arte Contemporáneo.

320 Arx. MAC, Armario 4.

321 *Ídem.*

322 *Ídem.*

323 *Ídem.*

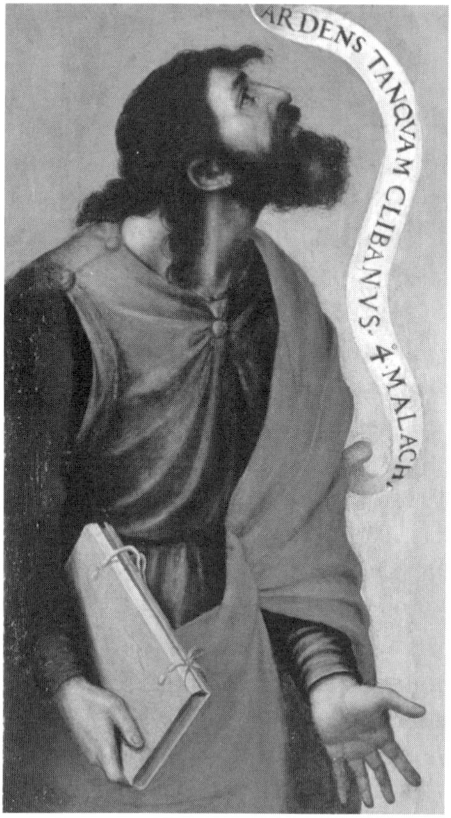

43. La obra de Juan de Juanes el *Profeta Malaquías,* entregada en depósito en octubre de 1941 al Museo de Bellas Artes de San Carlos de Valencia.

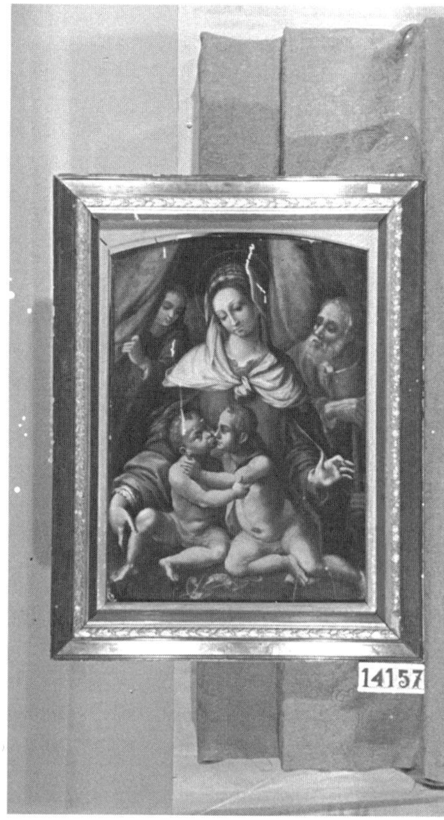

44. Anónimo español del siglo XVI, *Sagrada Familia con San Juanito,* obra entregada en depósito en octubre de 1941 al Museo de Alcoy, hoy en la Colección de Arte del Ayuntamiento de Alcoy.

to del Pueblo Español de Barcelona, y en 1962 se unificó con el Museo Etnológico de Barcelona. A su vez, el Museo Etnológico de Barcelona se dividió en 1982 en dos: el Museo de Artes, Industrias y Tradiciones Populares y el Museo de Artes Gráficas, ambos en el Pueblo Español de Montjuïc. De esta manera es realmente dificultoso saber en qué museo se encuentran las piezas entregadas en depósito en la inmediata posguerra.

Finalmente, al Museo Municipal de Mataró se le entregaron en depósito 57 piezas de pintura —entre ellas obras de Vicente López, Ramón Casas y Santiago Rusiñol—, así como de orfebrería[324], y al Museo Municipal de Te-

[324] *Ídem.*

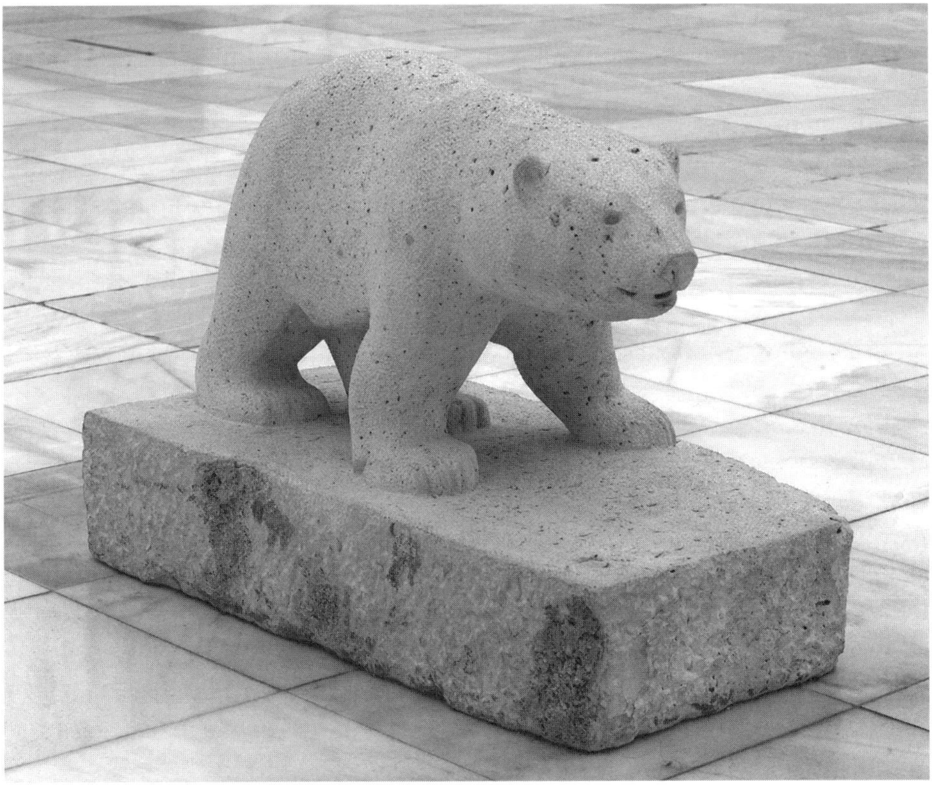

45. *Oso,* escultura de Francisco Pérez Mateo que fue entregada en depósito por el Sdpan a la Junta de Museos de Barcelona en enero de 1944 y que actualmente se encuentra en el Museo Nacional Centro de Arte Reina Sofía.

rrassa fueron a parar 104 obras, especialmente pinturas y esculturas, entre las que destaca la *Cabeza de la recitadora Berta Singermann,* de Francisco Pérez Mateo[325].

Quinta zona, con capital en Madrid

Fue en esta zona donde se produjo el mayor número de entregas en depósito a museos, empezando por el propio Museo del Prado y continuando con los otros museos nacionales (Arqueológico, de Artes Decorativas, Romántico, del Traje, de Antropología, del Pueblo Español...), el Museo Municipal de Madrid,

[325] *Ídem.*

el Museo Sorolla, el Museo del Teatro Real, etc. Este conjunto es con seguridad el más importante de los entregados en depósito, debido también a la calidad de las obras.

El estudio de la entrega al Museo del Prado de obras en depósito es problemático. Según el expediente de entrega, estas obras ascienden a 392, pero hay que tener en cuenta que al mismo tiempo el Prado actuó como depósito del Sdpan, y por lo tanto muchas piezas salieron hacia otros destinos, y que también en él recalaron las obras procedentes de Ginebra, que fueron devueltas a sus propietarios o entregadas en depósito. Este trasiego dificulta enormemente el estudio del devenir de las obras depositadas en el Prado, además de que en el expediente de varias de ellas no se especifica ni autor ni título[326].

Por lo tanto, el Museo del Prado se utilizó como centro distribuidor (por ejemplo, sabemos de obras que salieron de él hacia diversos destinos, como la colección Lázaro Galdiano, el Museo de Pontevedra o el Patronato Histórico-Artístico de la Ciudad de Orihuela), pero al mismo tiempo permanecieron en él algunas de las más importantes que fueron a parar allí en calidad de depósito. De hecho, he constatado que en el Prado ingresaron, al menos, 14 obras procedentes de los depósitos del Sdpan en la inmediata posguerra y que relaciono en el siguiente cuadro:

Obras entregadas al Museo del Prado en concepto de depósito

Núm.	Autor	Obra	Núm. de cat. actual	Fecha	Procedencia en la guerra
1	Gutiérrez de la Vega, José	*Retrato de dama con abanico*	P02848	08/06/1942	Desconocida
2	Bocanegra, Pedro Atanasio	*La Virgen con santos y ángeles*	P06588	08/06/1942	Alcalá-Bernardas. Incautada por la JTA
3	Bocanegra, Pedro Atanasio	*La Virgen con santos*	P06589	08/06/1942	Alcalá-Bernardas. Incautada por la JTA
4	Rubens (taller de)	*San Agustín meditando sobre el Misterio de la Trinidad*	P02811	12/03/1942	Desconocida. Incautada por la Brigada 40
5	Osona, Francisco y Rodrigo de	*La Natividad*	P02834	13/10/1941	Gonzalo Rodríguez. Incautada por la JTA

[326] Arch. IPCE, SRA_003.

Núm.	Autor	Obra	Núm. de cat. actual	Fecha	Procedencia en la guerra
6	Osona, Francisco y Rodrigo de	*Adoración de los Reyes Magos*	P02835	13/10/1941	Gonzalo Rodríguez. Incautada por la JTA
7	Isenbrandt, Adriaen	*Cristo varón de dolores*	P02818	13/10/1941	Desconocida
8	Brueghel, Jan (llamado el Joven) (atribuida a)	*Paisaje nevado*	P02816	13/10/1941	Desconocida
9	Bécquer, Valeriano Domínguez	*El presente*	P4237	28/01/1941	Comisaría de Buena Vista. Incautada por la JTA
10	López, Vicente	*Retrato del obispo D. Pedro González Vallejo*	Depósito en el Museo de Belas Artes da Coruña, núm. Inv. 3246	24/04/1940	Desconocida. Incautada por la Agrupación Socialista Madrileña
11	Anónimo toledano del siglo xv	*San Bartolomé, San Pablo y San Andrés*	P01337	24/04/1940	Según el Sdpan, fue entregada en depósito al Museo del Prado. Incautada por la JTA. Según la web del Prado, la procedencia es por «Legado Mariano Lanuza y Fernández, 1940»
12	Benlliure, Blas	*Refectorio de las Cárceles de San Francisco en Asís*	P05564	04/02/1941	Desconocida. Incautada por la Agrupación Socialista Madrileña
13	Boucher (atribuido a)	*Amorcillos jugando con un pichón*	P02854	08/06/1942	Obra evacuada a Ginebra por la JTA, procedente de la «Caja de Reparaciones, núm. 3»
14	Boucher (atribuido a)	*Amorcillos vendimiando*	P02855	08/06/1942	Obra evacuada a Ginebra por la JTA, procedente de la «Caja de Reparaciones, núm. 4»

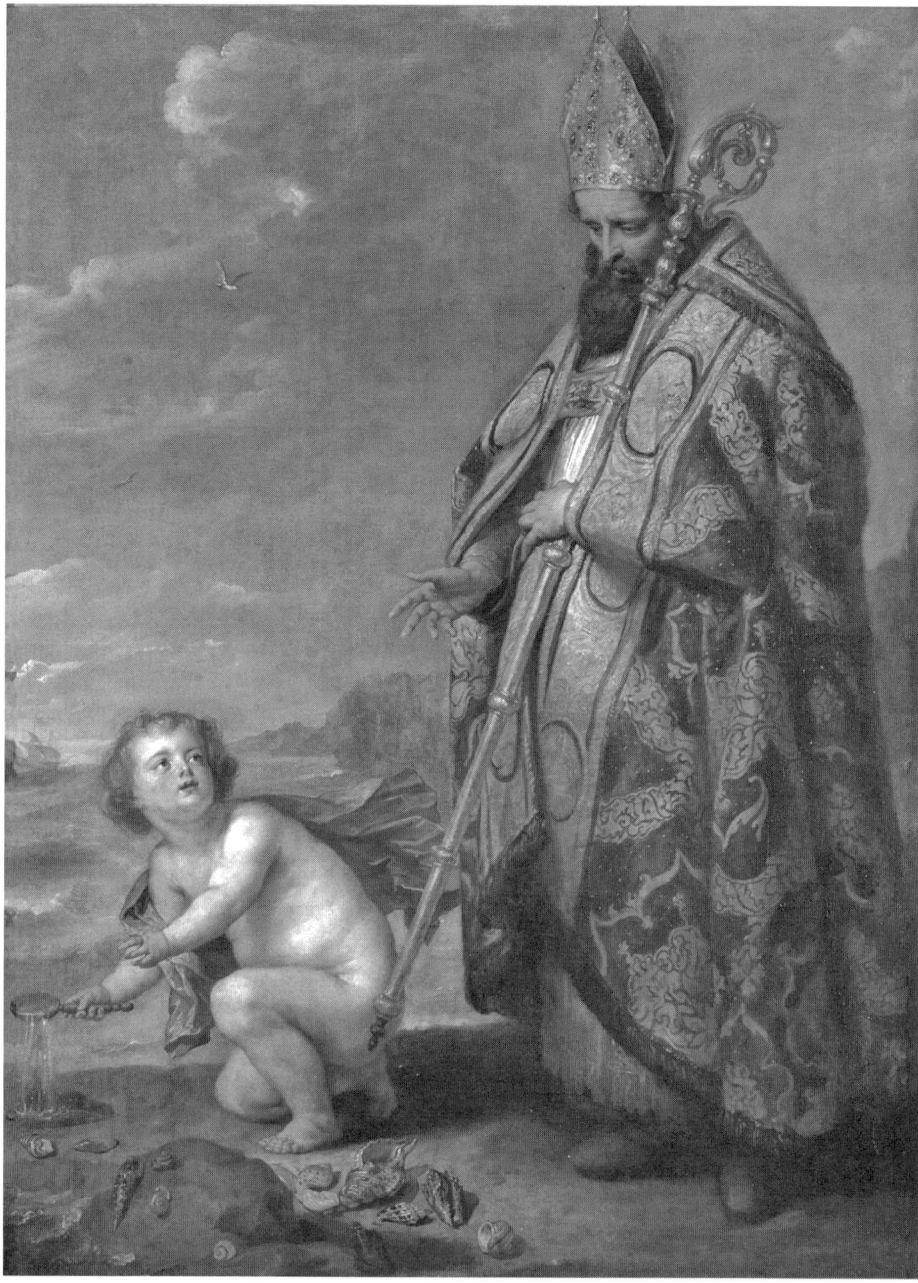

46. *San Agustín meditando sobre el Misterio de la Trinidad,* obra del taller de Rubens entregada en depósito en marzo de 1942 al Museo del Prado, de origen desconocido.

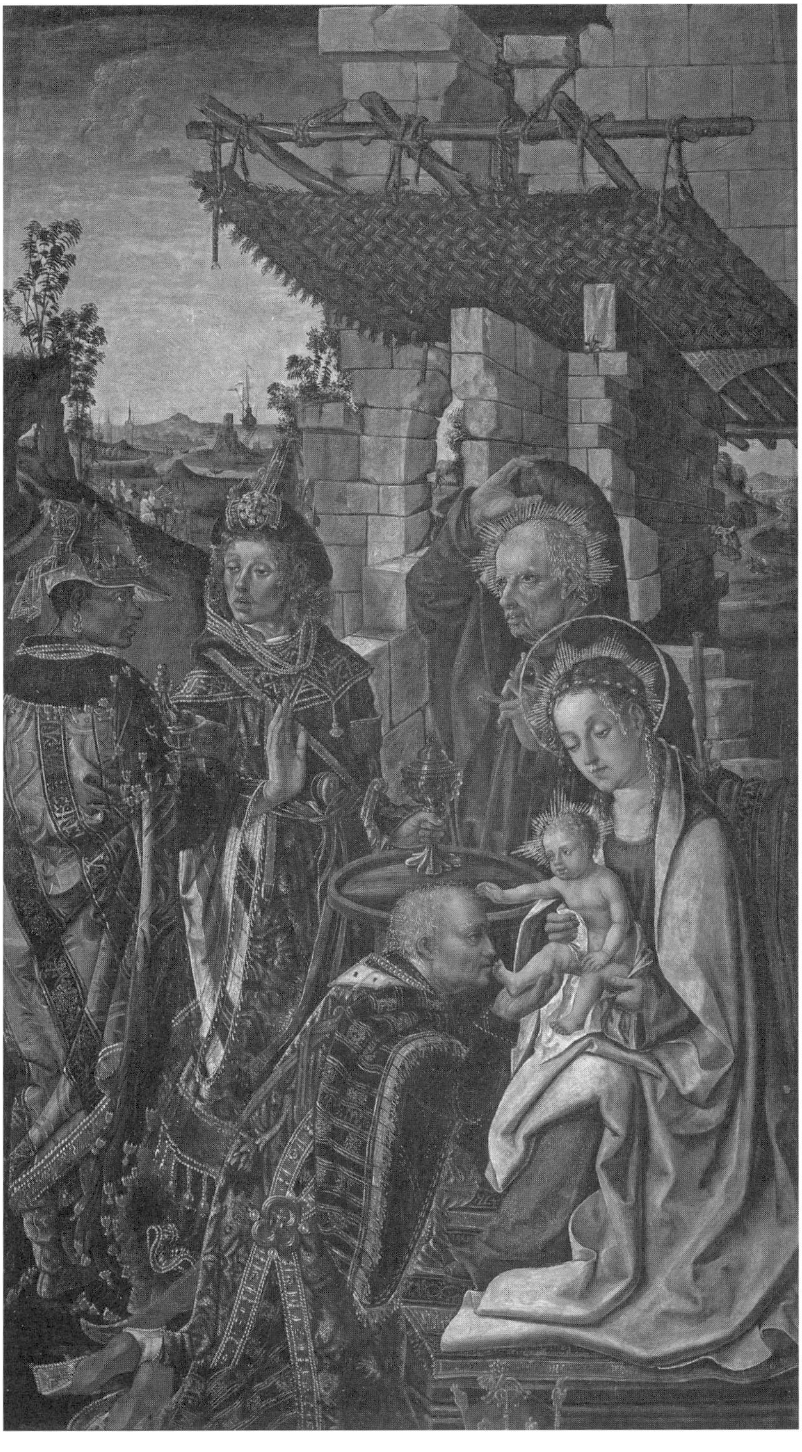

47. *Adoración de los Reyes Magos,* una de las dos obras de Francisco y Rodrigo de Osona entregadas en depósito en octubre de 1941 al Museo del Prado, propiedad de Gonzalo Rodríguez.

Como puede apreciarse, la mayoría de las obras son de origen desconocido, precisamente las que no fueron incautadas por la JTA republicana (Brigada 40, Comisaría de Buenavista o Agrupación Socialista Madrileña). Al mismo tiempo, dos obras procedentes de Ginebra (de la Caja de Reparaciones) también fueron entregadas en depósito al Prado. Y con seguridad debe haber muchas más obras[327].

Habría que hablar a continuación de las obras entregadas en depósito al Museo de Arte Moderno, dado que la mayoría acabaría en el Museo del Prado. Este museo había sido creado en 1898 y ocupaba unas salas en la planta principal del Palacio de Bibliotecas y Museos del paseo de Recoletos de Madrid. Fue reabierto en 1939 con una exposición dedicada a Eduardo Rosales. Este museo recibió, según expediente[328], un total de 34 piezas, con obras de Sorolla, Vicente López, Rosario Weiss, Eugenio Lucas Villaamil, López Mezquita... He localizado varias de ellas, dado que se encuentran actualmente en el Museo del Prado, donde en 1971 se integraron las obras del siglo XIX; esta es la relación:

Obras entregadas en depósito al Museo de Arte Moderno de Madrid y que actualmente se encuentran en el Museo del Prado

Núm.	Autor	Obra	Núm. de cat. actual	Fecha	Procedencia en la guerra
1	Lucas Villaamil, Eugenio (atribuida a)	*Escena de majos y celestina*	P04430	22/06/1940	Pedro Rico. Incautada por la JTA
2	Lucas Villaamil, Eugenio (atribuida a)	*Asalto a la diligencia*	P04431	22/06/1940	Pedro Rico. Incautada por la JTA
3	Morillo y Ferradas, José	*Retrato de señora*	P06567	26/03/1941	Desconocida
4	Meissonier, Jean-Louis-Ernest	*Retrato de una dama*	P04509	26/03/1941	Desconocida
5	Madrazo, Federico de	*Retrato de caballero* (esbozo)	P07249	22/07/1942	Desconocida

[327] Un caso muy diferente fue el de Francesc Cambó, que desde su destierro en Buenos Aires envió una carta al Museo del Prado el 21 de abril de 1941 sobre su deseo de legarle parte de sus cuadros (Arch. MP, Acta del Patronato del Museo del Prado de 5 de mayo de 1941, donde se transcribe la carta).

[328] Arch. IPCE, SRA_2987.

Núm.	Autor	Obra	Núm. de cat. actual	Fecha	Procedencia en la guerra
6	Gutiérrez de la Vega, José	*Alegoría del Antiguo Testamento*	P07558	22/07/1942	Desconocida
7	Gutiérrez de la Vega, José	*Alegoría del Nuevo Testamento*	P07559	22/07/1942	Desconocida
8	Domingo Marqués, Francisco	*Estudio de viejo*	P08127	22/07/1942	Desconocida
9	Lucas Velázquez, Eugenio	*Encadenada*	P04414	22/07/1942	Desconocida
10	Weiss, Rosario	*Los duques de San Fernando de Quiroga*	P04660	22/07/1942	Desconocida
11	Burmeister, Paul	*Pelando la pava*	P03985	22/07/1942	Desconocida
12	López, Vicente	*Retrato de caballero*	P06549	30/06/1943	Desconocida

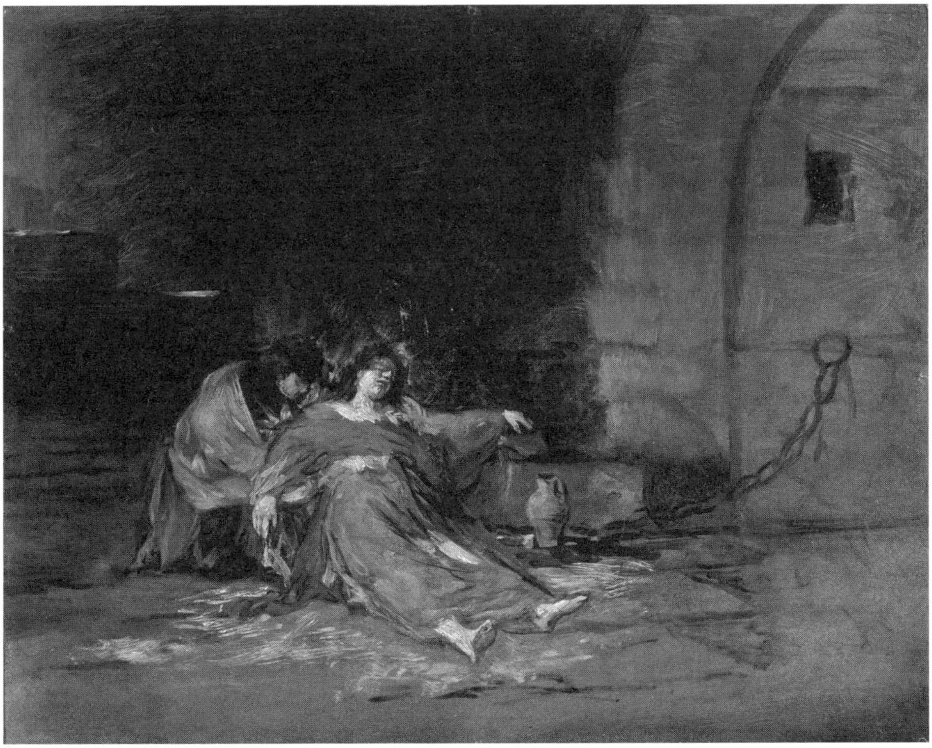

48. *Encadenada,* obra de Eugenio Lucas Velázquez, entregada en depósito en julio de 1942 al Museo de Arte Moderno y hoy en el Museo del Prado.

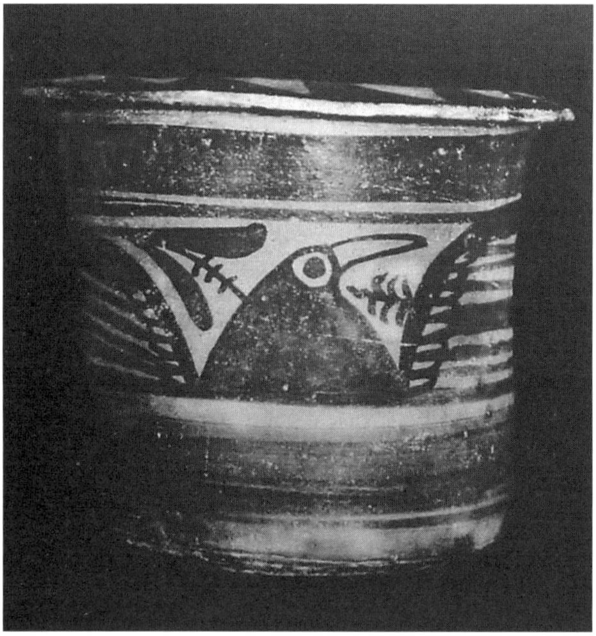

49. Cálato con decoración vegetal y zoomorfa, procedente de la colección Heiss, entregado en depósito al Museo Arqueológico Nacional en mayo de 1941.

Al Museo Arqueológico Nacional se hizo entrega de un importante conjunto en concepto de depósito, con piezas arqueológicas, prehistóricas, antiguas y medievales, joyas, espadas y otros objetos[329]. Lo primero que destaca es la entrega de la colección de Carlos Walter Heiss —que ya hemos analizado—, consistente en 83 piezas arqueológicas, con un importante capítulo de objetos ibéricos[330], y 39 medallas modernas y otras siete piezas de distintas épocas.

Además de otras piezas diversas —camafeos, tejidos hispano-árabes, ropa litúrgica, piezas prehistóricas, monedas, medallas, etc.—, el Sdpan hizo una entrega en depósito al Museo Arqueológico Nacional de una importante colección de 182 monedas de oro de diversas épocas: una moneda de oro árabe, dos florines de oro de Martín de Aragón, un florín de oro de Pedro IV de Aragón, un excelente de oro de los Reyes Católicos, cuatro monedas de oro de Felipe V, ocho de Fernando VI, 49 de Carlos III, 59 de Carlos IV, 24 de Fernando VII, 24 de Isabel II, diez de Alfonso XII, una moneda de oro de Alfonso XIII, una moneda de oro de la República mexicana, además de tres monedas de plata sobredorada de Isabel II.

El Museo Nacional de Artes Decorativas y el Museo Romántico fueron convertidos por el franquismo en iconos de las artes populares y de las tradiciones creativas del pueblo español y tuvieron un trato privilegiado en la recepción de

[329] Arch. IPCE, SRA_0006.

[330] Esperanza Manso Martín, «Entre colecciones: organizando e investigando las cerámicas de Elche y Archena», *Boletín del Museo Arqueológico Nacional*, núm. 36, 2017, págs. 145-168.

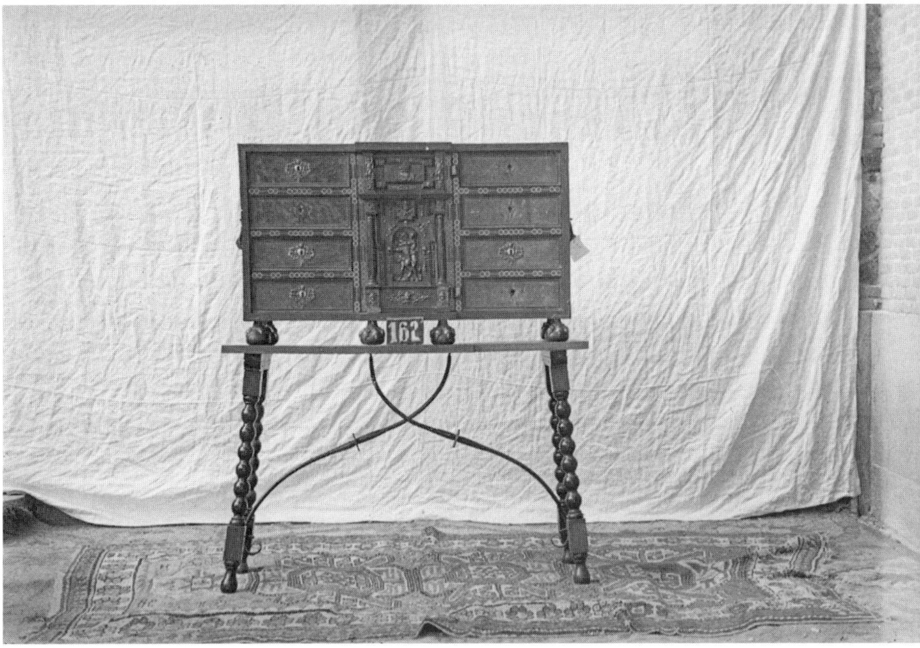

50. «Bargueño, parte central de composición arquitectónica, cajonera con incrustaciones en carey y adornos en bronce con su correspondiente pie de patas torneadas y fiadores de hierro», entregado en depósito al Museo Nacional de Artes Decorativas en noviembre de 1941. Se sabe por el expediente de incautación que procedía de la calle Pérez de Hoyo 7.

numerosas obras en depósito. Algo parecido ocurrió con la Fundación Generalísimo Franco, institución dedicada a la promoción de la artesanía, que veremos en otro capítulo dedicado a las entregas en depósito a organismos.

Al Museo Nacional de Artes Decorativas fue entregado un importante lote de 527 ítems, pero algunos de ellos comprendían varias piezas, lo que aumentaría considerablemente el monto final por encima del millar de piezas. Esta entrega en depósito incluía mobiliario (bargueños, escritorios, mesas, sillas y sillones, espejos, relojes...), piezas de orfebrería y cubertería, porcelana y cerámica, cristalería, abanicos, miniaturas, grabados, pinturas, esculturas, alfombras y un largo etcétera[331].

Habría que aclarar que una parte considerable de estas piezas entregadas al Museo Nacional de Artes Decorativas procedía de la colección Weissberger, en total 181 ítems, muchos de ellos con numerosas piezas. Según la investigación realizada por Javier Pérez-Flecha[332], en el museo se concentró un total de 1.861 pie-

[331] Arch. IPCE, SRA_2979.

[332] Javier Pérez-Flecha González, «El marchante y coleccionista José Weissberger y la incautación y depósito de su colección en el Museo Nacional de Artes Decorativas», *Además de: Revista on line de Artes Decorativas y Diseño,* núm. 2, 2016, págs. 139-152.

zas procedentes de la colección Weissberger, pero que este pudo recuperar en parte desde 1948 y hasta 1952, a partir del archivo de su causa por responsabilidades políticas. Finalmente, las aproximadamente 800 piezas que quedaban de dicha colección en el museo fueron compradas a su propietario.

El Museo Nacional de Artes Decorativas está realizando un trabajo de investigación con sus conservadores y especialistas para poder definir de la manera más exacta el número de piezas entregadas en depósito durante la inmediata posguerra, que se puede calcular en más de 1.500[333]. Resulta altamente significativo que el primer objeto que entró en dicho museo como depósito fue un bargueño, con fecha muy temprana —el 22 de abril de 1939—, a los pocos días del fin de la guerra, lo que demuestra el interés del franquismo por esta institución[334].

Otra fuente importante de entregas en depósito al Museo Nacional de Artes Decorativas lo constituyó la exposición *Orfebrería y ropas de culto,* celebrada en 1941. Tras su clausura, el museo recibió 40 piezas en depósito de las que no habían sido reclamadas por los visitantes[335].

El otro museo de Madrid que recibió un trato preferente por parte de los gestores del Sdpan fue el Romántico, hoy denominado Museo del Romanticismo. Recibió, según el expediente, un total de 311 obras[336], consistentes fundamentalmente en pinturas y miniaturas —sobre todo retratos—, grabados y dibujos.

Al Museo del Traje de Madrid se le entregaron 74 piezas en depósito, que incluían desde trajes de corte y de órdenes nobiliarias, pasando por vestimentas de lujo de mujer, hasta trajes de torero de la época de Goya, toda una representación de las clases incautada por la JTA republicana[337].

Finalmente, el resto de los museos de Madrid fueron agraciados con pequeños y no muy significativos conjuntos de depósitos. Al Museo Municipal de Madrid se le entregó un total de 13 piezas (pinturas y grabados)[338]; al Museo Antropológico y Etnológico, dos piezas (una escultura tallada en madera negra y una som-

---

[333] Laura Rodríguez Peinado, María Villalba Salvador y Ana Cabrera Lafuente, «Objetos artísticos procedentes del Servicio de Recuperación Artística en el Museo Nacional de Artes Decorativas de Madrid», en Arturo Colorado Castellary (ed.), *Patrimonio, Guerra Civil y posguerra,* Madrid, Universidad Complutense / Museo Nacional del Prado / Sociedad Estatal de Conmemoraciones Culturales, 2010, págs. 325-336.

[334] Dicen las autoras *(ibíd.,* pág. 333), basándose en la documentación de archivo del museo, que este bargueño procedía de la calle Villanueva 16, propiedad de Joaquín Bau, que durante la guerra había sido local de mujeres antifascistas.

[335] Isabel María Rodríguez Marco, Nuria Moreu Toloba, Ana Cabrera Lafuente y Adriana Martín Moreno, «La exposición de Orfebrería y Ropas de Culto de 1941 y la colección del Museo Nacional de Artes Decorativas», en Arturo Colorado Castellary (ed.), *Patrimonio cultural, Guerra Civil y posguerra, op. cit.,* págs. 167-186.

[336] Arch. IPCE, SRA_0018.

[337] Arch. IPCE, SRA_0031.

[338] Arch. IPCE, SRA_0030.

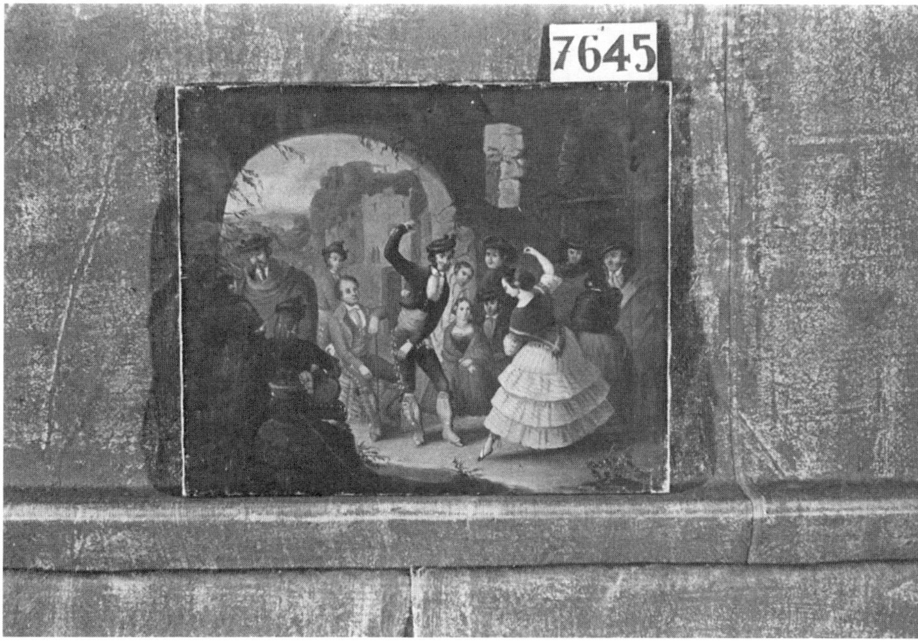

51. Anónimo español del siglo XIX, *Majos bailando,* obra entregada en depósito al Museo Romántico de Madrid en julio de 1942.

brilla) y varios conjuntos (un cajón con armas y objetos de Filipinas, 21 mantones, 45 abanicos)[339]; al Museo del Teatro Real de Madrid, 38 piezas (grabados y alguna pintura)[340]; al Museo Sorolla, un apunte del pintor titulado *Dos barcos de vela*[341], y al Museo del Pueblo Español, un retrato al óleo[342].

Al Museo de América se le entregaron seis conjuntos, consistentes en una colcha con escenas de Colón, un cajón con cerámica india y varias acuarelas, además de una pintura de la *Virgen de Guadalupe*. Habría que señalar que este museo era de nueva creación, por decreto de 19 de abril de 1941[343], cuyo artículo segundo establecía que «el fondo inicial lo constituirán las colecciones de Etnografía y Arqueología americanas existentes en el Museo Arqueológico Nacional, con sus libros, vitrinas y mobiliario». Por lo tanto, se podría afirmar que este museo surgía de la nada con piezas procedentes de otros lugares[344].

---

[339] Arch. IPCE, SRA_2998 y SRA_0033.

[340] Arch. IPCE, SRA_2020.

[341] Arch. IPCE, SRA_0036.

[342] Arch. IPCE, SRA_0038.

[343] Decreto de 19 de abril de 1941 por el que se crea el Museo de América, *Boletín Oficial del Estado,* núm. 121, de 1 de mayo de 1941, pág. 3036.

[344] Al principio tenía su sede en el Museo Arqueológico Nacional, pero en 1943 se encargó a los arquitectos Luis Moya y Luis Martínez Feduchi el proyecto arquitectónico del emplazamiento defi-

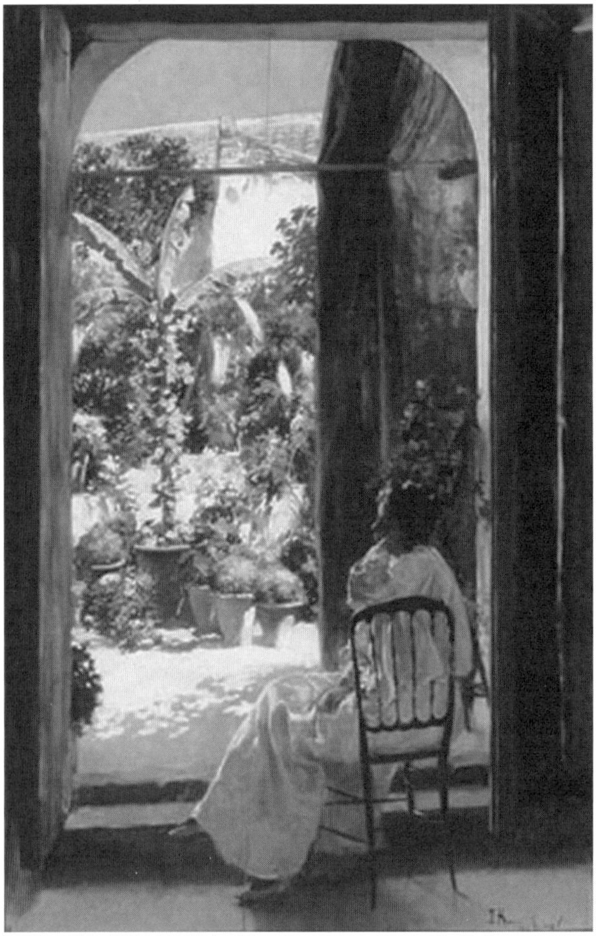

52. *Pereza andaluza,* cuadro de Julio Romero de Torres entregado en depósito al Museo Provincial de Bellas Artes de Córdoba en junio de 1942.

Existe, finalmente, un expediente, que no se encuentra en el archivo del Sdpan, de entrega de 56 conjuntos de piezas —fundamentalmente pinturas, pero también armas, orfebrería, relojes, etc.— al Museo de Ciudad Real, piezas procedentes del «sobrante de la Recuperación y Defensa del Tesoro Artístico Nacional». La entrega la realizó el presidente de la Diputación Provincial, en representación del Sdpan, a Carlos Calatayud Gil en el Seminario Conciliar de la diócesis[345].

---

nitivo, que se acabó en 1954. Siguiendo la filosofía fundacional —de mostrar «la historia del descubrimiento, conquista y colonización de América», según reza en su artículo primero el decreto fundacional—, se concibió con una arquitectura de inspiración colonial e historicista y una estructura espacial de tipo conventual.

[345] Arch. GA, 51/11102.

Sexta zona, con capital en Sevilla, y séptima zona, con capital en Granada

En la zona sexta fueron dos las entregas en depósito a museos: al Museo Provincial de Bellas Artes de Córdoba y al Museo Provincial de Bellas Artes de Cádiz. Al primero de ellos, hoy Museo de Bellas Artes de Córdoba, se hizo entrega en depósito de una sola obra pero de especial significación al tratarse de un cuadro de Julio Romero de Torres, titulado *Pereza andaluza,* de cuya procedencia no existen datos durante la Guerra Civil[346]. El Museo Provincial de Bellas Artes de Cádiz, hoy Museo de Cádiz, recibió dos pinturas en depósito, un retrato y una corrida de toros[347].

En la séptima zona, con capital en Granada, también fueron dos los museos beneficiados con depósitos: al Museo Provincial de Bellas Artes de Granada se le entregaron diez pinturas, todas ellas de José María López Mezquita, el pintor que había marchado al exilio[348], y al Museo de Almería, un cuadro con un *Ángel* del siglo XVIII[349].

Recapitulación final de las entregas en depósito a museos

Llegamos así a la contabilidad global de las obras que fueron entregadas en depósito a los 35 museos en la inmediata posguerra y que según nuestros cálculos ascienden a un total de 3.761 piezas, tal como recoge el siguiente cuadro:

Cuadro resumen de las entregas de obras en depósito a los museos

Zonas	Museos	Número de obras
Primera zona, con capital en León	• Museo Provincial de La Coruña	14
	• Museo Provincial de Pontevedra	177
	• Museo Provincial de Oviedo	131
Segunda zona, con capital en Valladolid	• Museo Nacional de Escultura de Valladolid	1
	• Museo Arqueológico de Valladolid	156
	• Museo de Segovia	17

346 Arch. IPCE, SRA_0016.
347 Arch. IPCE, SRA_0011.
348 Arch. IPCE, SRA_0015.
349 Arch. IPCE, SRA_0029.

Zonas	Museos	Número de obras
Tercera zona, con capital en Zaragoza	• Museo Municipal de San Telmo de San Sebastián • Museo de Bellas Artes de Zaragoza	62 11
Cuarta zona, con capital en Barcelona	• Museo Provincial de Bellas Artes de San Carlos de Valencia • Museo de Alcoy • Museo de Elche • Junta de Museos de Barcelona • Museo de Bellas Artes de Barcelona • Museo Municipal de Arte Moderno de Olot • Museo de Manresa • Museo Municipal de Industrias y Artes Populares de Barcelona • Museo Municipal de Mataró • Museo Municipal de Terrassa	36 14 13 3 72 16 107 71 57 104
Quinta zona, con capital en Madrid	• Museo del Prado • Museo de Arte Moderno • Museo Arqueológico Nacional • Museo Nacional de Artes Decorativas • Museo Romántico • Museo de América • Museo Municipal de Madrid • Museo del Traje • Museo Antropológico y Etnológico • Museo del Teatro Real de Madrid • Museo Sorolla de Madrid • Museo del Pueblo Español de Madrid • Museo de Ciudad Real	392 34 179 1.500 311 6 13 74 Aprox. 80 38 1 1 56
Sexta zona, con capital en Sevilla	• Museo Provincial de Bellas Artes de Córdoba • Museo Provincial de Bellas Artes de Cádiz	1 2
Séptima zona, con capital en Granada	• Museo Provincial de Bellas Artes de Granada • Museo de Almería	10 1
Totales	35 museos	3.761 piezas

Capítulo 7

Las entregas de obras en depósito a organismos

El segundo conjunto de entregas en depósito por su importancia numérica fue destinado a varias instituciones de diversa índole. Las he agrupado bajo el epígrafe de «organismos» para poder sistematizarlas en su estudio, pues su gran diversidad haría difícil otra perspectiva.

Su distribución geográfica resulta menos significativa que en el caso de los museos, pues el grueso de los depósitos fue a parar a Madrid. Pero también es cierto que hay otras entregas en depósito fuera de Madrid —por ejemplo, al Gobierno Civil de Las Palmas, al Patronato Artístico de la Ciudad de Orihuela o a la Universidad de Valladolid, por citar tres casos— que no pueden ser ignoradas, dada su importancia.

Por esta razón, he organizado este capítulo por el carácter de los organismos a los que van destinados los depósitos: civiles y políticos, militares, culturales y educativos. En esta relación se incluyen las entregas en depósito realizadas desde Barcelona también a diversos organismos.

Las entregas en depósito a organismos civiles y políticos

Entre los organismos civiles beneficiarios de las entregas en depósito de obras de arte destacan por su importancia en primer lugar los ministerios. Al Ministerio de Justicia fue a parar un conjunto de 42 piezas consistente en objetos de orfebrería, porcelanas, relojes y 11 cuadros[350].

---

[350] Arch. IPCE, SRA_1902.

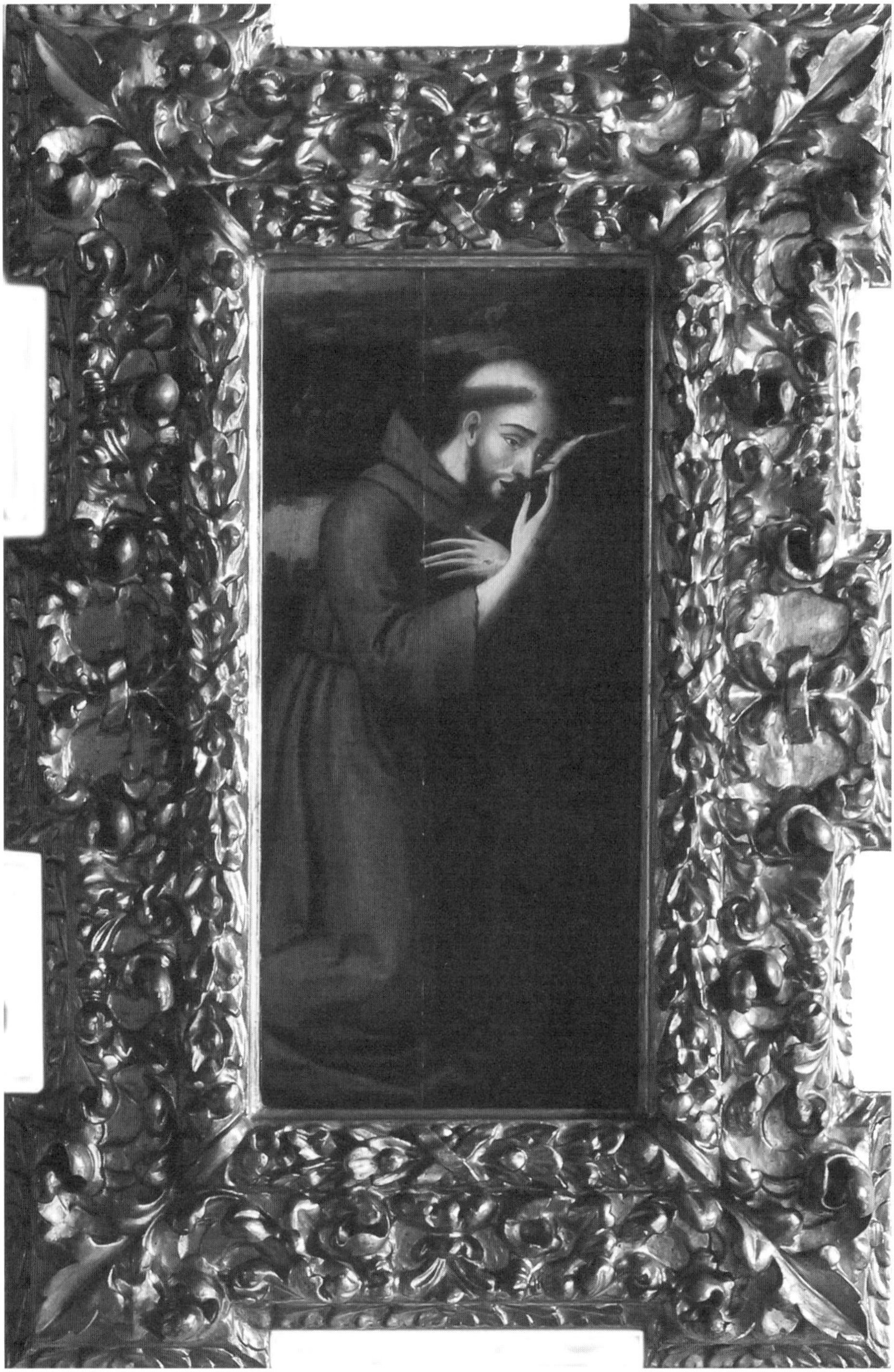

53. *San Francisco,* tabla anónima de escuela española del siglo XVI incautada en Mora (Toledo) en 1938 y entregada en depósito al Ministerio de Justicia en mayo de 1942.

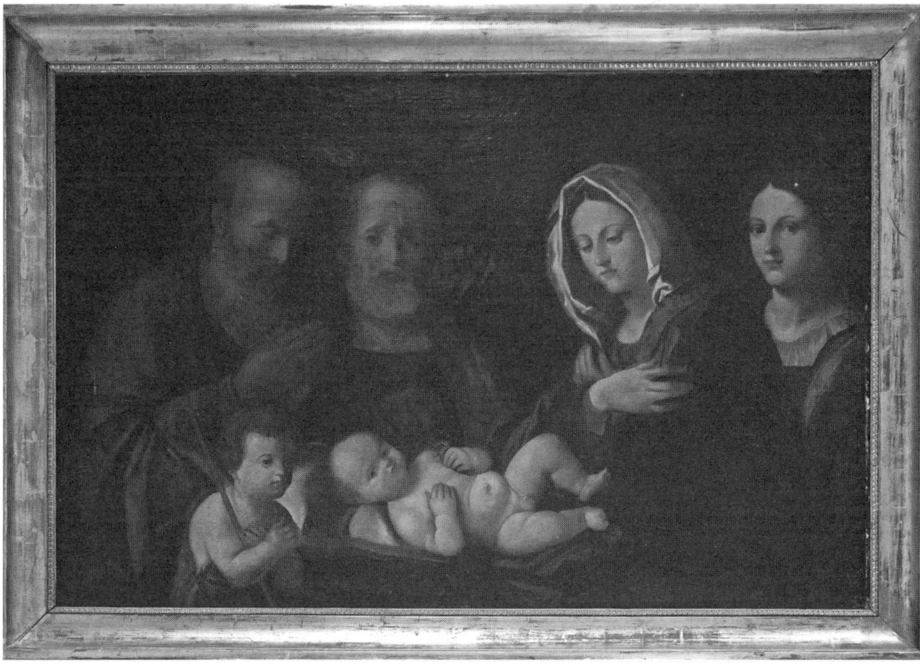

54. Anónimo de escuela veneciana, *Sagrada Familia y otras figuras adorando al Niño,* que pertenecía, según el registro de la JTA, al duque de Alba y que fue entregado en depósito al Ministerio de Justicia en mayo de 1942.

Entre las pinturas destacan varias obras de origen conocido: un anónimo de escuela española del siglo XVI, *San Francisco en oración,* procedente de Mora (Toledo), y un anónimo de escuela veneciana descrito como *Sagrada Familia y otras figuras adorando al Niño,* que pertenecía, según el registro de la JTA, al duque de Alba, al que le había sido incautado el 20 de marzo de 1938, se lo había devuelto el Sdpan el 15 de julio de 1939 y, finalmente, había sido entregado al Ministerio de Justicia el 6 de mayo de 1942. Desconocemos las razones de este sorprendente trasiego.

De las 11 pinturas entregadas en depósito al Ministerio de Justicia, también destacan tres procedentes de Ginebra[351], exactamente de la caja fuerte del Banco Hispano Americano, números 1, 2 y 3, las tres de la escuela de Rubens y tituladas *Jacob y Esaú, Sagrada Familia con san Juanito* y *Moisés salvado de las aguas*[352].

---

351 «Inventaire des Trésors d'Art Espagnols», pág. 105. Arch. SDN, 5B/27667/36929.

352 En uno de estos cuadros aparece una cartela en la parte posterior que indica que procede de la «Galería de A. Herman». Véase Cristóbal Marín Tobar, *El palacio de Sonora. Sede del Ministerio de Justicia,* Madrid, Ministerio de Justicia, 2017, donde se reproducen varias de estas pinturas y piezas.

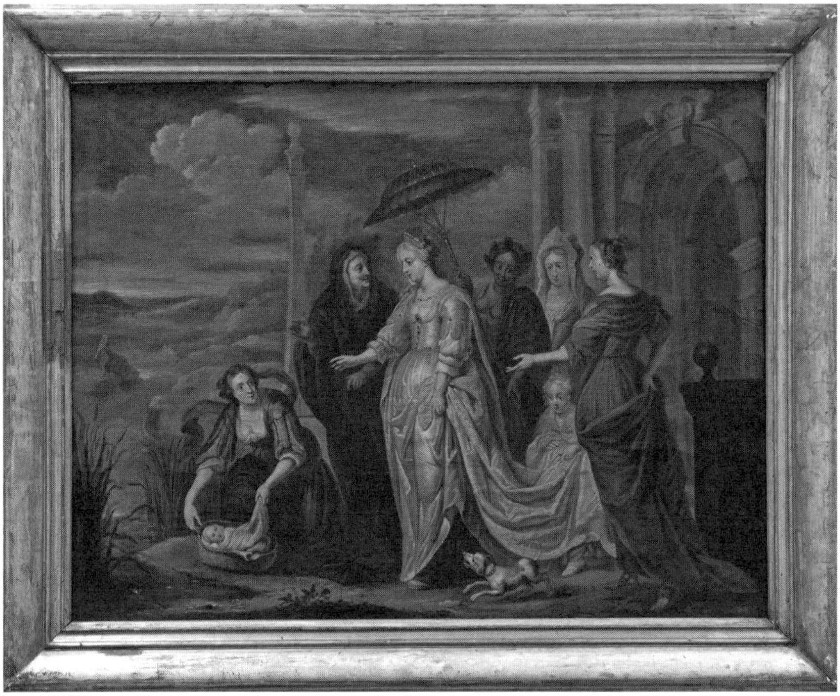

55. Escuela de Rubens, *Moisés salvado de las aguas,* una de las tres obras procedentes de las evacuadas a Ginebra en 1939 y entregadas en depósito al Ministerio de Justicia en mayo de 1942.

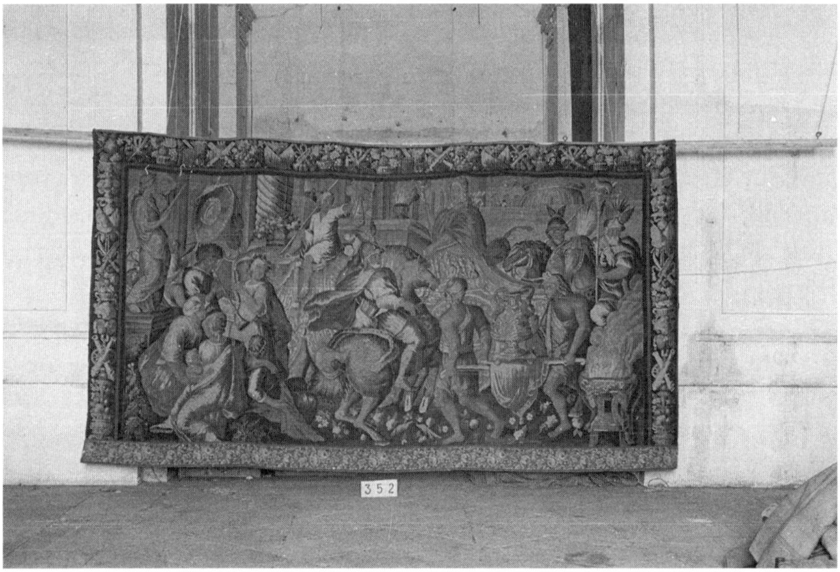

56. Tapiz del siglo XVII (430 × 250 cm) que representa un *Emperador romano sobre un carro de guerra con trofeos,* entregado al Ministerio de Educación Nacional en calidad de depósito en abril de 1941.

Al Ministerio de Educación Nacional fueron a parar 134 piezas, entre muebles, orfebrería, objetos de plata y de marfil, relojes e importantes tapices, así como un destacado número de pinturas[353]. Algunas de estas piezas —pocas— fueron a su vez entregadas a otros organismos dependientes de Educación Nacional, como la Escuela Especial de Ingenieros de Minas o la Escuela de Comercio de Santa Cruz de Tenerife.

Al Ministerio de Hacienda se le entregó en depósito un lote de 42 piezas, todas ellas pinturas menos una escultura de un ídolo en madera[354]. Al Ministerio de Agricultura, un conjunto de cuatro lienzos que representa «angelotes» con canastillas de flores[355]; parece que en este caso la adecuación del depósito se atenía al menos a la iconografía.

Después se encontrarían diversos organismos civiles como beneficiarios de entregas en depósito: a la Dirección General del Trabajo se le dieron dos piezas (un reloj y una figura de bronce)[356]; la Dirección General de Archivos y Bibliotecas recibió en depósito 14 piezas, entre grabados y pinturas[357]; el Instituto Nacional de Industria, 15 pinturas (fundamentalmente de paisajes y escenas de batalla)[358]; el Tribunal de Cuentas, siete pinturas (varias con el tema *Virgen con Niño* y algunas batallas)[359]; la Dirección General de Regiones Devastadas, siete piezas de orfebrería y 29 pinturas, casi todas de temática religiosa[360]; el Parador de El Paular (Madrid), seis pinturas (dos bodegones, un paisaje y tres retratos)[361], y el Hospital Provincial de Madrid, dos pinturas, un *San Juan de la Cruz* y un *San Luis*[362].

Capítulo aparte, por su número e interés artístico, merece el depósito de 39 piezas entregadas al Gobierno Civil de Las Palmas (Gran Canaria). De una docena de estas pinturas se puede saber su propietario, lo que parece que no fue óbice para su entrega en depósito, entre ellas cinco cuadros procedentes de la colección de Pedro Rico, el alcalde republicano de Madrid que había marchado al exilio[363].

---

353 Arch. IPCE, SRA_2974.

354 Arch. IPCE, SRA_2042.

355 Arch. IPCE, SRA_2099.

356 Arch. IPCE, SRA_1903.

357 Arch. IPCE, SRA_1868.

358 Arch. IPCE, SRA_2119.

359 Arch. IPCE, SRA_2120.

360 Arch. IPCE, SRA_2997.

361 Arch. IPCE, SRA_2126.

362 Arch. IPCE, SRA_2506.

363 Roberto Domingo, *Toro fogueado;* Francisco Domingo Marqués, *Mosqueteros junto a una tapia;* Eugenio Lucas, *Cruz de mayo, Majos y garrochistas en el campo* y *Toro embistiendo a un grupo de majos en el campo.*

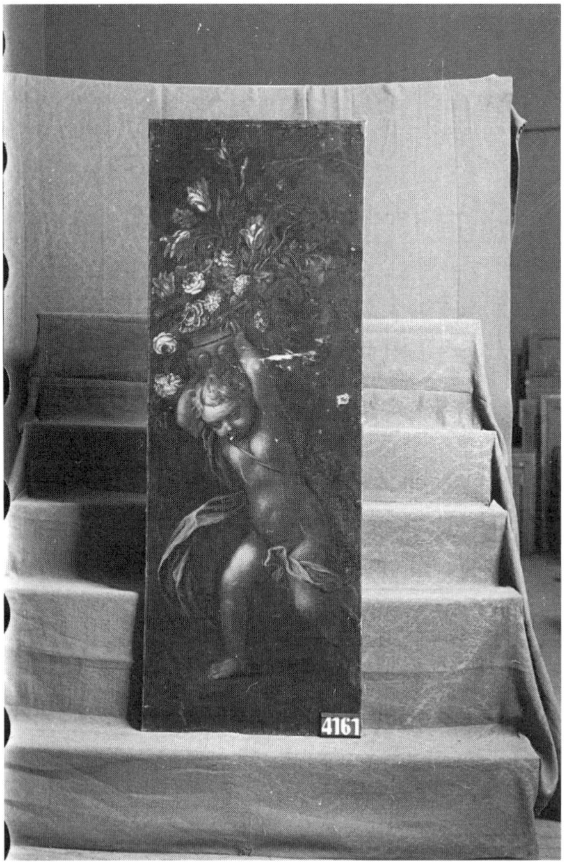

57. Uno de los cuatro lienzos de la misma temática de angelotes con canastillas de flores entregados en depósito en agosto de 1943 al Ministerio de Agricultura.

Después estarían las entregas en depósito a unos pocos ayuntamientos: el de Anchuelo (Madrid) recibió un conjunto de cinco piezas de orfebrería, entre ellas una custodia de metal dorado procedente de la exposición *Orfebrería y ropas de culto*[364], como pieza no reclamada por nadie; el de Fuentelviejo (Guadalajara), 17 piezas de orfebrería, 70 ropas litúrgicas, cinco pinturas y tres esculturas religiosas[365]; el de Los Navalucillos (Toledo), 12 piezas de ropa litúrgica y 18 objetos religiosos y de orfebrería[366].

Un caso muy especial es el del Ayuntamiento de Albendea (Cuenca), al que se le entregaría un total de 11 piezas, más tres tablas de un frontal de altar y 28 trozos de retablo, pero siempre bajo la autorización y supervisión de la Falange de la localidad. La fórmula utilizada para estas entregas resulta como mínimo peculiar:

[364] Arch. IPCE, SRA_2767.

[365] Arch. IPCE, SRA_1228.

[366] Arch. IPCE, SRA_2308.

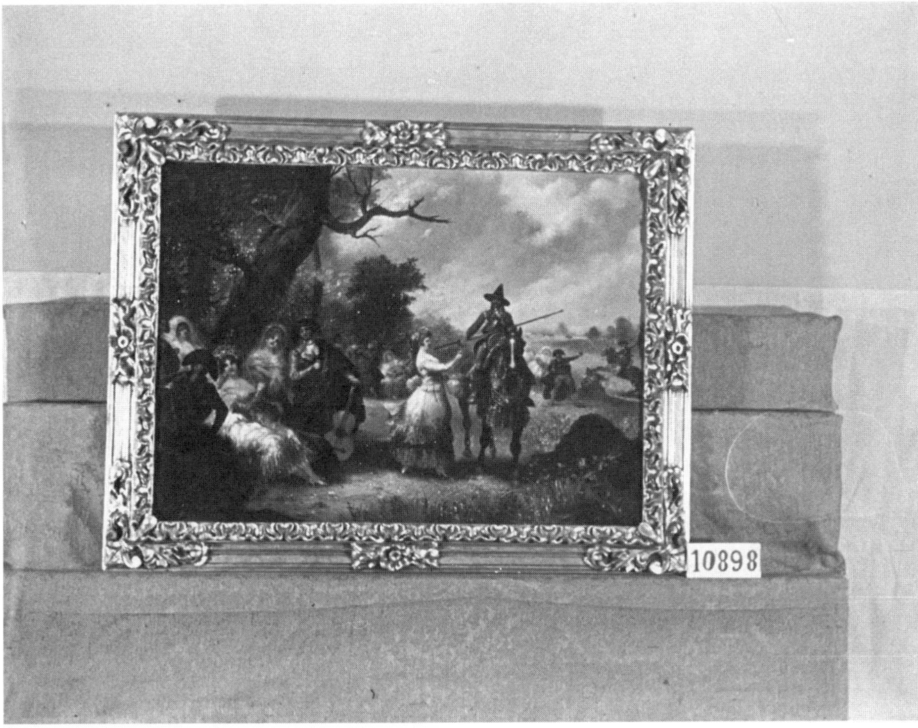

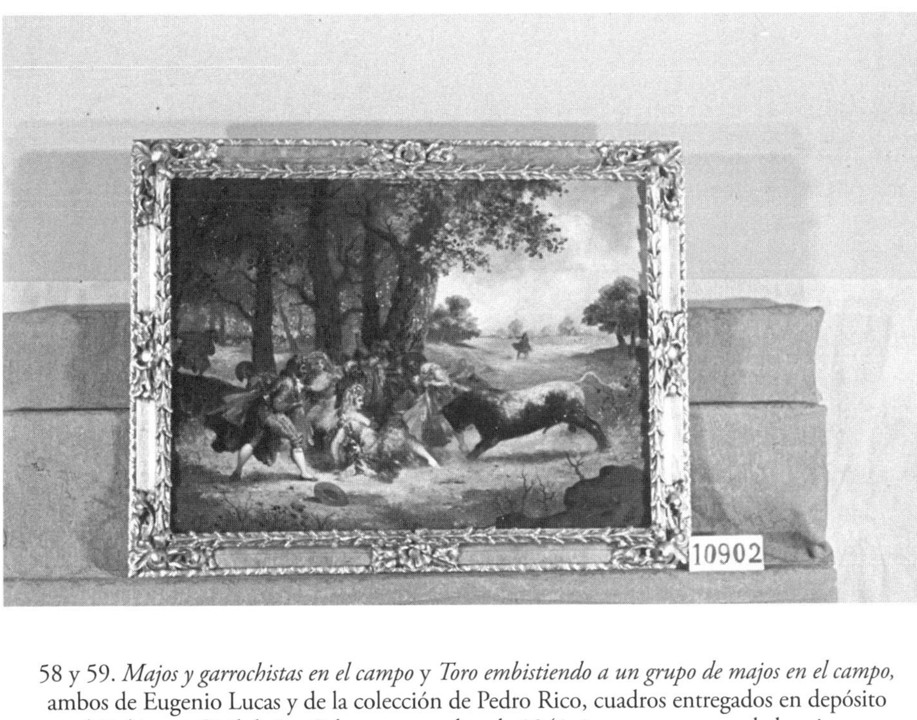

58 y 59. *Majos y garrochistas en el campo* y *Toro embistiendo a un grupo de majos en el campo,* ambos de Eugenio Lucas y de la colección de Pedro Rico, cuadros entregados en depósito al Gobierno Civil de Las Palmas en octubre de 1941, junto a otros tres de la misma procedencia y otros 34 de orígenes diversos.

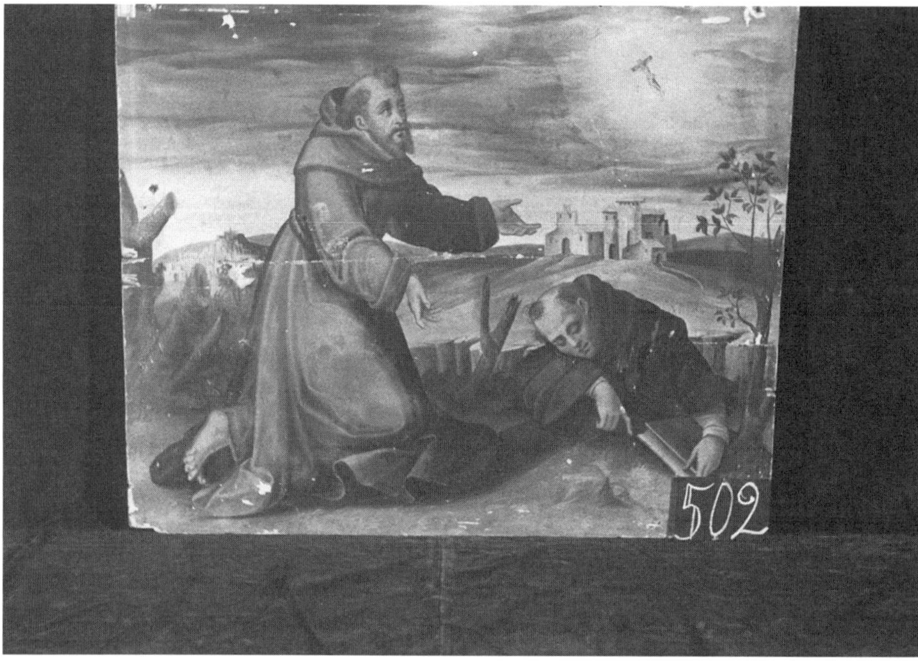

60. *La estigmatización de San Francisco,* obra anónima del siglo xvi entregada en octubre de 1940 al Ayuntamiento de Albendea (Cuenca) bajo la supervisión y autorización de la FET y de las JONS local.

«Fue entregado al Ayuntamiento de Albendea (Cuenca) por autorización de Falange Española Tradicionalista y de las JONS de Albendea (Cuenca) tras reconocer la obra de su propiedad». Pero lo más sorprendente es que seis de estas entregas se hacían en calidad de «depósito»[367].

Desde el Sdpan de Barcelona se hizo entrega en depósito a dos organismos catalanes: el Ayuntamiento de Lérida recibió dos piezas importantes, un tapiz flamenco del siglo xviii y una pintura de grandes dimensiones (272 × 170 cm), *La anunciación,* de la escuela de Luca Giordano[368]; el Colegio de Abogados de Barcelona, un conjunto de cinco pinturas, entre las que destacaban un *Calvario* del siglo xvi y una *Marina veneciana* de Joaquín Sorolla[369].

Finalmente habría que ir concluyendo este apartado con las entregas en depósito a las organizaciones de carácter político: a la Falange y a la Asociación Hispano-Germana, ambas marcadas por un fuerte contenido ideológico ultraderechista. La Falange obtuvo en depósito un importante lote de 70 piezas,

---

[367] Arch. IPCE, SRA_2152.

[368] Arx. MAC, Armario 4.

[369] *Ídem.*

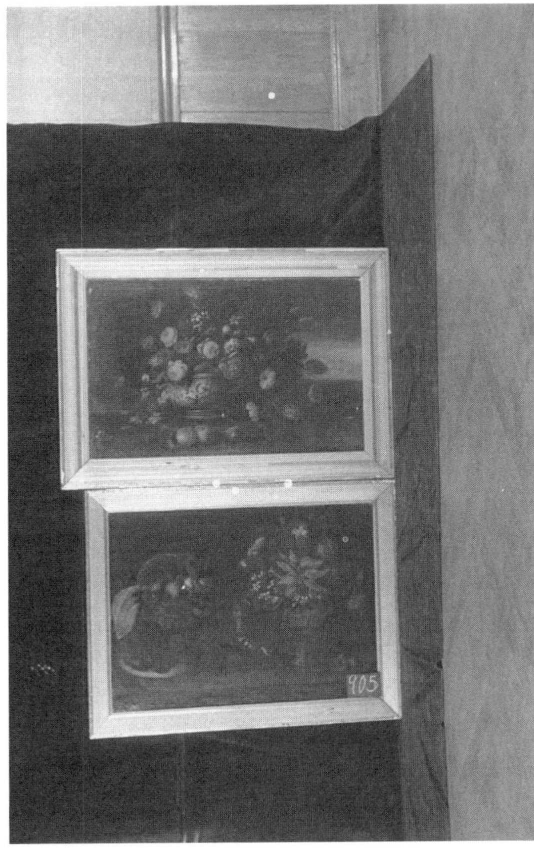

61. Dos cuadros de *Flores,* entregados en depósito a la Asociación Hispano-Germana en diciembre de 1942.

fundamentalmente muebles de estilo, pero también nueve pinturas, entre las que destacaba un retrato de *Carlos III* pintado por Mengs. En esta entrega se incluía a los distintos departamentos del partido político: a la Secretaría General del Movimiento en Burgos; a la Secretaría General en Madrid, calle Alcalá 42; a la Secretaría de la FET y de las JONS y a Javier Gómez Acebo. Algunas de estas pinturas fueron a parar al castillo de la Mota, como había solicitado la Sección Femenina, perteneciente a la Falange[370]. A la Asociación Hispano-Germana se le entregó en depósito un total de 16 pinturas (paisajes, bodegones, flores, retratos...) y grabados, entre ellos uno de Goya[371]. Cabe preguntarse dónde se encontrarán todas estas obras entregadas en depósito a organismos políticos desaparecidos hace ya tantos años.

---

[370] Arch. IPCE, Fondo del Sdpan 175.

[371] Arch. IPCE, SRA_2023.

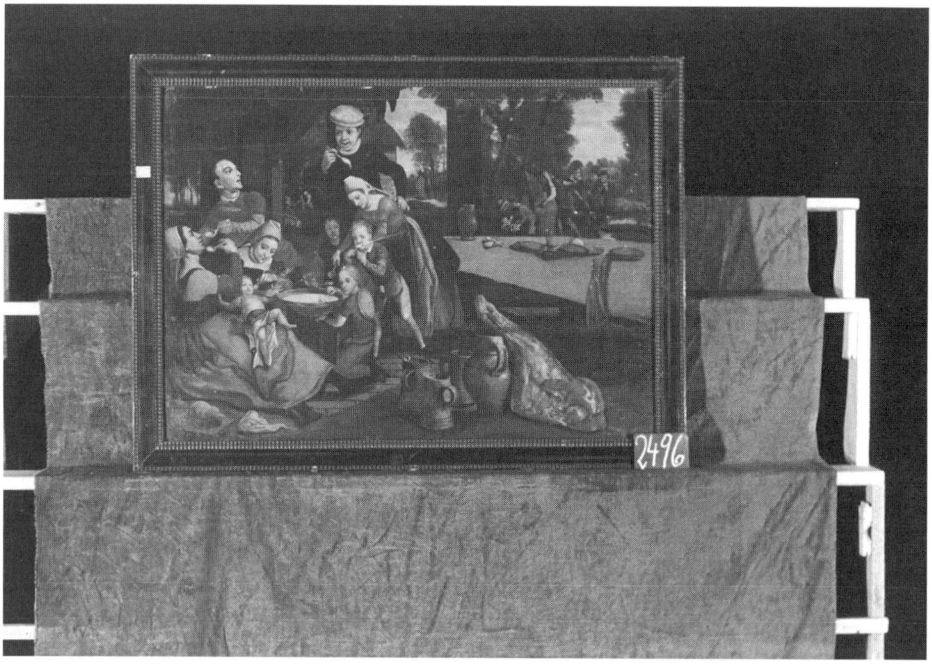

62. Anónimo de escuela alemana del siglo XVI, *Merienda en el campo (Grupo comiendo gachas)*, propiedad de Alicia Foquignon y entregada en depósito a la Fundación Generalísimo Franco en septiembre de 1941.

Un capítulo especial es el de la importante entrega en depósito a la Fundación Generalísimo Franco, también denominada Industrias Artísticas Agrupadas, dedicada a la promoción de la artesanía[372]. A este organismo se le entregó un total de 45 obras, con importantes pinturas y esculturas de los siglos XV al XIX, además de ropaje litúrgico[373]. Estas entregas en depósito empezaron en la inmediata posguerra, entre 1941 y 1943, pero continuaron hasta fecha ya muy avanzada, en 1959. Entre estas obras, resulta revelador que muchas de ellas habían sido incautadas por las organizaciones enemigas del franquismo que habían actuado durante la Guerra Civil, como la CNT, la Agrupación Socialista Madrileña o el Socorro Rojo Internacional, además de direcciones concretas, como Moreto 11 o Castellana 18 y depósitos como Recuperación (barrio de Argüelles) o Comendadoras. Este origen implica que desconozcamos la procedencia de estas obras, que no figuran en los expedientes.

---

[372] Esta fundación dedicada a la artesanía no tiene nada que ver con la Fundación Nacional Francisco Franco, creada al año siguiente de la muerte del dictador, el 8 de octubre de 1976, y que sigue existiendo en la actualidad.

[373] Arch. IPCE, SRA_1858.

Sin embargo, sí existe una pieza entregada en depósito a la Fundación Generalísimo Franco en la que figura un origen muy concreto. Se trata de un anónimo de escuela alemana del siglo XVI, titulado *Merienda en el campo (Grupo comiendo gachas),* y que era propiedad de Alicia Foquignon, que vivía en Ayala 59 y de cuya colección existe acta de incautación de la JTA[374], pero no de devolución por parte del Sdpan. Otra incógnita sobre el paradero de estas piezas, aunque se pueda presumir que fueran controladas por Patrimonio Nacional, dado que la Fundación Generalísimo Franco dependía directamente de este organismo[375].

Las entregas en depósito a organismos militares

Las obras de arte entregadas en depósito a organismos militares ocupan un lugar importante en la política franquista en este campo, con casi tres centenares de piezas. Habría que empezar por el Ministerio del Ejército —y sus organismos dependientes—, al que se le entregó un total de 132 piezas[376].

Al Ministerio del Ejército llegaron directamente unas 80 piezas. Entre ellas había muebles, objetos de orfebrería y de decoración, además de numerosas pinturas (cuadros de batallas, paisajes, retratos, escenas religiosas, de caza y costumbristas, además de bodegones), entre ellas un cuadro de Esteban March de cuyo propietario, un tal «Zulueta», se tenía conocimiento[377].

Después vendrían los organismos dependientes de dicho ministerio, como la Escuela Superior del Ejército (en la sede del Colegio de Sordomudos en el Hipódromo), que recibió 11 pinturas (retratos, paisajes, batallas...) y tres objetos decorativos (porcelanas y espejo); el Servicio Geográfico, en el Palacio de Buenavista, al que se le entregaron en depósito 17 pinturas (retratos, paisajes, batallas) más una «astilla del árbol de la noche triste, donde lloró Hernán Cortés la derrota de sus tropas»; la Subsecretaría del ministerio, que obtuvo un reloj de bronce dorado; a la Comisión Central de Examen de Penas llegaron siete pinturas (retratos, paisajes y escenas de costumbres), y, finalmente, al Ministerio de la Guerra, 13 piezas de decoración y muebles.

---

374 Arch. IPCE, JTA_0218.

375 Esta fundación fue creada por Ley de 7 de marzo de 1940, en cuyo artículo 5 se especificaba que quedaba integrada «en el Patrimonio Nacional».

376 Arch. IPCE, SRA_2978.

377 De este propietario llamado Zulueta, con domicilio en la calle Castelló 27 de Madrid, también la JTA en agosto de 1937 se incautó de otra pintura, un retrato de *María Estuardo,* de escuela inglesa del siglo XVII, de la que no hay noticia de entrega y en paradero desconocido. Arch. IPCE, JTA_0609.

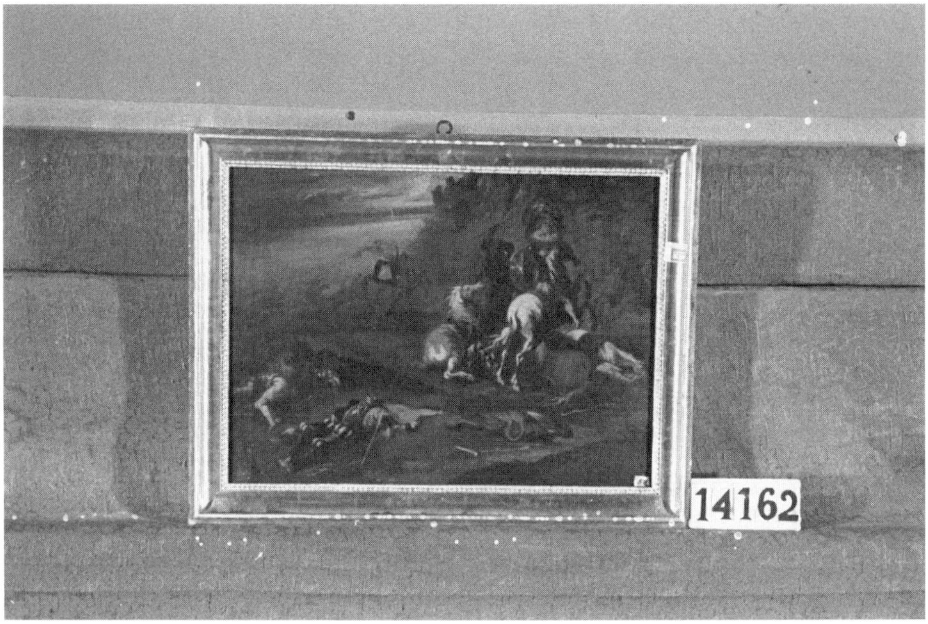

63. Esteban March, *Ataque de caballería,* cuadro entregado en depósito en julio de 1941 al Ministerio del Ejército, procedente de un propietario llamado Zulueta.

En 1941, la Capitanía General de Madrid recibió en depósito 46 piezas (muebles y pinturas), aunque la mayoría de ellas fueron recuperadas posteriormente, en 1945, y entregadas a otros organismos; en 1941, al Gobierno Militar de Madrid se destinaron 38 pinturas, de batallas y escenas militares, retratos, paisajes y flores, todas ellas de origen desconocido[378]; a la Capitanía General de Baleares se le entregó en depósito un conjunto de nueve pinturas, todas ellas de origen desconocido, algunas incautadas por la CNT; la 5.ª Compañía de Guarnición del Cuerpo de Policía Armada recibió siete piezas de decoración[379], y el Regimiento de Infantería núm. 2, otros seis lotes[380].

Después vendría el capítulo de los museos militares, con la entrega en depósito de cuatro piezas (tres espadas —una del marqués del Duero y dos del duque de Tetuán— y una bandera) al Museo Histórico Militar[381] y ocho (dos objetos y seis pinturas, todas ellas marinas) al Museo Naval de Madrid[382].

---

[378] Arch. IPCE, SRA_1918.
[379] Arch. IPCE, SRA_1969.
[380] Arch. IPCE, SRA_2004.
[381] Arch. IPCE, SRA_2990.
[382] Arch. IPCE, SRA_2981.

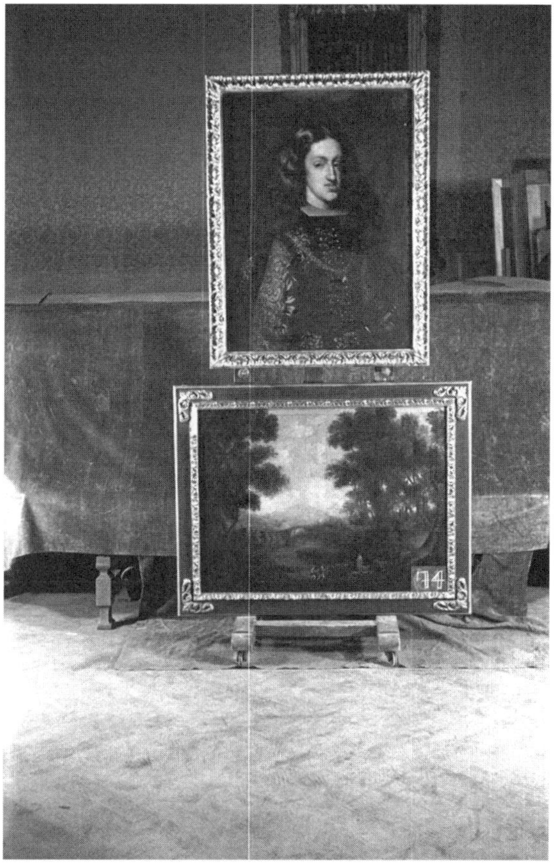

64. En la parte superior de la imagen, *Retrato de Carlos II,* pintura entregada en depósito en abril de 1941 a la Escuela Superior del Ejército.

Desde la cuarta zona del Sdpan, con capital en Barcelona, se entregaron a la Capitanía General de esta ciudad un conjunto de 31 piezas, especialmente pinturas, pero también objetos de porcelana, cristal y orfebrería[383].

Finalmente, existe un capítulo especial con las 11 piezas entregadas en depósito entre 1941 y 1943 a la «Casa Militar de S. E. el Generalísimo Francisco Franco Bahamonde», con diez pinturas y un grabado[384]. Entre estas piezas destacan, por ser de propietarios conocidos, dos anónimos del siglo XIX: uno italiano titulado *Paisaje con castillos,* propiedad de «Cadenas»[385], y otro con el título *Desfile con monja enfermera a caballo (Escuadrón y monja a caballo),* propiedad del duque de Nájera.

[383] Arx. MAC, Armario 4.

[384] Arch. IPCE, SRA_1869.

[385] Se trata de Vicenta Vicent, viuda de Cadenas, pues con este apellido figuran en los libros de la JTA dos cuadros de *paisajes* incautados. Existe también el expediente de devolución a esta señora, a la que se le restituye tan solo uno de ellos (Arch. IPCE, SRA_2471) en 1941.

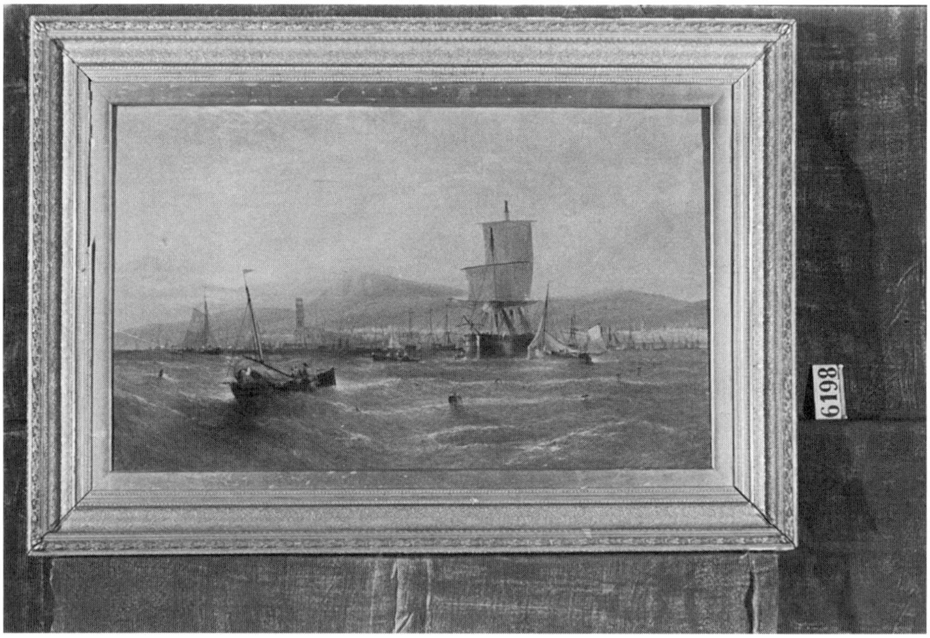

65. *Marina con embarcaciones,* obra firmada por el pintor británico William Calcott Knell en 1875, entregada en depósito al Museo Naval de Madrid en agosto de 1941.

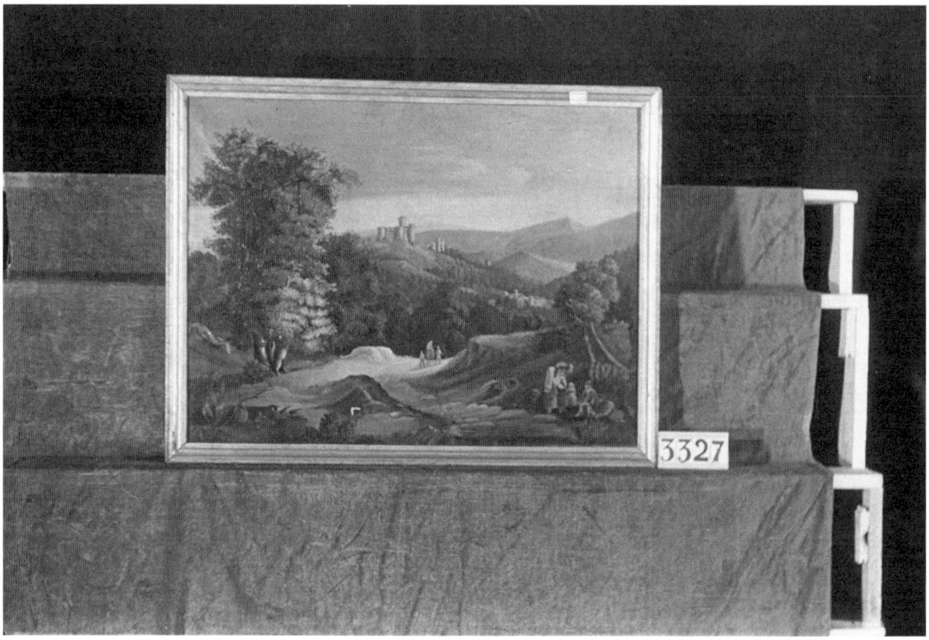

66. *Paisaje con castillos,* obra anónima italiana del siglo XIX, propiedad de «Cadenas» y entregada en depósito a la Casa Militar de Franco en noviembre de 1941.

Las entregas en depósito a organismos culturales

Entre los organismos culturales que recibieron piezas en depósito se encuentran —aparte de los museos, ya vistos anteriormente— bibliotecas y archivos, instituciones científicas y teatros, además de reales academias e instituciones y, finalmente, el Instituto Español en Bolonia.

Empecemos por el importante depósito a la Biblioteca Nacional, a la que, entre 1941 y 1943, se le entregaron 300 conjuntos de grabados, litografías, dibujos, libros, fotografías, algunos de los cuales comprendían varios ejemplares, de modo que en total sumaban más de un millar de ítems. Destaca en este importante depósito un grupo de diez dibujos del pintor y escultor de vanguardia Alberto Sánchez, que había marchado al exilio a la Unión Soviética[386].

Al Archivo Histórico Nacional se le hizo entrega en depósito de 15 entradas, algunas de las cuales incluían carpetas con varios pergaminos, además de libros, piezas de orfebrería y cerámica y, finalmente, el archivo de Loeches[387]. A la Real Academia de la Historia, Madrid, se le entregaron tres manuscritos enmarcados[388].

Al Consejo Superior de Investigaciones Científicas (CSIC), y a sus diversos institutos (Diego Velázquez, Francisco de Vitoria, Gonzalo Fernández de Oviedo)[389], se les benefició con mobiliario de todo tipo para su nueva sede en la calle Medinaceli, así como con pinturas, esculturas, tapices, relojes y piezas de decoración[390]. Tanta generosidad se vería aún aumentada con la entrega de cuatro cajones con los libros y papeles del historiador republicano Julián Sanz Martínez, que había marchado al exilio a Francia, y una importante colección de fotografías procedentes en muchos casos de la JTA y del Sdpan[391].

Esta prodigalidad se extendió al ámbito teatral. Al Teatro Real de Madrid se le hizo entrega de 38 piezas, pinturas y sobre todo grabados con retratos de actores y actrices y escenas teatrales[392]. El Teatro María Guerrero de Madrid reci-

---

386 Arch. IPCE, SRA_2992. De estos diez dibujos de Alberto Sánchez, he localizado dos en la Sección de Bellas Artes de la Biblioteca Nacional.

387 Arch. IPCE, SRA_2996.

388 Arch. IPCE, SRA_1979.

389 Recordemos que el CSIC fue creado en 1939, al mismo tiempo que se clausuraba la Junta para Ampliación de Estudios e Investigaciones Científicas, creada en 1907.

390 Arch. IPCE, SRA_2989.

391 Véase Miguel Cabañas Bravo, «El Archivo Fotográfico de Arte del CSIC tras 1939. Herencia, continuidad y uso en el estudio y protección del patrimonio artístico español», en Arturo Colorado Castellary (ed.), *Patrimonio cultural, Guerra Civil y posguerra,* Madrid, Fragua, 2018, páginas 305-341.

392 Arch. IPCE, SRA_2020.

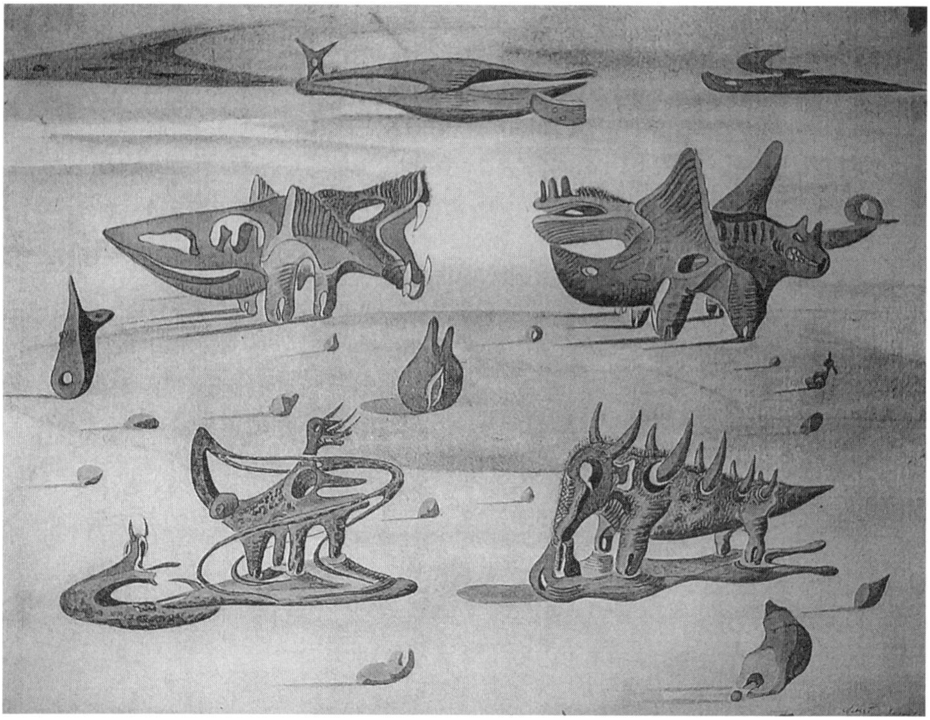

67. *Formas en el desierto* (1936-1937), dibujo de Alberto Sánchez entregado en depósito a la Biblioteca Nacional en junio de 1943.

bió en depósito 12 pinturas, fundamentalmente retratos[393]. Y, finalmente, al Real Conservatorio de Música y Declamación, Madrid, fue a parar un conjunto de 35 piezas, algunas pinturas de interés y especialmente grabados[394].

El único organismo cultural fuera de Madrid al que el Sdpan de la zona centro benefició con una entrega en depósito fue el denominado Patronato Artístico de la Ciudad de Orihuela (Palacio de Teodomiro)[395], que se acababa de constituir mediante escritura pública el 10 de mayo de 1940. A este nuevo organismo se le adjudicó un conjunto de 11 pinturas, entre las que se incluían dos interesantes obras de Ángel Lizcano *(Riña callejera* y *Tormenta),* así como dos obras atribuidas a Willem Forchondt y Mathias Stommer, además de otras anónimas fundamentalmente de temática religiosa[396].

---

[393] Arch. IPCE, SRA_2040.

[394] Arch. IPCE, SRA_0123.

[395] Arch. IPCE, SRA_1883.

[396] Según el inventario de 2011 del Patronato Artístico de la Ciudad de Orihuela (http://patronatohistoricoorihuela.es/inventario.html), estas piezas se encuentran depositadas en el Museo Diocesano de Arte Sacro de Orihuela desde 1981.

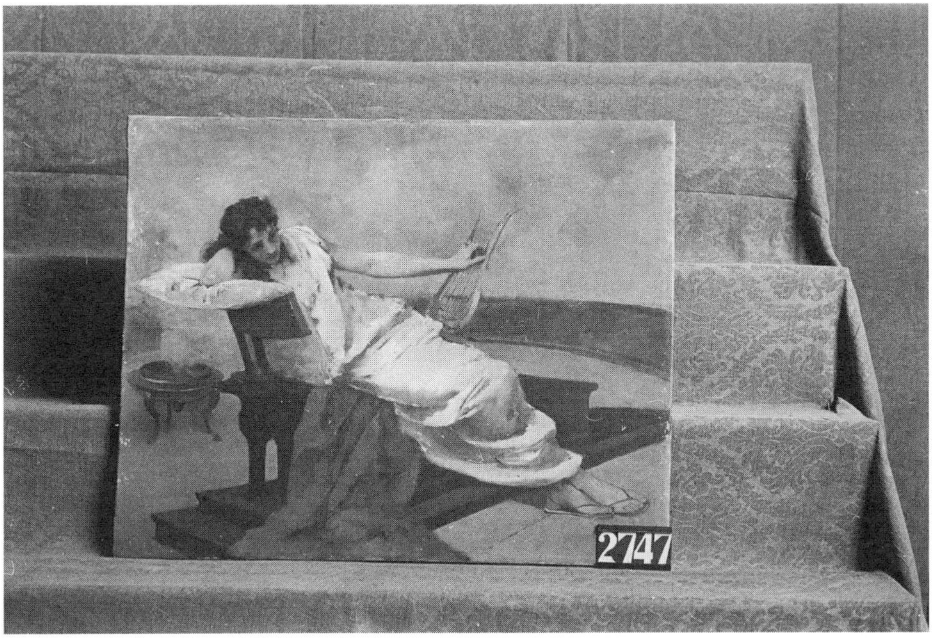

68. Francisco Miralles, *Mujer con lira,* obra entregada en depósito al Real Conservatorio de Música y Declamación de Madrid en julio de 1942.

No olvidemos, para constatar el caso insólito de esta entrega en depósito a Orihuela, que esta población no sufrió apenas merma en su patrimonio artístico gracias a la salvaguarda desarrollada por la subjunta delegada de la JTA, presidida por Justo García Soriano, durante la Guerra Civil, tal como ya he destacado[397].

Y para no cerrar los casos insólitos, habría que subrayar la entrega al Instituto Español en Bolonia (Italia) de un total de 12 piezas en depósito: 11 pinturas —entre ellas una de Eugenio Lucas Villaamil y otra de Enrique Dorda, además de interesantes anónimos y copias de Goya y Velázquez— y un arcón con el frente tallado[398].

Finalmente, habría que incluir en este capítulo de los organismos culturales dos entregas en depósito realizadas desde el Sdpan de Barcelona: de un piano al Instituto de Musicología de Barcelona y de nueve obras al Instituto Español de

[397] Mariano Cecilia Espinosa y Gemma Ruiz Ángel, «El Museo Nacional de Orihuela: la creación de un museo en plena Guerra Civil», en Arturo Colorado Castellary (ed.), *Patrimonio cultural, Guerra Civil y posguerra, op. cit.,* págs. 117-132.

[398] Arch. IPCE, SRA_1915.

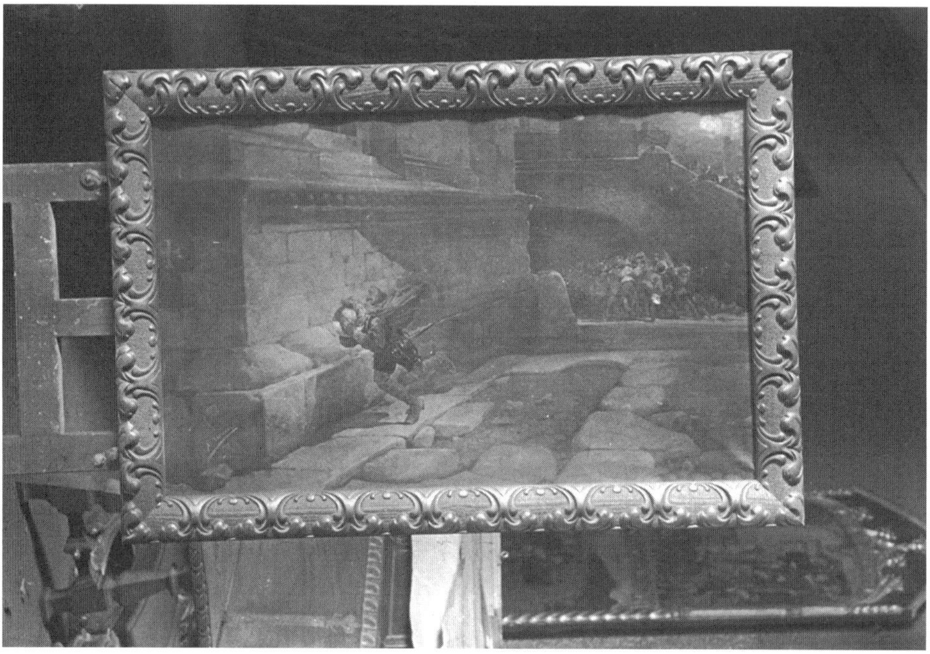

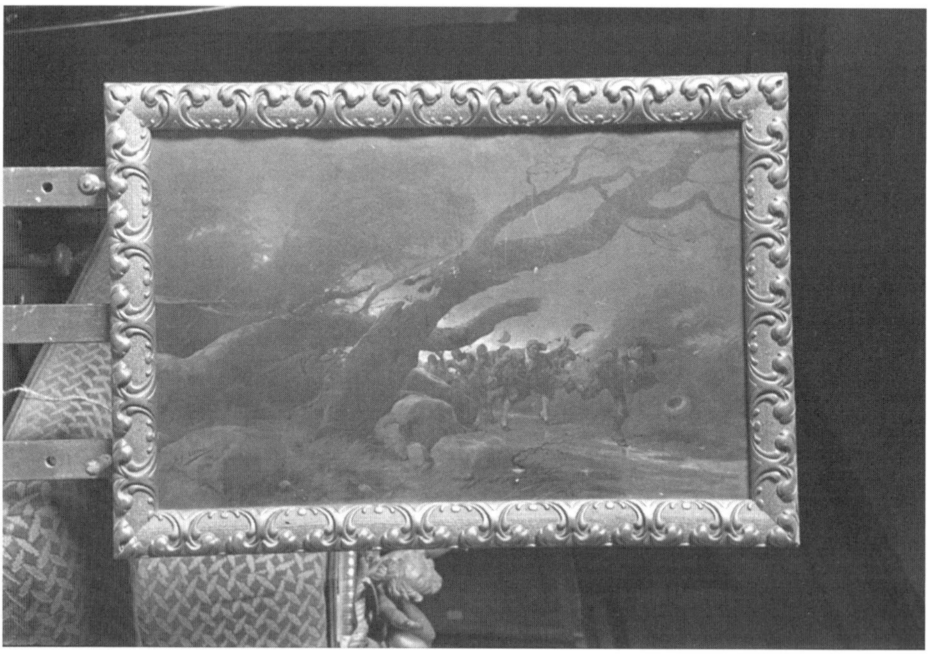

69 y 70. *Riña callejera* y *Tormenta,* obras de Ángel Lizcano entregadas en depósito al Patronato Artístico de la Ciudad de Orihuela en julio de 1942.

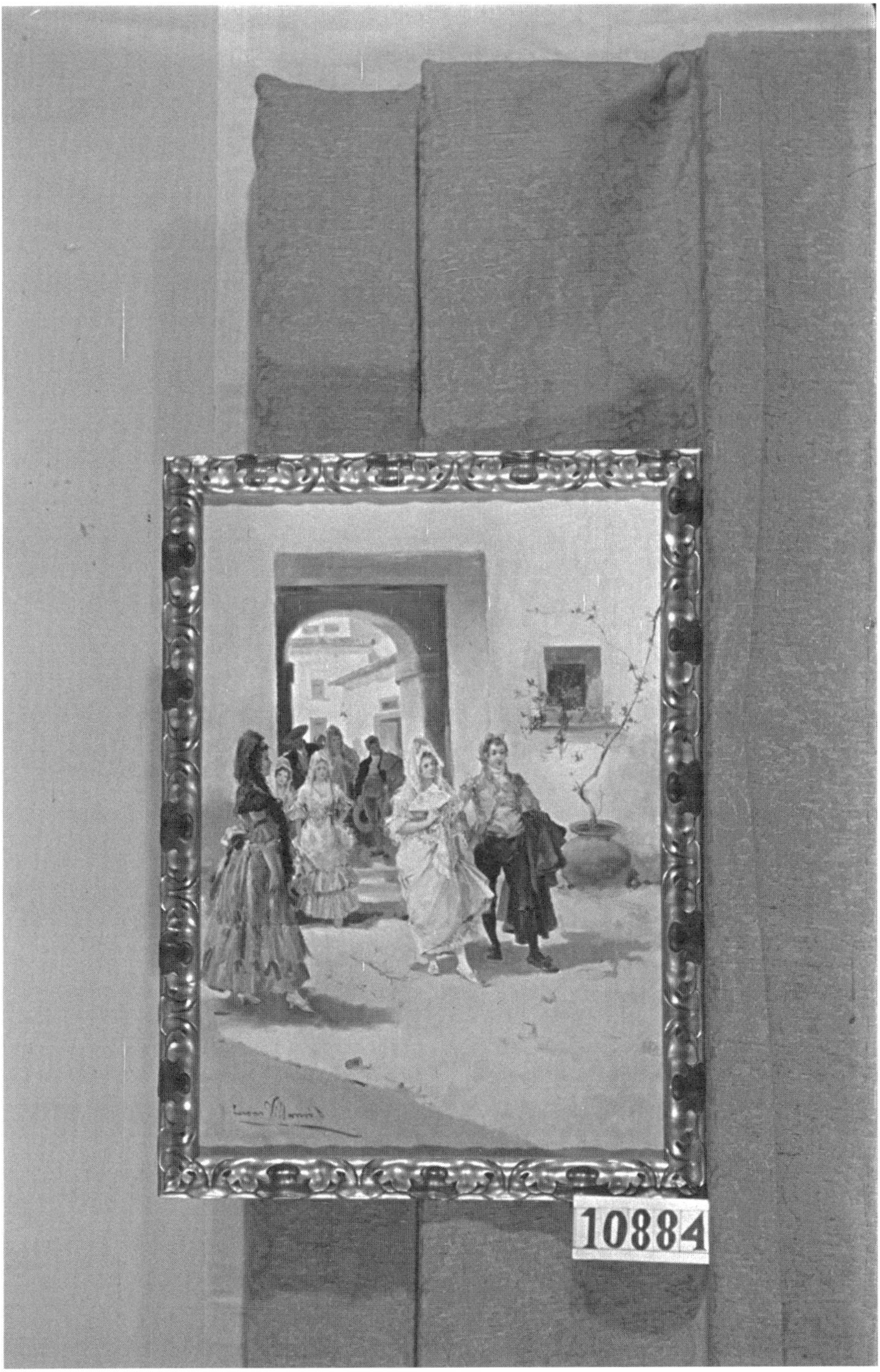

71. Eugenio Lucas Villaamil, *Majas y chisperos,* entregado en depósito al Instituto Español en Bolonia (Italia) en mayo de 1942.

Estudios Mediterráneos[399], con grabados, pinturas —entre las que destaca una de Joaquín Sorolla[400]— y una pieza de orfebrería[401].

Las entregas en depósito a centros educativos

Finalmente, los centros de enseñanza, en sus diversos niveles educativos, fueron beneficiarios de varias entregas en depósito de piezas patrimoniales. A la Universidad de Valladolid el Sdpan le entregó un conjunto de piezas: cuatro esculturas (una de ellas de la escuela de Pedro de Mena), 16 de ropa litúrgica, 11 de orfebrería (aunque dos de ellas —dos candelabros de plata del siglo XVIII— serían reclamadas por la catedral de Guadix, y el Sdpan compensaría a la Universidad de Valladolid con dos cálices de plata, uno gótico y otro renacentista) y, lo más sorprendente, «noventa y cinco kilos netos de monedas de las edades antigua, media y moderna, de plata, cobre, bronce y otras aleaciones», según reza el expediente del depósito[402].

A la Universidad de Murcia se le entregó en depósito un total de siete pinturas, la mayoría sobre cobre[403]. La Universidad de Oviedo recibió un total de 19 pinturas, la mayor parte retratos[404]; lo peculiar de esta entrega es que todas eran de origen desconocido o fruto de incautaciones que no tenían indicación de su procedencia cuando llegaron a manos de la JTA: CNT, Asociación Socialista Madrileña, Dirección de Seguridad o el depósito de Comendadoras. Al Colegio Mayor Cisneros de la Universidad Complutense de Madrid se destinó un conjunto de 67 piezas: 34 pinturas —sobre todo retratos y paisajes—, 31 grabados y dos dibujos[405]. A la Escuela Central de Bellas Artes de San Fernando, dos mantones de

---

[399] Institución creada el 11 de junio de 1940 por el político y catedrático Wenceslao González Oliveros, nombrado gobernador civil de Barcelona en 1939 hasta diciembre de 1940. Esta institución fue declarada «benéfico-docente, de carácter particular», por Orden de 14 de noviembre de 1940 del Ministerio de Educación Nacional, *Boletín Oficial del Estado,* núm. 327, de 22 de noviembre de 1940, págs. 8036-8037. Pronazi y afiliado a la FET y las JONS, González Oliveros creó seguramente este organismo para contrarrestar el influjo del Institut d'Estudis Catalans, que fue clausurado a inicios del franquismo, y sus locales, cerrados o enajenados.

[400] Una pequeña pintura de 7,7 × 14,8 cm titulada *Paisaje nuboso con arroyo en primer término.*

[401] Arx. MAC, Armario 4.

[402] Arch. IPCE, SRA_2995. En el expediente de entrega del Sdpan se especifica que «se entiende que de las colecciones que resulten al efectuar la clasificación de las monedas de que se trata, una de estas colecciones habrá de quedar en la Universidad de Valladolid, debiendo devolverse las restantes a esta Comisaría». No figura en el expediente más información sobre el destino de estas colecciones.

[403] Arch. IPCE, SRA_1939.

[404] Arch. IPCE, SRA_1898.

[405] Arch. IPCE, SRA_2051.

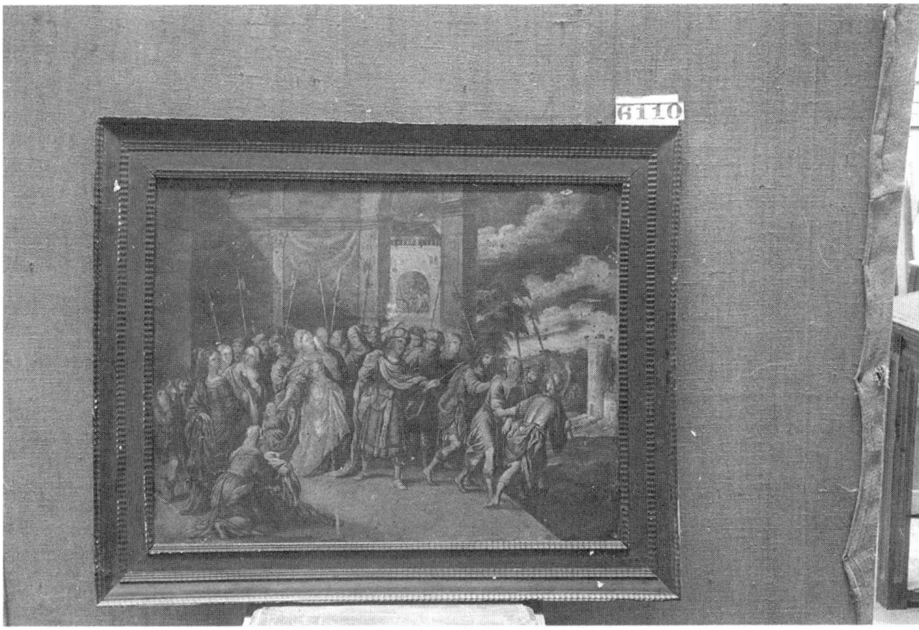

72. *Asunto bíblico,* cobre de escuela flamenca entregado en depósito a la Universidad de Murcia en julio de 1942.

Manila y una colcha de seda[406]. A la Escuela Especial de Ingenieros de Minas del Ministerio de Educación Nacional se le entregaron varios muebles (entre ellos, dos bargueños renacentistas), candelabros, relojes, etc.[407].

En la enseñanza secundaria, se entregaron obras en depósito a institutos de bachillerato y escuelas de magisterio y de formación profesional. Al Instituto Nacional de Enseñanza Media Ramiro de Maeztu (Internado Hispano-Marroquí), de Madrid, llegó en 1941 por esta vía un nada despreciable conjunto de 66 piezas, todas ellas pinturas, además de un arcón con decoración mudéjar[408]. Aparte de copias de obras de conocidos pintores, destacan entre estas pinturas una de la escuela de los Bassano *(Escena del Nuevo Testamento),* de Francisco Pradilla *(Castillo de Sant'Angelo),* otra atribuida a Teniers *(Fiesta de aldeanos),* de Luis Juliá *(Paisaje con toros),* y un anónimo de escuela española del siglo XVII *(Purísima),* entre otros muchos cuadros de interés indudable.

Al Instituto de Enseñanza Media San Isidro, de Madrid, se le entregó en 1941 una sola obra, una pintura de la *Purísima,* aunque parecía de importancia por su

406 Arch. IPCE, SRA_1984.
407 Arch. IPCE, SRA_2980.
408 Arch. IPCE, SRA_1899.

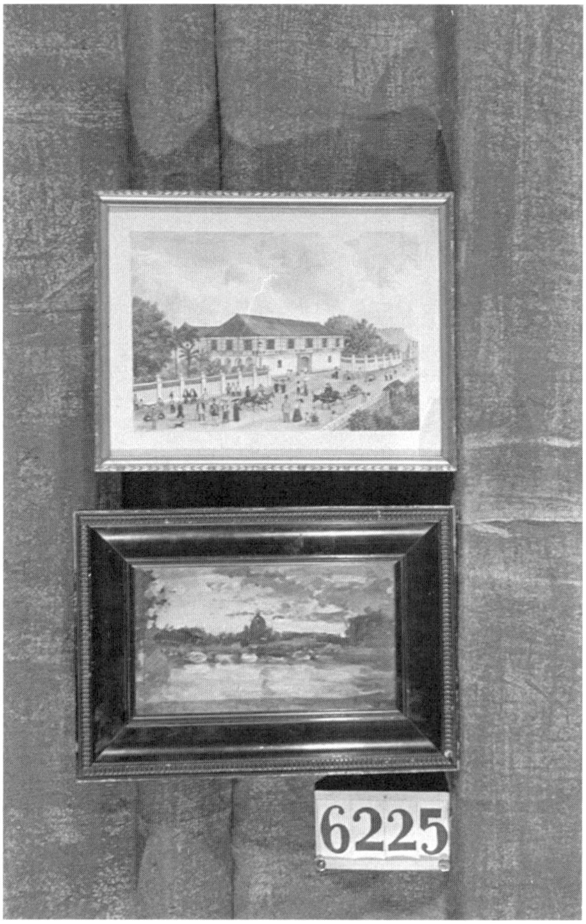

73. En la parte inferior de la imagen, Francisco Pradilla, *Castillo de Sant'Angelo,* cuadro entregado en depósito en agosto de 1941 al Instituto Nacional de Enseñanza Media Ramiro de Maeztu, de Madrid.

estilo del alto barroco y por sus dimensiones: 250 × 215 cm. Esta obra había sido incautada por la CNT en lugar desconocido.

A la Escuela Normal del Magisterio Primario de Pontevedra se le entregó en depósito una pintura de anónimo de escuela española del siglo XVII *(La coronación de Santa Teresa)*[409]; a la Escuela de Formación Profesional Nuestra Señora de Barbaño de Montijo (Badajoz), un conjunto de 34 litografías en colores, que representan asuntos religiosos, personajes, figuras, bodegones, etc.[410]; a la Escuela de Betelu (Navarra), 16 litografías y seis láminas en colores «representando asuntos religiosos, personajes, figura», según reza el acta de entrega[411].

[409] Arch. IPCE, SRA_1922.
[410] Arch. IPCE, SRA_2124.
[411] Arch. IPCE, SRA_2125.

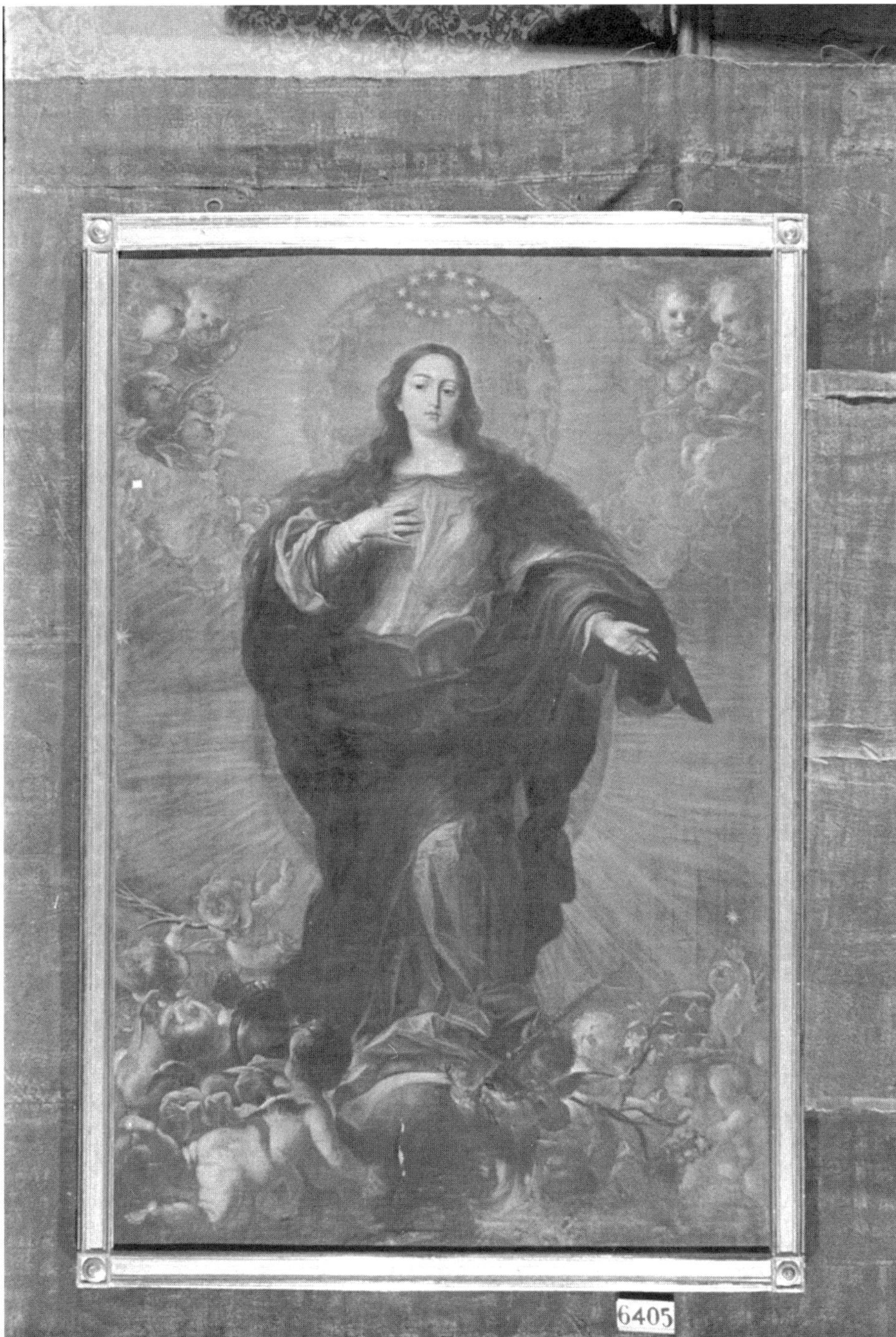

74. *Purísima,* pintura entregada en depósito en septiembre de 1941 al Instituto de Enseñanza Media San Isidro, de Madrid.

Finalmente, también a algunos colegios se les entregó obras en depósito: el Grupo Escolar Zumalacárregui de Madrid recibió un lote de 16 piezas, un tapiz y 15 pinturas, especialmente paisajes[412], y el Grupo Escolar Isidro Almazán (Guadalajara), diez litografías «de cuadros célebres de varios autores»[413].

Recapitulación final de las entregas en depósito a organismos

Las diferencias de interés y calidad de las piezas entregadas en depósito a los distintos organismos son evidentes, pues no eran iguales las adjudicadas a ministerios y universidades que las destinadas a un colegio de huérfanas. Sin embargo, entre muchas de estas piezas había obras de gran calidad, como he ido destacando en algunos de los depósitos analizados.

El total de piezas entregadas a organismos (entre las que no he incluido las de menor interés) alcanza una cifra realmente importante, con un total de 2.330, que he desgranado en el cuadro siguiente, organizado en este caso por zonas con el objetivo de mostrar que desde Madrid, y en segundo lugar desde Barcelona, se realizó una auténtica diáspora de piezas patrimoniales:

Cuadro resumen de las entregas de obras en depósito a organismos

Zona	Institución	Número de obras
Primera zona, con capital en León	• Escuela Normal del Magisterio Primario de Pontevedra • Universidad de Oviedo	1 19
Segunda zona, con capital en Valladolid	• Universidad de Valladolid	30
Tercera zona, con capital en Zaragoza	• Escuela de Betelu (Navarra)	32
Cuarta zona, con capital en Barcelona	• Ayuntamiento de Lérida • Colegio de Abogados de Barcelona • Capitanía General de Barcelona • Instituto de Musicología de Barcelona • Instituto Español de Estudios Mediterráneos • Capitanía General de Baleares (Mallorca) • Patronato Artístico de la Ciudad de Orihuela	2 5 31 1 9 9 11

412 Arch. IPCE, SRA_1931.
413 Arch. IPCE, SRA_2096.

Zona	Institución	Número de obras
Quinta zona, con capital en Madrid	• Ministerio de Justicia	42
	• Ministerio de Educación Nacional	134
	• Ministerio de Hacienda	42
	• Ministerio de Agricultura	4
	• Dirección General del Trabajo	2
	• Dirección General de Archivos y Bibliotecas	14
	• Instituto Nacional de Industria	15
	• Tribunal de Cuentas	7
	• Regiones Devastadas	36
	• Parador de El Paular (Madrid)	6
	• Ayuntamiento de Anchuelo (Madrid)	5
	• Ayuntamiento de Fuentelviejo (Guadalajara)	95
	• Ayuntamiento de Los Navalucillos (Toledo)	30
	• Ayuntamiento de Albendea (Cuenca)	6
	• Falange	70
	• Asociación Hispano-Germana	16
	• Fundación Generalísimo Franco	45
	• Ministerio del Ejército	132
	• Gobierno Militar de Madrid	38
	• Museos militares (Histórico Militar y Naval)	12
	• Casa Militar de Francisco Franco	11
	• Biblioteca Nacional	1.018
	• Archivo Histórico Nacional	15
	• Real Academia de la Historia, Madrid	3
	• Consejo Superior de Investigaciones Científicas	45
	• Teatro Real de Madrid	38
	• Teatro María Guerrero de Madrid	12
	• Real Conservatorio de Música y Declamación, Madrid	35
	• Colegio Mayor Cisneros de la Universidad Complutense de Madrid	67
	• Instituto Nacional de Enseñanza Media Ramiro de Maeztu (Internado Hispano-Marroquí), Madrid	66
	• Instituto de Enseñanza Media San Isidro, Madrid	1
	• Grupo Escolar Zumalacárregui, Madrid	16
	• Grupo Escolar Isidro Almazán, Guadalajara	10
Sexta zona, con capital en Sevilla	• Gobierno Civil de Las Palmas, Gran Canaria	39
	• Escuela de Formación Profesional Nuestra Señora de Barbaño de Montijo, Badajoz	34
Séptima zona, con capital en Granada	• Universidad de Murcia	7
Extranjero	• Instituto Español en Bolonia (Italia)	12
Total de piezas entregadas en depósito a organismos		2.330

Capítulo 8

Las devoluciones y las entregas de obras en depósito a la Iglesia

Llegamos así a uno de los capítulos fundamentales de la política franquista en el ámbito del patrimonio: compensar a la Iglesia por las múltiples pérdidas ocasionadas durante la Guerra Civil por la «barbarie roja». La intensa propaganda franquista en este sentido ha dejado una huella tan profunda en la mentalidad española que, en principio, a muchos podría parecerles justificado este trato preferente por parte del Sdpan.

De hecho, las peticiones de depósito de iglesias y conventos por esta razón fueron muy numerosas. Buen ejemplo de ello es la carta de sor Josefina del Sagrado Corazón, priora del Convento de religiosas trinitarias recoletas de El Toboso (Toledo), de 16 de septiembre de 1941, en la que pide al Sdpan «reservarnos algunos de los cuadros que han quedado sin clasificar, en compensación por lo mucho que hemos perdido»[414]. A la semana, el 23 de septiembre de 1941, además de la devolución de más de 100 piezas de orfebrería, ropa litúrgica, cerámica y pintura —que habían sido recogidas por los agentes de la JTA Tomás de la Fuente y Thomas Malonyay el 9 de septiembre de 1938[415]—, se le hacía entrega en depósito a este convento de diez pinturas[416].

Este proceso de entregas a la Iglesia se iniciaría recién acabada la guerra, se intensificaría durante los meses siguientes de 1939 y durante los años 1940 a 1942 y continuaría hasta 1945. Y aún se prolongaría durante la segunda mitad de los años cuarenta e incluso durante los años cincuenta, como vamos a ver.

---

414 Arch. IPCE, Papeles guerra, Archivo de Pedro Muguruza (referencia provisional).

415 Arch. IPCE, JTA_0933.

416 Arch. IPCE, SRA_0074.

Hasta aquí todo parece lógico, según la mentalidad franquista: atender las solicitudes de aquellas iglesias que había sufrido durante la guerra. Pero, desde esta perspectiva, resulta difícilmente comprensible que en estos años de penurias y reconstrucción se entregaran en depósito, por ejemplo, ocho pinturas al Palacio Episcopal de León y 32 piezas al monasterio de Silos (Burgos), que no habían sufrido ningún daño durante la guerra.

Veremos que este trato preferente a la Iglesia, destinado a las zonas que más habían sufrido los asaltos e incendios del comienzo de la guerra, puede ser cuestionado si analizamos las entregas en depósito concretas a las iglesias y conventos. Para ello debemos enumerar y cuantificar las piezas entregadas zona por zona del Sdpan y comprobar el grado de sufrimiento y la magnitud de las pérdidas que habían padecido durante la guerra los beneficiarios de los depósitos.

Es cierto que en numerosas ocasiones las entregas a iglesias, parroquias, conventos, orfelinatos, etc., consistían en objetos cotidianos (vajilla, cubiertos, floreros), ropa litúrgica y otros enseres de poca monta, pero en otros casos eran de mayor importancia y englobaban cuadros, tapices, esculturas y piezas de orfebrería de alta calidad.

La primera zona del Sdpan, con capital en León, comprendía las provincias de Zamora y Oviedo, además de las cuatro gallegas. En esta zona había vencido desde el primer momento la sublevación nacionalista contra la República y, por lo tanto, no había sufrido daño alguno de asaltos e incendios. Y, sin embargo, aquí fueron a parar dos grandes depósitos de piezas patrimoniales, al Palacio Episcopal de León y al Obispado de León.

El Palacio Episcopal de León recibió, desde el 28 de mayo de 1941 hasta el 8 de agosto de 1941, ocho pinturas entregadas en depósito[417] para —a solicitud del obispo— «decorar el salón del trono». Todas ellas eran de los siglos XVI al XVIII y de origen desconocido por haber sido en su mayoría incautadas por la CNT en Madrid; destacan varias piezas, como dos cobres de escuela flamenca y la pintura titulada *Dos Vírgenes con Niño y ángeles,* anónimo del siglo XVIII.

Destaca también en esta entrega una obra cuya procedencia era conocida —*Inmaculada,* un óleo anónimo de principios del siglo XVIII que se encontraba en la calle Verónica 11[418], de Madrid— pero que no sería devuelta a su propietario y acabaría en León.

---

[417] Arch. IPCE, SRA_1885.

[418] Arch. IPCE, Libro 3.º de la Junta, obra 20649-16. En la calle Verónica 11 se encontraba la Sociedad de San Vicente de Paúl y durante la guerra la Escuela de Alerta.

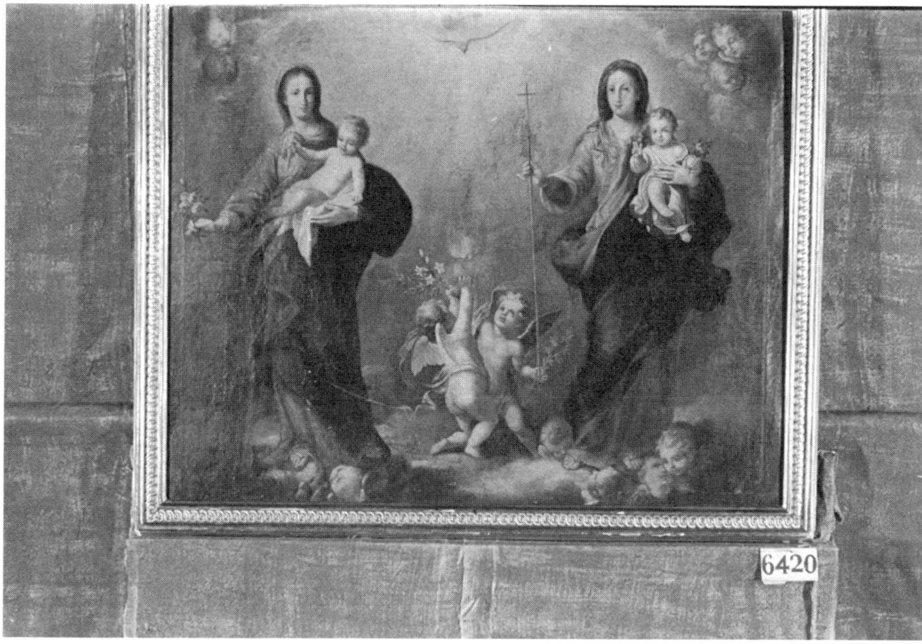

75. Anónimo del siglo XVIII, *Dos Vírgenes con Niño y ángeles,* obra entregada en depósito al Palacio Episcopal de León en agosto de 1941.

Al Obispado de León se le entregaron en depósito cinco pinturas, todas ellas anónimas del siglo XVII de origen desconocido[419].

La segunda zona del Sdpan, con capital en Valladolid, comprendía las provincias de Burgos, Santander, Palencia, Soria, Segovia, Valladolid, Ávila y Salamanca y, por lo tanto, se encuadraba en gran parte en el campo nacionalista cuando el estallido de la guerra. Los beneficiarios eclesiásticos de los depósitos del Sdpan fueron: en Burgos, el monasterio de Santo Domingo de Silos; en Ávila, la iglesia de la Inmaculada Concepción de Peguerinos y el monasterio de benedictinas de la Santísima Trinidad de El Tiemblo, y, finalmente, en Segovia, la comunidad de religiosos jerónimos del monasterio de El Parral, la parroquia de San Juan Bautista de Mozoncillo y la parroquia de Olombrada.

Empecemos por Ávila: a la iglesia de la Inmaculada Concepción de Peguerinos[420] fueron a parar —a petición del cura párroco— 26 piezas, fundamentalmente de orfebrería y telas litúrgicas[421], y al monasterio de benedictinas de la Santísima Trinidad de El Tiemblo se destinaron, a petición de la madre superio-

[419] Arch. IPCE, SRA_1946.
[420] En Peguerinos se produjo un importante combate en la Guerra Civil.
[421] Arch. IPCE, SRA_1925.

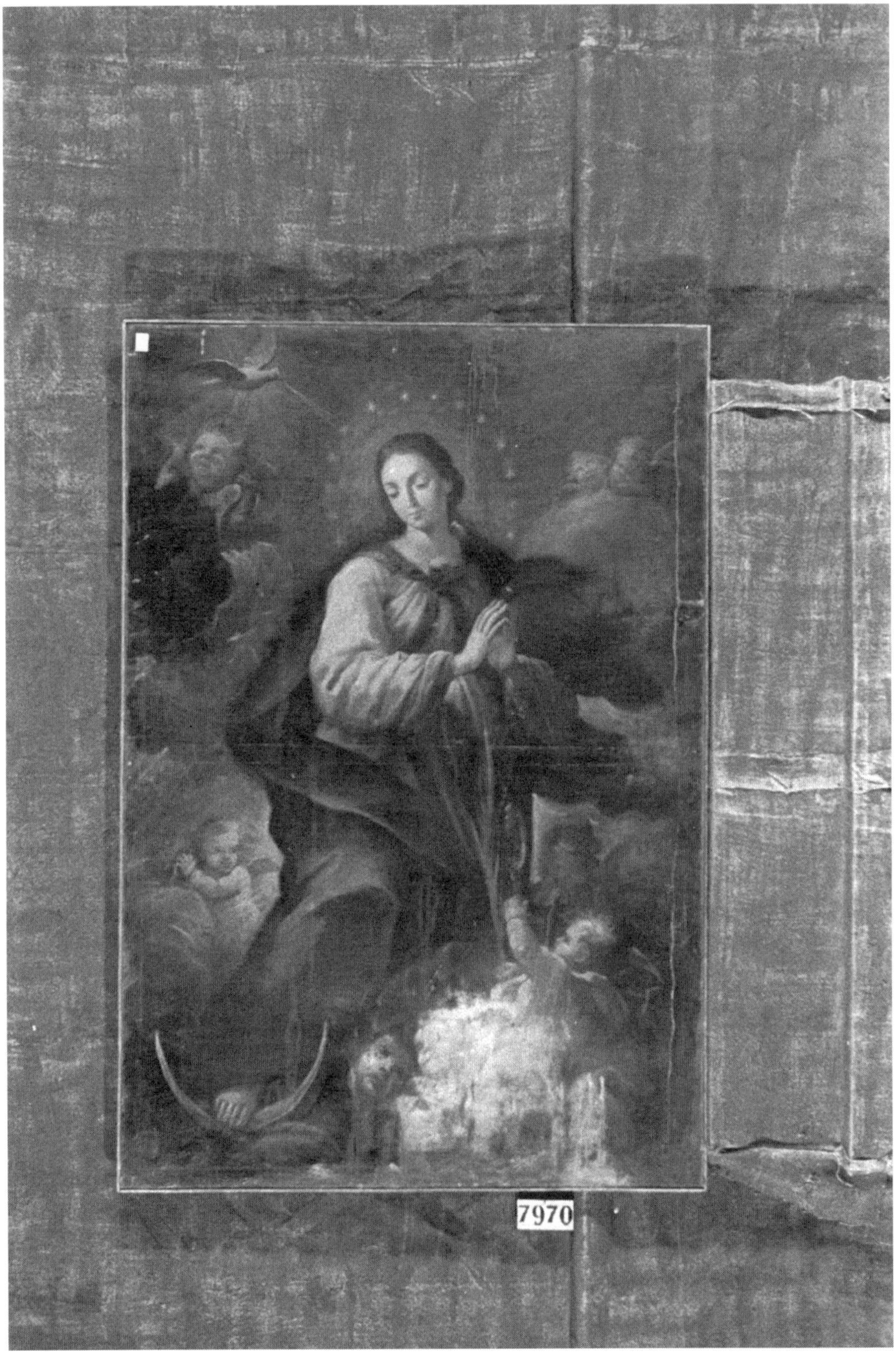

76. Anónimo, *Inmaculada,* óleo de principios del siglo XVIII que había sido incautado durante la guerra en la calle Verónica 11 de Madrid y que se entregó en depósito al Palacio Episcopal de León en agosto de 1941.

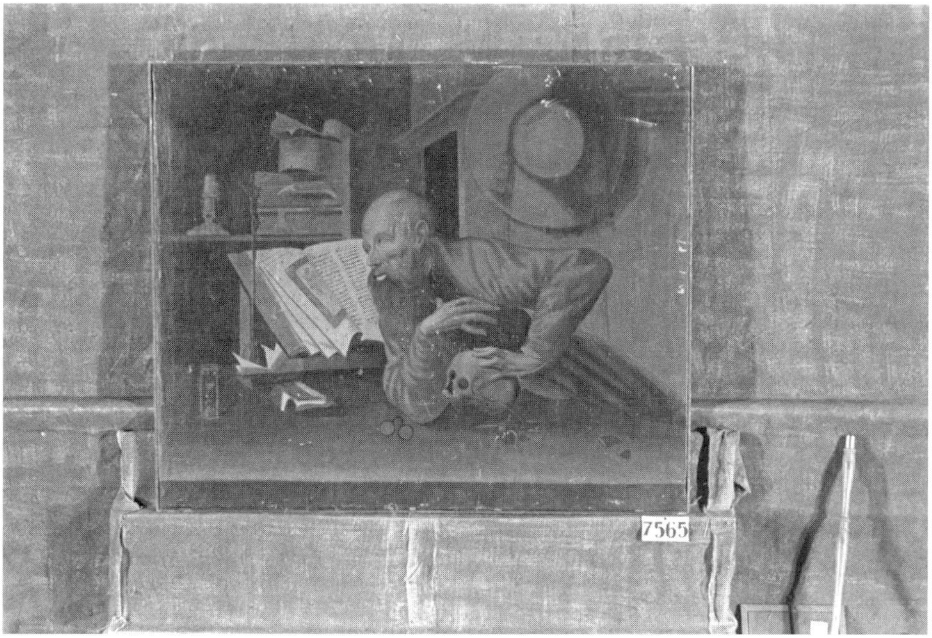

77. *San Jerónimo,* obra de anónimo flamenco entregada en depósito al monasterio de benedictinas de la Santísima Trinidad de El Tiemblo (Ávila) en noviembre de 1942.

ra, 23 pinturas, de valor no muy alto pero algunas de indudable interés, como un *San Jerónimo* de escuela flamenca[422].

De las tres entregas en Segovia, la comunidad de religiosos jerónimos del monasterio de El Parral recibió en depósito un montante de 40 piezas muy desiguales, desde tallas de madera, pasando por orfebrería, grabados y fotografías, hasta pinturas de temática muy variada (religiosa, paisajes, costumbres...)[423]; la parroquia de San Juan Bautista de Mozoncillo obtuvo 12 pinturas[424], y la parroquia de Olombrada, cinco[425].

Indudablemente, estas piezas citadas no eran de gran valor, aunque el depósito más importante en esta zona fue el entregado al monasterio de Santo Domingo de Silos (Burgos).

---

[422] Arch. IPCE, SRA_1975.
[423] Arch. IPCE, SRA_1934.
[424] Arch. IPCE, SRA_1964.
[425] Arch. IPCE, SRA_1914.

El caso más evidente de entrega en depósito a una institución religiosa que no había sufrido los estragos de la guerra es la realizada al monasterio de Silos (Burgos), que por su ubicación estuvo durante toda la guerra en zona nacionalista y, por lo tanto, no podía haber padecido daños de asaltos o incendios ni la Junta republicana pudo actuar en él.

Al monasterio de Silos, de 1941 a 1944 y a petición del abad, se le haría una importante entrega de 35 obras, entre pinturas, tallas, tapices y piezas de orfebrería. Esta transmisión, según el expediente[426], se divide claramente en tres capítulos: las obras que se le entregaban en depósito en 1941, «tras reconocer la obra de su propiedad», exactamente 22 piezas; en 1942, tres piezas en depósito de orfebrería —un cáliz de plata del siglo XV y dos cruces procesionales en bronce de los siglos XIV y XV, todas ellas de «estilo gótico»— procedentes de los remanentes de la exposición *Orfebrería y ropas de culto,* y, en 1944, las nuevas obras que se le adjudicaban en calidad de «depósito» y que ascendían a diez. Es indudable que algunas de estas obras —aparte de las de orfebrería ya descritas— son de interés y de autor conocido, como Antonio van de Pere.

El problema radica en que, según las indagaciones realizadas, muchas de las piezas «devueltas» procedían de incautaciones efectuadas en Madrid por la 4.ª Brigada Mixta o la CNT. Estas obras eran de procedencia desconocida, pues, como ya se ha insistido repetidamente, cuando no era la JTA la que incautaba, habitualmente se desconocía el origen de la pieza. Pero el asunto es todavía más sorprendente, pues existían también varias obras incautadas por la JTA republicana y entregadas en depósito por el Sdpan al monasterio de Silos como de su propiedad pese a que su auténtico propietario era conocido. Podemos citar:

- Anónimo: *Retrato de D. Alfonso Núñez de Haro, arzobispo de México,* pintura del siglo XVII, perteneciente al marqués de Chiloeches, según los datos de la JTA republicana[427].
- Anónimo: *Tránsito de la Virgen,* pintura de finales del siglo XVI, perteneciente a un propietario de la calle Dos amigos[428].
- Anónimo: *Presentación del Niño en el Templo,* pintura sobre tabla que pertenecía a un propietario llamado Escudero[429].

---

[426] Arch. IPCE, SRA_1886.

[427] Arch. IPCE, Libro 3.º de la Junta, obra 22352-59.

[428] Arch. IPCE, Libro 3.º de la Junta, obra 17665-17. En la calle Dos amigos se encontraba el convento de las Religiosas Servitas.

[429] Arch. IPCE, Libro 2.º de la Junta, obra 2473-1.

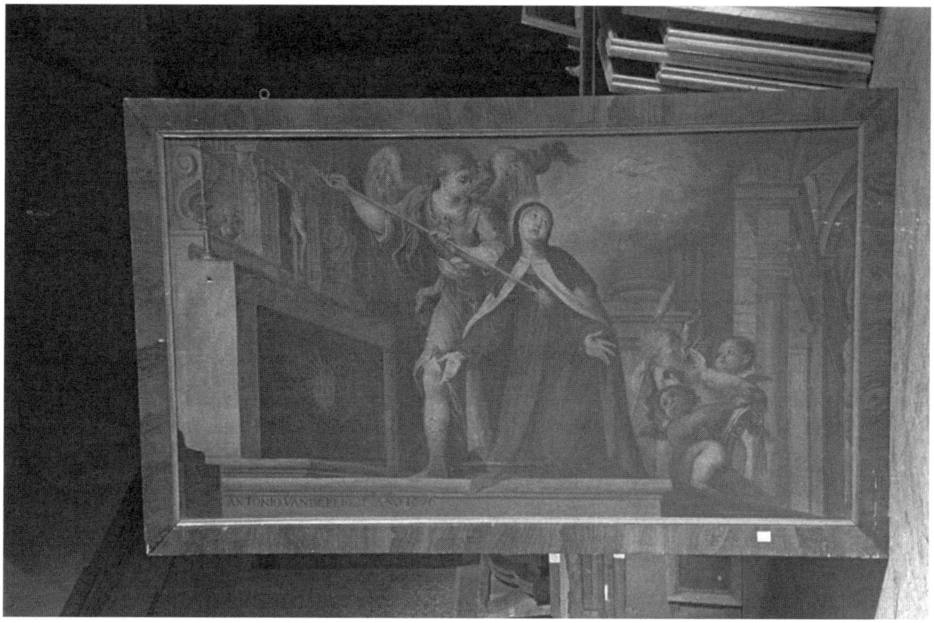

78. Antonio van de Pere, *La transfiguración de Santa Teresa,* pintura incautada durante la guerra por la CNT en Madrid, almacenada por la JTA y «devuelta» al monasterio de Silos por el Sdpan en octubre de 1941.

— Anónimo: *San Juan Bautista,* talla de escuela flamenca del siglo XV, perteneciente al marqués de Almenara[430].

Resulta al menos sorprendente que, sabiendo que estas obras pertenecían a otros propietarios —información comprobable con una simple indagación documental, como he hecho yo mismo—, fueran entregadas a un monasterio, a petición de su abad.

En la tercera zona —con capital en Zaragoza y que comprendía las provincias aragonesas, vascas y Navarra— se hicieron desde Madrid dos entregas en depósito a instituciones religiosas: a la iglesia de Santa María la Real de Sangüesa (Navarra) y a la iglesia parroquial de San Antonio Abad de Valbona (Teruel).

A la iglesia de Santa María la Real de Sangüesa el Sdpan le remitió desde Madrid 19 piezas de orfebrería, reliquias y ropa litúrgica[431], y a la parroquia de San Antonio Abad de Valbona, un total de nueve piezas (cinco de orfebrería, un mantón de Manila para palio, dos alfombras y una concha de nácar)[432].

---

[430] Arch. IPCE, JTA_0024; esta pieza es la número 50 del acta de incautación del marqués de Almenara de 27 de diciembre de 1936. Sin embargo, no consta en el acta de devolución del Sdpan a la marquesa de Almenara de 14 de julio de 1939 (Arch. IPCE, SRA_0760).

[431] Arch. IPCE, SRA_1884.

[432] Arch. IPCE, SRA_2300.

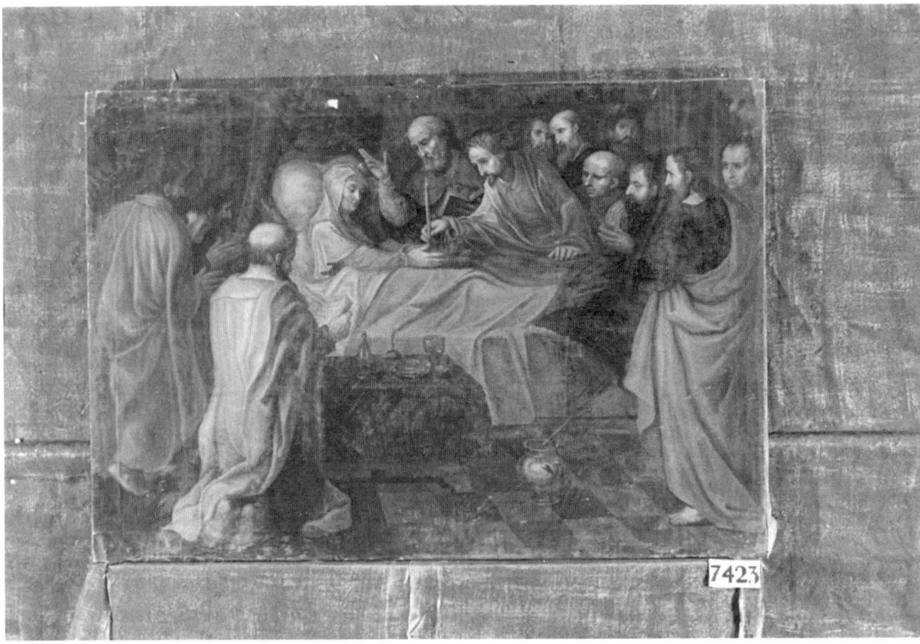

79. Anónimo, *Tránsito de la Virgen,* pintura de finales del siglo XVI, perteneciente a un propietario de la calle Dos amigos y entregada en octubre de 1941 al monasterio de Silos, que la reconocía de su propiedad.

Desde el Sdpan de Barcelona se hizo entrega en depósito a dos destinos aragoneses: el Museo del Santísimo Misterio de los Sagrados Corporales de la población zaragozana de Daroca recibió cuatro pinturas: dos lienzos de temática religiosa, una tabla del siglo XV y un cuadro moderno de Santiago Rusiñol *(Jardines de la Villa d'Este)*[433], y la iglesia parroquial de Broto (Huesca), un conjunto de 11 piezas (ocho de orfebrería y tres fragmentos de ropas litúrgicas)[434].

En la cuarta zona del Sdpan —con capital en Barcelona y que comprendía las provincias catalanas, valencianas y de las Baleares— se realizaron entregas en depósito desde Madrid —las más importantes— y desde Barcelona. Desde Madrid se realizó un envío en depósito a la iglesia parroquial de Miravet de Ebro, Tarragona (cinco piezas de orfebrería y una cruz procesional)[435]; al convento de las carmelitas calzadas de la Encarnación de Valencia (17 piezas entre orfebrería y ropa litúrgica)[436]; a las religiosas agustinas recoletas de Requena, Valencia (diez

[433] Arx. MAC, Armario 4.

[434] *Ídem.*

[435] Arch. IPCE, SRA_2112.

[436] Arch. IPCE, SRA_0048.

piezas de ropa litúrgica)[437], y a la comunidad de padres dominicos de Requena, Calenda y San Vicente, en Valencia, seguramente el más importante de estos depósitos (además de diez piezas de ropa litúrgica, un total de 44 pinturas, fundamentalmente de arte popular)[438].

Pero estas entregas en depósito desde Madrid tendrán dos grandes destinatarios en esta zona: la catedral de Segorbe y la catedral de Menorca.

Catedrales de Segorbe y Menorca: destrucciones, salvamento y entregas en depósito

El vicario general del Obispado de Segorbe, Romualdo Amigó Ferrer, se dirigió al director general de Bellas Artes el 4 de diciembre de 1942 para exponerle que «durante el Glorioso Movimiento Nacional fue esta ciudad de Segorbe destruida y devastada en gran parte por los revolucionarios marxistas» y que, «como es de suponer, entre los edificios devastados y en gran parte destruidos lo fueron la Catedral, palacio Episcopal y Seminario Mayor Diocesano, de cuyos edificios desaparecieron todos los objetos y cuadros que decoraban sus dependencias»; además, se quejaba amargamente de que no se habían «recuperado ninguno del palacio y Seminario y algunos de la Catedral». La conclusión final de la carta, expresada en estos términos, se desprendía con toda su lógica:

> Suplica que, con el fin de decorar las habitaciones principales de dichos edificios, se digne destinar para los mismos un lote de cuadros de los que ha venido exponiendo esa Dirección General de su digno cargo recuperados después del Glorioso Movimiento Nacional y no reclamados por sus dueños, o de los que sin duda tendrá, que por su menor mérito artístico, no son dignos de figurar en los museos, los cuales recibiría este obispado en depósito[439].

A los pocos días, Lozoya daba órdenes al Sdpan para satisfacer esta súplica[440]. El resultado fue que el mes siguiente el Sdpan enviaba 49 cuadros «para decoración de las habitaciones del Seminario Catedral y Obispado» de Segor-

---

[437] Arch. IPCE, SRA_1933.

[438] Arch. IPCE, SRA_1952.

[439] Carta de 4 de diciembre de 1942 (Arch. IPCE, SRA_0082). Para una relación más detallada de las pérdidas sufridas por la catedral de Segorbe durante la guerra, véase Magín Arroyas Serrano, Vicente Martínez Molés y David Montolío Torán, «Recuperación y gestión del patrimonio cultural de la Catedral de Segorbe tras la Guerra Civil de 1936», en Juan Ignacio Pérez Giménez (coord.), *Thesaurus Ecclesiae Thesaurus Mundi,* Xàtiva, Iglesia Colegial Basílica de Santa María de Xàtiva, 2018, págs. 17-51.

[440] Carta de 31 de diciembre de 1942 (Arch. IPCE, SRA_0082).

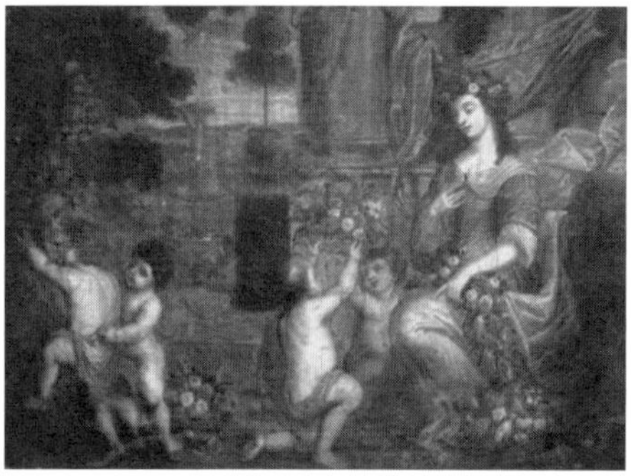

80. *Flora* o *Alegoría de la Primavera,* de anónimo valenciano del siglo XVIII, obra entregada en depósito a la catedral de Segorbe en enero de 1943.

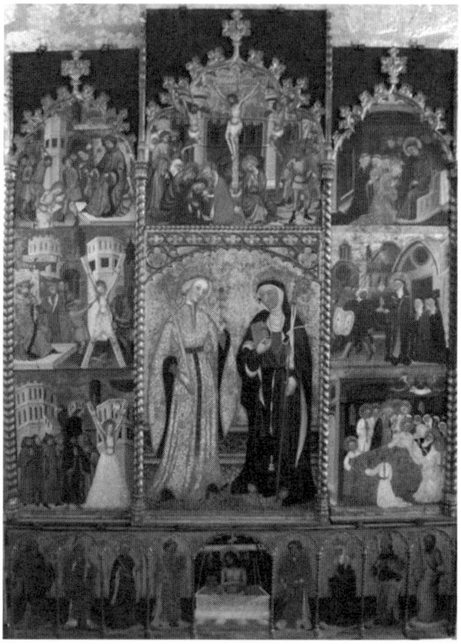

81. *Retablo de Santa Clara y Santa Eulalia,* de Pere Serra, obra evacuada por el Gobierno de la República a Ginebra en febrero de 1939 y devuelta por el Sdpan a la catedral de Segorbe.

be[441]. Vemos que la mayoría de estas piezas eran de orden secundario, pero alguna había de interés, como *La Virgen de la leche,* de un seguidor de Vicente Masip; *Flora* o *Alegoría de la Primavera,* de anónimo valenciano del siglo XVIII, o varios retratos del siglo XIX.

Pero también es cierto que la carta del vicario general, en su queja de lo mucho que había perdido la catedral de Segorbe, olvidaba añadir que sus obras más importantes habían sido evacuadas a Ginebra y las habían recuperado íntegramente. Podemos incluir en este capítulo de obras evacuadas y salvadas el *Retablo de Santa Clara y Santa Eulalia,* de Pere Serra; el *Retablo de la visitación,* del maestro de Segorbe; el *Retablo de San Martín de Tours,* de Joan Reixach; *La Virgen y Santa Ana* y *San Roque,* de Vicente Masip, y un relieve en mármol de la *Virgen con el Niño* atribuido a Donatello, además de 16 piezas de orfebrería de gran valor, todo ello salvado por la JTA[442].

En Menorca, isla que había permanecido fiel a la República durante toda la guerra, su catedral también fue beneficiaria de un importante depósito de 150 pinturas, de interés muy variado pero entre las que destacaban los paisajes, retratos y bodegones[443]. Esta entrega fue realizada desde el 15 de noviembre de 1943 hasta el 6 de abril de 1946, época ya muy tardía, por lo que podemos imaginar que serían ya en gran parte los restos de los depósitos de obras del Sdpan.

---

441 Arch. IPCE, Carpetas anejas, núm. 1969, Acta 1800.

442 Inventaire des Trésors d'Art Espagnols, Arch. SDN, 5B/27667/36929.

443 Arch. IPCE, SRA_2043.

Desde la Comisaría del Sdpan de Barcelona se hicieron, a su vez, tres entregas en depósito a instituciones religiosas catalanas: al cabildo de la catedral de Tortosa, a la casa rectoral de Sant Cugat del Vallés y al monasterio de Santa María de Poblet. Al primero se le entregó una sola obra, el *Retrato del canónigo Ramón Altadill*[444]; a la casa rectoral de Sant Cugat del Vallés, un conjunto de 35 piezas de orfebrería, pintura y escultura de los siglos XVI y XVII[445], y al monasterio de Santa María de Poblet, el importante depósito de 41 piezas de orfebrería y, sobre todo, de pinturas de los siglos XV al XIX[446].

La importante entrega en depósito a la Iglesia en la zona centro

La quinta zona, con capital en Madrid, comprendía las provincias de Madrid, Toledo, Guadalajara, Cuenca, Albacete, Ciudad Real y Cáceres, y por lo tanto en gran parte en territorio republicano durante la guerra. Es en esta zona donde se produjo una mayor entrega en depósito de piezas patrimoniales a instituciones religiosas de toda España, de la que resulta una lista realmente importante. Pero a la cantidad de obras e instituciones religiosas que las recibieron se le suma un problema de contabilidad, pues en los mismos expedientes se incluyen al mismo tiempo las piezas que se «devuelven» y las que se entregan «en depósito», lo que hace más compleja la delimitación exacta. Y se añade otro problema complementario, pues en varios casos la información que asegura que las obras devueltas son propiedad de la institución religiosa que las recibe no es cierta. Como se puede ver, resulta complejo conseguir diferenciar las obras realmente entregadas en depósito a las iglesias, conventos y colegios religiosos de la zona centro de las devueltas.

Empecemos por Madrid capital, donde diferenciaremos, para una mayor sistematización, entre monasterios y conventos, iglesias y parroquias y, finalmente, colegios religiosos. A su vez, haremos una segunda distinción, entre las entregas cuyas piezas son de origen desconocido y aquellas que contienen varias piezas devueltas o entregadas en depósito y cuyo auténtico propietario se puede rastrear documentalmente.

Entre las primeras, que suponen la entrega o devolución de obras de origen no conocido, podemos citar las siguientes: el convento de las religiosas pasionistas de

---

[444] Arx. MAC, Armario 4. El expediente describe la obra de la siguiente manera: «Retrato del canónigo Dn. Ramón Altadill, de pie, vistiendo traje coral de invierno: una capa o manto rojo y muceta de armiño. Aparece una mesa, en la cual apoya un libro que tiene en su mano izquierda», óleo/lienzo de 123 × 80 cm.

[445] Arx. MAC, Armario 4.

[446] *Ídem*.

Chamartín de la Rosa recibió en depósito tres pinturas religiosas de origen desconocido[447]; el convento de las religiosas de la Sagrada Familia, 18 pinturas, también de origen desconocido[448]; el convento de las misioneras de la Sagrada Familia, unas 60 piezas, especialmente ropa litúrgica y piezas de orfebrería[449]; al convento de padres carmelitas descalzos de la Plaza de España, además de devolverle un lote con 90 piezas de ropa litúrgica, se le entregaron en depósito seis pinturas, ocho piezas de orfebrería y siete de ropa litúrgica, todo ello de origen desconocido[450]; el convento de las hermanas de la Cruz obtuvo tres piezas de orfebrería y un manto de imagen[451]; el convento de las religiosas concepcionistas franciscanas de San José, 12 pinturas de valor secundario y origen desconocido[452]; el convento de religiosas terciarias franciscanas de la Divina Pastora del Puente de Vallecas, siete pinturas[453]; al monasterio de carmelitas Maravillas de Madrid se le entregaron 35 piezas (orfebrería, ropa litúrgica y pintura), de las cuales 23 eran por devolución y 12 en depósito[454], y a las religiosas salesas nuevas del segundo monasterio de la Visitación se les entregó un importante contingente de 144 obras (piezas africanas, pinturas, orfebrería, porcelanas, esculturas, etc.), de las cuales 24 eran en calidad de depósito[455].

Y ahora pasemos a enumerar aquellas entregas en las que he podido constatar piezas que pertenecían a otros propietarios. Al convento de las religiosas benedictinas de San Plácido se le devolvieron 142 piezas, especialmente pinturas, y se le entregaron en depósito dos piezas de orfebrería[456]. Pero es precisamente en las «devoluciones» donde se encuentran los problemas, pues varias obras que las religiosas benedictinas «reconocían de su propiedad» tenían otro dueño; podemos contabilizar, aparte de numerosas obras que no constaban en el acta de incautación de la JTA de este convento o que habían sido incautadas por la CNT, la Agrupación Socialista Madrileña o Socorro Rojo Internacional y que les fueron entregadas a las benedictinas, las siguientes obras:

- — Anónimo de escuela italiana: *Ascensión,* que pertenecía a Juan Pardo Pimentel.
- — Anónimo de escuela española: *Santo abad benedictino con grillos sobre una mesa,* que pertenecía también a Juan Pardo Pimentel.

---

[447] Arch. IPCE, SRA_0129.
[448] Arch. IPCE, SRA_0130.
[449] Arch. IPCE, SRA_0059.
[450] Arch. IPCE, SRA_2909.
[451] Arch. IPCE, SRA_0049.
[452] Arch. IPCE, SRA_0132.
[453] Arch. IPCE, SRA_0134.
[454] Arch. IPCE, SRA_2631.
[455] Arch. IPCE, SRA_0076.
[456] Arch. IPCE, SRA_0118.

— Anónimo de escuela española: *San Jerónimo (cabeza de santo),* que pertenecía a «Los Cierros» y del que consta expediente de incautación de la JTA[457] pero no acta de devolución del Sdpan.

A las religiosas dominicas de Santa Catalina se les entregó un total de 105 piezas, de las cuales 78 eran «devoluciones», y 27, entregas «en depósito»[458]. El problema, una vez más, es que incluso entre las devoluciones figuran obras que se puede confirmar documentalmente que no eran de este convento, a pesar de que en el expediente las destinatarias aseguraran que sí:

— Anónimo de escuela española del siglo XVIII: *Santísima Trinidad,* procedente de Tutor 42.
— Anónimo de escuela italiana del siglo XVIII: *Magdalena,* propiedad del marqués de Chiloeches.
— Anónimo de escuela española del siglo XVII: *Purísima Concepción,* procedente de un propietario llamado «Cetres», del que consta incautación de la JTA[459] pero no acta de devolución del Sdpan.
— Anónimo de escuela española del siglo XVII: *San Jerónimo penitente,* procedente de un propietario llamado «Lama»[460].

Al tercer monasterio de la Visitación de Madrid se le entregaron 72 piezas, 50 de ellas en calidad de depósito[461]; pero, una vez más, algunas, incluso las que este monasterio aseguraba que eran suyas, tenían otros propietarios:

— Escuela de Mengs: *Anunciación,* procedente de una incautación de la JTA en el monasterio de la Encarnación de Madrid.
— Anónimo de escuela española del siglo XVIII: *San Francisco recibiendo los estigmas,* propiedad de Saturnino Esteban Collantes, conde de Esteban Collantes.
— Anónimo italiano del siglo XVI: *Virgen con el Niño,* procedente de Eduardo Dato 29.
— Anónimo: *Virgen,* procedente de «Cetres».

---

457 Arch. IPCE, JTA_0796. Según este expediente, se trataba de una finca denominada «Los Cierros, Collado Villalba (Madrid) (domicilio de Pablo Núñez)».

458 Arch. IPCE, SRA_0063.

459 Arch. IPCE, Libro 2.º de la Junta, obra 10293-3.

460 Se trata seguramente de María de la Paz García de la Lama, con expediente de incautación de la JTA (Arch. IPCE, JTA_0295). Esta obra está en Libro 2.º de la Junta, núm. 8581-4.

461 Arch. IPCE, SRA_2742.

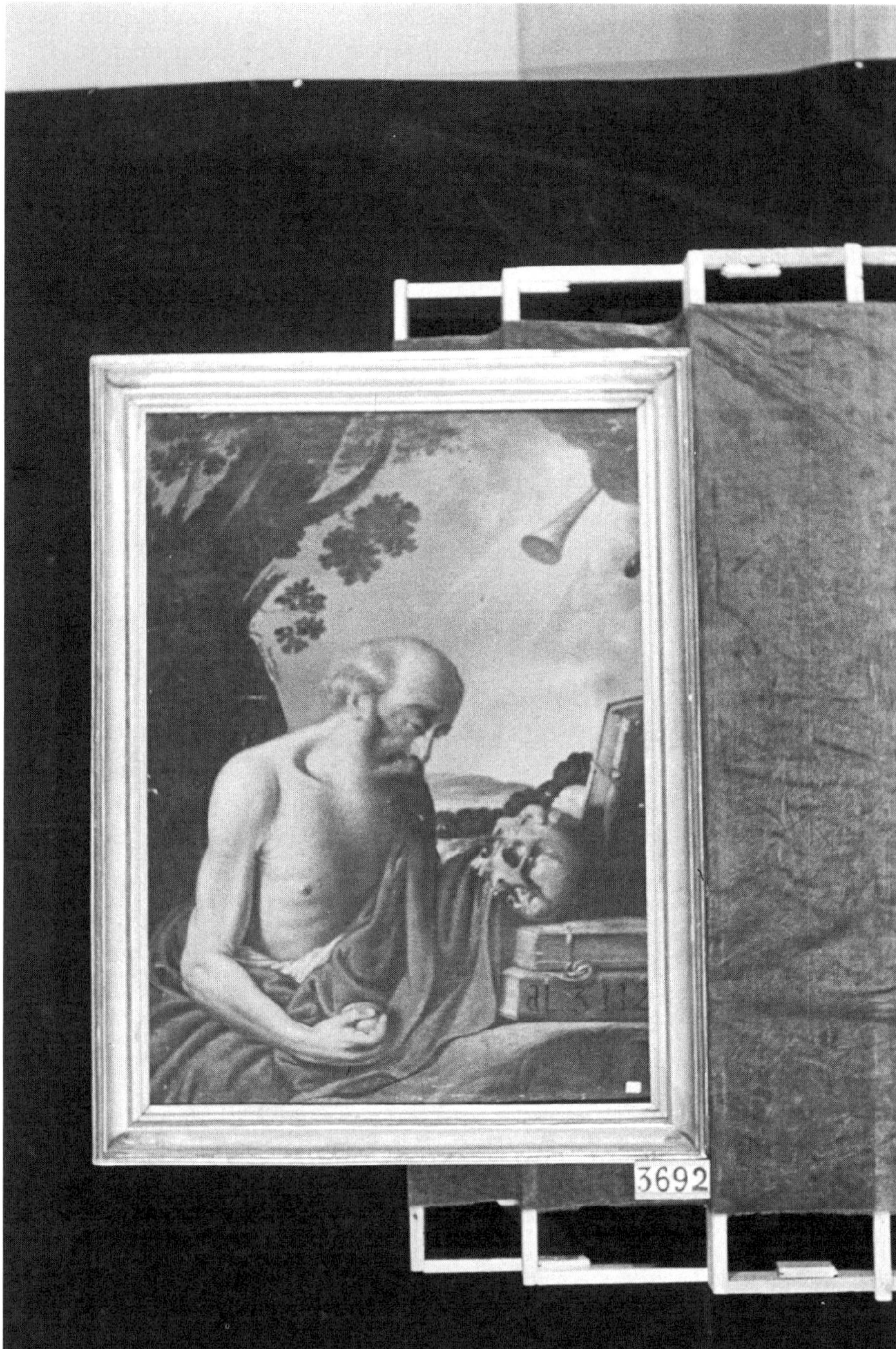

82. *San Jerónimo penitente,* obra anónima del siglo XVII entregada en septiembre de 1941 a las religiosas dominicas de Santa Catalina de Madrid, que reconocían de su propiedad pese a que, según la documentación, pertenecía a alguien que en el expediente figura como «Lama».

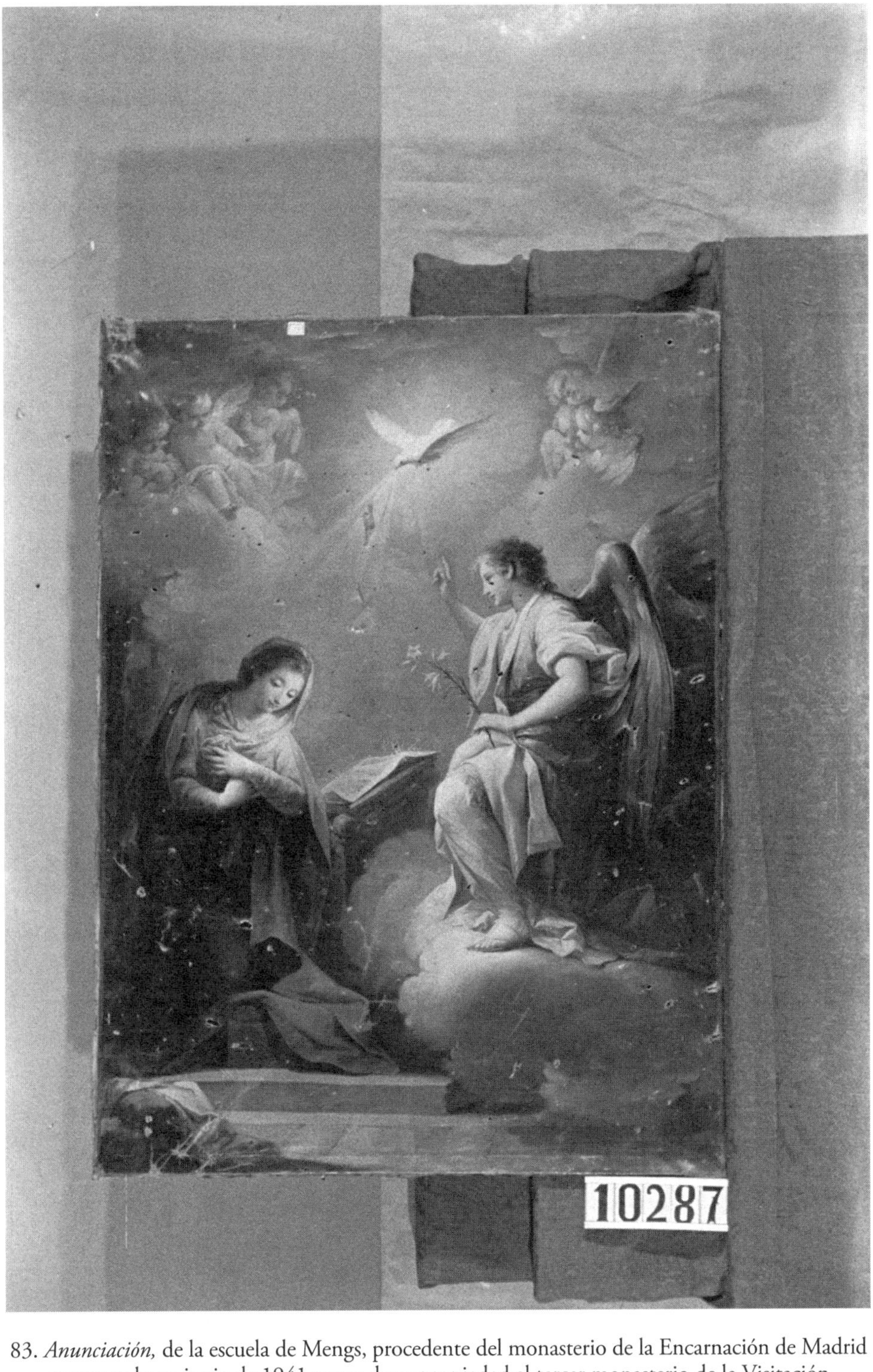

83. *Anunciación,* de la escuela de Mengs, procedente del monasterio de la Encarnación de Madrid y entregado en junio de 1941 como de su propiedad al tercer monasterio de la Visitación de la misma ciudad.

A los padres dominicos de la basílica de Atocha se les entregó un lote de 53 piezas, 26 de ellas en calidad de depósito[462]. Y, otra vez, hay varias obras —incluso entre las «devueltas»— cuyo origen y propietario podemos rastrear:

- — Anónimo español del siglo XVII: *Santa Inés de busto,* procedente del monasterio de la Encarnación[463].
- — Anónimo del siglo XVI: *Sagrada Familia de busto,* procedente de Moreto 11.
- — Anónimo español del siglo XVIII: *San Cosme y San Damián,* procedente, de nuevo, de «Cetres».

Y asimismo ocurre que expedientes de devolución, cuyas obras los destinatarios reconocían como de su propiedad, también escondían obras desviadas, como es el caso del expediente de entrega a las religiosas mercedarias de Don Juan de Alarcón, Madrid, «tras reconocer la obra de su propiedad»[464]. Pero gracias al seguimiento de esta entrega de piezas, que alcanzaba la desorbitada cifra de 250, descubro entre ellas dos al menos que pertenecían a otros propietarios o tenían otros orígenes:

- — Una *Virgen del Pilar,* del siglo XVII, que venía de Moreto 11.
- — Una obra atribuida a Bassano, el *Descendimento,* que había sido confiscada por el franquismo en 1939 al teniente coronel republicano Joaquín Zulueta Isasi, desvío que ya hemos tratado anteriormente.

En los expedientes de entregas ya claramente «en depósito» a las iglesias y parroquias de Madrid se encuentran: una capa de terciopelo y seda a la iglesia de San Gabriel[465]; a la iglesia de San Marcos, 22 devoluciones y tres piezas en depósito[466]; a la parroquia de Nuestra Señora de los Dolores, cuatro piezas (orfebrería y ropa litúrgica)[467]; a la parroquia de San Martín se le entregaron 52 piezas, siete de ellas en depósito[468]; a la parroquia de Santa Cristina, 26 piezas (orfebrería y ropa litúrgica) y un tríptico[469]; a la iglesia de San Lorenzo, seis piezas (orfebrería y escultura)[470]; a la

---

[462] Arch. IPCE, SRA_2540.

[463] Esta obra aparece como de Escuela de Mengs e incautada a la Encarnación en el Libro 3.º de la Junta, obra 16128-96, de 143 × 110 cm.

[464] Arch. IPCE, SRA_0062.

[465] Arch. IPCE, SRA_2002.

[466] Arch. IPCE, SRA_0026.

[467] Arch. IPCE, SRA_1994.

[468] Arch. IPCE, SRA_0974.

[469] Arch. IPCE, SRA_1926.

[470] Arch. IPCE, SRA_2107.

iglesia de San Ramón del Puente de Vallecas, nueve pinturas[471], y a la parroquia del Santo Ángel de la Guarda del Puente de Vallecas, 44 piezas, especialmente ropa y orfebrería[472].

Como podemos comprobar, la importancia de las piezas entregadas en depósito disminuye al mismo ritmo que la categoría de las instituciones religiosas a las que se les entrega. Y este proceso culmina en las instituciones educativas, empezando por los colegios y escuelas, siguiendo con los orfanatos y acabando con los asilos[473]. Para no ser prolijo y cansar al lector, he optado por incluir en nota estas instituciones y destacar aquí aquellas entregas en depósito que contienen alguna pieza cuyo origen conocemos, como es el caso de las 39 entregadas a las hermanas de la Caridad del Sagrado Corazón de Jesús (Colegio de Santa Susana)[474], todas ellas en depósito menos dos incautadas durante la guerra. En este caso habría que señalar una obra de origen documentado: *Divino pastor,* anónimo, procedente de un propietario llamado «Ceballos».

En la provincia de Madrid podemos destacar las siguientes entregas en depósito a instituciones religiosas: a la parroquia de Nuestra Señora de la Asunción de Aravaca, 31 objetos (ropa litúrgica y orfebrería)[475]; a las agustinas recoletas de Colmenar de Oreja, además de devolverles 45 piezas, se les entregaron en depósito cinco pinturas de origen desconocido[476]; pero otra pintura, una tabla castellana del siglo xv *(Entierro de Cristo),* tal como ya hemos visto, pertenecía al pintor Miguel Ángel del Pino, que había marchado al exilio, pese a que las monjas la reconocían como suya; a las carmelitas descalzas del Corpus Christi de Alcalá de Henares, además de seis piezas en devolución, se les entregaron 27 pinturas en depósito[477]; al convento de las religiosas franciscanas de San Juan de la Penitencia de Alcalá de Henares, 15 pinturas en depósito[478]; a las religiosas agustinas magdalenas, Alcalá de Henares, 58 piezas, 49 de su propiedad y nueve en depósito[479]; a la iglesia de Villaviciosa de Odón,

---

471 Arch. IPCE, SRA_2003.

472 Arch. IPCE, SRA_1930.

473 Colegio de la Congregación de Religiosas Marianistas (Colegio del Pilar), 36 piezas, de ellas ocho en depósito; colegio de María Inmaculada, 22 piezas en depósito de orfebrería y ropa de culto; colegio de las Religiosas del Sagrado Corazón, 21 piezas de ropa litúrgica y un crucifijo; colegio de las Religiosas Concepcionistas de la Enseñanza, 12 pinturas; colegio de la Virgen de los Dolores, 12 pinturas; colegio de San José de Cluny, ocho pinturas; escuelas Salesianas de Artes y Oficios, 17 pinturas; hospital-asilo de la Beata María Ana de Jesús, 20 piezas de orfebrería y ropa litúrgica más una pintura en cobre, y el asilo de San Rafael, tres piezas de orfebrería.

474 Arch. IPCE, SRA_0754.

475 Arch. IPCE, SRA_1855.

476 Arch. IPCE, SRA_0067.

477 Arch. IPCE, SRA_0071.

478 Arch. IPCE, SRA_0133.

479 Arch. IPCE, SRA_0041.

dos pinturas en depósito[480], y al convento de religiosas dominicas de Loeches, 60 piezas, entre ellas seis pinturas y 18 de orfebrería en depósito[481].

Finalmente, para acabar con esta zona, tan agraciada con las entregas en depósito, habría que enumerar las que se produjeron fuera de Madrid: a la iglesia de Villamayor de Calatrava (Ciudad Real), tres piezas de orfebrería[482]; a la parroquia de Huete (Cuenca), también tres piezas de orfebrería[483]; a la parroquia de Loranca de Tajuña (Guadalajara), 22 objetos de carácter litúrgico[484]; al convento de religiosas clarisas de Sigüenza (Guadalajara), 19 piezas del mismo tipo[485]; a la parroquia de Aranzueque (Guadalajara), una veintena de piezas entre orfebrería y ropa litúrgica[486]; a la parroquia de Nuestra Señora de la Asunción de Tendilla (Guadalajara), siete piezas de orfebrería y 14 de ropa litúrgica[487]; al convento de religiosas trinitarias recoletas de El Toboso (Toledo), 117, de las cuales diez eran pinturas dadas en depósito[488]; a la iglesia parroquial de Carranque (Toledo), dos «escenas bíblicas» en depósito[489]; a la iglesia parroquial de Escalona (Toledo), dos piezas de orfebrería[490]; a la iglesia parroquial de Almorox (Toledo), una pieza de orfebrería[491], y a la iglesia parroquial de Aldeancabo de Escalona (Toledo), tres piezas de orfebrería[492].

Habría que destacar la entrega en depósito al Museo Diocesano de Toledo[493]. A este museo, que había perdido un considerable contingente de piezas de orfebrería, se le entregó un importante lote de 32 piezas, desde la época gótica hasta el neoclasicismo. El expediente de entrega contabiliza —además de otras piezas no identificadas estilísticamente o ropa litúrgica— 17 piezas góticas, seis renacentistas, cuatro barrocas y una neoclásica.

Un caso peculiar fue el de la iglesia de Nuestra Señora de Montserrat, priorato del monasterio de Silos en Madrid, sito en la calle San Bernardo 79. Esta iglesia había sido secularizada durante la guerra y convertida en sala de baile. En 1939 fue ocupada por seis monjes procedente de Silos, a los que el Sdpan les devolvió

---

480 Arch. IPCE, SRA_1947.
481 Arch. IPCE, SRA_2543.
482 Arch. IPCE, SRA_2105.
483 Arch. IPCE, SRA_2061.
484 Arch. IPCE, SRA_1982.
485 Arch. IPCE, SRA_2035.
486 Arch. IPCE, SRA_2077.
487 Arch. IPCE, SRA_2161.
488 Arch. IPCE, SRA_0074.
489 Arch. IPCE, SRA_1976.
490 Arch. IPCE, SRA_2108.
491 Arch. IPCE, SRA_2110.
492 Arch. IPCE, SRA_2111.
493 Arch. IPCE, SRA_0037.

un total de 16 piezas —fundamentalmente pinturas— que la JTA había conseguido custodiar[494], a las que se añadieron dos piezas de orfebrería entregadas en depósito[495].

Las entregas en depósito en la zona sur

Finalmente abordaremos las últimas zonas del Sdpan. En la sexta zona, con capital en Sevilla y que se extendía por el sur de Extremadura, la parte occidental de Andalucía, las islas Canarias y las colonias españolas de África, se hizo un solo depósito, en concreto al monasterio de la Rábida de Palos de la Frontera (Huelva), consistente en «una cruz gótica», de origen desconocido[496].

En la séptima zona, que comprendía la parte occidental de Andalucía y las «plazas de soberanía española en el norte de África», el Sdpan realizó varias entregas en depósito a la Iglesia de gran envergadura en Málaga, Granada y Jaén.

La parroquia de la Purísima Concepción de Alameda (Málaga) recibió un contingente de 24 pinturas religiosas, fundamentalmente barrocas y de origen desconocido[497]; la catedral de Málaga, una cruz procesional del siglo XVI[498]; a la catedral de Guadix (Granada), además de devolverle 17 piezas, se le entregó en depósito un lote con siete piezas de orfebrería, fundamentalmente de plata y de los siglos XVI y XVII[499].

Finalmente, fueron cuatro instituciones religiosas de la provincia de Jaén las que recibieron entregas en depósito; el convento de Santa Clara de Martos obtuvo 24 piezas, de ropa litúrgica, orfebrería y escultura[500]; la iglesia del Salvador de Úbeda, «un altorrelieve de madera formando un retablo»[501], y la iglesia parroquial de Navas de Tolosa[502] y la parroquia de Lopera[503], cinco piezas cada una, fundamentalmente de orfebrería.

La dotación a las nuevas instituciones religiosas

Se podría intentar justificar ciertas entregas en depósito por las pérdidas que sufrió la Iglesia en los primeros meses del pronunciamiento militar, pero hay algunas difíciles de explicar desde esta perspectiva porque con ellas se trataba de

---

494 Arch. IPCE, JTA_0685.
495 Arch. IPCE, SRA_2437.
496 Arch. IPCE, SRA_2127.
497 Arch. IPCE, SRA_1957.
498 Arch. IPCE, SRA_2036.
499 Arch. IPCE, SRA_2733.
500 Arch. IPCE, SRA_0131.
501 Arch. IPCE, SRA_0025.
502 Arch. IPCE, SRA_2106.
503 Arch. IPCE, SRA_2079.

dotar con obras de diferentes procedencias a nuevas o muy recientes organizaciones religiosas.

El Centro de Cultura Superior Femenina había sido creado por Acción Católica en 1933, con sede en la calle Padilla 19, de Madrid. Este organismo había sido concebido para preservar a la mujer de la política republicana de la coeducación y la ausencia de formación religiosa en los centros educativos. El franquismo mostró su apoyo a esta institución católica, pues al Centro de Cultura Superior Femenina se le entregó un importante conjunto de más de 300 obras que incluía piezas de orfebrería, pinturas, escultura y grabados, además de ropa y objetos litúrgicos[504]. Entre las pinturas —además de las de temática religiosa, había retratos, paisajes, bodegones, etc.— destacaban algunas piezas, como *Cabeza de mujer con paloma,* un retrato de *Juan Rodulfo de Ulloa y Fernández de Córdoba,* del siglo XIX, y otro de *María Luisa Gabriela de Saboya,* del siglo XVIII, entre otros muchos, algunos de interés indudable, como uno de un *Caballista.*

La Hermandad de Jesús del Gran Poder, de Madrid, fue creada el 16 de julio de 1940, con primera sede en la parroquia de Santa Cruz[505]. A esta institución religiosa se le entregó de 1939 a 1942 un total de 31 piezas en depósito, con esculturas, pinturas, piezas de orfebrería, ropa litúrgica y un importante lote de cinco tapices, tres del siglo XVII y dos del XVIII[506].

Cómo dotar a una asociación recién creada por el Opus Dei con piezas patrimoniales custodiadas por la República

Pero indudablemente la institución religiosa recién creada más beneficiada por la política franquista de entrega de obras de arte en depósito fue la Sociedad Sacerdotal de la Santa Cruz. Fue fundada por José María Escrivá de Balaguer en Madrid el 14 de febrero de 1943 y, por lo tanto, nacía íntimamente unida al Opus Dei. Esta fundación no habría merecido nuestra atención si no supiéramos documentalmente que fue generosamente dotada con una importante colección artística de piezas incautadas y protegidas por la República durante la Guerra Civil.

Sabemos que fueron dos los expedientes de entrega de obras a esta sociedad, con una distancia temporal de casi cinco años entre ambos: el primero se ejecutó desde el 1 de mayo de 1944 hasta el 4 de noviembre de 1946[507]; el segundo dis-

---

504 Arch. IPCE, SRA_2146.

505 En 1978 fue trasladada a la actual Real Colegiata de San Isidro, entonces Catedral Metropolitana. La Hermandad cuenta con un museo, en el que se exponen piezas destacadas de su patrimonio artístico, ubicado en unos salones parroquiales.

506 Arch. IPCE, SRA_1285.

507 Arch. IPCE, SRA_2052.

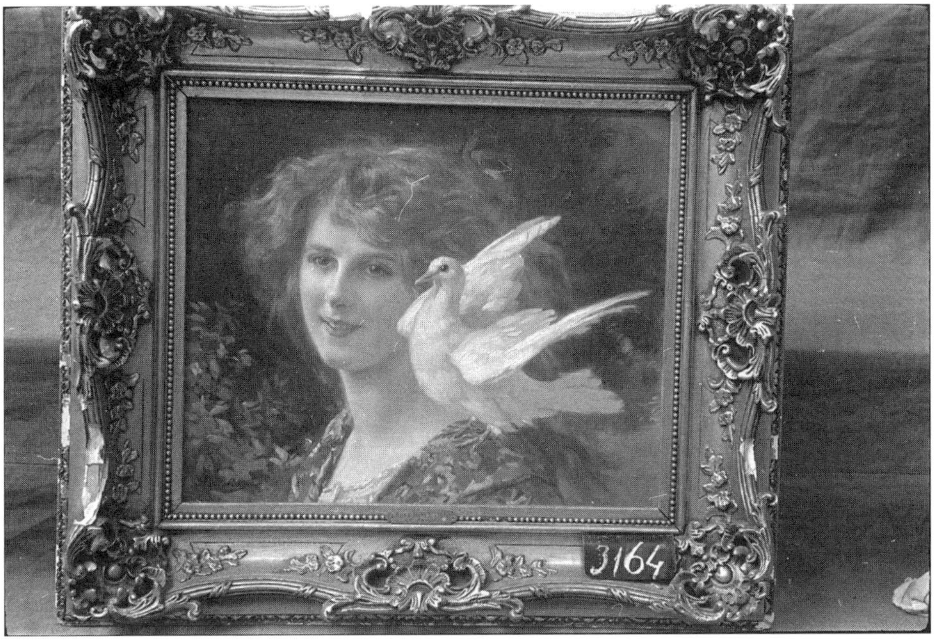

84. Anónimo, *Cabeza de mujer con paloma,* obra entregada en depósito al Centro de Cultura Superior Femenina en enero de 1945.

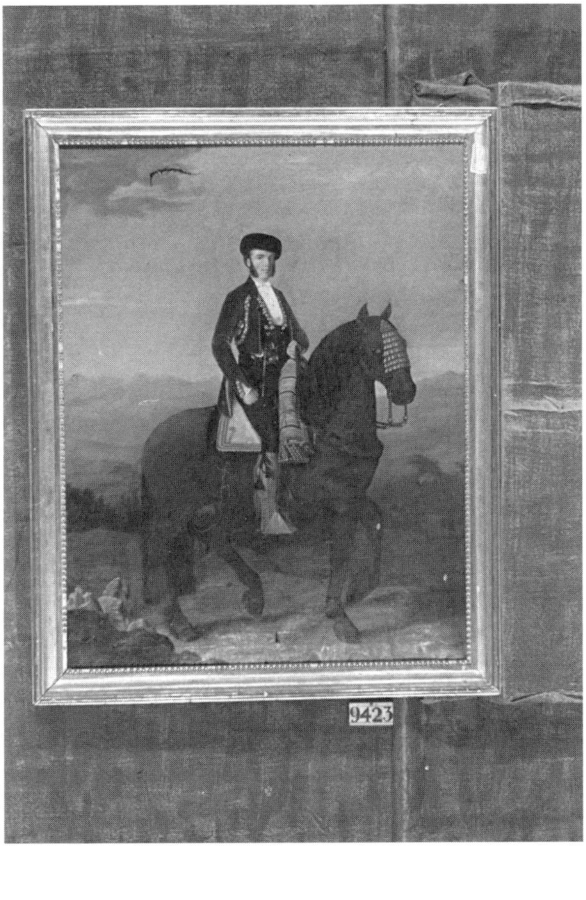

85. *Retrato de caballista,* pintura entregada en depósito al Centro de Cultura Superior Femenina en enero de 1943.

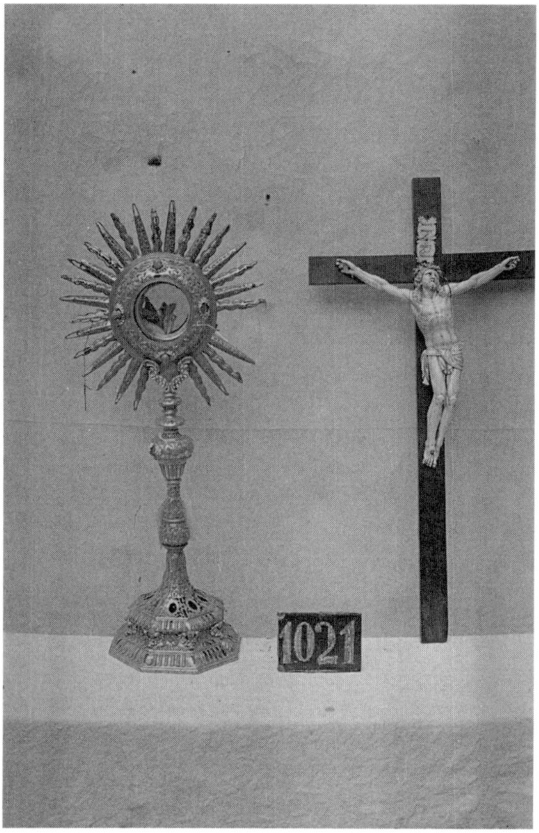

86. *Custodia de bronce dorado con incrustaciones de coral* y *Crucifijo de madera negra con Cristo de marfil,* dos de las piezas entregadas en depósito a la Hermandad de Jesús del Gran Poder de Madrid en noviembre de 1939.

currió desde el 6 de diciembre de 1950 hasta el 9 de agosto de 1951[508]. Pero lo importante es cuantificar estas dos entregas en depósito, que alcanzarían un total superior a 320 piezas, entre ellas más de 80 pinturas.

En la primera de estas entregas a la Sociedad Sacerdotal de la Santa Cruz se le donó una arqueta con diversas piezas de orfebrería de temática religiosa[509], 30 lito-

[508] Arch. IPCE, SRA_2128.

[509] En el expediente se relacionan estas piezas, que suman un total de 25, especialmente reliquias: «un relicario con lignum crucis y varias reliquias, un medallón con la presentación de nuestra señora, un medallón de San Enrique Emperador, un medallón con miniaturas de San Francisco de Paula y de San Francisco de Asís, un medallón plateado con dos imágenes del corazón de Jesús y de María, un medallón de San Luis Gonzaga, un medallón con la transverberación de Santa Teresa, un medallón de Santa Engracia, un medallón con esmaltes de la virgen y el niño, un medallón de plata con filigranas con reliquias de San José y Santa Paula, un medallón con esmaltes (uno roto), un medallón con esmalte de la virgen, un medallón con estampa de la sagrada familia, un relicario de la madre sacramento, cinco crucecitas plateadas con varias reliquias, un relicario octogonal con varias reliquias, dos relicarios ovalados, un medallón con retrato de la madre Rafols, un cuadro de nuestra señora de la guía y un medallón con imágenes de nuestro señor y la virgen», Arch. IPCE, SRA_2052.

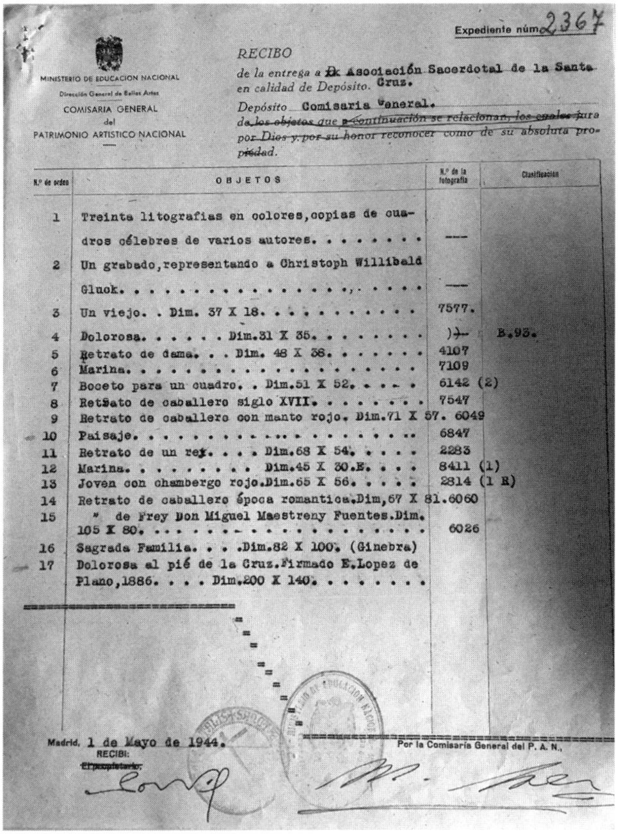

Expediente núm. 2367

MINISTERIO DE EDUCACION NACIONAL
Dirección General de Bellas Artes
COMISARIA GENERAL del PATRIMONIO ARTISTICO NACIONAL

RECIBO
de la entrega a ~~la~~ Asociación Sacerdotal de la Santa Cruz.
en calidad de Depósito.
Depósito Comisaria General.
~~de los objetos que a continuación se relacionan, los cuales jura por Dios y por su honor reconocer como de su absoluta propiedad.~~

N.º de orden	OBJETOS	N.º de la fotografía	Clasificación
1	Treinta litografías en colores, copias de cuadros célebres de varios autores.	---	
2	Un grabado, representando a Christoph Willibald Gluck.	---	
3	Un viejo. . Dim. 37 X 18.	7577.	
4	Dolorosa. . . . . . Dim. 31 X 35.	)	B.93.
5	Retrato de dama. . . Dim. 48 X 38.	4107	
6	Marina.	7109	
7	Boceto para un cuadro. . Dim. 51 X 52.	6142 (2)	
8	Retrato de caballero siglo XVII.	7547	
9	Retrato de caballero con manto rojo. Dim. 71 X 57.	6049	
10	Paisaje.	6847	
11	Retrato de un rey. . . . Dim. 68 X 54.	2283	
12	Marina. . . . . Dim. 45 X 30. E. . . .	8411 (1)	
13	Joven con chambergo rojo. Dim. 65 X 56.	2814 (1 E)	
14	Retrato de caballero época romantica. Dim, 67 X 81.	6060	
15	" de Frey Don Miguel Maestreny Fuentes. Dim. 105 X 80.	6026	
16	Sagrada Familia. . . . Dim. 82 X 100. (Ginebra)		
17	Dolorosa al pié de la Cruz. Firmado E. Lopez de Plano, 1886. . . . Dim. 200 X 140.		

Madrid, 1 de Mayo de 1944.
RECIBI:
~~El propietario,~~
Por la Comisaría General del P. A. N.,

87. Hoja del expediente SRA_2052 de entrega en depósito a la Sociedad Sacerdotal de la Santa Cruz de pinturas y grabados el 1 de mayo de 1944. En ella se tacha manualmente el texto «de los objetos que a continuación se relacionan, los cuales jura por Dios y por su honor reconocer como de su absoluta propiedad».

grafías, un grabado y 15 pinturas. Un total de 71 piezas, algunas de ellas de indudable interés, como un *Retrato de caballero* del siglo XVII, un *Retrato de un caballero con manto rojo* del siglo XVIII, un *Retrato de un rey*, también del XVIII, además de otros retratos de diversas épocas, marinas y una *Dolorosa al pie de la cruz* firmada por Eduardo López de Plano. Habría que añadir, finalmente, que también se le entregó en depósito a esta institución un cuadro —una *Sagrada Familia*— procedente de las obras evacuadas a Ginebra.

En la segunda entrega, ya entre 1950 y 1951, la contabilidad exacta de las piezas resulta más compleja, pues las descripciones que se hacen en el expediente de algunos capítulos son muy imprecisas. Se le entregaron a esta Sociedad Sacerdotal cinco cruces (una de mármol y cuatro de plata), un *Cristo* de marfil, 75 piezas de orfebrería, un relieve en mármol, además de cubertería, seis esculturas, ocho tapices, «unos veinte» mantones de Manila, 56 muebles y —aquí es donde está el problema principal— una serie de pinturas, que se describen como «nueve cuadros», «varios cuadros utilizables» y «trece tablas pequeñas y cuarenta y tres lienzos», sin entrar a describir estas obras ni por título ni por autor. El total de esta entrega sería de más de 253 piezas.

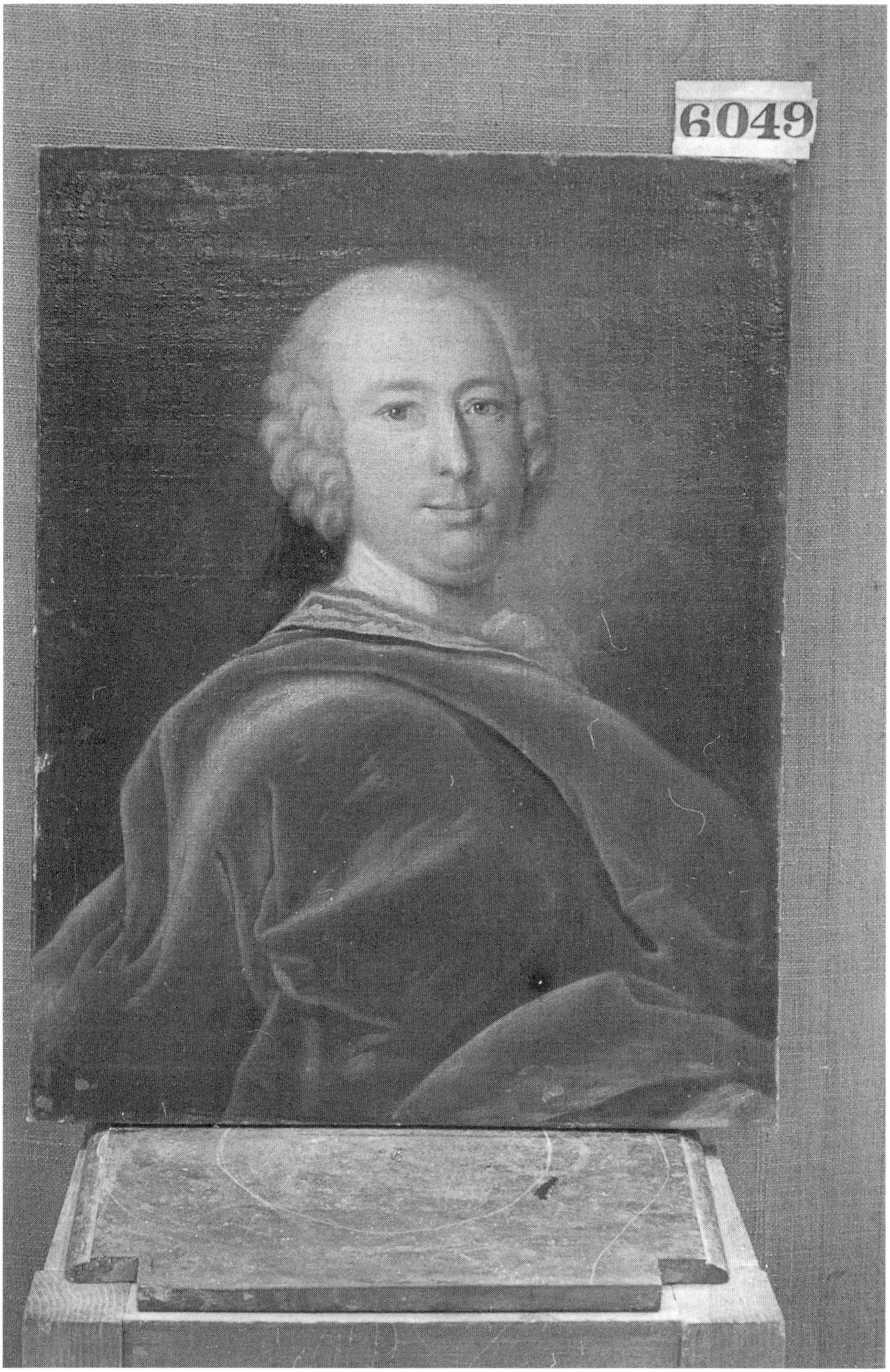

88. *Retrato de un caballero con manto rojo,* pintura entregada en depósito por el Sdpan a la Sociedad Sacerdotal de la Santa Cruz el 1 de mayo de 1944.

Todo ello hace un total de más de 320 piezas entregadas en depósito a la Sociedad Sacerdotal de la Santa Cruz, creada en plena posguerra y dotada generosamente por el franquismo con obras salvadas por la República.

La diáspora de la exposición *Orfebrería religiosa y ropas de culto* y el regalo de los nazis

Para acabar este capítulo dedicado a las entregas en depósito a la Iglesia, habría que recapitular sobre la gran cantidad de piezas de orfebrería que hemos visto que fueron entregadas a numerosos monasterios, iglesias y otras instituciones religiosas, además de la ropa de culto. Para entender este fenómeno habría que recordar la exposición *Orfebrería y ropas de culto. Arte español de los siglos XV al XIX,* inaugurada el 10 de junio de 1941 en el Museo Arqueológico Nacional. Esta exposición fue muy importante por la repercusión que tuvo, pero también porque, una vez clausurada, una gran cantidad de las obras expuestas fueron diseminadas en depósito por todo el territorio nacional, entregadas a numerosas instituciones religiosas. Este hecho explicaría la gran cantidad de piezas de orfebrería entregadas en depósito que hemos ido desgranando a lo largo de este capítulo.

En el archivo del Museo Arqueológico Nacional se conservan 311 fichas de una parte importante de las piezas expuestas en dicha exposición[510]. Gracias a estas fichas podemos saber que, después de la clausura, muchas de las piezas fueron dadas en depósito a la Comisaría de la tercera zona del Sdpan (dos piezas), al Museo de Artes Decorativas (12 piezas), al Colegio Mayor de Santa Cruz de Valladolid (tres piezas) o a numerosas instituciones religiosas por todo el país, entre las que destacan las entregadas al Museo Diocesano de Toledo (siete piezas).

Los casos son muy numerosos, como la *Custodia de metal dorado* del siglo XVII, de estilo barroco, entregada en depósito a la parroquia de Nuestra Señora de la Asunción de Galapagar[511], Madrid, entre otros muchos depósitos por toda España.

Lo cierto es que muchas veces se produjo no solo la diáspora de estas piezas, sino la desubicación de su punto de origen. En el caso de la diócesis de Cuenca, que ha sido estudiado por Víctor de la Vega, destaca el destino del báculo de Limoges, llamado «de don Juan Yáñez», primer obispo de Cuenca, procedente de la

---

[510] Arch. MAN, PLATAJTA1.

[511] Arch. IPCE, SRA_2071.

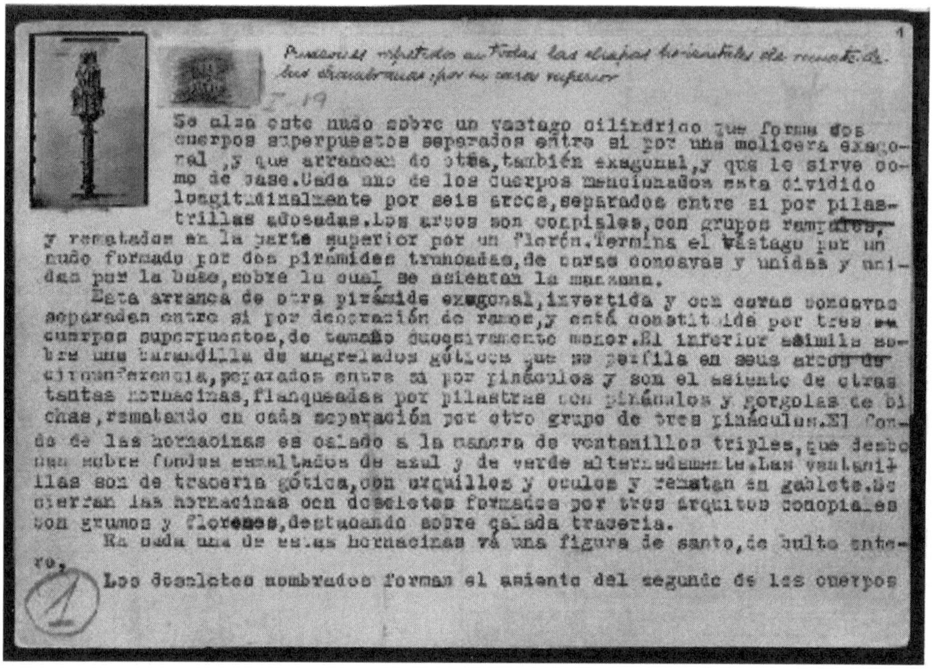

Se alza este nudo sobre un vastago cilíndrico que forma dos cuerpos superpuestos separados entre si por una moldura exagonal, y que arrancan de otra, también exagonal, y que le sirve como de base. Cada uno de los cuerpos mencionados esta dividido longitudinalmente por seis arcos, separados entre si por pilastrillas adosadas. Los arcos son conopiales, con grupos rampantes, y rematados en la parte superior por un florón. Termina el vástago por un nudo formado por dos pirámides truncadas, de caras concavas y unidas y unidas por la base, sobre la cual se asientan la manzana.

Esta arranca de otra pirámide exagonal, invertida y con caras concavas separadas entre si por decoración de ramos, y está constituida por tres cuerpos superpuestos, de tamaño sucesivamente menor. El inferior asimila sobre una barandilla de angrelados góticos que se perfila en sus arcos de circunferencia, separados entre si por pináculos y son el asiento de otras tantas hornacinas, flanqueadas por pilastras con pináculos y gorgolas de bichas, rematando en cada separación por otro grupo de tres pináculos. El fondo de las hornacinas es calado a la manera de ventanillos triples, que destacan sobre fondos esmaltados de azul y de verde alternadamente. Las ventanillas son de tracería gótica, con arquillos y oculos y rematan en gablete. Se cierran las hornacinas con doseletes formados por tres arquitos conopiales con grumos y florones, destacando sobre calada tracería.

En cada una de estas hornacinas vá una figura de santo, de bulto entero.

Los doseletes nombrados forman el asiento del segundo de los cuerpos

89. Ficha catalográfica del *Nudo de cruz procesional,* pieza gótica del siglo xv, entregada en depósito al Museo Diocesano de Toledo, procedente de la exposición *Orfebrería y ropas de culto,* celebrada en junio de 1941 en el Museo Arqueológico Nacional[512].

catedral, que fue a parar al monasterio de las benedictinas de San Plácido de Madrid, y, en contrapartida, a Cuenca se le asignó el báculo de San Julián[513].

También es cierto que se produjo en estos años de la inmediata posguerra una avalancha de piezas de orfebrería, pues los nazis enviaron a España 62 toneladas de objetos religiosos que habían sido saqueados por sus tropas en Polonia[514]. El objetivo de los alemanes era poder paliar con este «regalo» los daños sufridos por las iglesias españolas durante la Guerra Civil y el Sdpan se aprestó a repartir las piezas por todo el país. A su vez, los católicos británicos realizaron una entrega de objetos de culto a la Iglesia española; el 20 de mayo de 1940 llegaban a Madrid con una caja con estos objetos el general británico Walter Scott y el padre Zulueta, sacerdote de Westminster[515].

---

[512] Arch. MAN, PLATAJTA1/FD00001.

[513] Victor de la Vega Almagro (Vitejo), *Tesoro artístico y Guerra Civil. El caso de Cuenca,* Cuenca, Ediciones de la Universidad de Castilla-La Mancha, 2007, pág. 269.

[514] Paul Preston, *Franco, «Caudillo de España»,* Barcelona, Grijalbo, 2002, pág. 413.

[515] En el Archivo Regional de la Comunidad de Madrid existe un reportaje fotográfico sobre esta llegada y entrega: Ref. ES28079ARCM_232_129711.

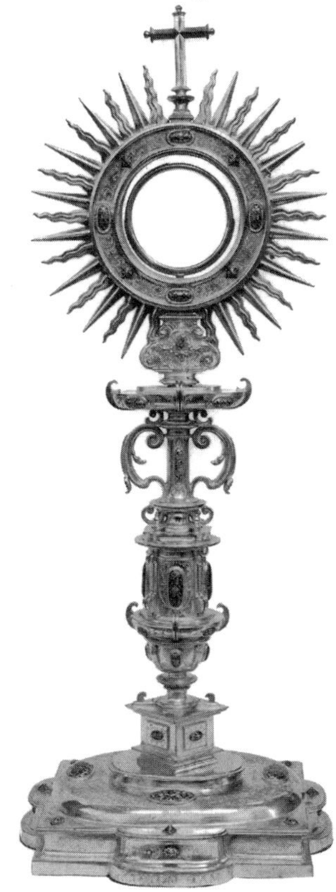

90. *Custodia de metal dorado* del siglo XVII, de estilo barroco, entregada en depósito a la parroquia de Nuestra Señora de la Asunción de Galapagar, Madrid, el 17 de abril de 1942, procedente de la exposición *Orfebrería y ropas de culto.*

Recapitulación final de las entregas en depósito a la Iglesia

Podemos concluir que, en la propaganda franquista, los sufrimientos de la Iglesia a manos de los «rojos» durante la guerra debían justificar estas donaciones masivas a sus instituciones para poder compensar tantas pérdidas provocadas por los enemigos del régimen. El problema añadido radica en que en muchos casos los obispados y catedrales, principales beneficiarios de las grandes piezas, ya no las repartirían entre las iglesias y parroquias, sino que las conservarían concentradas, constituyendo las bases para muchos de los nacientes museos diocesanos.

También es cierto, y esta sería otra de las conclusiones de este capítulo, que se comprueba que en el mismo expediente de devolución a su «legítimo propietario» eclesiástico se mezclaban obras procedentes de esa institución y de su incautación por la JTA con otras de la CNT, Socorro Rojo Internacional, tribunales populares, etc., lo que demuestra que son expedientes de entrega mezclados con piezas de diversos orígenes, aunque en la mayoría de los casos la institución religiosa que la recibía la reconocía como de «su propiedad». A continuación se expone el cuadro final con las obras entregadas en depósito a la Iglesia:

Cuadro resumen de las entregas de obras en depósito a la Iglesia

Zona	Institución eclesiástica	Núm. de obras en depósito
Primera zona, con capital en León (León, Zamora, Oviedo, La Coruña, Lugo, Orense, Pontevedra)	• Palacio Episcopal de León • Obispado de León	8 5
Segunda zona, con capital en Valladolid (Burgos, Santander, Palencia, Soria, Segovia, Valladolid, Ávila, Salamanca)	• Monasterio de Santo Domingo de Silos, Burgos • Iglesia de la Inmaculada Concepción de Peguerinos, Ávila • Monasterio de benedictinas de la Santísima Trinidad de El Tiemblo, Ávila • Comunidad de religiosos jerónimos del monasterio de El Parral, Segovia • Parroquia de San Juan Bautista de Mozoncillo, Segovia • Parroquia de Olombrada, Segovia	35 26 23 40 12 5
Tercera zona, con capital en Zaragoza (Zaragoza, Huesca, Teruel, Navarra, Guipúzcoa, Vizcaya, Álava, Logroño)	• Iglesia de Santa María la Real de Sangüesa, Navarra • Iglesia parroquial de San Antonio Abad de Valbona, Teruel • Iglesia parroquial de Broto, Huesca • Museo del Santísimo Misterio de los Sagrados Corporales, Daroca, Zaragoza	19 9 11 4
Cuarta zona, con capital en Barcelona (Barcelona, Gerona, Lérida, Tarragona, Castellón, Valencia, Alicante, Baleares)	• Iglesia parroquial de Miravet de Ebro, Tarragona • Convento de las carmelitas calzadas de la Encarnación, Valencia • Religiosas agustinas recoletas de Requena, Valencia • Comunidad de padres dominicos de Requena, Calenda y San Vicente, Valencia • Catedral de Segorbe, Castellón • Catedral de Menorca • Cabildo de la catedral de Tortosa, Tarragona • Casa rectoral de Sant Cugat del Vallés, Barcelona • Monasterio de Santa María de Poblet, Tarragona	6 17 10 54 49 150 1 35 41
Quinta zona, con capital en Madrid (Madrid, Toledo, Guadalajara, Cuenca, Albacete, Ciudad Real, Cáceres)	• Convento de las religiosas pasionistas de Chamartín de la Rosa, Madrid • Convento de las religiosas de la Sagrada Familia, Madrid • Convento de las misioneras de la Sagrada Familia, Madrid • Convento de padres carmelitas descalzos de la Plaza de España, Madrid	3 18 60 19

Zona	Institución eclesiástica	Núm. de obras en depósito
	• Convento de las hermanas de la Cruz, Madrid	4
	• Convento de las religiosas concepcionistas franciscanas de San José, Madrid	12
	• Convento de religiosas terciarias franciscanas de la Divina Pastora del Puente de Vallecas, Madrid	7
	• Monasterio de carmelitas Maravillas, Madrid	12
	• Religiosas salesas nuevas del segundo monasterio de la Visitación, Madrid	24
	• Religiosas benedictinas de San Plácido, Madrid	10
	• Religiosas dominicas de Santa Catalina, Madrid	31
	• Tercer monasterio de la Visitación, Madrid	54
	• Padres dominicos de la basílica de Atocha, Madrid	29
	• Iglesia de San Gabriel, Madrid	1
	• Iglesia de San Marcos, Madrid	3
	• Parroquia de Nuestra Señora de los Dolores, Madrid	4
	• Parroquia de San Martín, Madrid	7
	• Parroquia de Santa Cristina, Madrid	27
	• Iglesia de San Lorenzo, Madrid	6
	• Iglesia de San Ramón del Puente de Vallecas, Madrid	9
	• Parroquia del Santo Ángel de la Guarda del Puente de Vallecas, Madrid	44
	• Colegio de la Congregación de Religiosas Marianistas (Colegio del Pilar), Madrid	8
	• Colegio de María Inmaculada, Madrid	22
	• Colegio de las religiosas del Sagrado Corazón, Madrid	21
	• Colegio de las religiosas concepcionistas de la Enseñanza, Madrid	12
	• Colegio de la Virgen de los Dolores, Madrid	12
	• Colegio de San José de Cluny, Madrid	8
	• Escuelas Salesianas de Artes y Oficios, Madrid	17
	• Hospital-asilo de la Beata María Ana de Jesús, Madrid	21
	• Asilo de San Rafael, Madrid	3
	• Nuestra Señora de Montserrat, Madrid	2
	• Centro de Cultura Superior Femenina, Madrid	300
	• Hermandad de Jesús del Gran Poder, Madrid	31
	• Sociedad Sacerdotal de la Santa Cruz, Madrid	320
	• Parroquia de Nuestra Señora de la Asunción de Aravaca, Madrid	31

Zona	Institución eclesiástica	Núm. de obras en depósito
	• Agustinas recoletas de Colmenar de Oreja, Madrid • Carmelitas descalzas del Corpus Christi de Alcalá de Henares, Madrid • Convento de las religiosas franciscanas de San Juan de la Penitencia de Alcalá de Henares, Madrid • Religiosas agustinas magdalenas, Alcalá de Henares, Madrid • Iglesia de Villaviciosa de Odón, Madrid • Convento de religiosas dominicas de Loeches, Madrid • Iglesia de Villamayor de Calatrava, Ciudad Real • Parroquia de Huete, Cuenca • Parroquia de Loranca de Tajuña, Guadalajara • Convento de religiosas clarisas de Sigüenza, Guadalajara • Parroquia de Aranzueque, Guadalajara • Parroquia de Nuestra Señora de la Asunción de Tendilla, Guadalajara • Convento de religiosas trinitarias recoletas de El Toboso, Toledo • Iglesia parroquial de Carranque, Toledo • Iglesia parroquial de Escalona, Toledo • Iglesia parroquial de Almorox, Toledo • Iglesia parroquial de Aldeancabo de Escalona, Toledo • Museo Diocesano de Toledo	5 27 15 9 2 24 3 3 22 19 20 21 10 2 2 1 3 32
Sexta zona, con capital en Sevilla (Sevilla, Córdoba, Badajoz, Huelva, Cádiz, Tenerife, Las Palmas, colonias española de África)	• Monasterio de la Rábida de Palos de la Frontera, Huelva	1
Séptima zona, con capital en Granada (Granada, Málaga, Almería, Jaén, Murcia, plazas de soberanía española en el norte de África)	• Parroquia de la Purísima Concepción de Alameda, Málaga • Catedral de Málaga • Catedral de Guadix, Granada • Convento de Santa Clara de Martos, Jaén • Iglesia del Salvador de Úbeda, Jaén • Iglesia parroquial de Navas de Tolosa, Jaén • Parroquia de Lopera, Jaén	24 1 7 24 1 5 5
Total de piezas entregadas en depósito a la Iglesia		2.040

Capítulo 9

La entrega de obras a particulares

Reconozco que mi capacidad de asombro en esta investigación ha sido puesta a prueba repetidas veces, pero aún hay que dejar espacio para un capítulo insólito: el desvío de obras procedentes de un particular —o de organismos, o de origen desconocido— que se entregaban a otro particular que, para colmo, las recibía en muchos casos asegurando que eran suyas.

El contexto de la inmediata posguerra era muy propicio para este tipo de actuaciones, pues el ambiente permitía que los espabilados sin escrúpulos pudieran sacar provecho y reclamar obras que no les pertenecían. Luis Monreal y Tejada, comisario del Sdpan en Barcelona, nos ha dejado un testimonio muy evidente: «se propagó una moral laxa, que usaba este argumento para tranquilizar la conciencia: "Realmente esta cómoda no es la mía, pero se parece tanto que es equivalente y puedo reclamarla para reponer a la que me robaron"»[516].

Hablando de «moral laxa», existe un caso muy evidente de apropiación de un bien que no era suyo por parte de la marquesa de Villavieja, pues en el cargamento de un camión con los muebles que decía que le pertenecían, procedentes del depósito de Jai-Alai, se incluía un «bonito buró de mi propiedad», según denunciaba a Pedro Muguruza su propietario, Joaquín del Moral. Este señor, en su reclamación, añadía un comentario que no tiene desperdicio: «el hecho, aisladamente, no tiene ninguna importancia, pero sí la tiene en el ambiente general que la gente de derechas, una marquesa, se ponga al nivel de los rojos en lo relativo al respeto a la propiedad ajena y se lleve un mueble de un tan buen español como yo»[517].

Resulta muy difícil evaluar el montante exacto de los casos reales de desvío de obras, debido, en primer lugar, al número de piezas localizado de las que la docu-

[516] Luis Monreal y Tejada, *Arte y Guerra Civil,* Huesca, La Val de Onsera, 1999, pág. 139.

[517] Arch. IPCE, Papeles guerra, Archivo Pedro Muguruza (Ref. provisional), carta de 21 de julio de 1939.

mentación ha permitido su identificación y origen y, en segundo, a la complejidad de las formulaciones de la entrega.

Para intentar aclarar este complejo panorama de las entregas, podríamos decir que estas presentaban dos fórmulas, más o menos definidas, en los expedientes correspondientes: las simples «devoluciones» a un particular de obras que afirmaba que eran suyas aunque en muchos casos parece evidente que no era cierto pese a que en el expediente se especificaran como tales. Y, en segundo lugar, las entregas «en depósito» a un particular de obras que pertenecían a otro pero que el primero reclamaba como propias. Entendemos que estos mecanismos de entrega de obras tenían a veces matices que hacen ardua la diferenciación de los casos, que pueden aún ser más complejos. Pero, a grandes rasgos, estas serían las dos formulaciones que utilizaba el Sdpan para las entregas a particulares de obras que no eran suyas: la devolución o el depósito, aunque habitualmente ambas aparecían mezcladas en el mismo expediente. Y habría que añadir, finalmente, que la devolución no significaba que la obra fuera realmente del que la recibía, pues hay casos evidentes de que no era así; ni tampoco que la entrega en depósito signifique de manera definitiva que el receptor mintiera sobre la propiedad de la pieza.

El desvío de las obras de la colección Sicardo-Carderera

El caso más evidente de la entrega de obras a un particular por simple «devolución» o «en depósito» es el de las obras de la colección José Sicardo —el «Jefe militar rojo», según se le describía en la documentación franquista— y de su mujer Mariana Carderera a diferentes propietarios, que sorprendentemente reconocían como suyas. Este es el caso más explícito de falsedad documental, y, de no haber conocido el origen de las obras (calle Moreto 1 bajo, tal como se especifica en los expedientes), nunca lo habríamos podido descubrir.

Habría que aclarar, tal como ya hemos visto, que la colección Sicardo-Carderera no había sido objeto de incautación durante la Guerra Civil por parte de la JTA, sino que fue en la inmediata posguerra cuando los agentes del Sdpan entraron en esta dirección y procedieron a su requisa. En el acta de 21 de abril de 1939, los agentes del Sdpan informaban:

> Ha sido visitado el domicilio particular del Sr. Sicardo, Jefe militar del Ejército Rojo y Gobernador militar de Alicante últimamente, en la calle de Moreto núm. 1. En este domicilio habitado actualmente por unos refugiados han sido hallados varios cuadros, piezas de cerámica y muebles de valor artístico estimable, habiéndose procedido a trasladar a dos habitaciones todos estos objetos, sellándose sus puertas con precintos del Servicio[518].

[518] Arch. IPCE, SRA_3299.

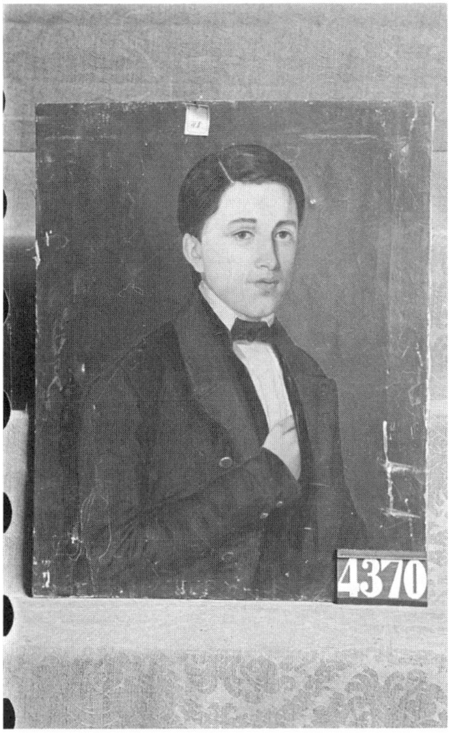

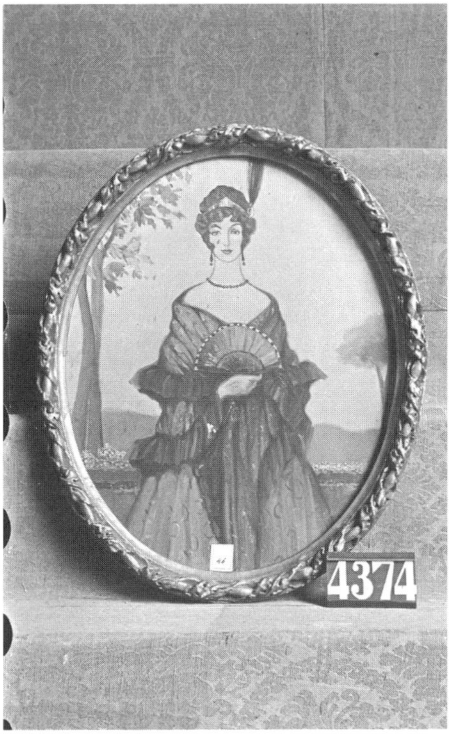

91 y 92. *Retrato de caballero* y *Retrato de dama,* procedentes de Moreto 1 y entregados en septiembre de 1940 a los marqueses de Falces en depósito.

A los pocos días, el 2 de mayo de 1939, los agentes del Sdpan recogían del domicilio del coronel Sicardo y Mariana Carderera «todos los objetos de arte y de valor que existían en el mismo»[519], de modo que en él solo quedó la importante biblioteca, que también sería retirada poco después. En el acta de recogida se describían los objetos requisados muy someramente: además de cerámica, relojes, muebles, «diez objetos de prehistoria», piezas de plata y de oro, y se dejaba constancia de «ciento tres cuadros de diferentes autores y épocas», así como de «veintinueve cuadritos pintados sobre madera», «quince dibujos», «una miniatura de cobre» y «un cuadro pintado al óleo». Con estas descripciones, sin especificar nada más, es labor prácticamente imposible poder identificar las obras.

Sin embargo, a través de las actas de entrega de obras a diversos propietarios, la mayoría incautadas por la JTA durante la guerra, he podido localizar varias piezas. Lo peculiar del caso es que en estas entregas de obras se especificaba claramente que procedían de «Moreto, 1». Las obras hasta ahora localizadas documentalmente con este origen son las siguientes:

---

519 Arch. IPCE, SRA_3408.

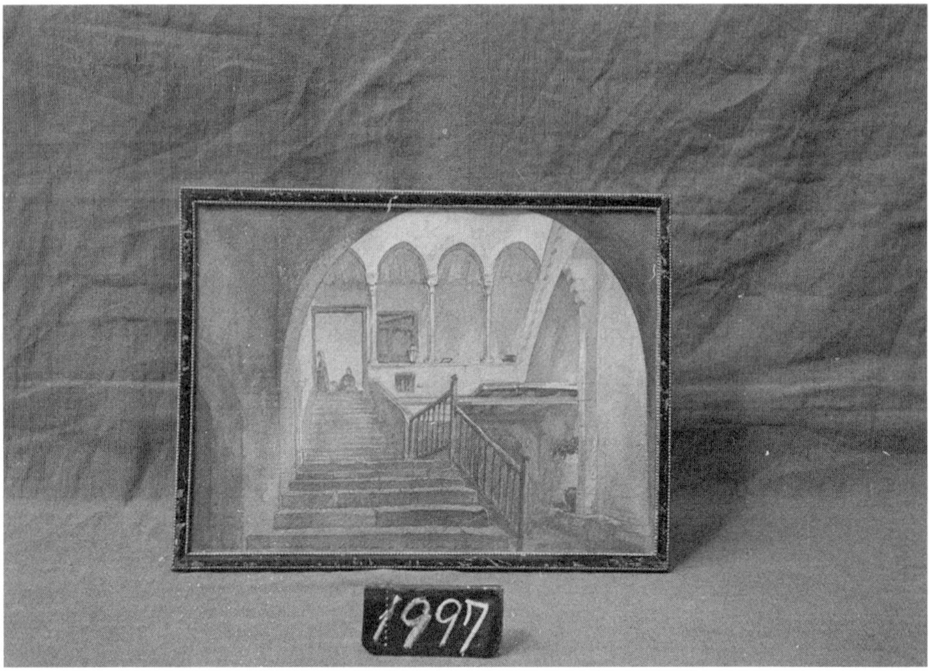

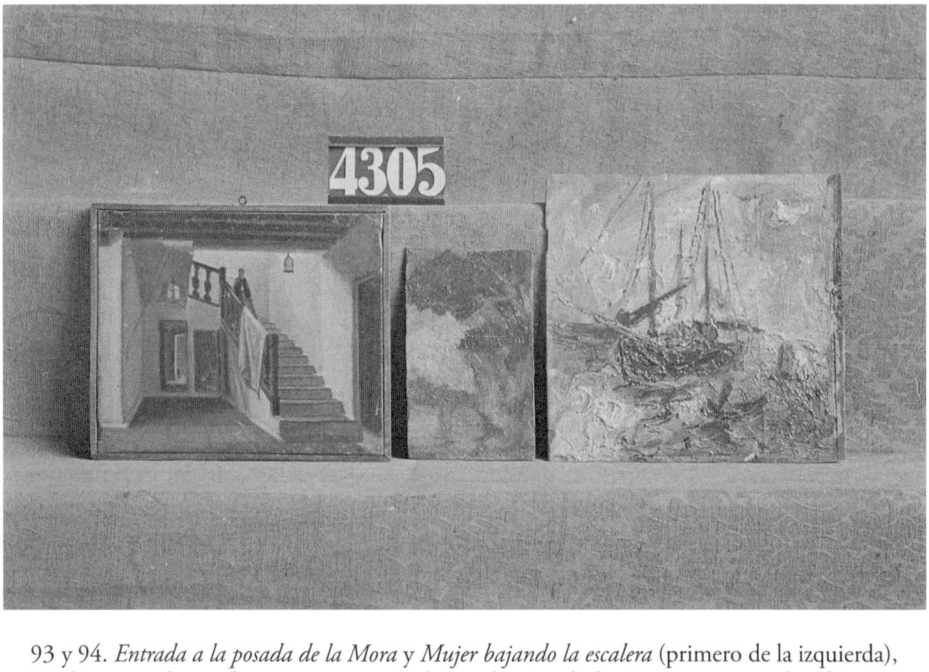

93 y 94. *Entrada a la posada de la Mora* y *Mujer bajando la escalera* (primero de la izquierda), cuadros procedentes de Moreto 1 entregados a Pilar Storch de Gracia en noviembre de 1939 y en marzo de 1941.

A los marqueses de Falces se les entregaron «en depósito» dos cuadros de esta procedencia que reconocían como suyos[520]:

— *Retrato de caballero,* lienzo, 65 × 50 cm.
— *Retrato de dama,* lienzo, 65 × 50 cm.

A Pilar Storch de Gracia, viuda de Luis Fernández de la Hoz, se le entregaron también dos pinturas procedentes de Moreto 1, la primera por «devolución» y la segunda «en depósito», aunque la destinataria afirmaba que ambas eran de su propiedad[521]:

— *Entrada a la posada de la Mora,* acuarela de 22 × 33 cm.
— *Mujer bajando la escalera,* lienzo de 23 × 28 cm.

A María Teresa Álvarez y Herreros de Tejada, marquesa de Arnuossa, que también reconocía como suyas, se le entregaron en concepto de «devolución» dos pinturas procedentes de Moreto 1[522]:

— *El entierro de la sardina,* lienzo de 45 × 67 cm.
— *La Sagrada Familia, Santa Isabel y San Joaquín,* lienzo de 63 × 73 cm.

A Álvaro de Figueroa, conde de Romanones, se le entregaron «en depósito» dos obras procedentes de Moreto 1[523]:

— *Asunto religioso (Virgen),* de Eduardo Chicharro, lienzo de 70 × 58 cm.
— *Retrato de niño,* lienzo de 52 × 62 cm.

Finalmente, a Ignacio de Murúa y Balzola, conde del Valle, se le dio una obra con esta misma fórmula[524]: *Busto de anciano,* acuarela de 35 × 43 cm. Y a Guido Caprotti, un «jarrón antiguo de cobre con asa y dos canales en la boca», 40 cm, de la misma procedencia[525].

Pero, cuidado, todas estas piezas eran sencillamente «devueltas» o entregadas «en depósito» a quien decía ser su propietario, que reconocía como suyas,

---

[520] Arch. IPCE, SRA_0683.
[521] Arch. IPCE, SRA_1227.
[522] Arch. IPCE, SRA_1299.
[523] Arch. IPCE, SRA_0865.
[524] Arch. IPCE, SRA_2197.
[525] Arch. IPCE, SRA_2180.

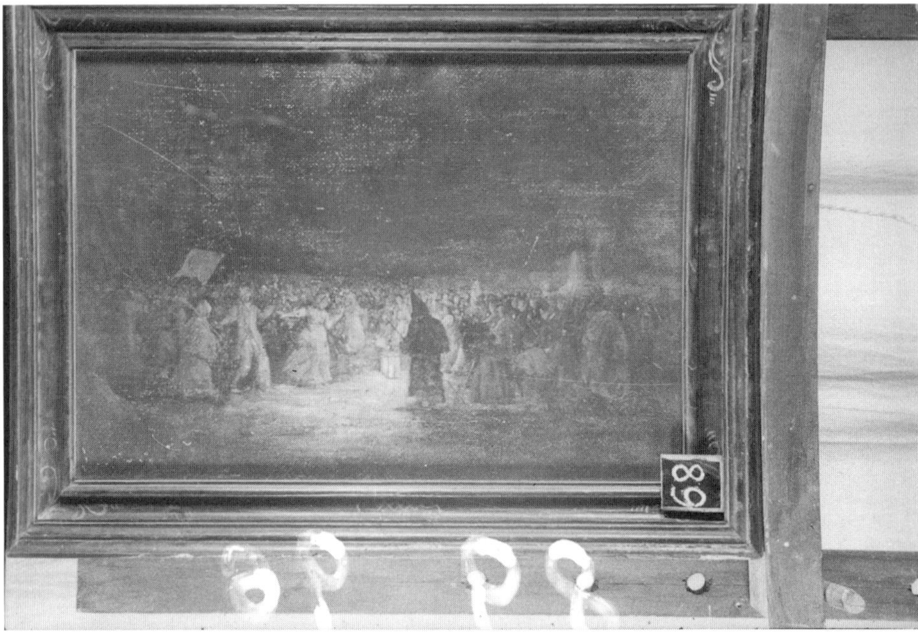

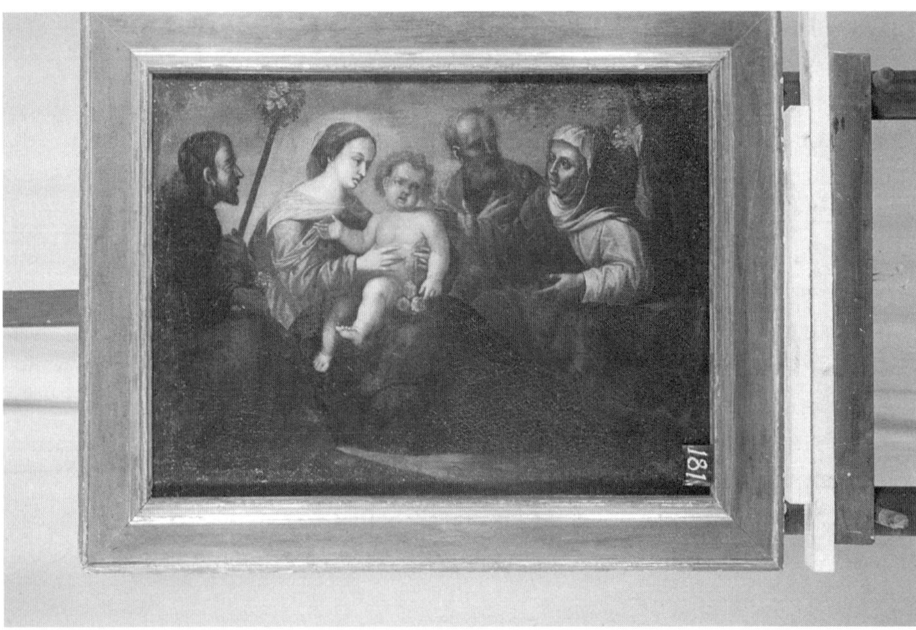

95 y 96. *El entierro de la sardina* y *La Sagrada Familia, Santa Isabel y San Joaquín*, cuadros procedentes de Moreto 1 y «devueltos» en abril y mayo de 1940 a la marquesa de Arnuossa, que reconocía como de su propiedad.

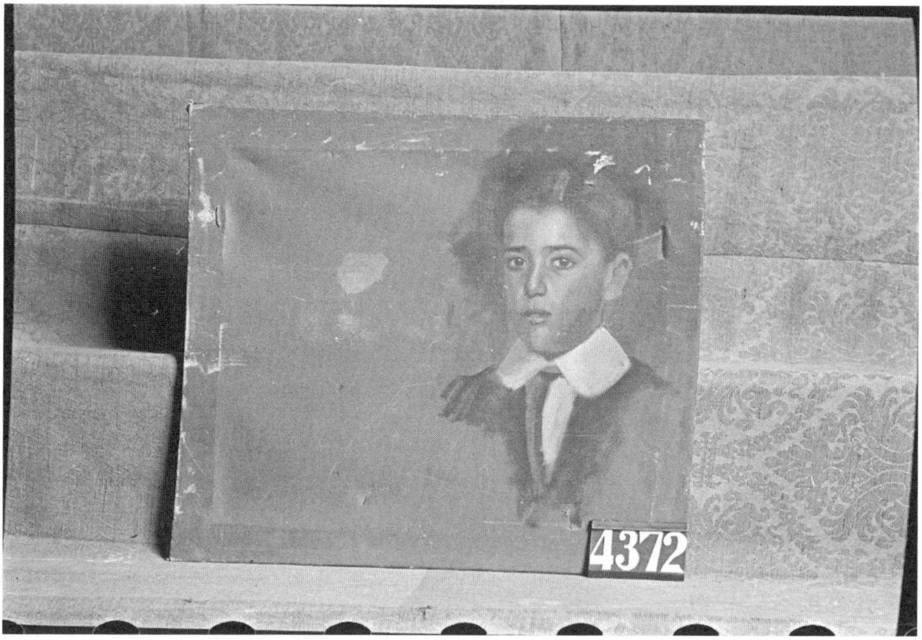

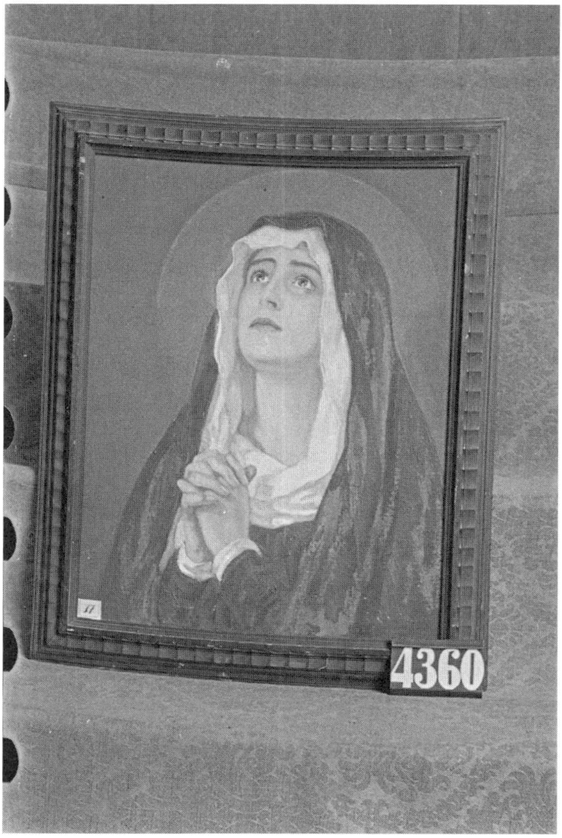

97 y 98. *Retrato de niño,* anónimo, y *Virgen,* de Eduardo Chicharro, obras entregadas en depósito al conde de Romanones en junio de 1940, procedentes de Moreto 1.

cuando la documentación de archivo demuestra de manera fehaciente que no era cierto. Y así podríamos continuar buscando las obras Sicardo-Carderera hasta alcanzar el número de piezas que el franquismo le incautó en la inmediata posguerra[526].

Habría que añadir que parece desprenderse de los expedientes que los agentes del Sdpan recurrieron a la entrega en depósito cuando dudaban de la veracidad de la reclamación. Y es cierto que prácticamente todos estos expedientes empezaban devolviendo para acabar entregando en depósito.

En la mayoría de todos estos expedientes que han llamado mi atención una parte de las obras entregadas lo eran en calidad de depósito, no solo las procedentes de Moreto 1: de las 40 pinturas entregadas a los marqueses de Falces, 16 lo eran «en depósito»; de las 12 pinturas que recibió Pilar Storch de Gracia, la mitad lo eran «en depósito»; de más de 70 piezas entregadas a la marquesa de Arnuossa, 43 lo eran en concepto de depósito y algunas además quedaban «a disposición del Juzgado especial de Tenencia ilícita de Objetos Artísticos», aunque no precisamente las procedentes de Moreto 1. El problema fundamental con el que me encuentro es que de la inmensa mayoría de estas piezas se desconoce el origen.

El expediente de la marquesa de Arnuossa

El caso más enrevesado y sorprendente es sin duda el expediente de piezas reclamadas por la tal marquesa de Arnuossa, con peticiones, entregas, renuncias, devoluciones, nuevas reclamaciones, etc.[527]. En principio no tendríamos que dudar de la veracidad de lo que decía esta señora, pues juraba «por Dios» y prometía «por su honor» ser la propietaria de las obras que reclamaba, según escritos que recoge el expediente. El problema es que reconocía como suyas obras que, como hemos visto,

---

[526] Teresa Díaz Fraile, «Arte perdido: el paradero de las obras de arte incautadas durante la Guerra Civil», en Arturo Colorado Castellary (ed.), *Patrimonio cultural, Guerra Civil y posguerra,* Madrid, Fragua, 2018, págs. 409-429, donde cita varias de las obras que aquí recogemos procedentes de la colección Sicardo-Carderera. Gracias a la amabilidad de esta autora, que ha contado con la colaboración de Concepción de Frutos Sanz para esta tarea y me ha permitido citar su nueva comunicación actualmente en prensa —Teresa Díaz Fraile, «La entrega de las obras incautadas en la inmediata posguerra», en Arturo Colorado Castellary (ed.), *Museo, guerra y posguerra,* Museo del Prado—, se puede apuntar la localización de otras piezas procedentes de esta colección entregadas a otros destinatarios: a María Boix de Escoriaza, un dibujo de una batalla; a María Rosa Medina Gestoso, «un cuadrito con tres escenas de playa firmado por Joaquín Sorolla», y a un tal Sánchez Arjona, un cuadro de Giovanni Colombo con «vistas de un canal de Venecia». Y así habría que continuar indagando hasta localizar el destino de al menos el grueso de esta colección.

[527] Arch. IPCE, SRA_1299.

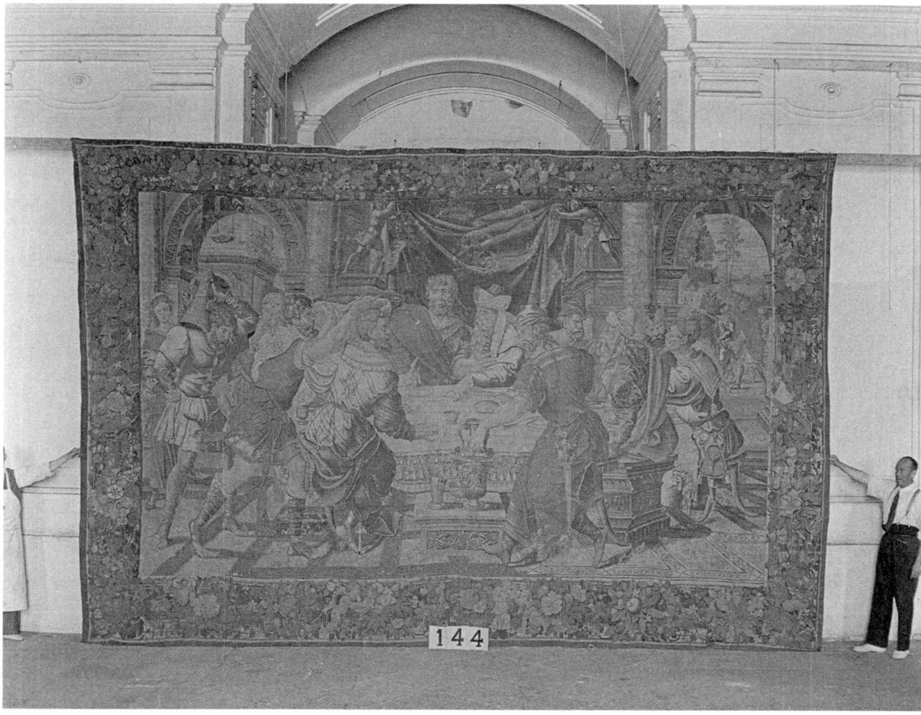

99. Tapiz de asunto mitológico de grandes dimensiones (6 × 4,5 m) entregado en depósito en junio de 1940 a la marquesa de Arnuossa, procedente del Palacio de Exposiciones del Retiro.

sabemos con seguridad que habían sido incautadas por los agentes franquistas de la casa de José Sicardo y Mariana Carderera, sita en Moreto 1 bajo. Este hecho incontestable provoca que dude automáticamente de la veracidad de cuanto afirma.

Además, hay otros hechos que me mueven a la duda, pues esta señora —mes a mes, año a año— iba reclamando todo tipo de bienes (porcelanas, muebles, piezas de orfebrería, cuadros...) de las procedencias más diversas, pero parecía tener predilección fundamentalmente por piezas de cuyo propietario no había constancia al haber sido incautadas por la CNT o la Agrupación Socialista Madrileña o ser de origen desconocido.

Esta tal marquesa de Arnuossa —título nobiliario que por cierto ni siquiera existe[528]— acudía a todos los lugares donde se exponían piezas y obras para recla-

[528] Consultado en la web de la Diputación Permanente y Consejo de la Grandeza de España: http://www.diputaciondelagrandeza.es/guiadetitulo/. Me he puesto en contacto, a su vez, con la División de Derechos de Gracia y otros Derechos, del Ministerio de Justicia, que también ha consultado a la Diputación Permanente de la Grandeza, afirmando que «ese título no existió nunca» y que tampoco «el nombre y apellidos de la persona eran asociados a un título».

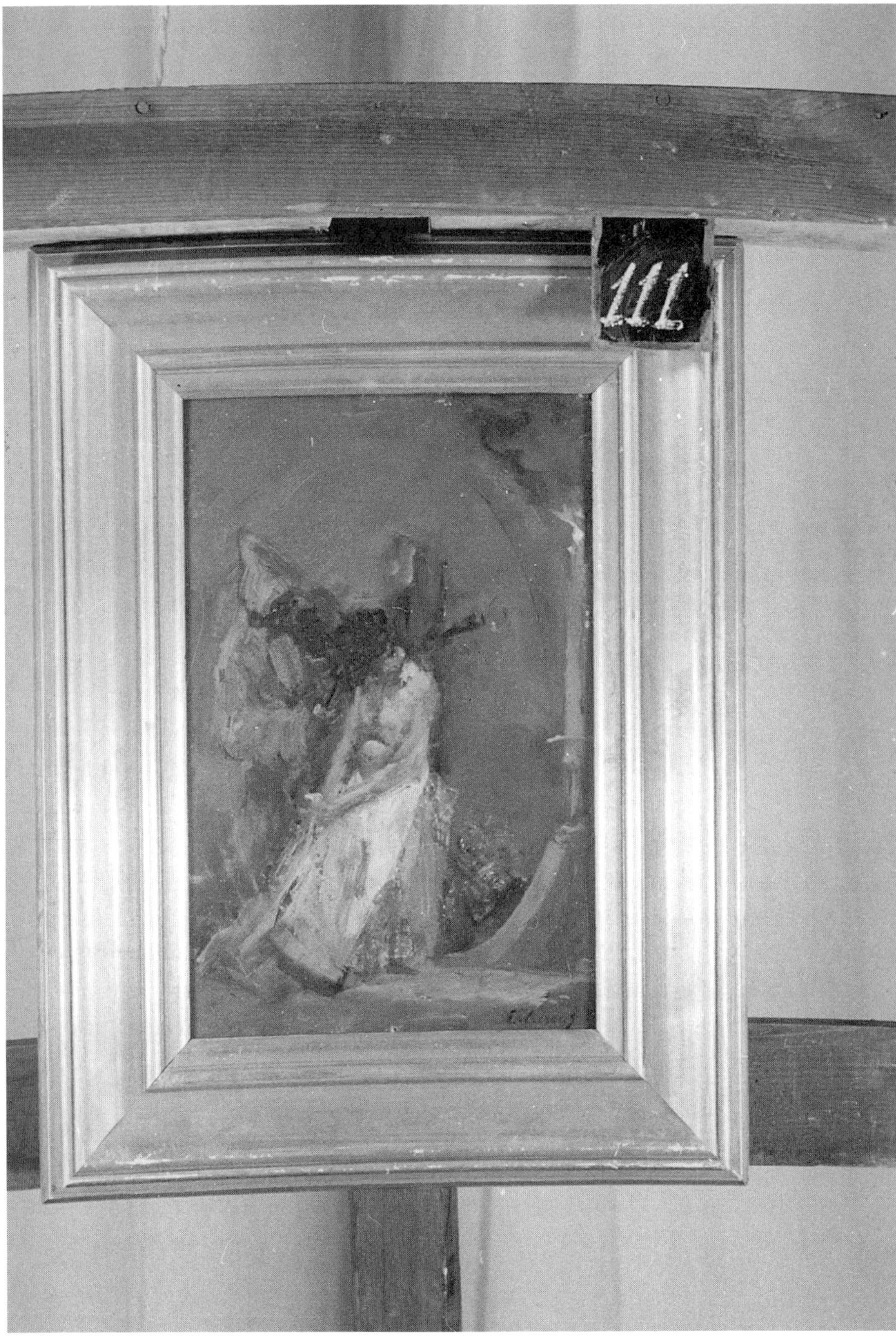

100. Eugenio Lucas Velázquez, *El condenado,* obra procedente de la Caja de Reparaciones que fue evacuada a Ginebra y en octubre de 1940 «devuelta» a la marquesa de Arnuossa como de su propiedad, aunque al año siguiente se le retirara para entregarla en depósito al Museo de San Telmo.

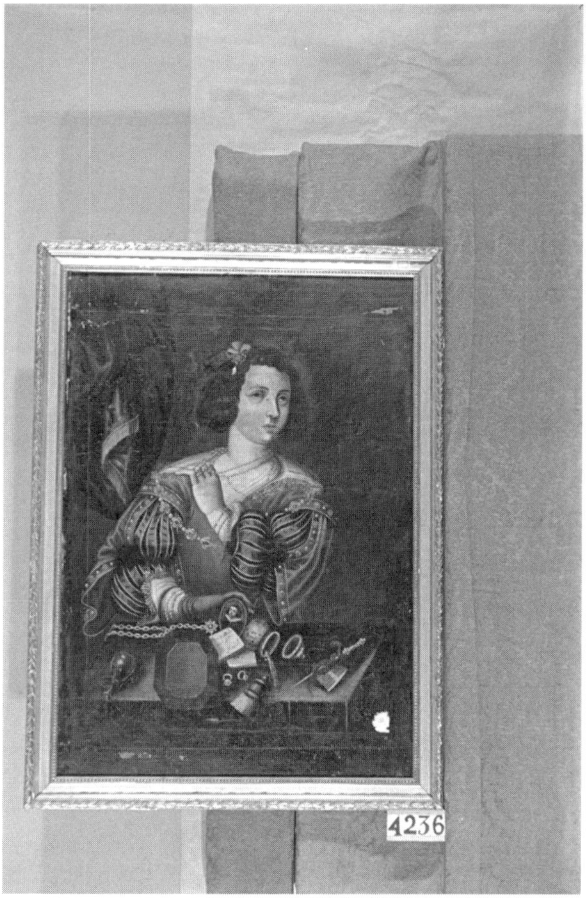

101. Anónimo, *Retrato de señora,* procedente de Mora, Toledo, y entregado en depósito a la marquesa de Arnuossa en julio de 1941.

mar cuanto se le pasaba por la cabeza: al Museo del Prado, al Palacio de Hielo, a la Comisaría General del Sdpan, para requerir obras procedentes de Ginebra o de París, a otros locales como María de Molina 9, Goya 87, etc. Pero cuando hizo su agosto fue en el verano de 1940 al acudir a la exposición de obras de muebles montada en el Palacio de Exposiciones del Retiro y reclamar cubiertos de plata, porcelanas, muebles franceses, imponentes tapices..., además de un piano de cola. Recibió con ello un total de 72 conjuntos de piezas, montante nada despreciable.

Finalmente, en esta reclamación permanente, la autodenominada marquesa de Arnuossa llegó a exigir cuadros procedentes de Ginebra, como el de Eugenio Lucas Velázquez titulado *El condenado,* recogido por la Caja de Reparaciones, entregado a la JTA y finalmente evacuado a Ginebra en febrero de 1939; le fue entregado a la tal marquesa como de su propiedad el 19 de octubre de 1940, pero finalmente, un año más tarde, el 23 de septiembre de 1941, sería adjudicado en

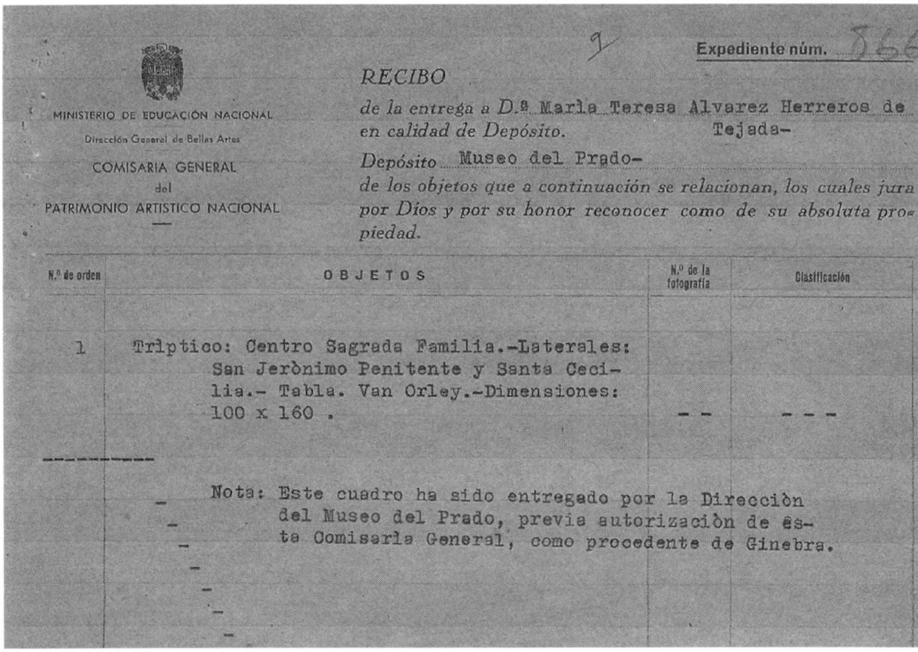

MINISTERIO DE EDUCACIÓN NACIONAL
Dirección General de Bellas Artes
COMISARIA GENERAL
del
PATRIMONIO ARTISTICO NACIONAL

9 Expediente núm. 866

RECIBO
de la entrega a D.ª María Teresa Alvarez Herreros de Tejada-
en calidad de Depósito.
Depósito Museo del Prado-
de los objetos que a continuación se relacionan, los cuales jura por Dios y por su honor reconocer como de su absoluta propiedad.

N.º de orden	OBJETOS	N.º de la fotografía	Clasificación
1	Tríptico: Centro Sagrada Familia.-Laterales: San Jerònimo Penitente y Santa Cecilia.- Tabla. Van Orley.-Dimensiones: 100 x 160 .	--	---

Nota: Este cuadro ha sido entregado por la Direcciòn del Museo del Prado, previa autorizaciòn de ésta Comisaría General, como procedente de Ginebra.

102. Página del expediente de entrega en depósito a María Teresa Álvarez y Herreros de Tejada, marquesa de Arnuossa, del tríptico de Van Orley, propiedad de Ricardo Baeza y procedente de Ginebra, que ella juraba «por Dios y por su honor» que era de su propiedad.

depósito al Museo de San Telmo de San Sebastián[529], donde actualmente se encuentra. No debió de quedar muy contenta con esta pérdida y se resarció con una pieza de este museo, pues reclamó como de su propiedad un cuadro atribuido a Goya, *Escenas de interior. Personas huyendo,* que se había dado en depósito al Museo de San Telmo en 1941 y que, finalmente, le fue entregado a la tal Arnuossa en 1947. El cambio no estaba nada mal: perdía un cuadro de Lucas pero ganaba uno atribuido a Goya. También del depósito de la localidad toledana de Mora recibió un interesante *Retrato de señora* en julio de 1941.

El caso más evidente de que la tal marquesa de Arnuossa pudiera estar faltando a la verdad cuando reclamaba obras de su propiedad es que el 13 de agosto de 1941 se le hacía entrega en depósito del tríptico *La Virgen, el Niño y San Antonio, paneles con santos,* atribuida a Barend van Orley, que había sido evacuado a Ginebra y que según el inventario allí realizado era propiedad de Ricardo Baeza, tal como hemos visto anteriormente. Habría que recordar que Ricardo Baeza a principios de los años cuarenta se encontraba en el exilio en Argentina y no volvería a España hasta 1952.

[529] Arch. IPCE, SRA_0008.

Me pregunto si la tal marquesa de Arnuossa era una acaparadora profesional que supo sacar buen provecho de la época de confusión de la inmediata posguerra, además de poder contar con apoyos de los responsables del Sdpan. Resulta muy difícil buscar otra explicación a esta entrega masiva de piezas. Pero el dato más significativo y definitivo para confirmar mis sospechas es que, a pesar de recibir numerosas pinturas por parte del Sdpan, no aparece como incautada en los libros de pintura de la JTA republicana.

Incluyo en un cuadro las pinturas que se le entregaron a la marquesa de Arnuossa, donde podemos ver la diversidad de orígenes de las piezas, la mayoría en depósito, menos las dos últimas, que le fueron «devueltas» a pesar de pertenecer a otros coleccionistas.

Además, el expediente de la tal marquesa de Arnuossa demuestra que recibió otras pinturas en depósito, pero que también tuvo litigios permanentes por la reclamación de terceros[530]. Tendrá que devolver algunas piezas, reclamadas por otras propietarias, como veremos más adelante en un capítulo dedicado a los litigios entre particulares.

Cuadro resumen de las entregas de pinturas a M.ª Teresa Álvarez y Herreros de Tejada, autodenominada marquesa de Arnuossa

Núm.	Pintura	Origen de la obra	Depósito o exposición de procedencia
1	Orley, Barend van: tríptico: *La Virgen, el Niño y San Antonio, paneles con santos*	Según el inventario de Ginebra, pertenecía a la «Colección Ricardo Baeza: así declarado»	Museo del Prado
2	Goya (atribuido a): *Escenas de interior. Personas huyendo*	Según el inventario de Ginebra: «Obra de la caja fuerte del Banco Hispano Americano, núm. 7». Fue entregada en depósito al Museo Municipal de San Telmo, San Sebastián, Guipúzcoa. Reclamada por la marquesa de Arnuossa, se le entrega	Museo de San Telmo
3	Anónimo: *Abraham y los tres ángeles*	Según el inventario de Ginebra: «Obra procedente de la Caja de Reparaciones, núm. 21»	Museo de Arte Moderno

530 El 11 de junio de 1940 se le entregaba en depósito, aunque afirmaba que era de su propiedad, otra pintura: *San José y el Niño,* atribuida a Alonso Cano (que finalmente, el año siguiente, se entregaría a la marquesa de Moret), entre otros casos que después veremos.

Núm.	Pintura	Origen de la obra	Depósito o exposición de procedencia
4	Lucas (atribuido a): *Fusilamiento*	Según el inventario de Ginebra: «Obra procedente de la Caja de Reparaciones, núm. 37»	Museo de Arte Moderno
5	Greco (atribuido al): *Cabeza de hombre*	Según el inventario de Ginebra: «Obra procedente de la Caja de Reparaciones, núm. 1»	Museo de Arte Moderno
6	Greco (copia del): *San Pablo*	Según el inventario de Ginebra: «Obra procedente de la Caja de Reparaciones, núm. 30»	Museo de Arte Moderno
7	Eugenio Lucas Velázquez: *El condenado*	Según el inventario de Ginebra: «Obra procedente de la Caja de Reparaciones, núm. 68». Finalmente adjudicada al Museo de San Telmo	Museo de Arte Moderno
8	Anónimo: *Retrato de una joven con un ramo de flores en la mano*	Desconocido	Museo de Arte Moderno
9	Anónimo: *Escena de lucha entre españoles y franceses*	Desconocido	Museo de Arte Moderno
10	Anónimo: *El descendimiento*	Procedente de María de Molina 9	Museo de Arte Moderno
11	Anónimo: *La Virgen de la Buena Leche*	Procedente de Goya 87	Museo de Arte Moderno
12	Anónimo: *Tríptico: asunto religioso*	Desconocido. Procedente de Barcelona	Museo de Arte Moderno
13	Anónimo: *La Virgen y el Niño*	Desconocido. Procedente de París	Museo de Arte Moderno
14	Anónimo: *Retrato de caballero*	Desconocido. Procedente de Valencia	Museo de Arte Moderno
15	Anónimo: *Dos figuras, una de ellas desmayada (Capricho 9: Si él fuese más galán, ella reviviría)*	Desconocido. Incautada por la Junta del Tesoro Artístico	Museo del Prado
16	Murillo (imitador de): *Sagrada Familia con San Juanito*	Desconocido. Incautada por la Agrupación Socialista Madrileña	Museo del Prado
17	Murillo (copia de): *Virgen de la faja*	Desconocido. Incautada por la Agrupación Socialista Madrileña	Museo del Prado
18	Anónimo: *Retrato de señora*	Mora (Toledo)	Museo del Prado
19	Anónimo: *Calvario*	Desconocido	Museo del Prado

Núm.	Pintura	Origen de la obra	Depósito o exposición de procedencia
20	Anónimo: *Escena bíblica*	Desconocido	Museo del Prado
21	Anónimo: *Sagrada Familia*	Desconocido	Comisaría General del Sdpan
22	Anónimo: *El entierro de la sardina*	Colección Sicardo-Carderera	Museo de Arte Moderno
23	Anónimo: *La Sagrada Familia, Santa Isabel y San Joaquín*	Colección Sicardo-Carderera	Museo de Arte Moderno

Obras entregadas en depósito, pero con reservas, a quien afirmaba ser su propietario

Otro expediente problemático es el de José María Velluti, marqués de Falces, y su mujer, semejante en muchos aspectos al de la marquesa de Arnuossa. Este expediente, también complejo por la diversidad de fórmulas de entrega y de origen de las piezas, se puede dividir de nuevo en dos capítulos: el de las devoluciones que podemos cotejar con la incautación de esta colección durante la guerra, de la que sí existe expediente, y el de las que se entregaron en calidad de depósito, aunque los destinatarios jurasen que eran suyas[531].

El acta de incautación de la JTA a los marqueses de Falces de julio de 1938, que consta de dos páginas, se limitaba a una colección de diez libros («nueve antiguos y uno moderno»), un conjunto de objetos de decoración (reloj, lote de objetos de vidrio artístico, lote de objetos orientales, una plancha de cobre y una silla de mano del siglo xviii) y ni una sola pintura[532]. Sin embargo, comprobamos que en el expediente de devolución de la JTA se les entregaba a los marqueses de Falces, además de numerosos objetos (aquellos que se les habían incautado en la guerra y varios más), una serie de pinturas, pero curiosamente casi todas ellas de origen desconocido[533].

Al final del expediente se encuentran las piezas entregadas «en depósito», que ascienden a 14 y tienen orígenes muy diversos. Las pinturas procedentes de Moreto 1, residencia del matrimonio Sicardo-Carderera, ya las hemos visto antes y son las únicas que sabemos de origen cierto, pero del resto figura tan

---

531 Arch. IPCE, SRA_0683.

532 Arch. IPCE, JTA_0204. Además, el marqués de Falces no aparece en los libros de registro de pinturas de la JTA (Arch. IPCE).

533 Arch. IPCE, SRA_0683.

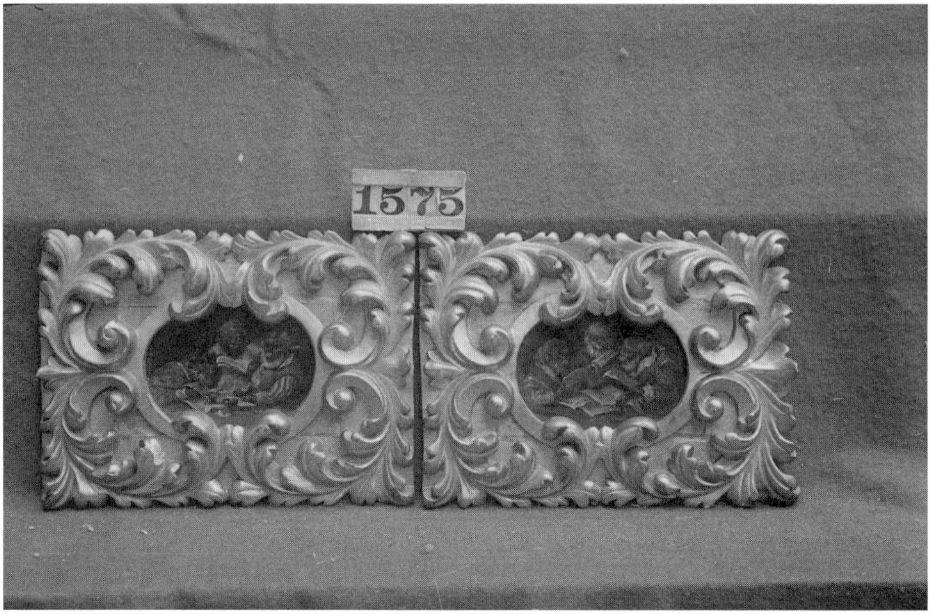

103. Pareja de cuadros de *Monos leyendo* que fue entregada en depósito al Museo del Prado el 29 de enero de 1941 y que el 26 de junio del mismo año recibió «en depósito» Cristóbal García Loygorri y Murrieta, duque de Vistahermosa, tras reconocer la obra de su propiedad.

solo que procedían del Comité Provincial de Investigación, de la zona centro (Museo Arqueológico Provincial), de Valencia o de origen desconocido.

Pero los expedientes de la marquesa de Arnuossa y de los marqueses de Falces, por muy sorprendentes que sean, no son los únicos casos de supuesto desvío de piezas. Vemos que las entregas de obras en depósito a particulares que afirmaban que eran suyas —y que indicios evidentes sugieren que no lo eran, al menos varias de ellas— se repiten con demasiada insistencia como para ser una simple anécdota. Uno muy significativo es el expediente de devolución a Alfonso Gordon y Rodríguez-Casanova, conde de Mirasol[534], al que después de devolverle 12 piezas que afirmaba que eran de su propiedad, se le entregaron «en depósito» otras siete pero con la reserva de que quedaban «a disposición del Juzgado Especial de Tenencia Ilícita de Objetos Artísticos»[535].

Cristóbal García Loygorri y Murrieta, duque de Vistahermosa, recibió un lote de 20 piezas que aseguraba que eran de su propiedad, a las que se añadía la entre-

[534] Arch. IPCE, SRA_0930.

[535] Estas piezas son: un lote compuesto por seis objetos de porcelana, que se describen: cacharro de porcelana (35 × 15 cm); dos columnas verdes (110 cm de alto); figura de mujer (100 cm de alto); figura de mujer (65 cm de alto); figura de alabastro (40 cm de alto), además de un «marco de espejo de plata repujada con corona y Onteiro».

ga «en depósito» de otras nueve piezas a pesar de afirmar que eran también suyas: un reloj imperio con columnas de mármol (que, por cierto, en el expediente se dice que pertenecía a José de las Bárcenas); una caja de pasta con escena mitológica; cuatro abanicos y tres pinturas *(Retrato de D. Lorenzo García de Tejada y Rubio* y dos cuadros pequeños titulados *Tres monos vestidos de caballero, leyendo el periódico* y *Tres monos vestidos de caballero, leyendo el periódico,* que habían sido previamente entregados en depósito al Museo del Prado)[536].

Otro caso es el expediente de Eugenio Ferraz y Alcalá Galiano, marqués de Amposta, al que, después de recibir del Sdpan, en 1939 y 1940, 11 piezas que afirmaba que eran de su propiedad, a partir de junio de este último año se le comenzó a entregar obras en calidad de depósito, que también aseguraba que eran suyas (una colección de elefantes de porcelana, una jarra de cristal y plata y otras piezas de porcelana, además de cuatro pinturas), hasta un total de 19 piezas que llegaron a sus manos siguiendo esta fórmula[537].

Algo parecido ocurre con otros expedientes, como el de entrega a Luis Narváez y Ulloa, marqués de Oquendo[538], de 40 piezas, 31 de ellas en calidad de depósito, algunas de interés indudable, como dos pinturas de Giovanni Domenico Tiepolo, además de varias pinturas de la escuela holandesa del siglo XVII, casi todas procedentes del Palacio de Exposiciones del Retiro y en gran parte de Barcelona. A Eulalia Maroto y Pérez del Pulgar, duquesa de la Vega y de Veragua[539], que al principio recibía sencillamente obras —hasta un total de 76—, a partir de cierto momento se le empiezan a entregar «en depósito» —en total, 20— a pesar de que afirmase que eran de su propiedad. A Ignacio de Murúa y Balzola, conde del Valle, se le entregaron de 1939 a 1941, entre pinturas, tapices y grabados, un total de 57, 15 de ellas en calidad de depósito. Destacan en esta última entrega, además de la devolución de un cuadro de Goya, algunas pinturas y grabados de especial significación en calidad de depósito, como el lienzo *Los desposorios de Santa Catalina.*

En el expediente de entrega a Luis Jesús Fernández de Córdoba, duque de Medinaceli, consta que recibió un total de 194 piezas (muebles, relojes, pinturas, etc.), de las cuales 41 lo eran en concepto de depósito[540]. De estas últimas destacan nueve relieves romanos y numerosas figuras de un nacimiento napolitano. Algo parecido ocurre con el expediente de la condesa viuda de Floridablanca, pues de los 67 conjuntos entregados, 24 lo eran en calidad de depósito. Entre estos últimos destacan muebles, objetos de cerámica y de orfebrería, alfombras, tapices, relojes y, lo que es más sorprendente, un «lote compuesto por 89 joyas de oro».

---

[536] Arch. IPCE, SRA_0953.
[537] Arch. IPCE, SRA_0061.
[538] Arch. IPCE, SRA_1046.
[539] Arch. IPCE, SRA_0950.
[540] Arch. IPCE, SRA_0022.

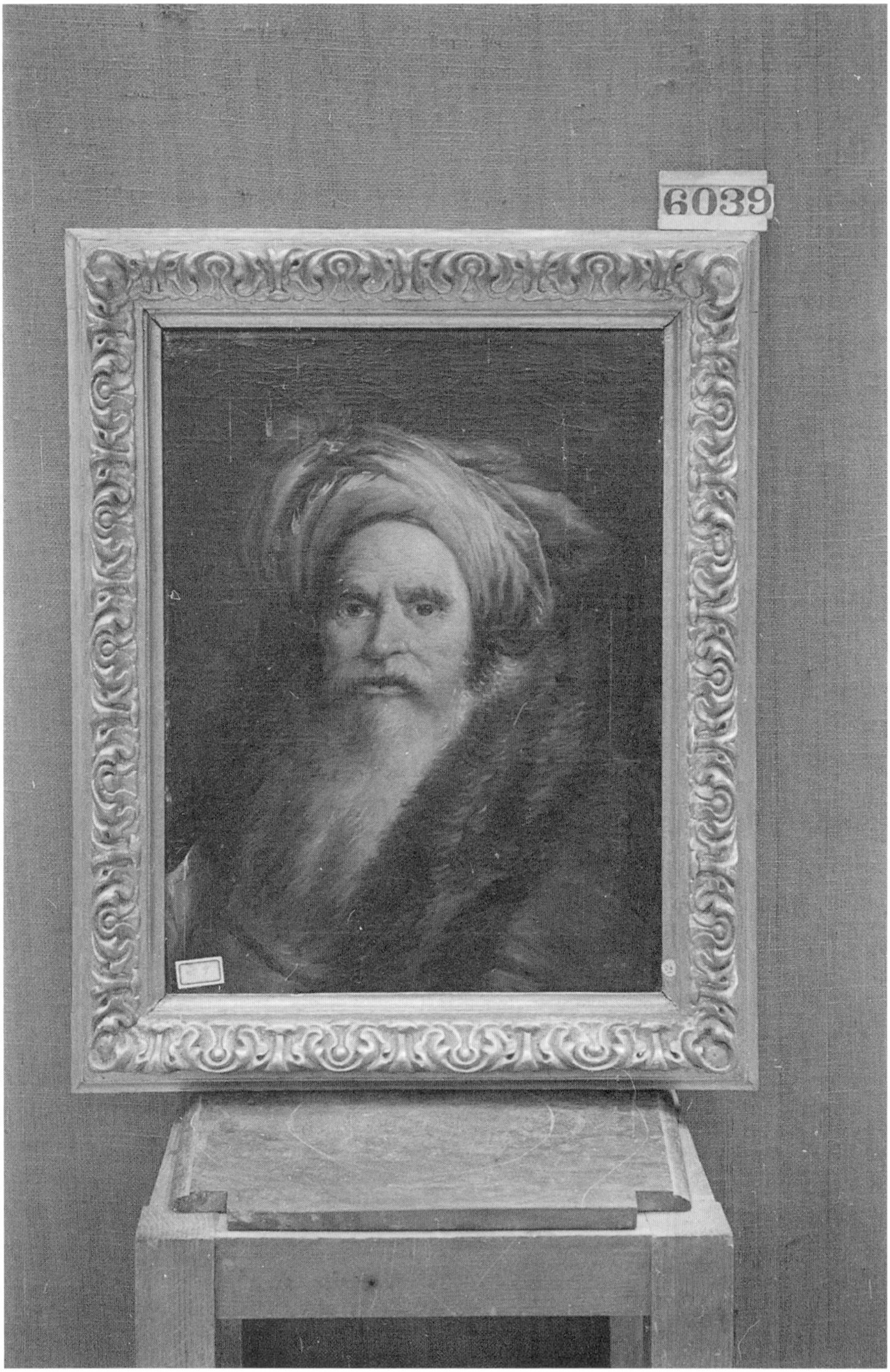

104. Giovanni Domenico Tiepolo, *Cabeza de turco,* entregada en depósito al marqués de Oquendo en marzo de 1941.

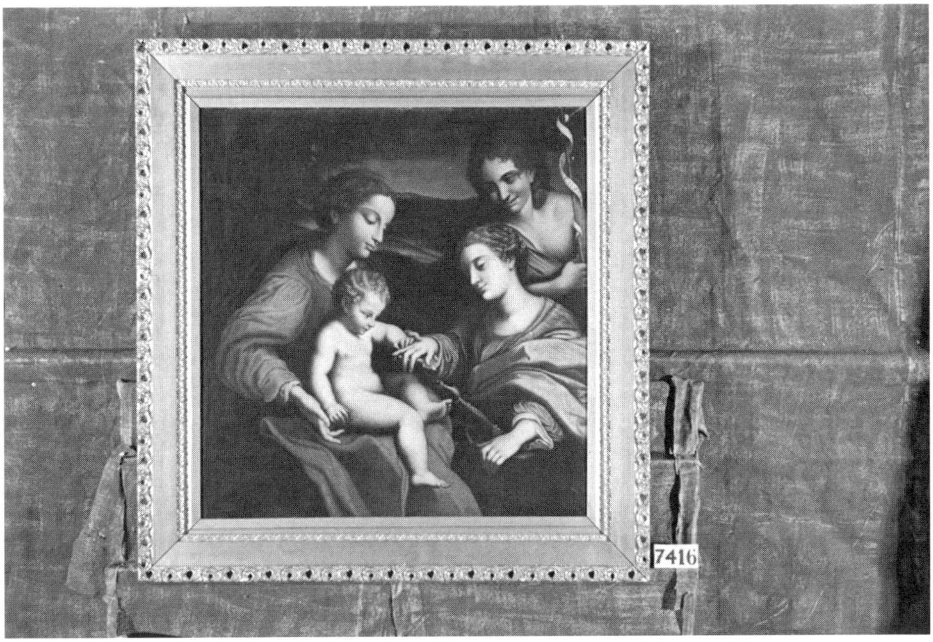

105. *Los desposorios de Santa Catalina,* obra incautada durante la guerra por la Comisaría de Centro, almacenada por la JTA y entregada en depósito por el Sdpan al marqués del Valle en mayo de 1940.

Vendría también a colación en este sentido el expediente de entrega de obras a Álvaro de Figueroa y Torres, conde de Romanones, político liberal, que había sido presidente del Senado, presidente del Congreso de los Diputados, varias veces ministro y tres veces presidente del Consejo de Ministros en el reinado de Alfonso XIII. Al conde de Romanones se le entregaba —si solo tenemos en cuenta las pinturas y una escultura de marfil— un total de 88 piezas, de las cuales 49, más de la mitad, lo eran en concepto de depósito. Los años de entrega son 1940 y 1941 y el origen de estas piezas es muy diverso: dos, de las evacuadas a Ginebra —exactamente de la Caja de Reparaciones—; otras, de París, además de Barcelona y Valencia; una, de las incautaciones de la Agrupación Socialista Madrileña, y, finalmente, las dos pinturas procedentes de Moreto 1, el domicilio del coronel Sicardo, que ya hemos visto. Aquí reproducimos dos de estas obras: una tabla con la *Piedad* y un paisaje de Modest Urgell.

Habría que aclarar que el conde de Romanones no participó en la conspiración del golpe de Estado que provocó la guerra, sino que desde Fuenterrabía, donde se encontraba en el momento en que estalló, consiguió marchar al exilio a Francia, en donde se convirtió en convencido franquista. Volvió a territorio nacionalista en 1937 y fue uno de los 22 miembros de la comisión, presidida por

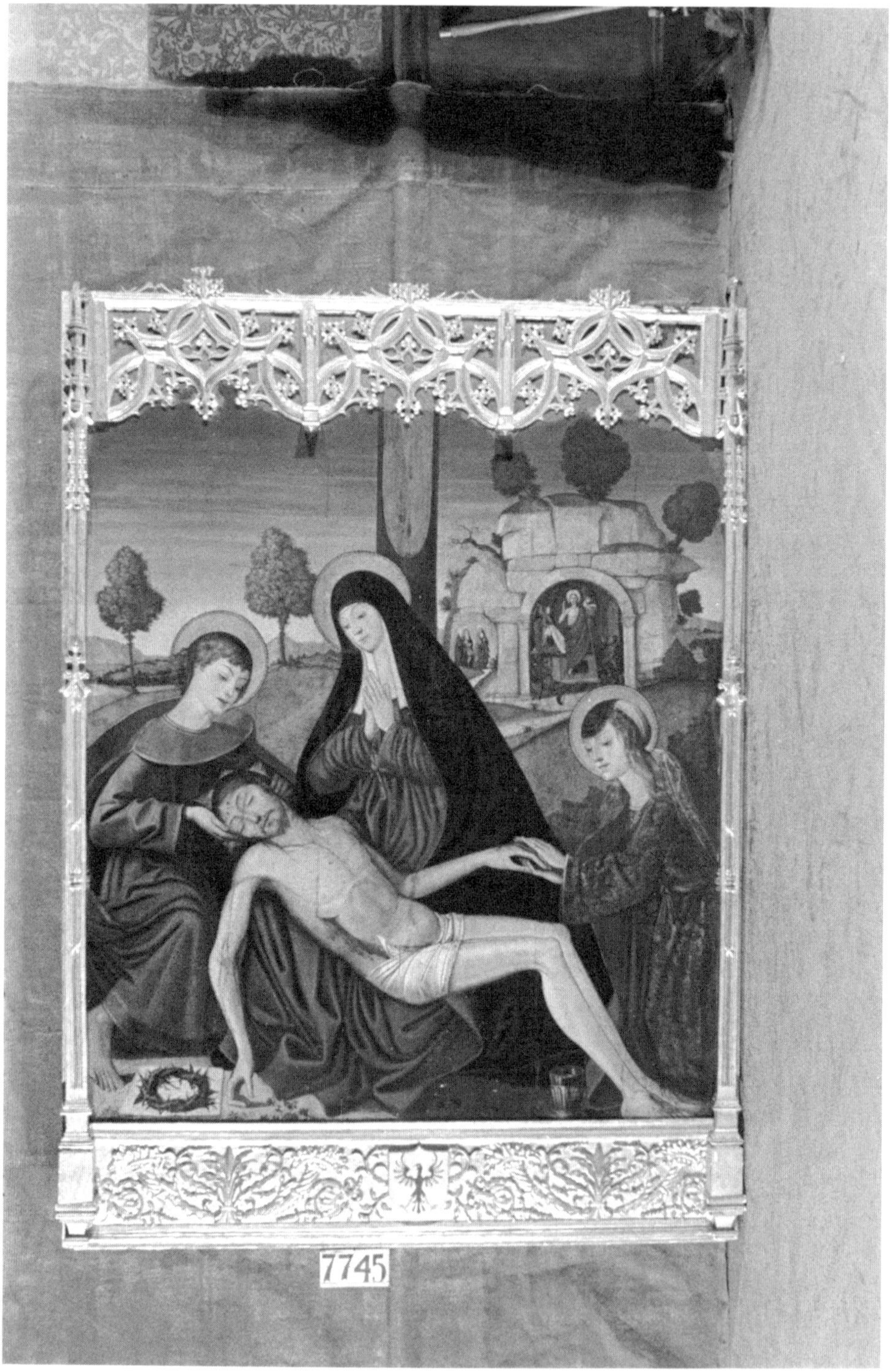

106. *Piedad,* tabla de 200 × 160 cm entregada en depósito al conde de Romanones en septiembre de 1940, procedente de las incautaciones de 1938 de la Agrupación Socialista Madrileña.

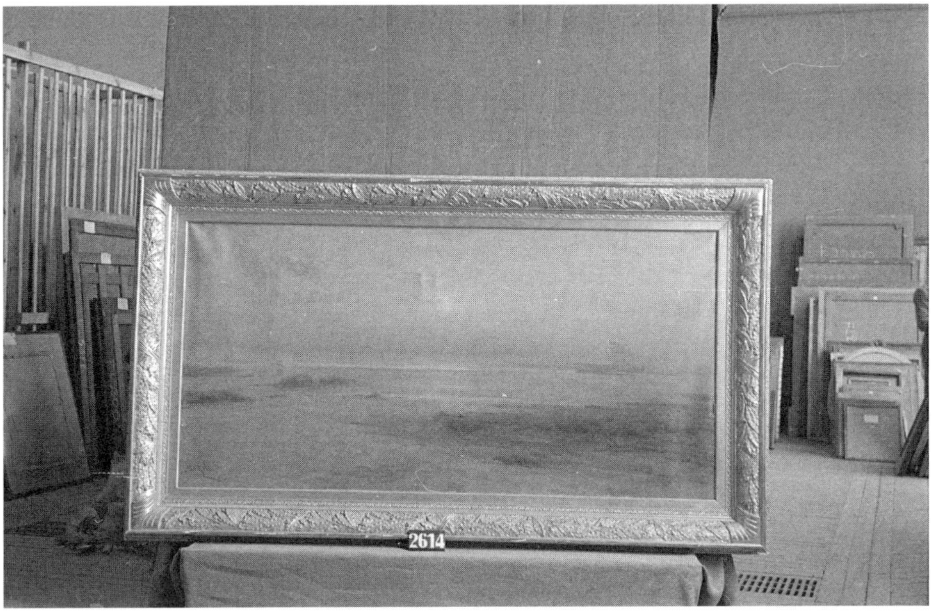

107. Modest Urgell, *La ola,* pintura de 115 × 215 cm, procedente de Barcelona y entregada en depósito al conde de Romanones en marzo de 1941.

Ildefonso Bellón, encargada de elaborar un informe sobre la ilegitimidad del Gobierno republicano[541].

Y habría también que destacar que su hijo, Luis Figueroa y Alonso Martínez, conde de la Dehesa de Velayos y que heredaría en 1951 el título de conde de Romanones a la muerte de su padre, fue testaferro de Franco, especialmente en la compra por este de la finca denominada Valdefuentes, S.A., uno de los negocios inmobiliarios del dictador[542].

Otro caso es el expediente de María Luisa Silva Mijans, marquesa de Almenara[543], a la que se le entregó un total de 59 pinturas y esculturas, entre ellas 14 pinturas en concepto de depósito, procedentes todas ellas de Ginebra, en concreto de la caja fuerte del Banco de España. Entre ellas destacaban obras de David Teniers, Vicente López o Zacarías González Velázquez. Las fechas de estas entregas en depósito a la marquesa de Almenara eran ya bastante tardías: en junio de 1941 y en enero de 1943.

---

541 *Dictamen de la Comisión sobre ilegitimidad de poderes actuantes en 18 de julio de 1936,* Madrid, Editora Nacional, 1939.

542 Ángel Viñas, *La otra cara del Caudillo. Mitos y realidades en la biografía de Franco,* Barcelona, Crítica, 2015. Véase especialmente el apartado «El matrimonio Franco y Valdefuentes, S.A.», páginas 348-354.

543 Arch. IPCE, SRA_0760.

A Roque Pidal y Bernaldo de Quirós el Sdpan le entregó un total de 180 piezas —si tenemos en cuenta solo las pinturas, grabados y esculturas—, de las cuales 62 lo eran en concepto de depósito[544]. Lo cierto es que las piezas entregadas en depósito no coinciden —cuando se aportan estos datos— con la fecha de incautación de su colección durante la guerra por parte de la JTA o con los números de inventario de la misma[545]. Un dato importante es que 13 de las piezas entregadas en depósito a Roque Pidal procedían de la calle Diego de León 10 (tal como especificaban la JTA y el Sdpan), una de las Comendadoras y el resto de origen desconocido o no especificado. Destacan varias obras de interés en estas entregas, como el lienzo de escuela francesa titulado *Hipólito y Atalante,* que aquí se reproduce.

Habría que añadir que de las obras entregadas en depósito a Roque Pidal, diez proceden de las evacuadas a Ginebra en febrero de 1939, exactamente de las obras sacadas de la caja fuerte del Banco de España, de autores como Federico de Madrazo o atribuidas a Murillo, Zurbarán, Tiziano o Ribera.

El expediente de José Finat y Carvajal, conde de Finat y marqués de Terranova, también merece atención, pues de las 35 piezas que se le entregaron —entre pinturas y esculturas—, diez lo eran en concepto de depósito, aunque de todas ellas afirmaba ser propietario[546]. Lo peculiar de esta colección es que no exista expediente de incautación de la JTA durante la guerra y que el origen de muchas de las piezas sea «Mora (Toledo)», según se especifica claramente, además de obras de procedencia desconocida o producto de incautaciones de la Agrupación Socialista Madrileña. Habría que señalar que el beneficiario de las entregas del Sdpan era el padre de José María Finat y Escrivá de Romaní, conocido como conde Mayalde, destacado dirigente franquista en la inmediata posguerra y represor del régimen, que ostentó cargos tan significativos como el de gobernador civil de Madrid (1939-1940), director general de Seguridad (1939-1941) o embajador de Franco en Alemania (1941-1942) —fue un destacado pro-nazi—, alcalde de Madrid (1952-1965) y procurador en las Cortes franquistas (1943-1977). Se puede deducir que muchas de las piezas entregadas a su padre acabarían en sus manos.

A José Antonio Azlor de Aragón y Hurtado de Zaldívar, duque de Luna y de Villahermosa, se le entregaron un total de 57 piezas, fundamentalmente pinturas, aunque también había tapices[547]. De estas piezas, 16 pinturas —de especial importancia— procedían de Ginebra, en su casi totalidad, de las obras evacuadas de la Caja de Reparaciones. Y, lo que es más destacable, 36 piezas eran entregadas en calidad de depósito. Desconocemos las razones de esta importante cantidad de entregas en depósito. El hecho de que no exista acta de incautación de la JTA

[544] Arch. IPCE, SRA_0858.

[545] Arch. IPCE, JTA_0419. Las fechas de incautación son del 28/08/1936 al 31/08/1936.

[546] Arch. IPCE, SRA_0969.

[547] Arch. IPCE, SRA_1044.

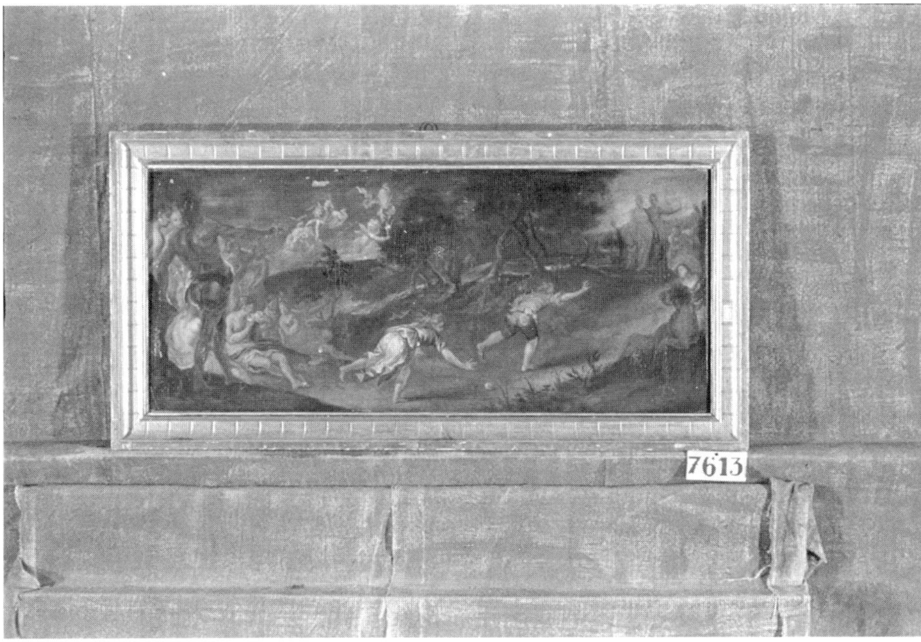

108. Anónimo de escuela francesa, *Hipólito y Atalante,* lienzo entregado por el Sdpan a Roque Pidal en mayo de 1940 en concepto de depósito, procedente de Diego de León 10.

de esta colección durante la guerra impide estudiar el origen de las obras y hacer su seguimiento.

Otro tanto ocurre con Juan March Ordinas, el famoso contrabandista y empresario que financió el golpe de Estado contra la República en 1936. De las 70 piezas que se le entregaron —especialmente pintura—, nueve lo eran en concepto de depósito: un tapiz que representa a *Nabucodonosor,* siete tallas en madera y un relieve en alabastro[548]. Desgraciadamente, no se conservan las fotografías de estas piezas.

Y así los casos de entregas en depósito de obras se repiten con demasiada insistencia: Ildefonso de Molins y Manzanares recibió 43 pinturas, una de ellas en depósito[549]; a Casilda Salabert y Arteaga, duquesa viuda de Santo Mauro, se le entregó un total de 175 piezas, entre pinturas, esculturas y grabados, de las que 13 lo eran en calidad de depósito[550], entre ellas un cuadro de Van Dyck *(San Pedro y San Pablo,* aunque de hecho es una *Crucifixión de San Pedro)* que procedía, según expediente, de la colección del conde de Torre Arias.

---

548 Arch. IPCE, SRA_0884.
549 Arch. IPCE, SRA_2350.
550 Arch. IPCE, SRA_2263.

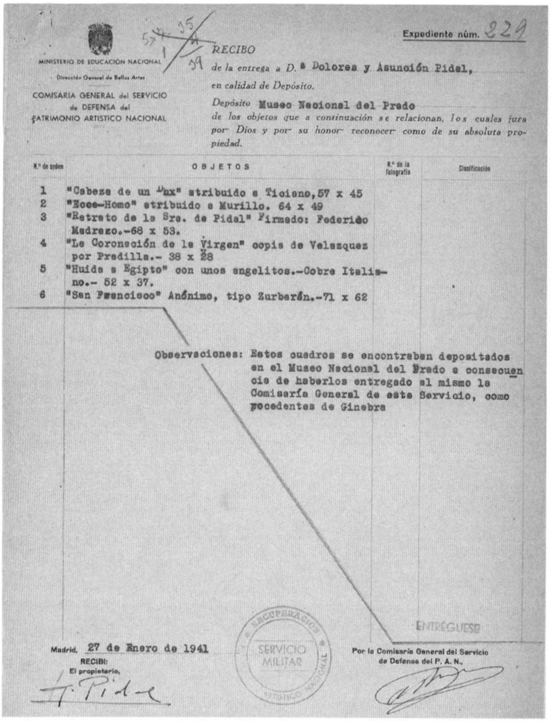

MINISTERIO DE EDUCACIÓN NACIONAL

Dirección General de Bellas Artes

COMISARIA GENERAL del SERVICIO de DEFENSA del PATRIMONIO ARTISTICO NACIONAL

Expediente núm. 229

RECIBO

de la entrega a D.ª Dolores y Asunción Pidal,

en calidad de Depósito.

Depósito Museo Nacional del Prado

de los objetos que a continuación se relacionan, los cuales jura por Dios y por su honor reconocer como de su absoluta propiedad.

N.º de orden	OBJETOS	N.º de la fotografía	Clasificación
1	"Cabeza de un Dux" atribuido a Ticiano, 57 x 45		
2	"Ecce-Homo" atribuido a Murillo. 64 x 49		
3	"Retrato de la Sra. de Pidal" Firmado: Federico Madrazo.-68 x 53.		
4	"La Coronación de la Virgen" copia de Velazquez por Pradilla.- 38 x 28		
5	"Huida a Egipto" con unos angelitos.-Cobre Italiano.- 52 x 37.		
6	"San Francisco" Anónimo, tipo Zurbarán.-71 x 62		

Observaciones: Estos cuadros se encontraban depositados en el Museo Nacional del Prado a consecuencia de haberlos entregado al mismo la Comisaría General de este Servicio, como pocedentes de Ginebra

ENTRÉGUESE

Madrid, 27 de Enero de 1941

RECIBI:

El propietario,

A. Pidal

RECUPERACION SERVICIO MILITAR

Por la Comisaría General del Servicio de Defensa del P. A. N.,

109. Una de las hojas del expediente de entrega en depósito a Roque Pidal de obras procedentes de Ginebra (Arch. IPCE, SRA_0858).

A Alfonso de Bustos, duque de Huete, se le devolvió un total de 57 piezas —entre pinturas, grabados, tapices, documentos y esculturas—, de ellas una pintura *(Aparición de la Virgen a unos santos)* en concepto de depósito[551]. A Miguel Ponte y Manso de Zúñiga, marqués de Bóveda de Limia, se le entregaron 16 piezas, entre pinturas y dibujos, de las cuales una pintura (un retrato de un *General de la Guardia Civil)* lo era en concepto de depósito[552]. A María de los Ángeles Fernández Cueto y Ayllón, marquesa de Villalba, se le devolvieron 28 piezas, especialmente pinturas, pero se le entregó en depósito un «tapiz grande de Bruselas representando la cena de Cleopatra»[553].

Alfonso Pérez de Guzmán el Bueno, conde de Torre Arias, recibió 118 piezas de pintura, 15 en calidad de depósito, entre las que destacaba un *Santo ermitaño de rodillas*[554], tabla procedente de la colección del duque de Lerma, según la incautación de la JTA realizada en 1937. Lo peculiar de este caso de entrega en depósito al conde de Torre Arias es que el origen de una decena de piezas es de la colección del duque de Lerma.

---

[551] Arch. IPCE, SRA_0966.

[552] Arch. IPCE, SRA_0981.

[553] Arch. IPCE, SRA_1521.

[554] Arch. IPCE, SRA_0880.

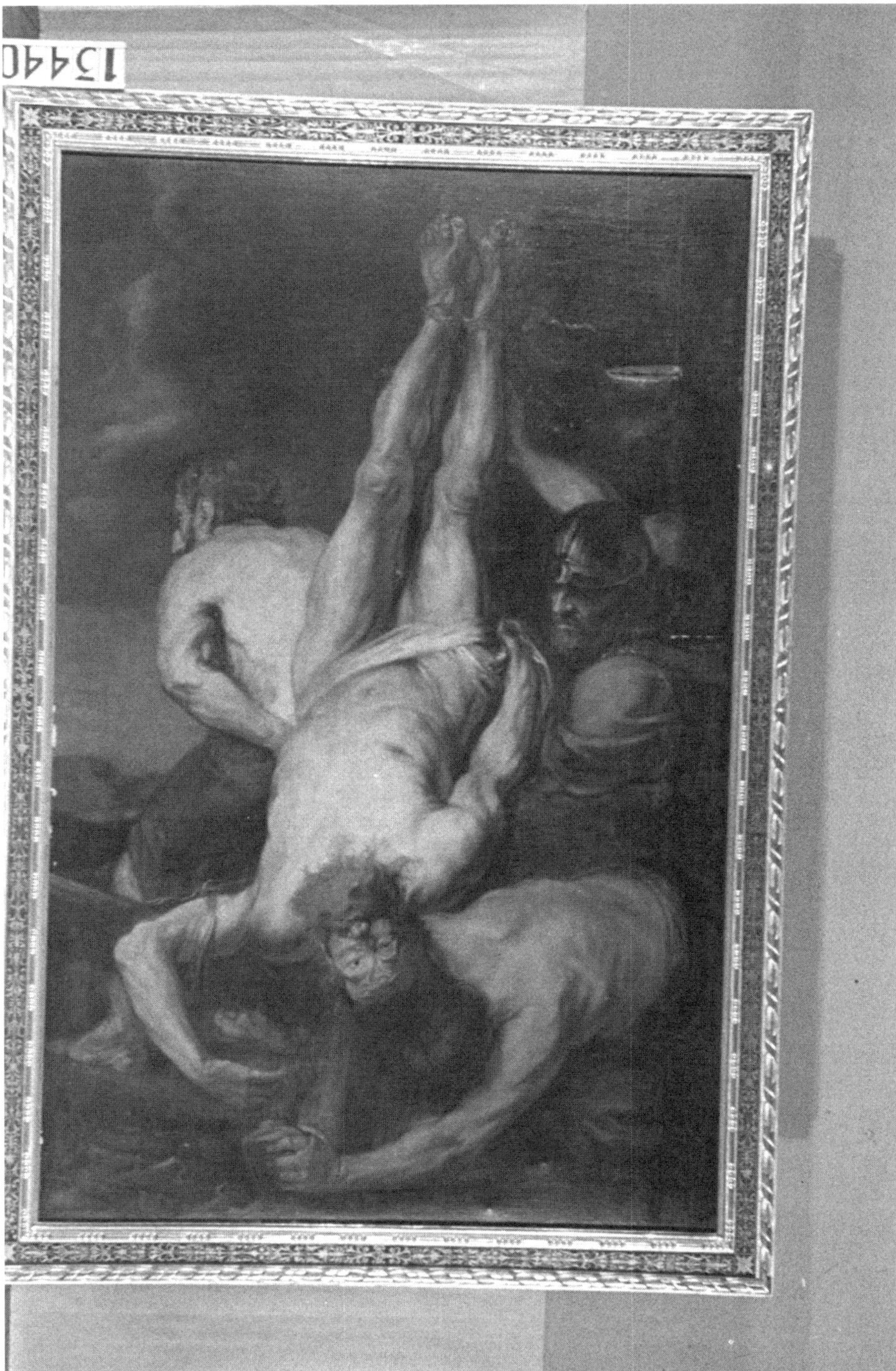

110. Anton van Dyck, *Crucifixión de San Pedro,* obra del conde de Torre Arias entregada en depósito a la duquesa viuda de Santo Mauro en abril de 1940.

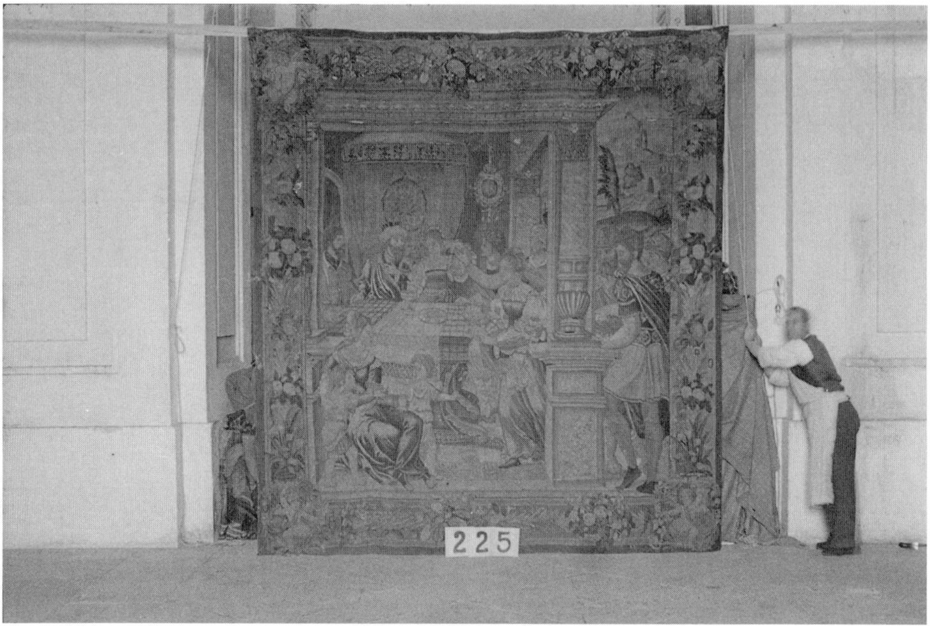

111. Tapiz de Bruselas que representa la *Cena de Cleopatra*, entregado en depósito a la marquesa de Villalba en agosto de 1940.

A José María Narváez y Pérez de Guzmán, duque de Valencia, se le entregó un importante conjunto de 451 piezas, entre pinturas, esculturas, miniaturas y grabados, de las que 30 lo fueron en concepto de depósito[555]. Al conde de Almodóvar, de las 50 obras entregadas, tres lo fueron en concepto de depósito, un retrato de dama del siglo XVII y dos miniaturas del XIX[556]. En el expediente de entrega a Vicente Ruiz de Arana y Osorio de Moscoso, marqués de Castromonte, figuran 45 piezas, de las cuales dos retratos de damas lo fueron en calidad de depósito y un importante conjunto en una «carpeta de grabados en pino conteniendo 193 grabados y litografías, un dibujo a pluma, 51 planos, 55 fotografías, dibujo de cabeza de niño y un dibujo de la capilla del Oidor de Santa María, donde fue bautizado Cervantes»[557].

A Mauricio Álvarez de las Asturias Bohorques, duque de Gor, se le entregaron 40 piezas, 29 en calidad de depósito[558]. Lo peculiar de todas estas entregas en depósito es que procedían de «Lécera»[559], según especifica el acta de incautación de

---

[555] Arch. IPCE, SRA_0873.

[556] Arch. IPCE, SRA_0887.

[557] Arch. IPCE, SRA_0891.

[558] Arch. IPCE, SRA_1383.

[559] Lécera es un municipio de la provincia de Zaragoza.

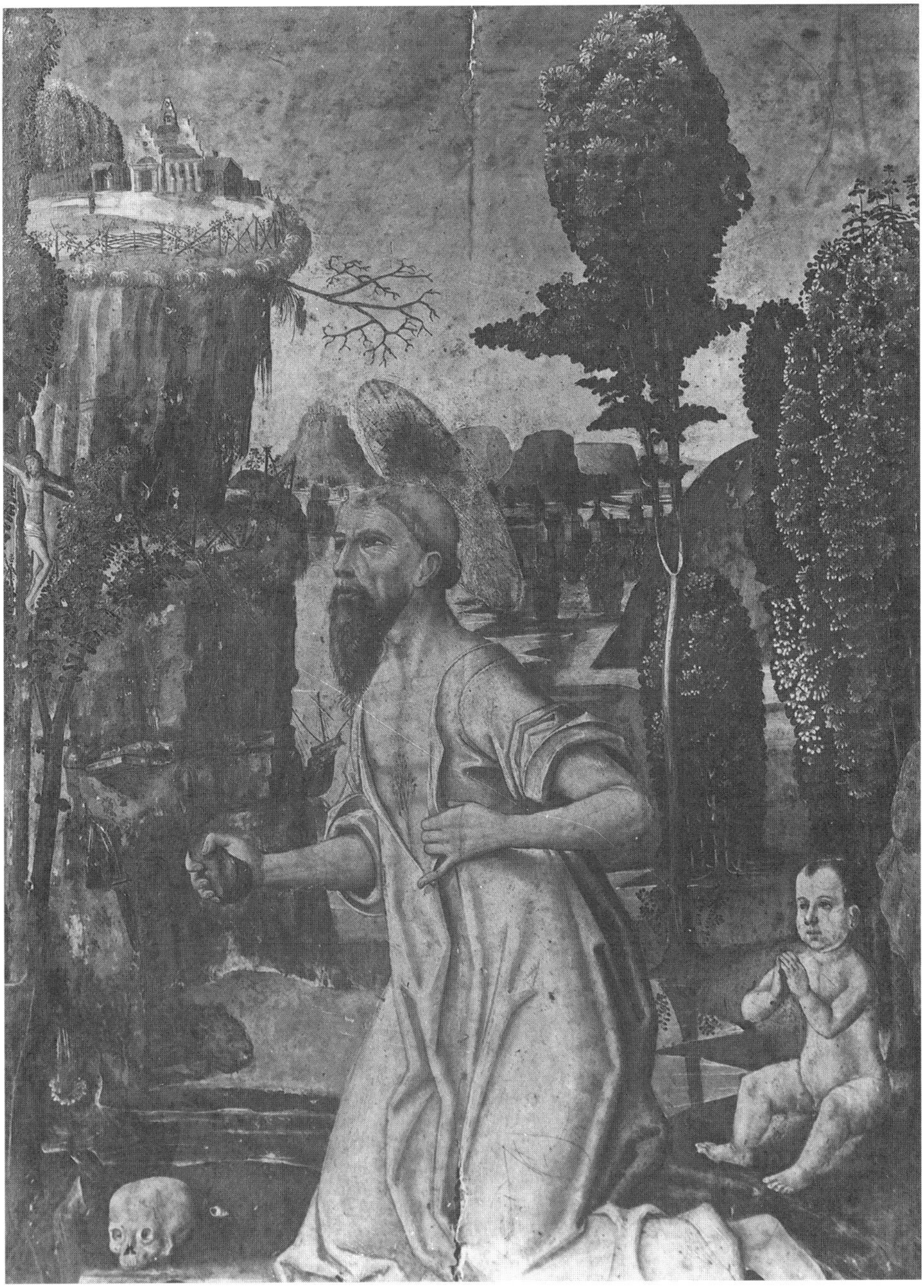

112. *Santo ermitaño de rodillas,* obra entregada en depósito en julio de 1941 a Alfonso Pérez de Guzmán el Bueno, conde de Torre Arias, procedente de la colección del duque de Lerma.

la JTA, cuyo expediente indica que proviene de «los Duques de Lécera y de la Asociación de Amigos de la Unión Soviética, Lécera», y fue realizada del 22 de agosto de 1936 al 8 de mayo de 1937[560].

A María Falcó y de la Gándara, marquesa viuda de la Romana, se le entregó un total de 42 piezas, entre pintura, dibujos y grabados, 21 de ellas en concepto de depósito[561]. La mayoría de estas últimas obras —entre las que destacan pinturas de Abraham Teniers o José Moreno Carbonero— procedía de incautaciones de la Agrupación Socialista Madrileña y, por lo tanto, no hay datos acerca de su origen.

A Francisco de Paula de Arróspide y Álvarez, conde de la Revilla, se le entregó un total de 136 piezas[562], cuatro de ellas en calidad de depósito: una escultura en madera de gran tamaño, que representa a *Jesús en la columna;* un tapiz con *Escudo de águila bicéfala* en el centro, firmado por Ángel Sánchez, y dos pinturas, un *Retrato de reina* y una *Virgen con Niño,* inserta esta última en un espectacular marco de madera tallada. Del origen de todas estas piezas no hay datos.

A Gonzalo de Mora Fernández, conde de Mora y vizconde de Baiguer, se le entregó un total de 46 piezas[563], tres de ellas en calidad de depósito: un *Paisaje* con arquitecturas clásicas, de origen desconocido, y dos pinturas procedentes de un coleccionista llamado Herráiz: una *Arquitectura con figuras* y el *Retrato de D. Pedro Mora Muñoz de Salazar.*

A Manuela O'Neill, duquesa viuda de Las Torres, se le devolvieron 74 piezas, en cuyo expediente de entrega se incluía un total de nueve cuadros transmitidos en depósito[564]; de ellos destacan dos *Floreros* de Juan de Arellano, procedentes de un tal «Travesedo», según los libros de cuadros de la JTA[565].

Al conocido anticuario Raimundo Ruiz y Ruiz[566] se le entregó un total de 97 piezas, fundamentalmente pinturas y esculturas de especial significación[567], pero una de ellas lo era en concepto de depósito: una pintura medieval de 160 × 170 cm denominada *San Jorge con el dragón, a la izquierda figura de una señora, y a la derecha un caballero arrodillado.*

---

[560] Arch. IPCE, JTA_0302. También hay que citar que el duque de Gor, Mauricio Álvarez de las Asturias Bohorques, estaba casado con Beatriz de Silva y Mitjans, hija de Jaime de Silva y Campbell, XVI duque de Lécera, pero resulta sorprendente que la entrega de las 30 piezas de esta colección se haga sencillamente en depósito.

[561] Arch. IPCE, SRA_2391.

[562] Arch. IPCE, SRA_0644.

[563] Arch. IPCE, SRA_0685.

[564] Arch. IPCE, SRA_0720.

[565] Arch. IPCE, Libro 2, pág. 106.

[566] María José Martínez Ruiz, «Raimundo y Luis Ruiz, pioneros del mercado de antigüedades españolas en Estados Unidos», *Berceo,* 2011, págs. 49-87.

[567] Arch. IPCE, SRA_1039.

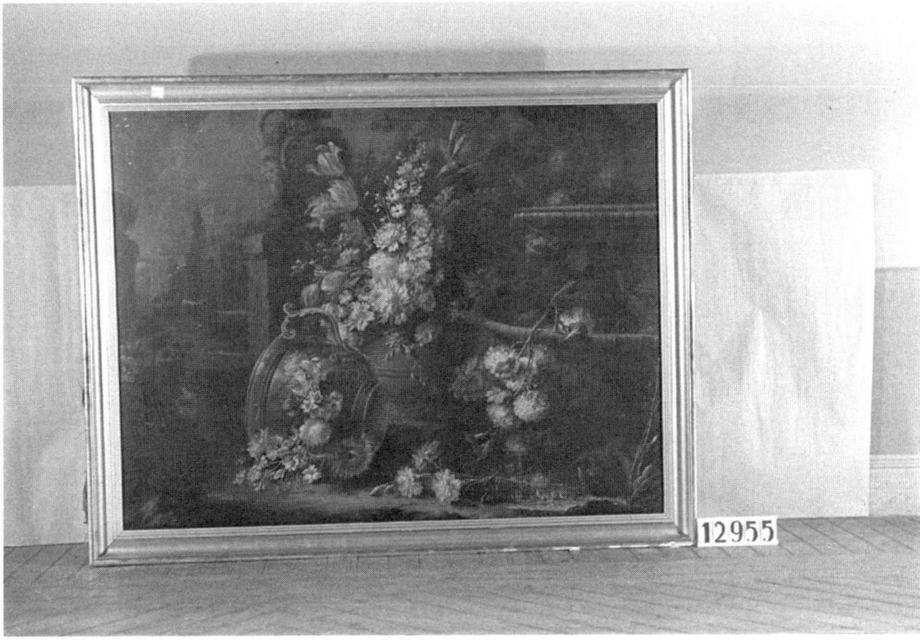

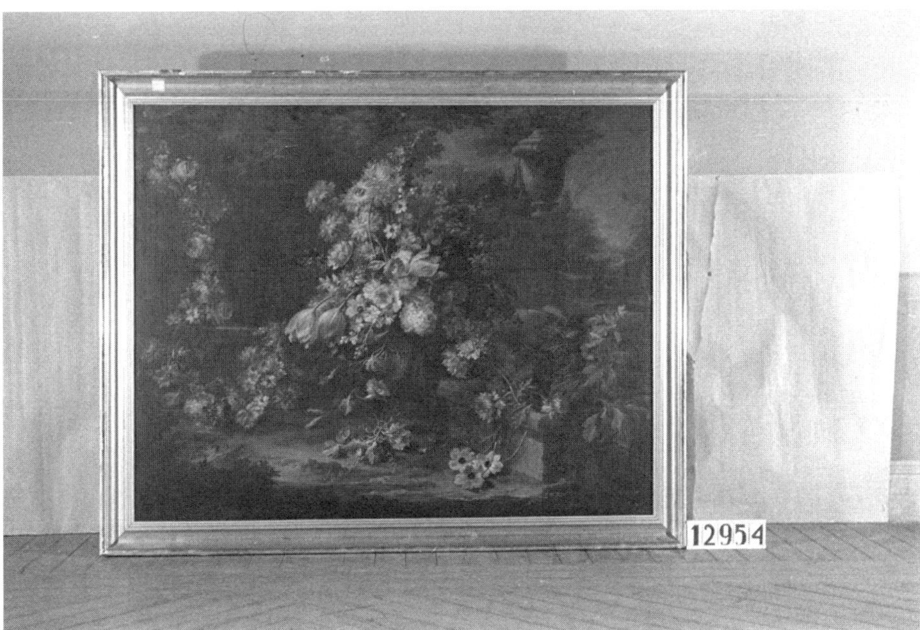

113 y 114. Dos *Floreros* de Juan de Arellano, procedentes de «Travesedo» y entregados en depósito en mayo de 1941 a Manuela O'Neill, duquesa viuda de Las Torres.

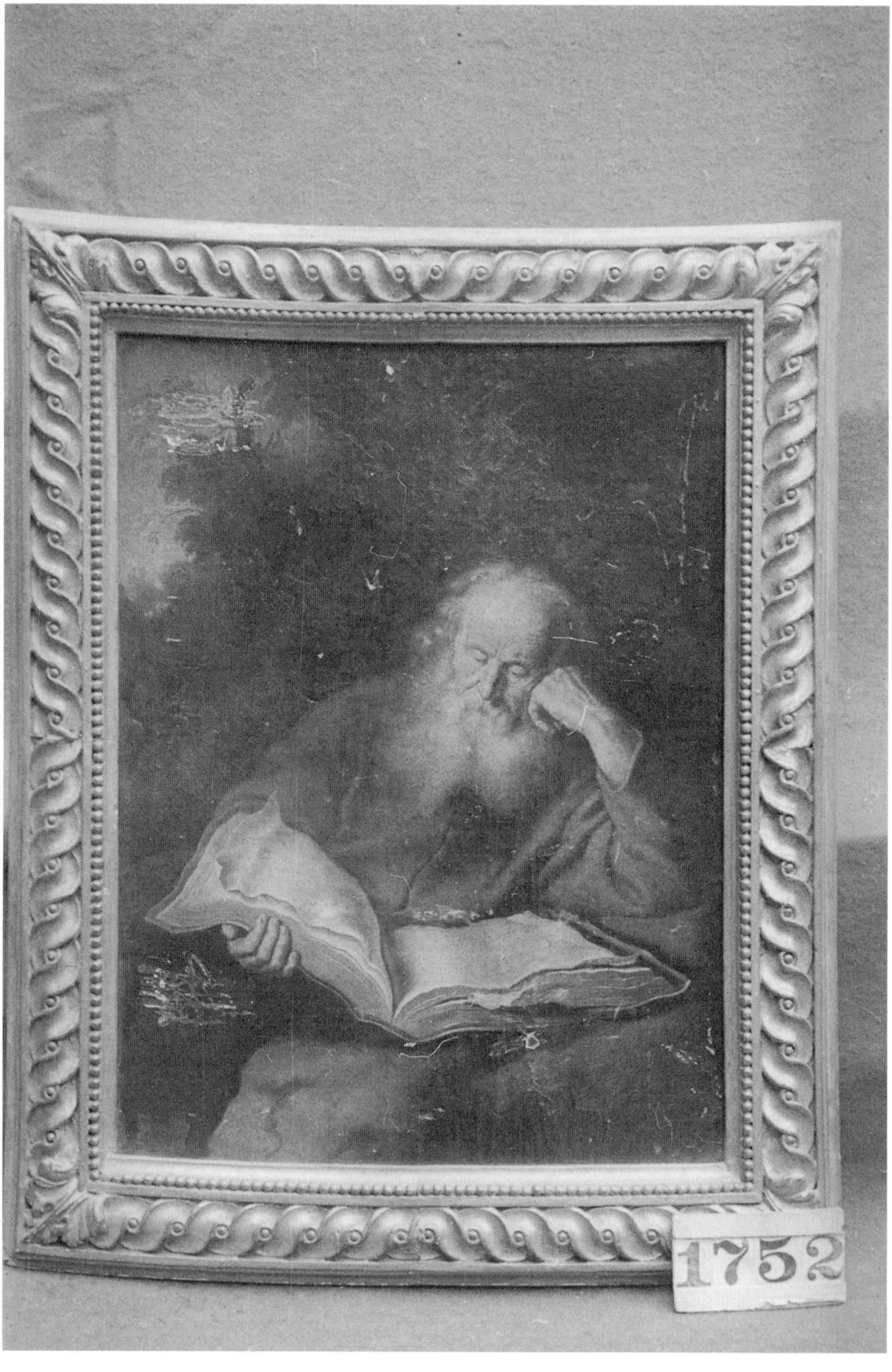

115. Anónimo, *San Pablo,* entregado en depósito al anticuario Antonio Herráiz González en junio de 1941.

Al también comerciante de arte Antonio Herráiz González, con tiendas en las calles Ríos Rosas y Alonso Cano de Madrid, se le entregó un importante contingente de 106 obras, entre las que destacaban siete en concepto de depósito: tres cuadros de flores, miniaturas y un interesante cuadro sobre *San Pablo*[568].

Y la lista continuaría con múltiples casos de entregas en depósito a diversos particulares, que aquí vamos a sintetizar por no hacerla demasiado prolija:

- A Manuel Méndez Vigo, marqués de Atarfe, se le entregaron dos piezas (un dibujo y un grabado) en depósito[569].
- A Juan Manuel Agrela, conde de La Granja, dos pinturas en depósito (un cobre de *Jesús y San Pedro* y una tabla con un *Retrato de caballero)* de un total de cuatro obras entregadas[570].
- A José María Castillo y Salazar, conde de Bilbao, y Francisco Javier Castillo y Salazar, conde de Torre Cossío, una pintura en depósito, titulada *Virgen con Niño,* del siglo XVIII[571].
- A Blanca O'Donnell, duquesa de Tetuán, se le dieron en depósito dos miniaturas con retratos del siglo XIX, de un total de diez pinturas entregadas[572].

Recapitulación de las entregas de obras en depósito a particulares

Es evidente que la lista de las piezas desviadas y entregadas en depósito —o sencillamente desviadas— a particulares, procedentes de otros orígenes, sería demasiado extensa para poder incluirla aquí. Al principio de este capítulo he relacionado la lista de las pinturas entregadas en depósito a la supuesta marquesa de Arnuosssa como un ejemplo evidente de esta práctica habitual por parte del Sdpan.

Y lo que es definitivamente evidente es que estos casos de devoluciones a sus propietarios de obras que reconocían como suyas, a las que se añadían entregas en depósito con las reservas correspondientes, se repiten con demasiada insistencia como para ser una excepción en la inmediata posguerra franquista. Son demasiadas las coincidencias —el concepto de entrega en depósito repetido en los expedientes, la diversidad de orígenes de las piezas, las fechas tardías de su entrega—,

---

568 Arch. IPCE, SRA_2355.
569 Arch. IPCE, SRA_1442.
570 Arch. IPCE, SRA_0020.
571 Arch. IPCE, SRA_1386.
572 Arch. IPCE, SRA_1467.

y ello nos da pie a pensar que fue una práctica repetida hasta la saciedad por parte de los responsables franquistas del patrimonio[573].

Se puede deducir que los mismos agentes franquistas del Sdpan debieron de tener sus dudas sobre las peticiones de obras de varios particulares, pues a partir de mediados de 1940 las piezas que reclamaban ya les eran entregadas en calidad de depósito. Resulta chocante, por la duda que implica y la sospecha de falsedad, que se pueda entregar en depósito una pieza que el receptor dice que es suya.

La fórmula habitual que utilizaba el Sdpan inicialmente para la devolución de obras era «que reconoce de su propiedad», así de simple. A partir de mediados de 1940, la fórmula se complicaba con la entrega «de los objetos que a continuación se relacionan, los cuales jura por Dios y por su honor reconocer como de su absoluta propiedad». Pero inmediatamente después, parece que al tener más dudas sobre la veracidad de dicha afirmación por parte del receptor, se añadirá que la entrega se hacía «en calidad de depósito». Y, lo que es más significativo todavía, a finales de este año las entregas en depósito a diversos particulares se hacían con la reserva de dejarlas «a disposición del Juzgado Especial de Tenencia Ilícita de Objetos Artísticos».

Estos son los datos que tenemos, a partir de la documentación localizada, de las obras desviadas de un particular a otro, pero de ellos se colige que, aparte de los expedientes que están pendientes de estudio, habrá muchos más casos que no han dejado rastro documental alguno.

Así es como, en el estado actual de la investigación, ascienden a 579 las piezas localizadas que se entregaron «en depósito» a particulares que las reclamaban como suyas, de las cuales 21 procedían del extranjero. Pero existen otros centenares de obras cuyo destino final está pendiente de estudio, así como numerosos expedientes todavía no analizados que arrojarán información de muchas otras obras desviadas y entregadas en depósito.

---

[573] Además, tanto secretismo en estas entregas en depósito a particulares por parte del Sdpan, que hasta ahora no han sido estudiadas, no deja de ser sospechoso.

Capítulo 10

Litigios, desvíos, ventas y pérdidas

Llegamos así al final de esta investigación sobre la gestión franquista del patrimonio en la inmediata posguerra, en la que he dejado para un último capítulo otros múltiples aspectos escasamente tratados hasta ahora; me refiero al conjunto de irregularidades que hemos ido posponiendo para tratarlas conjuntamente: por un lado, los litigios que se plantearon entre entidades o particulares por quedarse con una obra; por otro, los desvíos de obras de un propietario a otro destinatario, ámbito en el que destacaré las residencias de Franco en un apartado específico; también, las ventas más o menos encubiertas y permitidas, y, finalmente, las obras desaparecidas o cuyo paradero se desconoce.

Los litigios

Un asunto destacable de esta investigación es el de las dobles o triples reclamaciones sobre una obra, con los consiguientes litigios, que unas veces se solucionaban en el seno del Sdpan, y otras, en los tribunales. Con seguridad estos litigios estuvieron provocados por la permanente improvisación en la que se movía el Sdpan, que, tal como expresara Francisco Íñiguez, su comisario general, acudía a «remiendos provisionales»[574] y a las entregas en depósito para montar ministerios, iglesias e incluso viviendas particulares.

Encontramos casos de conflictos incluso en el seno de la Iglesia, como el de los cuatro tapices flamencos del siglo XVII que, recuperados en Barcelona, se entregaron inicialmente en depósito a la iglesia magistral de Alcalá de Henares. La base para esta asignación radicó en que el deán del cabildo los había reconocido y

[574] Francisco Íñiguez, «El arte en España durante la guerra. Su destrucción, dispersión y rescate», *Revista Nacional de Educación,* núm. 5, mayo de 1941, pág. 36.

había presentado «pruebas inequívocas» de su propiedad. Pero al ser publicada la noticia en el periódico *El Alcázar,* la auténtica propietaria, la Real Asociación de Santa Rita de Casia de la iglesia de las Calatravas de Madrid, los reclamó como propios y consiguió recuperarlos en abril de 1944[575].

Pero, indudablemente, el mayor número de litigios se produjo entre particulares. Manuel Chamoso Lamas, en el amplio artículo que publicó en 1943 sobre la labor del Sdpan, describía así los litigios que se plantearon cuando había varios solicitantes de la misma obra:

> En los casos en los que eran varios los reclamantes de una pieza o insuficientes las pruebas quedaba esta depositada en el Servicio en tanto se ampliaba la demostración, que, si tampoco se aclaraba, no daba lugar a devolución inmediata, quedando sus reclamantes en libertad de litigar entre sí o realizar las informaciones pertinentes, para lo cual se daba un mes de plazo, una vez incoado el expediente[576].

Un conflicto evidente, que derivó en una reclamación y sentencia judicial, fue el de la obra de anónimo de escuela italiana del siglo XVII *Paisaje con figuras (Paisaje con arquitecturas y figuras)* —un óleo sobre lienzo de 140 × 110 cm—, que había sido entregado el 17 de enero de 1942 a Cristóbal García Loygorri, duque de Vistahermosa, pero que fue reclamado como de su propiedad por Paula Guazo y Martínez Atienza, marquesa viuda de la Corona. Tras juicio y sentencia de 19 de noviembre de 1943, el juez resolvió que el cuadro pertenecía al duque de Vistahermosa, que aportaba una fotografía de su casa antes de ser incautada en la que no se apreciaba la obra, aunque según el magistrado —aunque parezca insólito— se podía identificar por el marco[577]. Esta obra era la número 20588-70 de los libros de pintura de la JTA, y el problema principal radicaba en que había sido incautada por el Círculo Socialista del Congreso sin aportar datos de su procedencia[578].

Y existen pruebas documentales de otros litigios, como el entablado por un cuadro de Murillo entre el conde de Finat[579], que también lo «había reconocido por el marco», y Alfonso de Gabriel y Ramírez de Arellano, que contaba con los apoyos del pintor Enrique Martínez Cubells y de Fernando Álvarez de Sotomayor, director del Museo del Prado[580].

---

575 Arch. GA, (3)5.3 51/11102; Arch. IPCE, SRA_1053.

576 Manuel Chamoso Lamas, «El Servicio de Recuperación y Defensa del Patrimonio Artístico Nacional», *Boletín de la Sociedad Española de Excursiones,* Madrid, 1943, pág. 291.

577 Arch. IPCE, SRA_0953. Anexo al expediente con la sentencia del juez.

578 Arch. IPCE, Tercer libro, pág. 313.

579 José Finat y Carvajal, conde de Finat y marqués de Terranova.

580 Arch. HPS, Fondos Lozoya.

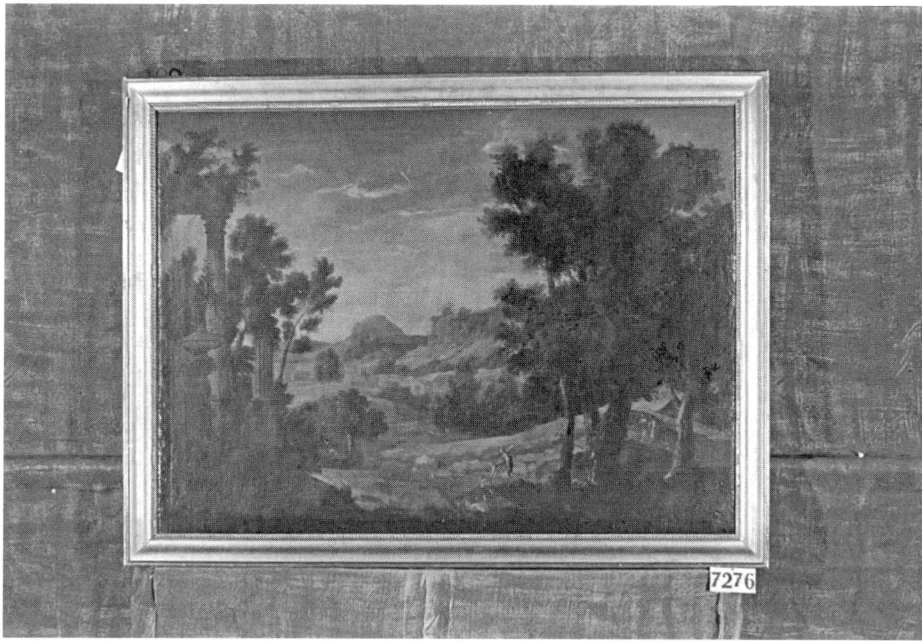

116. Anónimo de escuela italiana del siglo XVII, *Paisaje con figuras (Paisaje con arquitecturas y figuras),* obra reclamada por la marquesa viuda de la Corona y por el duque de Vistahermosa, que provocó un litigio y una sentencia a favor del segundo.

Pero, una vez más, fue la autodenominada marquesa de Arnuossa —cuyo expediente ya hemos tratado en el capítulo dedicado a los particulares[581]— la que mayores litigios provocó, y seguramente uno de los más complejos y problemáticos. A continuación enumeramos algunos conflictos entre señoras que reclamaban las mismas piezas:

— *San José y el Niño,* lienzo de 110 × 91 cm, atribuido a Alonso Cano, que fue entregado en depósito a M.ª Teresa Álvarez y Herreros de Tejada, marquesa de Arnuossa, el 11 de junio de 1940, que reconoció la obra de su propiedad tras haber jurado por «Dios» y prometido por su «honor» que era suya. Finalmente, el 31 de julio de 1941, y tras la correspondiente reclamación, fue entregado a la marquesa de Moret tras reconocer esta que la obra era de su propiedad.

---

[581] Arch. IPCE, SRA_1299. También existe en el expediente el caso de un bargueño con falsa cajonera en marfil y carey, imitación del tipo renacimiento español del siglo XVII, que recibió la marquesa de Arnuossa pero que, según afirma dicho expediente, «se entrega este mueble a la reclamante, pues si bien figuraba con etiqueta Valderas, no lo ha reconocido la Sra. marquesa de este título».

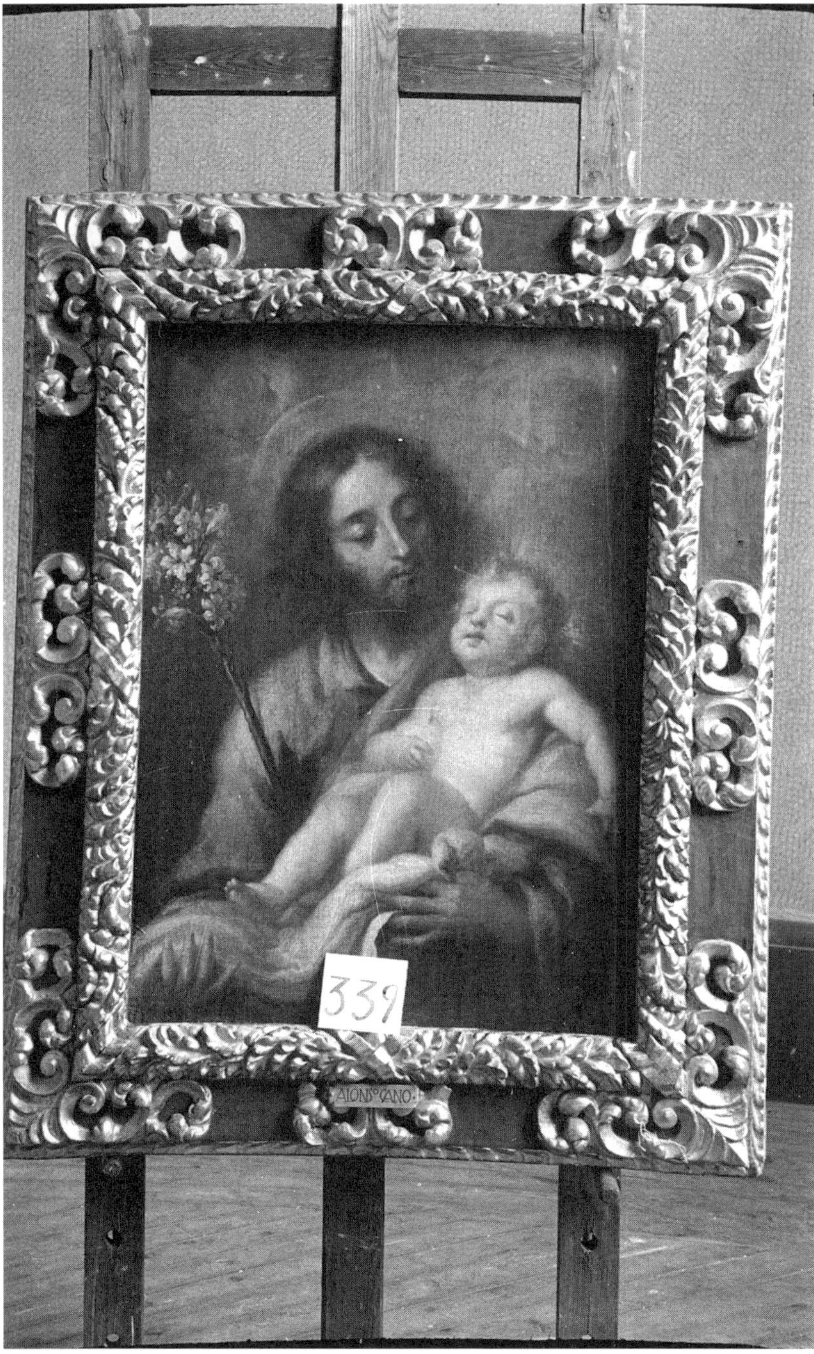

117. *San José y el Niño,* obra atribuida a Alonso Cano que fue entregada en depósito a M.ª Teresa Álvarez y Herreros de Tejada, marquesa de Arnuossa, el 11 de junio de 1940, tras declararse propietaria del lienzo. Finalmente, el 31 de julio de 1941 fue entregada a la marquesa de Moret tras reclamación y reconocer que la obra era de su propiedad.

— *Sagrada Familia y ángeles,* pintura de 140 × 110 cm que fue entregada en depósito a la marquesa de Arnuossa tras reconocer que la obra era de su propiedad. Finalmente le fue devuelta al Sdpan el 28 de junio de 1943 y entregada el 28 de diciembre de 1943 a la viuda de Muns.
— *Sagrada Familia,* cuadro de aproximadamente 150 cm que, según el expediente, «figuró en la exposición del Depósito celebrada en el Museo del Prado y fue reconocido también por la Sra. Vda. de Ferreres, la cual ha renunciado a la propiedad del mismo en fecha 24 de marzo de 1944».

Vale la pena transcribir aquí las argumentaciones que despliega la mentada marquesa de Arnuossa para demostrar que era la propietaria de una mesa Boulle[582] que reclamaba entre otras piezas:

> Como justificante de la mesa llamada Bull conocida siempre por Luis XV cuya propiedad llegó a mis manos como otros varios muebles y objetos por herencia de mi abuelo materno D. Feliciano Herreros de Tejada Presidente del Consejo de Estado y Embajador extraordinario en México cuando el fusilamiento del Emperador Maximiliano compró esa mesa y demás muebles, objetos, cubiertos, etc., al poco tiempo de ocurrir este hecho, correspondiendo a mi difunta madre y por lo tanto a mí.
>
> Fdo.: M.ª Teresa Álvarez y Herreros de Tejada.

Después de tan argumentado «justificante», los agentes del Sdpan le entregaron la «mesa Boulle», además de otros muebles, objetos, cubiertos, etc., que reclamaba como suyos.

Incluso varios de estos particulares que reclamaban piezas entraron en colisión sobre quién se quedaba finalmente la obra. Es el caso de una obra titulada *Dos majas en un balcón acompañadas de un caballero,* que parece copia de la obra de Goya titulada *Majas en el balcón* (en colección privada en Suiza y de medidas muy semejantes). Esta pieza fue entregada en depósito a M.ª Teresa Álvarez y Herreros de Tejada, marquesa de Arnuossa, tras reconocer la obra de su propiedad con fecha 19 de octubre de 1940. Pero posteriormente, el 24 de marzo de 1941, le fue entregada en Madrid en depósito a Luis Narváez y Ulloa, marqués de Oquendo, tras reconocer este que era suya. Habría que destacar que esta obra, según el expediente, procedía de Valencia, o sea, de la Caja de Reparaciones.

---

[582] André-Charles Boulle (1642-1732) fue un ebanista, escultor y decorador francés, que dio su nombre a un tipo de incrustación en marquetería.

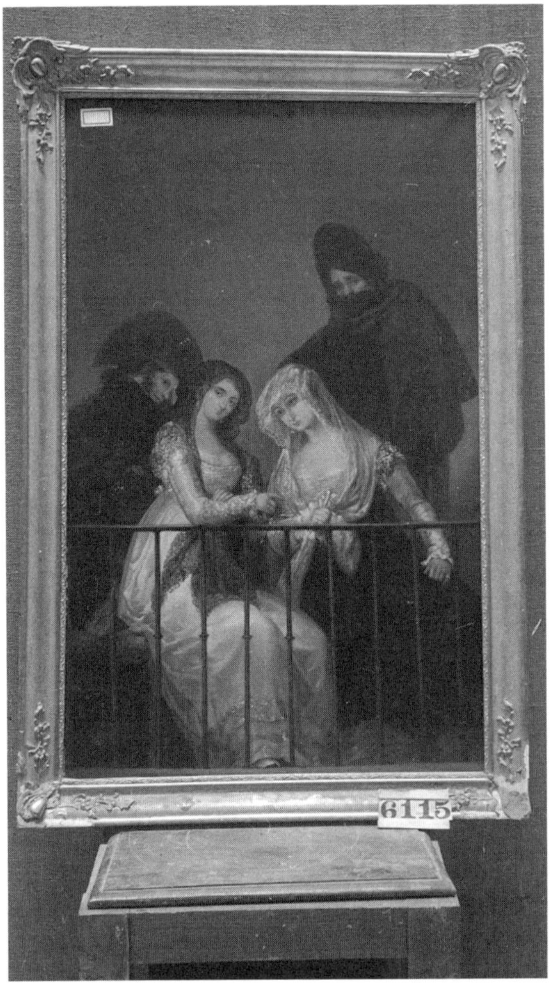

118. *Dos majas en un balcón acompañadas de un caballero* (procedente la Caja de Reparaciones en Valencia). Fue entregada en depósito a M.ª Teresa Álvarez y Herreros de Tejada, marquesa de Arnuossa, tras reconocer la obra de su propiedad con fecha 19 de octubre de 1940. Posteriormente la recibió en depósito Luis Narváez y Ulloa en Madrid el 24 de marzo de 1941.

Otro caso fue el del bargueño barroco, con «cajonería en carey, adornos en bronce, parte central de composición arquitectónica y galería superior también en bronce». El 27 de octubre de 1939 se le entregaba a Martín González del Valle y Fernández Miranda, marqués de la Vega de Anzo, procedente del depósito de las Comendadoras de Madrid, pero finalmente se le retiraría para dárselo a Gimeno Toribio Bayón por, según reza el expediente, «haberlo reconocido con más pruebas»[583].

Y así podríamos seguir con la lista de reclamaciones, como la presentada por el abogado José de Castro y Arcos de sus pertenencias, que habían ido a Valencia y Barcelona y que se habían adjudicado a otra persona[584].

---

583 Arch. IPCE, SRA_0994. En el expediente no se especifican estas «pruebas».

584 Arch. IPCE, SRA_3868. Correspondencia de la Comisaría de Zona de Levante. Comisario: José María Muguruza.

Los desvíos de obras

Otro apartado lo constituyen las entregas de piezas a quienes no eran sus propietarios y los consiguientes posibles conflictos entre los distintos organismos de la Administración o entre particulares y la falta de medios del Sdpan para poder solucionar los problemas provocados.

Los casos son múltiples, pero destaca por evidente la denuncia que realizó el agente del Sdpan «con grado de alférez y, al mismo tiempo, director por concurso del Museo Provincial de Alicante» a Pedro Muguruza el 15 de julio de 1939 contra el «teniente cura Gonzalo Vidal», que acababa de ser nombrado responsable del «Tesoro Artístico recuperado», lo que le pareció extraño por ser «persona que carece en absoluto de conocimiento de las artes plásticas»[585]. Pero aquí no acababa la extrañeza, pues, según narraba este agente,

> hoy, a mi regreso de Madrid, en cuyo viaje he visitado a Vd., me encuentro que el Sr. Vidal ha sacado del Museo algunos objetos con destino a decorar oficinas de la Diputación Provincial, y ha descolgado de las paredes del Museo algunos cuadros de asunto mitológico que del Museo de Arte Moderno tenemos en depósito, sin que yo sepa el sitio en que actualmente se encuentran.

Pero en este asunto de los desvíos de piezas habría que empezar por las obras de un propietario que se entregaban a otro. Ya hemos tratado los casos evidentes de las colecciones de Pedro Rico o la de Sicardo-Carderera, pero existen muchos más sobre obras de exiliados republicanos que fueron incautadas por el Sdpan y entregadas a otros destinatarios, tal como hemos analizado. Y en estos casos se utilizaba habitualmente —aunque no siempre— la fórmula de las entregas en depósito.

Es cierto que muchas de las piezas entregadas en depósito eran de origen desconocido, pues habían sido incautadas por la CNT o la Agrupación Socialista Madrileña, entre otros organismos —que, como ya se ha destacado repetidamente, no especificaban el propietario cuando las obras eran reclamadas por la JTA—, pero también es evidente que de varias de ellas conocemos, sin embargo, el origen, pues los expedientes correspondientes así lo especifican. El resultado es que sabemos con certeza que hay una serie de casos de desvío de obras cuyo propietario está probado documentalmente.

Vamos a centrarnos en las entregas en depósito a museos, organismos e Iglesia, pues las piezas que recibieron algunos particulares bajo esta fórmula ya las hemos tratado anteriormente. En el cuadro siguiente hemos realizado una selección de obras entregadas en depósito y cuyo propietario es conocido porque los expedientes correspondientes aportan esta información.

---

585 Arch. IPCE, Papeles guerra, Archivo de Pedro Muguruza (referencia provisional).

Selección de obras entregadas en depósito a museos, organismos e Iglesia y cuya procedencia está acreditada

Organismo	Destinatario	Obra	Propietario / Dirección
Museos	Museo Provincial de Oviedo	Anónimo del siglo XVIII: *Dama*	Ruperto de Besga
		Massimo (copia de): *El Bautista se despide de sus padres*	María Paz García de la Lama
		L. Sevil: *Dama*	Gaztambide 3
		Elías Vonck: *Bodegón de pescados*	Santamarca
		Anónimo: *Camino del calvario* (escuela castellana del siglo XVI)	Diego de León 10
		Eugenio Lucas Villaamil: *Majas*	Pedro Rico
		Ángel Lizcano: *El merendero*	Pedro Rico
		José Jiménez Aranda: *Vendedor de periódicos*	Pedro Rico
		Juan Correa de Vivar: *Virgen de una anunciación*	Herráiz
		Paolo de San Leocadio: *La Adoración de los Reyes Magos*	María Paz García de la Lama
		Luis de la Cruz y Ríos: *Fernando VII y María Cristina*	Ignacio Baüer
	Museo de Segovia	Eugenio Lucas Villaamil: *Novios y cortejo*	Pedro Rico
		Büdeshainer: *Bebedores*	Villalonga
	Museo de San Telmo, San Sebastián	Anónimo del siglo XVI: *Virgen con Niño, San Sebastián y San Francisco*	Berninches (Guadalajara)
		Gabriel Morcillo: *Cabeza de gitana*	Monte Cristo
	Museo de Bellas Artes de Valencia	Ángel Lizcano: *Romería*	Pedro Rico[586]
		Escultor anónimo del siglo XIV: *Cristo bendicente*	Revilla
		Agapito Casas: *Jardín*	Losada
	Museo de Alcoy	Anónimo: *Triunfo de la Eucaristía sobre la idolatría*	Duque de Montellano
		Anónimo de la escuela de Tiziano: *Magdalena*	Emilio Calzada
		Anónimo español del siglo XVI: *Sagrada Familia con San Juanito*	Conde de Villapadierna

[586] Habría que añadir que a este Museo de Bellas Artes de Valencia se le entregaron otras cinco obras en depósito de la colección de Pedro Rico hoy no localizadas en dicho museo.

Organismo	Destinatario	Obra	Propietario / Dirección
	Museo de Elche	Anónimo del siglo xviii: *San Juanito*	Marqués de Urquijo 46
	Museo del Prado	Francisco y Rodrigo de Osona: *La Natividad*	Gonzalo Rodríguez
		Francisco y Rodrigo de Osona: *Adoración de los Reyes Magos*	Gonzalo Rodríguez
	Museo del Prado (procedente del Museo de Arte Moderno)	Atribuido a Eugenio Lucas Villaamil: *Escena de majos y celestina*	Pedro Rico
		Atribuido a Eugenio Lucas Villaamil: *Asalto a la diligencia*	Pedro Rico
	Museo Nacional de Artes Decorativas	Bargueño, parte central de composición arquitectónica, cajonera con incrustaciones en carey y adornos en bronce con su correspondiente pie de patas torneadas y fiadores de hierro	Pérez de Hoyo 7
Organismos civiles y políticos	Ministerio de Justicia	Anónimo de escuela veneciana: *Sagrada Familia y otras figuras adorando al Niño*	Duque de Alba
		Anónimo de escuela española del siglo xvi: *San Francisco en oración*	Mora (Toledo)
	Ministerio de Educación Nacional	Anónimo español del siglo xix: *Paisaje con cascada*	Andrés Mellado 51
	Gobierno Civil de Las Palmas	Escuela holandesa del siglo xvii: *Escena de caza del oso*	La Huerta
		Escuela holandesa del siglo xvii: *Perros acosando a una zorra*	La Huerta
		Ángel María Cortellini: *Isabel II de busto*	Comendadoras
		Escuela italiana del siglo xvi: *Virgen con Niño y ángeles*	Cisne 6
		Eugenio Lucas: *Cruz de mayo*	Pedro Rico
		Roberto Domingo: *Toro fogueado*	Pedro Rico
		Francisco Domingo Marqués: *Mosqueteros frente a una tapia*	Pedro Rico
		Eugenio Lucas: *Majos y garrochistas en el campo*	Pedro Rico

Organismo	Destinatario	Obra	Propietario / Dirección
		Eugenio Lucas: *Toro embistiendo a un grupo de majos en el campo*	Pedro Rico
		Palmero: *Monaguillos*	Mariátegui
		Anónimo: *María Luisa Gabriela de Saboya*	Villalonga
		Anónimo: *Retrato de señora*	Duque de Lerma
	Fundación Generalísimo Franco	Anónimo de escuela alemana del siglo XVI: *Merienda en el campo (Grupo comiendo gachas)*	Alicia Foquignon
	Ministerio del Ejército	Anónimo: dos *Bodegones con frutas*	Marqués de Villalonga
		Esteban March: *Batalla*	Zulueta
		Anónimo: *Paisaje con embarcadero*	Molins
		Anónimo: *Virgen con Niño dormido*	Pilar Junco
		Anónimo: *Tempestad en la costa*	Comendadoras
		Anónimo: *Retrato ecuestre de Carlos II*	Comendadoras
		Anónimo: *Estudio de arquitectura clásica*	Comendadoras
	Casa Militar de S. E. el Generalísimo Francisco Franco Bahamonde	Anónimo italiano del siglo XIX: *Paisaje con castillos*	Cadenas
		Anónimo de finales del siglo XIX: *Desfile con monja enfermera a caballo (Escuadrón y monja a caballo)*	Duque de Nájera
	Patronato Histórico-Artístico de la Ciudad de Orihuela	Anónimo: *María Magdalena llorando ante el sepulcro vacío de Nuestro Señor*	Descalzas
	Universidad de Valladolid	Escuela de Pedro de Mena: *Busto de la Virgen (Dolorosa)*	Magdalenas de Alcalá de Henares
	Instituto Nacional de Enseñanza Media Ramiro de Maeztu	Escuela italiana del siglo XVII: *Adoración de los Reyes*	Metropolitano (parque)
		Escuela italiana del siglo XVII: *Adoración de los pastores*	Metropolitano (parque)
		Barocci (copia de): *Virgen con Niño*	Comendadoras
		Anónimo: *Paisaje con arquitecturas (Mármol con paisaje de arquitectura)*	Ugalde

Organismo	Destinatario	Obra	Propietario / Dirección
		Anónimo: *Paisaje con palacio (Mármol con paisaje de arquitectura)*	Ugalde
		Anónimo del siglo XVII: *Purísima*	Marqués de Chiloeches
		Checa: *Bodegón con uvas (Bodegón con uvas, manzanas, higos, etc.)*	Mora (Toledo)
		Checa: *Bodegón con granadas (Granadas y membrillos)*	Mora (Toledo)
		Anónimo: *Crucificado*	Condesa de Bornos
Iglesia	Palacio Episcopal de León	Anónimo: *Inmaculada*	Verónica 11
	Monasterio de Silos	Anónimo: *Retrato de D. Alfonso Nuñez de Haro, arzobispo de México*	Marqués de Chiloeches
		Anónimo: *Tránsito de la Virgen*	Calle de Dos amigos
		Anónimo: *Presentación del Niño en el Templo*	Escudero
		Anónimo: *San Juan Bautista*	Marqués de Almenara
	Convento de las religiosas benedictinas de San Plácido, Madrid	Anónimo de escuela italiana: *Ascensión*	Juan Pardo Pimentel
		Anónimo de escuela española: *Santo abad benedictino con grillos sobre una mesa*	Juan Pardo Pimentel
		Anónimo de escuela española: *San Jerónimo*	Los Cierros
	Religiosas dominicas de Santa Catalina, de Madrid	Anónimo de escuela española del siglo XVIII: *Santísima Trinidad*	Tutor 42
		Anónimo de escuela italiana del siglo XVIII: *Magdalena*	Marqués de Chiloeches
		Anónimo de escuela española del siglo XVII: *Purísima Concepción*	Cetres
		Anónimo de escuela española del siglo XVII: *San Jerónimo penitente*	Lama (Remigia de la Lama)
	Tercer monasterio de la Visitación de Madrid	Escuela de Mengs: *Anunciación*	Monasterio de la Encarnación de Madrid
		Anónimo de escuela española del siglo XVIII: *San Francisco recibiendo los estigmas*	Saturnino Esteban Collantes

Organismo	Destinatario	Obra	Propietario / Dirección
		Anónimo italiano del siglo xvi: *Virgen con el Niño*	Eduardo Dato 29
		Anónimo: *Virgen*	Cetres
	Padres dominicos de la basílica de Atocha de Madrid	Anónimo español del siglo xvii: *Santa Inés de busto*	Monasterio de la Encarnación de Madrid
		Anónimo del siglo xvi: *Sagrada Familia de busto*	Moreto 11
		Anónimo español del siglo xviii: *San Cosme y San Damián*	Cetres
	Hermanas de la Caridad del Sagrado Corazón de Jesús (Colegio de Santa Susana) de Madrid	Anónimo: *Divino pastor*	Ceballos
	Convento de religiosas de Santo Domingo el Real	Anónimo: *Aparición de la Virgen a sor Catalina de Labouré*	Ceballos

Esta es solo una selección de piezas de la larga lista de obras desviadas de su propietario a otros destinos.

A su vez, un ámbito muy especial es el de las obras incautadas durante la guerra por la JTA y cuyo destino en la posguerra se desconoce al no existir acta de devolución del Sdpan. Un caso evidente es el de Juana Cruz Muñoz, a la que la JTA le incautó el 13 de agosto de 1936 tres piezas cuyo destino[587] se desconoce porque no existe acta de devolución por parte del Sdpan. Estas obras son: una de Francisco de Goya (261 × 166 cm) que fue evacuada a Ginebra y que por el inventario allí realizado sabemos que se trataba de un retrato del *Conde Floridablanca,* que aparece a nombre de esta propietaria[588]; una de Luis de Madrazo (124 × 97 cm), y un anónimo del siglo xviii (126 × 100 cm). Y así podríamos seguir relacionando múltiples casos de desvío de obras o de piezas sencillamente desaparecidas, a las que ya he hecho referencia en otros capítulos.

El caso del destino de las obras procedentes de la evacuación al Palacio de la Sociedad de Naciones de Ginebra presenta una problemática específica. Aquellas obras cuyo origen estaba claro —Museo del Prado, de Arte Moderno, Iglesia...— se les devolvieron a sus propietarios, pero quedaban otras muchas que exigían una

587 Arch. IPCE, JTA_0166.

588 Arch. SDN, Inventaire des Trésors d'Art Espagnols, realizado en el Palacio de las Naciones de Ginebra, marzo de 1939, pág. 111, antiguo número: MAM 10, nuevo: B 264.

investigación para saber de dónde procedían, y al parecer el Sdpan no estaba dispuesto a realizar semejante esfuerzo.

Algunas de las procedentes de colecciones privadas y que habían llegado a Ginebra fueron devueltas a sus propietarios —como al duque de Alba, al de Sueca, al de Villahermosa, al marqués de Muguiro, al de Aranda, etc.—, pero del resto carecemos de los datos que nos permitan saber su destino y paradero actual. Otras fueron sencillamente entregadas en depósito a museos, como los dos cuadros adjudicados al Museo de San Telmo (un anónimo y otro atribuido a Goya), los dos que fueron a parar al Museo del Prado (atribuidos a Boucher) y la obra que recibió el Museo Provincial de Oviedo (atribuida a Ribera), entre otros. También a organismos como el Ministerio de Justicia (tres de escuela flamenca del siglo XVII) o a particulares, como la marquesa de Arnuossa (11 piezas de varias atribuciones).

Y dado que hablamos de la autodenominada marquesa de Arnuossa —una vez más—, habría que entrar en detalle con las obras procedentes del extranjero, pues el Sdpan le entregó cinco cuadros de la Caja de Reparaciones que llegaron a Ginebra y que la tal señora reclamaba como suyos[589]. Y, a su vez, se le entregaron también en depósito otros dos cuadros procedentes de Ginebra, de otros orígenes, del Museo de San Telmo[590] o de la colección Ricardo Baeza[591]. Y, finalmente, un cuadro anónimo, titulado *La Virgen y el Niño,* procedente de París y que le fue entregado en depósito. En total, y hasta ahora, la tal marquesa de Arnuosssa recibió ocho cuadros, sencillamente porque decía que eran suyos, unos en devolución y otros en calidad de depósito.

Las procedencias fundamentales de estas piezas llegadas a Ginebra y entregadas en depósito eran las cajas fuertes de los bancos (de España e Hispano Americano, con un total de 62 piezas) o la Caja de Reparaciones (con un total de 85 piezas). Es evidente que tampoco en este caso el franquismo quiso realizar el esfuerzo de indagar la procedencia de las obras y sencillamente se limitó a dispersarlas.

A su vez, de las obras que permanecieron en España procedentes de la Caja General de Reparaciones habría que citar dos paisajes de Ignacio de Iriarte entre-

---

[589] Estos cinco cuadros eran:

— Anónimo del siglo XVIII: *Abraham y los tres ángeles.*

— Atribuido a Lucas: *Fusilamiento.*

— Atribuido al Greco: *Cabeza de hombre.*

— Copia del Greco: *San Pablo.*

— Eugenio Lucas: *El condenado.*

[590] Atribuido a Goya, *Escenas de interior. Personas huyendo,* que había sido entregado primero al Museo de San Telmo y finalmente a ella.

[591] Barend van Orley, tríptico *La Virgen, el Niño y san Antonio. Paneles: Santos,* que, perteneciente a la «Colección Ricardo Baeza: así declarado», le fue entregado en depósito.

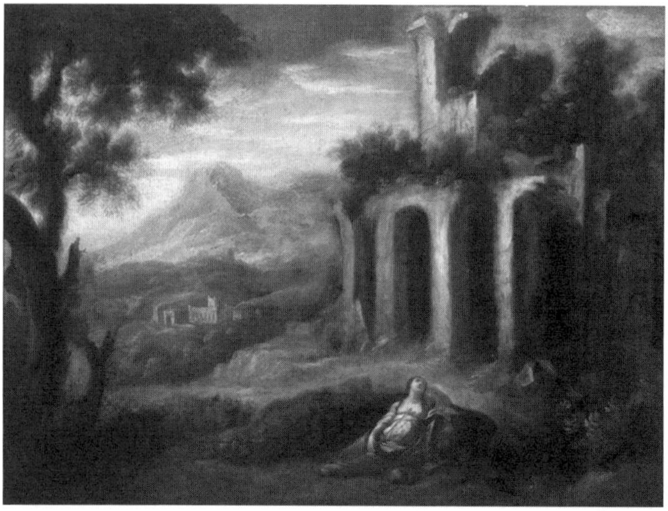

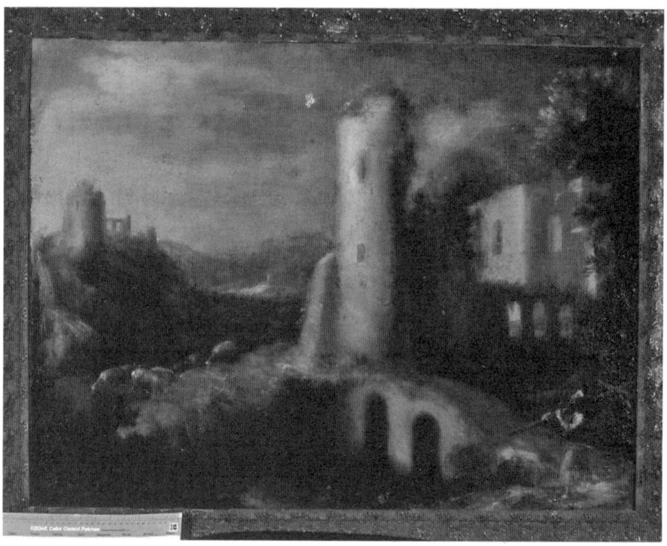

119 y 120. Ignacio de Iriarte, *Paisajes,* entregados en depósito al Museo de San Telmo de San Sebastián en julio de 1942.

gados al Museo de San Telmo de San Sebastián[592]. El caso es insólito, pues estas dos piezas pertenecían al Palacio Nacional (tal como se denominaba durante la República al Palacio Real, hoy Patrimonio Nacional) —como se especifica en una inscripción en el anverso de ambas obras[593]— y sin embargo le fueron entregadas

[592] Ignacio de Iriarte, *Paisajes,* Museo de San Telmo, números de inventario: P-001463 y P-001464.

[593] En el reverso de ambas obras aparecen las siguientes inscripciones (información facilitada por el propio museo):

— «CAJA GENERAL DE REPARACIONES. Objeto: Lienzo. Un paisaje. I. Iriarte siglo XVIII. Perteneciente al Palacio Nacional. Entregado por el Jefe del Servicio del Estado Mayor, acta 5/3/39. núm. 3.807. Ref.ª 1862. Valorado en 1.000 pts.». En el bastidor F 2868 B (tiza blanca).

en depósito a otra institución. Sinceramente, no llego a encontrar una explicación de por qué, si sabían su origen, las entregaron a otro museo.

También de esta procedencia son dos obras que están marcadas como «Valencia» o «Barcelona» —en referencia a las sedes de las Cajas de Reparaciones de estas ciudades— y que le fueron entregadas a la marquesa de Arnuossa en calidad de depósito, aunque ella afirmaba que eran suyas, con lo que ya llevamos diez obras localizadas procedentes del extranjero que acabaron en manos de esta señora[594].

Son suficientes ejemplos —y aún podríamos seguir con otros muchos— como para concluir que en la inmediata posguerra el franquismo entregó miles de obras en depósito —o sencillamente «devolvió»— a destinos diferentes, con los que se produjo un masivo desvío y reubicación de piezas.

El desvío de piezas para amueblar y decorar las residencias de Franco

Un caso especial es el del desvío de obras para amueblar y decorar las residencias de Franco, fueran estas oficiales —el castillo de Viñuelas o el Palacio de El Pardo— o privadas, más bien privatizadas o regaladas —el Pazo de Meirás o el Palacio del Canto del Pico.

Varios testimonios demuestran que Francisco Franco tenía auténtica pasión por el arte y las antigüedades, seguramente como manifestación de su imparable ascenso social. Su sobrina preferida, Pilar Jaraiz Franco, cuenta que, en los años anteriores a la guerra, cuando residía en un gran piso alquilado en Madrid, una de sus aficiones favoritas consistía en acudir al Rastro en busca de antigüedades[595]. Se entiende así —más bien se explica, aunque no se justifica— la gran cantidad de obras que en la inmediata posguerra fueron a parar a manos de Franco o a su entorno más cercano.

Cuando Franco abandonó Burgos, tras el final de la guerra, se instaló provisionalmente en el castillo de Viñuelas, cercano a Madrid, propiedad de Joaquín de Arteaga y Echagüe, duque del Infantado, cuyo hijo, Jaime de Arteaga y Falguera, conde del Serrallo y aviador del ejército nacionalista, había fallecido en 1938 en acto de servicio. Esta residencia había sido aconsejada por el «cuñadísimo» Ramón Serrano Suñer, que, ante la pretensión de Franco de ins-

— «CAJA GENERAL DE REPARACIONES. Objeto: Lienzo. Un paisaje. (J. Iriarte siglo XVIII). Perteneciente al Palacio Nacional, Entregado por el Jefe de Servicio del Estado Mayor, 5/3/38. núm. 3807. Ref. 1863. Valorado en 1.000 pts.». En el bastidor F.2869 B (tiza blanca).

[594] Un tríptico de asunto religioso, procedente de Barcelona, y un *Retrato de un caballero,* procedente de Valencia.

[595] Recogido por Paul Preston, *Franco, «Caudillo de España»,* Barcelona, Grijalbo, 2002, pág. 128.

talarse en el Palacio Real, la consideraba más adecuada para no irritar a los monárquicos[596].

Habría que señalar que Viñuelas había sido durante la guerra una «finca colectivizada», según el expediente de incautación de obras de arte realizado entre diciembre de 1937 y enero de 1938 por los agentes de la JTA —Gustavo Lafuente, Thomas Malonyay y Fernando Gallego—, consistente fundamentalmente en piezas de armamento antiguo, cuadros y otros objetos[597]. En la inmediata posguerra, el arquitecto Diego Méndez procedió a la reconstrucción y habilitación del castillo para residencia del dictador, obra que realizó en tan solo tres meses.

Empezaré por lo tanto con las obras entregadas por el Sdpan al castillo de Viñuelas, primera residencia de Franco en Madrid hasta 1940, cuando se trasladó al Palacio de El Pardo. Habría que aclarar desde un principio que existe un expediente de devolución del Sdpan al duque del Infantado, de junio de 1939 a enero de 1943[598], claramente diferenciado del expediente de devolución y depósito de piezas al castillo de Viñuelas como residencia de Franco[599]. Esta diferenciación es importante, pues, a pesar de que el propietario del castillo era el mismo, los destinatarios de las obras eran diferentes.

Del 10 al 18 de octubre de 1939, el Sdpan procedió a la entrega de un importante lote de muebles, cubertería y objetos decorativos que fueron «instalados en el castillo de Viñuelas al habilitarlo como residencia de S.E. y que son propiedad de Patrimonio Nacional», así como de otro conjunto del duque del Infantado. A estos bienes habría que añadir la entrega de un importante conjunto de 123 piezas —consistentes fundamentalmente en pinturas, grabados, acuarelas y esculturas— al castillo de Viñuelas, procedentes del depósito del Museo del Prado.

Pero habría que aclarar que a esta «devolución» se añadieron cinco piezas que se entregaban en calidad de depósito al castillo de Viñuelas como «residencia de Francisco Franco», tal como especifica el expediente. Lo peculiar de esta entrega es que estas cinco obras eran en su mayoría de propietarios conocidos y se encontraban en los depósitos del Sdpan, procedentes de las incautaciones de la JTA durante la guerra:

— Dos retratos del siglo XVII —*Retrato de señora* y *Retrato de caballero*—, propiedad de la marquesa de Almenara (calle Casado del Alisal 6)[600]. El primero iba destinado al despacho de Franco, y el segundo, al de los «ayudantes».

---

[596] Mariano Sánchez Soler, *Los Franco, S.A. Ascensión y caída del último dictador de Occidente,* Madrid, Oberon, 2003, pág. 25.

[597] Arch. IPCE, JTA_0981.

[598] Arch. IPCE, SRA_0661.

[599] Arch. IPCE, SRA_2991.

[600] Con estos dos retratos de la marquesa de Almenara ya son tres las piezas localizadas de esta procedencia que fueron entregadas en depósito a otros destinos: una al monasterio de Silos y dos al castillo de Viñuelas.

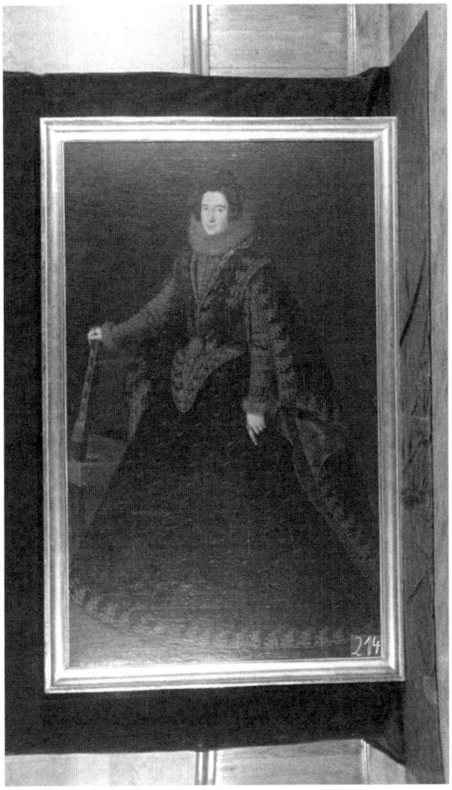 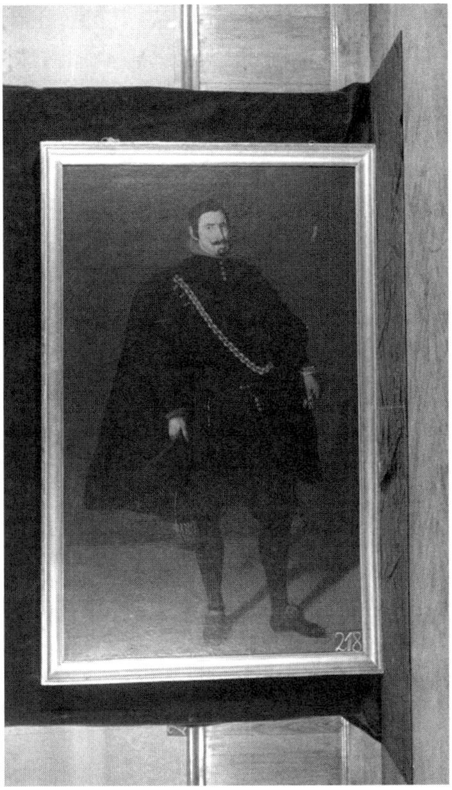

121 y 122. *Retrato de señora* y *Retrato de caballero,* dos pinturas anónimas del siglo XVII propiedad de la marquesa de Almenara y entregadas en depósito en octubre de 1939 al castillo de Viñuelas como residencia de Francisco Franco.

— Un tríptico del siglo XVI, titulado *La Virgen de la leche, en los laterales santa,* propiedad de un tal «Sr. Molins»[601]. Este tríptico iba destinado al «dormitorio de S.E.».

— Otras obras procedentes de incautaciones de la Agrupación Socialista Madrileña y que, como siempre, no indicaban el propietario: un tríptico del siglo XV y un *Retrato de caballero* del siglo XVIII.

El 15 de marzo de 1940, Franco se trasladaba del castillo de Viñuelas al Palacio de El Pardo, que a su pasado real —del que Franco se consideraba heredero legítimo— añadía su aislamiento y el hecho de estar rodeado de una finca de caza, la gran afición del dictador. A esta nueva residencia oficial —ya definitiva— se destinó un lote importante de piezas, la mayoría de las cuales procedían de Patrimo-

[601] Debe tratarse de Ildefonso de Molins y Manzanares, que tiene tanto acta de incautación durante la guerra como acta de devolución en la posguerra.

nio Nacional, exactamente de los depósitos republicanos del Museo Arqueológico, Jai-Alai y Museo de Arte Moderno[602], mientras que varias de ellas entregadas a Viñuelas volvían al Sdpan.

Es evidente que los bienes de Patrimonio Nacional estaban al servicio de Franco y su familia, que utilizaban los palacios reales para su disfrute personal. En este sentido, resulta revelador que el general de división Julio Muñoz de Aguilar, vizconde de Muñoz-Aguilar, fuera al mismo tiempo —desde 1938 hasta 1948— jefe de la Casa Civil de Franco[603] —que había diseñado el protocolo de la «Corte» del «Generalísimo»— y gerente de Patrimonio Nacional[604].

Otro capítulo sobre el patrimonio artístico en manos de Franco se refiere a las casas privadas —o mejor habría que decir privatizadas o recibidas— que poseyó durante los años de la guerra y la posguerra y los fondos patrimoniales que albergaban. Habría que aclarar desde un principio que no existen expedientes de entrega de obras desde el Sdpan a estas residencias privativas y que, por lo tanto, hemos de acudir a otras fuentes para conocer —aunque sea de maneral general— las riquezas que atesoraban. Si hubo entregas de obras a las residencias privadas de Franco, estas no han dejado huellas documentales.

Empecemos por la más antigua, el llamado Pazo de Meirás. Esta edificación señorial, ubicada en el término municipal de Sada (provincia de A Coruña), había sido construida a finales del siglo XIX por la escritora Emilia Pardo Bazán. Fallecida en 1921 y fusilado su hijo Jaime en 1936 a manos de milicianos de la FAI, sus herederas intentaron infructuosamente donarlo a los jesuitas. Fue el momento, en 1938, en que las autoridades franquistas coruñesas decidieron ofrecer a Franco el Pazo de Meirás como residencia veraniega[605]. Para ello adquirieron la propiedad a un precio bastante bajo (parece que por 400.000 pesetas) y recaudaron el dinero aplicando un porcentaje de la contribución de los ayuntamientos coruñeses y a través de donativos —en gran parte forzosos— mediante la resta de una parte de los salarios a los funcionarios de la provincia.

Resulta difícil, por no decir imposible, precisar si se hicieron entregas de obras al Pazo de Meirás procedentes de los depósitos republicanos, pues no existe —al menos en el archivo del IPCE— expediente que lo acredite, pero sí se sabe que el edificio albergaba una importante colección de obras de arte. El 18 de febrero

---

[602] Arch. IPCE, SRA_0122.

[603] La figura de jefe de la Casa Civil del Jefe del Estado fue creada por Decreto de 3 de mayo de 1938, que establecía que debería ser ocupada por un general del ejército, que hubiera demostrado adhesión inquebrantable al Movimiento Nacional y al jefe del Estado.

[604] Esta tónica de unir los dos cargos se mantuvo en el siguiente gerente de Patrimonio Nacional y al mismo tiempo jefe de la Casa Civil de Franco: Ramón Díaz de Rivera (1948-1957), marqués de Huétor de Santillán.

[605] Véase Carlos Babío Urkidi y Manuel Pérez Lorenzo, *Meirás. Un pazo, un caudillo, un espolio,* A Coruña, Fundación Galiza Sempre, 2017.

de 1978, el Pazo sufría un incendio que afectó a las habitaciones privadas y, según relata Mariano Sánchez Soler,

> ante los ojos de los bomberos, guardias civiles y paisanos que participaron en las operaciones de salvamento surgieron candelabros, lámparas de cristal tallado, braseros de bronce, atriles, tapices, alfombras, cuadros, fragmentos de retablos, una sillería de oro monástica, muebles de maderas nobles, colecciones de armas antiguas, multitud de trofeos de caza, un enorme piano de cola...[606].

La segunda residencia secundaria de Francisco Franco y su familia fue el Palacio del Canto del Pico, sito en Torrelodones, provincia de Madrid. En noviembre de 1937, el conde de las Almenas, José María de Palacio y Abarzuza, había legado a Franco en su testamento esta gran finca, coronada por el palacio, una herencia que se materializaría en 1941. La imponente residencia, situada en una montaña cercana a Madrid conocida como el Canto del Pico, estaba coronada por el palacio denominado la Casa del Viento, donde se almacenaba una importante colección de obras de arte[607]. Sería una de las residencias favoritas de Franco y de su familia, que pasarían allí largas temporadas. El periodista Jimmy Giménez-Arnau, casado con una nieta de Franco, describiría el palacio, donde había, entre múltiples piezas artísticas y libros, «unos trescientos cuadros»[608]. Hoy el Palacio del Canto del Pico, después del traslado de sus piezas artísticas y de su venta en los años ochenta, se encuentra abandonado y en proceso de ruina.

Tampoco existe acta de entrega de obras al Canto del Pico por parte del Sdpan, pero se sabe que este palacio albergaba importantes piezas artísticas de los siglos XII al XVII, originarias de castillos y monasterios de varios rincones de España y muchas de ellas procedentes de la importante colección del conde de las Almenas.

Las ventas de obras

La posguerra franquista fue un momento crucial de ventas y de pérdida de obras. Las evidentes dificultades económicas —que afectaban a numerosos sectores sociales, pero especialmente a los populares— provocaron que la Iglesia, la nobleza y la burguesía realizaran numerosas ventas de obras de arte, tanto en Es-

---

[606] Mariano Sánchez Soler, *Los Franco, S.A. Ascensión y caída del último dictador de Occidente, op. cit.*, pág. 154. En el momento de la edición de este libro se está realizando, por instrucción judicial, el inventario de las piezas que alberga el Pazo, que esperemos dé luz sobre los bienes patrimoniales que alberga, así como de su posible origen.

[607] María José Martínez Ruiz, «Luces y sombras del coleccionismo artístico en las primeras décadas del siglo XX: el Conde de las Almenas», *Goya,* 307-308 (2005), págs. 281-294.

[608] Joaquín Giménez-Arnau, *Yo, Jimmy. Mi vida entre los Franco,* Barcelona, Planeta, 1981, página 164.

paña como en el extranjero, sin que aparentemente el Gobierno pusiera coto alguno a esta sangría patrimonial.

Con respecto a las ventas de la nobleza, tenemos el caso insólito pero documentado del intento en 1940 de venta a la National Gallery de Londres de *La condesa de Chinchón* de Goya por parte de su propietario, Carlos Rúspoli y Caro, duque de Sueca. El marqués de Lozoya desbarató la transacción, hecho que ya analicé en otro lugar[609].

Pero podemos deducir que la principal vía de salida incontrolada de obras de arte durante la posguerra española —coincidente en su primera fase con la Segunda Guerra Mundial— fueron las ventas organizadas por la Iglesia para poder afrontar, en un momento de reconstrucción y de múltiples problemas financieros y casi de supervivencia, su sostenimiento, y sin que el Gobierno pusiera control alguno a esta pérdida. El coleccionista catalán Frederic Marès —cuyo museo barcelonés no deja nunca de sorprenderme por el inmenso acopio de obras religiosas procedentes de todos los rincones de España— afirmaba que «de la propia Dirección General de Bellas Artes poseo letras recomendándome la adquisición de obras de arte que los obispos ofrecían para poder atender las necesidades apremiantes de iglesias y conventos»[610].

La documentación de archivo muestra la masiva venta de obras medievales que se produjo en la posguerra en diversas diócesis. Destacan en este sentido las realizadas en la diócesis de la Seo de Urgell, donde se habían vendido los frontales de Greixa, Guils, Vilamur y Alsina de Rivelles y se habían arrancado las pinturas murales de la parroquia de Tredós para ponerlas a la venta[611].

Lo mismo podríamos decir de las ventas de obras de arte en estos años en Castilla y León, tema que ha sido estudiado por María José Martínez Ruiz, que concluye que «fue notablemente mayor el menoscabo propiciado en nuestro catálogo artístico por la destrucción lenta y silenciosa, merced al abandono y al expolio artístico, que el debido a las secuelas directas de la contienda», y añade que «no se perdió más en la guerra»[612]. También existe documentación sobre la venta de obras en Navarra procedentes de la Iglesia[613]. Y en esta lista de ventas de obras de

---

609 Arturo Colorado Castellary, *Arte, revancha y propaganda. La instrumentalización franquista del patrimonio durante la Segunda Guerra Mundial,* Madrid, Cátedra, 2018, págs. 142-143.

610 Frederic Marès, *El mundo fascinante del coleccionismo y de las antigüedades,* Barcelona, Museu Frederic Marès de Barcelona, 2000, pág. 330.

611 Arch. GA, 51/11208.

612 María José Martínez Ruiz, «No se perdió más en la guerra... La merma del patrimonio castellano leonés, más debido al abandono y al negocio de antigüedades», en Arturo Colorado Castellary (ed.), *Patrimonio, Guerra Civil y posguerra,* Madrid, Universidad Complutense / Museo Nacional del Prado / Sociedad Estatal de Conmemoraciones Culturales, 2010, págs. 215-228.

613 Como la carta de Íñiguez a Marcelino Olaechea, obispo de Pamplona, de 16 de mayo de 1940, lamentando que «la desaparición del retablo de ese lugar supone la desaparición de uno de los buenos ejemplares de arte litúrgico español». Arch. HPS, Fondos Lozoya.

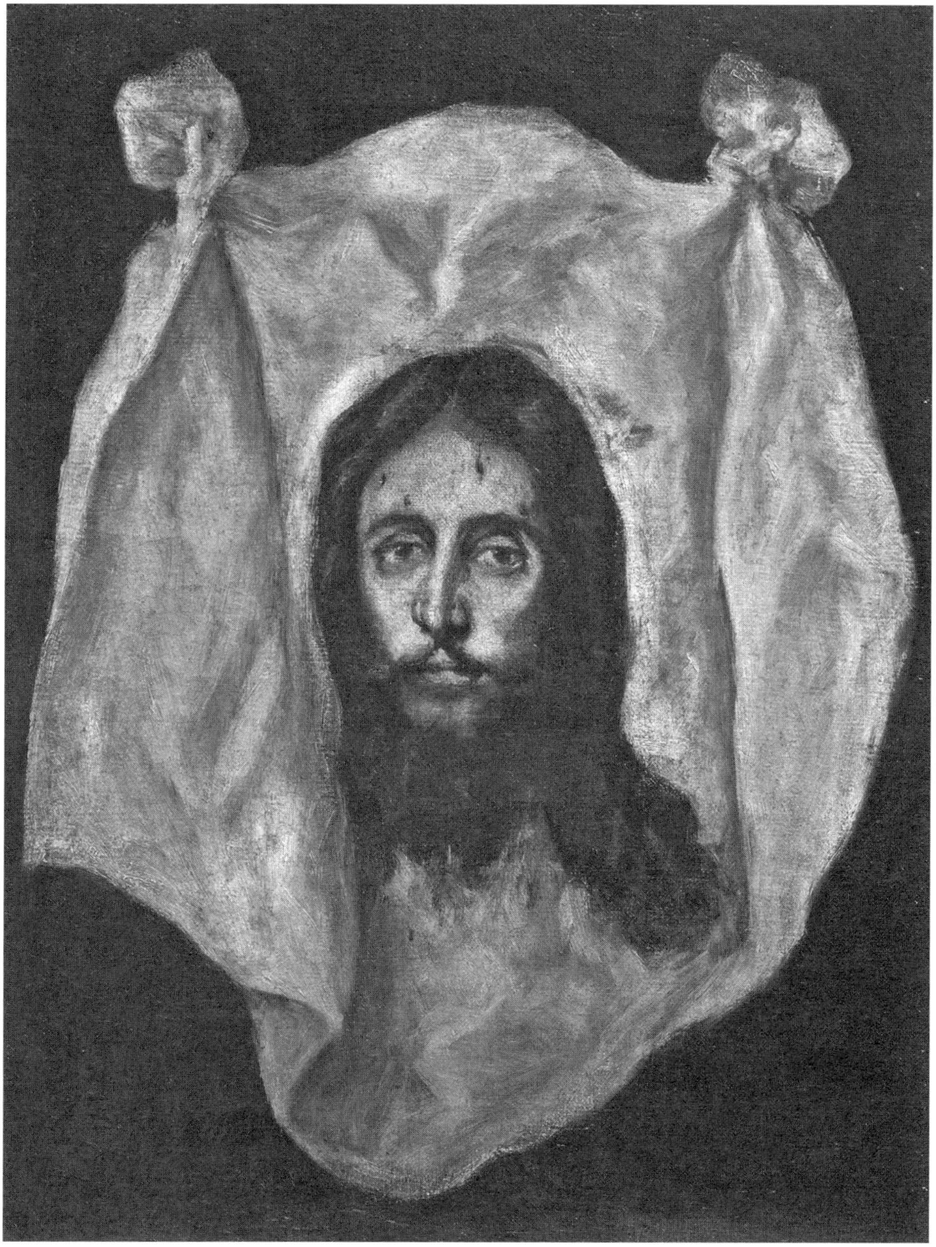

123. El Greco, *La Santa Faz,* obra de la iglesia parroquial de Móstoles, evacuada a Ginebra por la República en 1939, vuelta a España y comprada por el Museo del Prado en 1944.

arte durante la posguerra franquista se podría seguir citando una gran cantidad de casos[614].

También es cierto que los museos aprovecharon estos años de penuria para adquirir obras especialmente relevantes. Aparte de las obras entregadas en depósito, que ya se han analizado en un capítulo específico, muchos de ellos aprovecharon las terribles circunstancias de la posguerra para comprar algunas piezas importantes.

Fue el caso de Museo del Prado, que adquirió o consiguió varias obras procedentes de monasterios y particulares durante estos difíciles años. En 1942, adquiría al monasterio de la Encarnación de Madrid la obra del Greco titulada *San Andrés y San Francisco* —que por cierto había estado depositada en el mismo museo por la JTA y evacuada a Ginebra— con los beneficios obtenidos en la exposición de Ginebra de las obras evacuadas por la República[615]. Dos años más tarde, en este caso adquirida por el patronato del museo, llegaba del mismo autor *La Santa Faz,* procedente de la sacristía de la iglesia parroquial de Móstoles (Madrid) y que también había sido evacuada a Ginebra[616].

En este caso, adquirido a un particular, el Museo del Prado compró en 1940 el *Bodegón con cardo, francolín, uvas y lirios,* de Felipe Ramírez, «con fondos del conde de Cartagena»[617]. Con estos mismos fondos, el Prado adquirió en 1941 a la iglesia de San Andrés Apóstol de Villanueva de los Infantes, Ciudad Real, la tabla de Fernando Yáñez de la Almedina titulada *Santa Ana, la Virgen, Santa Isabel, San Juan y Jesús Niño*[618]. Esta obra había sido entregada a esta iglesia por el Sdpan,

[614] Véase Francisco Fernández Pardo, *Dispersión y destrucción del patrimonio artístico español,* Madrid, Fundación Universitaria Española, 2007, especialmente el volumen V *(Desde la Guerra Civil a nuestros días)* y los capítulos IX («La Iglesia vende gran parte del patrimonio artístico bajo su custodia. Los sucesos del monasterio de Sigena») y X («La década de la posguerra, época dorada para anticuarios y exportadores de arte»), págs. 151-181.

[615] Según el inventario de nuevas adquisiciones del Museo del Prado (museodelprado.es/coleccion): «Núm. 1728. 1728 / Autor, Greco / 1728. Asunto, san Andrés y san Francisco de Asís. / Lienzo, 167 × 113 cm / núm. catálogo 2819 / Adquirido en enero de 1942, con fondos de la exposición de Ginebra».

[616] Según el inventario de nuevas adquisiciones del Museo del Prado: «Núm. 1742.1742 / Autor. El Greco (Domenico Theotocopouli) / Asunto, la Santa Faz / Lienzo 71 × 54 cm / núm. catálogo, 2874</br>Adquirido por el patronato a la parroquia de Móstoles el 7-XII-44 en 100.000 ptas.».

[617] Según el inventario del Museo del Prado, la procedencia es: «Colección Vera, Torrelaguna, Madrid; José Martín-Montalvo y Gurrea, 1940; adquirido para el Museo del Prado con fondos del legado del conde de Cartagena, 1940».

[618] Según el inventario de nuevas adquisiciones del Museo del Prado: «Núm. 1704. Autor, Yáñez de la Almedina. / 1704. Asunto, Santa Ana, la Virgen, Santa Isabel, San Juan y Jesus Niño. / Tabla, 140 × 119 cm / núm. catálogo, 2805. / Adquirido en 1941 con fondos del legado Conde Cartagena».

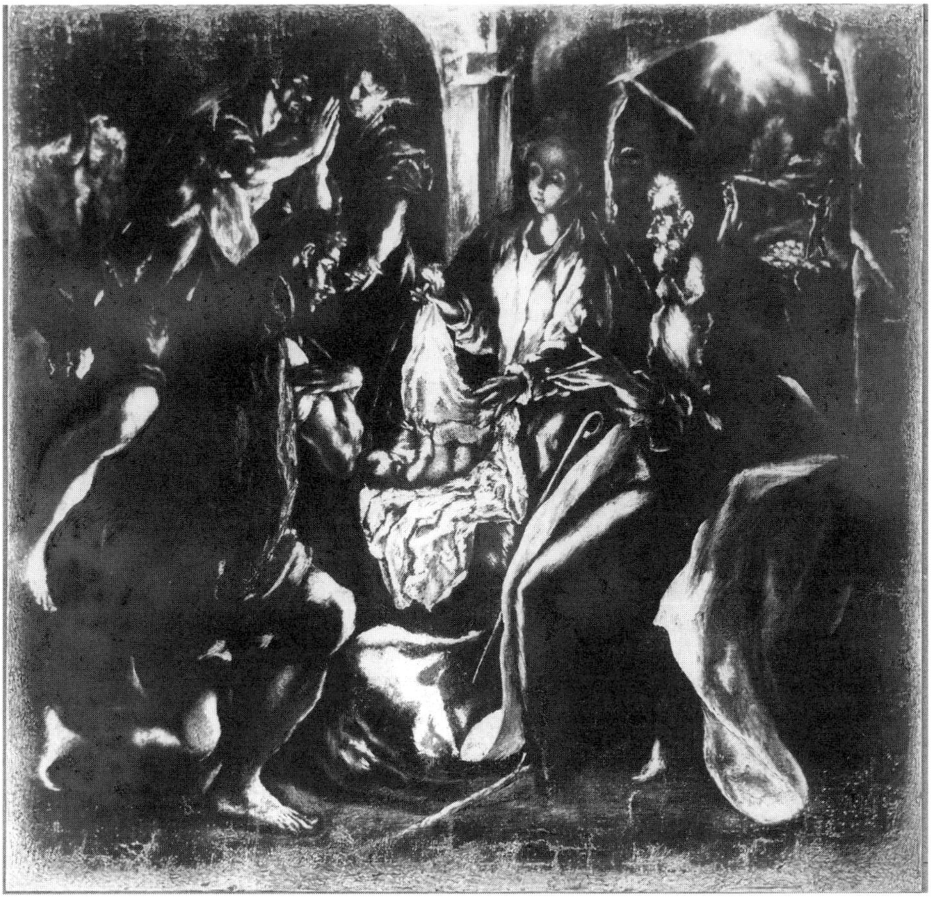

124. El Greco, *La adoración de los pastores,* obra del convento de las carmelitas de Daimiel (Ciudad Real), recogida por la JTA en 1937, evacuada a Ginebra en 1939 y a su vuelta comprada a este monasterio por un coleccionista de Bilbao.

procedente de la Caja de Reparaciones de Barcelona, en febrero de 1940[619]. También entraron al Prado por vía de donación otras obras, como *Cristo presentado al*

[619] Arch. IPCE, SRA_1524. Según información aparecida recientemente en la prensa, y a partir de una investigación realizada por José A. López Camarillas, esta obra había sido durante la guerra incautada y protegida por el pintor Cipriano Salvador Gijón por orden del alcalde de Infantes, y después la pieza de Yáñez fue incautada por la Caja de Reparaciones. Como premio por sus desvelos, Salvador fue condenado por el franquismo a trabajos forzados hasta 1946; Peio H. Riaño, «Condenado a trabajos forzados por salvar un cuadro del discípulo manchego de Leonardo da Vinci», *El País,* 5 de julio de 2020; Esther López Barceló, «La historia del retablo de Almedina desaparecido y del pintor republicano que lo salvó», *elDiario.es*, 5 de julio de 2020: https://www.eldiario.es/comunitat-valenciana/el-desolvidador/historia-retablo-almedina-desaparecido-pintor-republicano-salvo_1_6082507.html.

pueblo de Quinten Massys, que había sido evacuada a Ginebra y que donó al Prado Mariano Lanuza y Fernández en 1940[620].

En diciembre de 1939, el Museo de Bellas Artes de Bilbao adquiría al monasterio de las carmelitas descalzas de Cuerva (Toledo) la obra del Greco titulada *San Francisco en oración ante el Crucificado*. Esta obra había sido recogida por la JTA en 1937, trasladada al Museo del Prado y restaurada. También había sido evacuada a Ginebra, y fue a su vuelta y tras su devolución[621] cuando se produjo la venta a dicho museo[622].

También algunos particulares aprovecharon las circunstancias de la posguerra para hacerse con alguna pieza de importancia, como fue el caso de un coleccionista bilbaíno —del que no se tienen más datos— que adquirió *La adoración de los pastores* del Greco. Esta obra estuvo hasta la Guerra Civil en el convento de las carmelitas de Daimiel, y una vez acabada la contienda y vuelta de Ginebra, fue vendida a este coleccionista privado.

Las obras en paradero desconocido

Son numerosas las piezas artísticas gestionadas durante la posguerra que se encuentran en paradero desconocido, empezando por las obras que podemos identificar a través de los inventarios, que fueron entregadas a otros destinatarios y que han desaparecido o de cuya ubicación actual no se tiene noticia. En nuestra base de datos hay 482 piezas en paradero desconocido (332 que permanecen en España y 150 que salen al extranjero).

Un conjunto importante de estas «desapariciones» son las procedentes de la Caja de Reparaciones que llegaron a Ginebra. De las 85 obras que constan en el inventario realizado por el Comité Internacional para el Salvamento de los Tesoros de Arte Españoles, hay 56 en paradero desconocido, mientras no tengamos más datos que permitan saber su ubicación actual. Las restantes fueron devueltas a sus propietarios o entregadas en depósito a otros, como hemos visto anteriormente.

A su vez, de las piezas entregadas en depósito, muchas están en paradero desconocido. El grueso pertenece a los particulares beneficiados por los depósitos —algunos de ellos recogidos en los expedientes de entrega—, pero lo más sorprendente es la pérdida de obras entregadas a museos. Por ejemplo, de las 36 pie-

---

[620] Según el inventario de nuevas adquisiciones del Museo del Prado: «Núm. 1698. Autor, Massys / 1698. Asunto, Cristo presentado al pueblo. / Tabla, 160 × 120 cm / núm. catálogo 2801 / Legado por don Mariano Lanuza en 1940».

[621] El 25 de noviembre de 1939, Arch. IPCE, SRA_0997.

[622] Ana Sánchez-Lassa de los Santos y José Luis Merino Gorospe, «El San Francisco de El Greco del Museo de Bellas Artes de Bilbao», *Boletín del Museo de Bellas Artes de Bilbao,* núm. 8, 2014, páginas 111-157.

zas entregadas al Museo de Bellas Artes de Valencia, en la actualidad solo se localizan 12 entre sus fondos, según información facilitada por dicho museo. A su vez, de las 62 obras entregadas al Museo de San Telmo de San Sebastián, hay 11 en paradero desconocido, que no se encuentran actualmente en los fondos de este museo. Lo mismo podríamos decir de las obras entregadas al Museo de Zaragoza (con cuatro obras desaparecidas de las diez entregadas en depósito) y a tantos otros museos, organismos, particulares, etc.

Es evidente que habría que realizar estudios monográficos de cada una de las entregas en depósito durante la posguerra y de su ubicación actual. A su vez, habría que ahondar en cada uno de los depósitos creados durante la guerra y en cómo se gestionaron durante la posguerra. En el caso del depósito de Cuenca, que ha sido estudiado por Víctor de la Vega, son numerosas las obras en paradero desconocido, «desapariciones —en opinión de este autor— que fueron en su mayoría consecuencia de una desastrosa, lenta y arbitraria devolución, en la que muchas cosas han cambiado de lugar y otras de gran valor directamente han desaparecido después de haber superado tan críticas circunstancias»[623]. Este autor señala también que «sabemos de algunas pinturas recogidas del depósito diocesano y que tras la guerra fueron devueltas, aunque de casi todas se ha perdido el rastro»[624].

A su vez, las obras que «sobraron», que nadie quería, permanecieron durante muchos casos en las peores condiciones, en depósitos sin ninguna garantía de conservación. Tenemos de nuevo el testimonio de Víctor de la Vega, que conoció personalmente el depósito conquense:

> En los años 1965-1970, todavía permanecían muchos objetos en los almacenes de la Junta de Incautación, cuyo cartel estaba descolgado, pero muy visible, en la entrada de coches de las traseras catedralicias. Allí, en unas estancias cubiertas de polvo, había cajonerías llenas de ropas litúrgicas, con muchos de los cajones entreabiertos, tallas de piedra y madera repartidas por todas partes[625].

Al mismo tiempo, se hicieron entregas en depósito desde Madrid a otras comisarías del Sdpan de piezas cuyo paradero se desconoce. Es el caso de la entrega a la Comisaría del Sdpan de la 3.ª zona, con capital en Zaragoza[626], a la que se le adjudicó un total de 29 piezas —entre las que se encuentran cruces procesionales, las mitras de San Valero y San Ramón, además de telas, esculturas, libros... O de

---

[623] Víctor de la Vega Almagro (Vitejo), *Tesoro artístico y Guerra Civil. El caso de Cuenca,* Cuenca, Ediciones de la Universidad de Castilla-La Mancha, 2007, pág. 169.

[624] *Ídem,* pág. 266.

[625] *Ídem,* pág. 268.

[626] Arch. IPCE, SRA_2017.

las 16 piezas entregadas en depósito a la Comisaría de la 1.ª zona, con capital en Santiago de Compostela[627], de las que solo cinco fueron entregadas, también en depósito, al Museo Provincial de Pontevedra, con pinturas de Jenaro Pérez Villaamil, Francisco Domingo o Santiago Rusiñol...

Según escribió el marqués de Lozoya en 1962, «el Patrimonio Nacional, antiguo Real Patrimonio, y los patronatos que administra —en conjunto, acaso la entidad mundial que custodia la mayor copia de objetos preciosos— han de considerarse afortunados, pues, después del conflicto, pudieron recuperar la casi totalidad de sus dispersos tesoros»[628]. Sin embargo, apunta la desaparición de varias piezas importantes: del monasterio de las Descalzas Reales de Madrid, una pequeña tabla que representa, de medio cuerpo, a *San Bernardino de Siena,* atribuido a Quinten Metsys; de la biblioteca del monasterio de El Escorial, un famoso libro del *Apocalipsis,* obra maestra de la miniatura del siglo XV, y, finalmente, del relicario de la capilla del Palacio Real de Madrid, varios objetos preciosos, entre ellos la cruz de oro y esmaltes que perteneció a María Estuardo.

Y así podríamos seguir la lista de obras desaparecidas, como las piezas perdidas del duque de Alba —como la *Virgen de la Paloma,* de Rosales, que seguramente fue destruida en el incendio provocado por el bombardeo franquista, o *El sueño de San José,* de Mengs, que sigue en paradero desconocido—, entre tantas otras que seguramente fueron entregadas a los amigos y correligionarios y que no han dejado rastro alguno en la documentación.

Aquí, lógicamente, habría que incluir todos los expedientes de incautación de la JTA que no tienen su correspondiente expediente de devolución por el Sdpan, con seguridad obras de los considerados «enemigos» que fueron distribuidas entre los adeptos o los organismos del Estado, tal como hemos visto anteriormente con los casos de Pedro Rico, la colección Sicardo-Carderera o tantas otras[629]. En este sentido, ya abordé en otro lugar el caso de la pintura del Greco, entre otras obras, que Franco regaló a su amigo y colaborador alemán Johannes Bernhardt, que, perseguido por los aliados, se refugió en Argentina, a donde trasladó esta obra[630].

---

[627] Arch. IPCE, SRA_2121.

[628] Marqués de Lozoya, «Algunas pérdidas del Patrimonio Nacional y de los Patronatos Reales en los años de 1936-1939», *Archivo Español de Arte,* núm. 138, abril-junio de 1962, págs. 89-94.

[629] Véase Teresa Díaz Fraile, «El paradero de las obras de arte incautadas durante la Guerra Civil», en Arturo Colorado Castellary (ed.), *Patrimonio cultural, Guerra Civil y posguerra,* Madrid, Fragua, 2018, págs. 409-429.

[630] Véase Arturo Colorado Castellary, *Arte, revancha y propaganda, op. cit.,* págs. 248-249.

Conclusiones

Expolio y diáspora del patrimonio

El objetivo fundamental de esta investigación ha sido el análisis de la política franquista sobre el patrimonio en la inmediata posguerra. Se trataba de responder a una cuestión que llevaba años preguntándome: ¿qué hizo el franquismo con las miles de obras custodiadas o evacuadas por la República durante la guerra? Y he descubierto a través de la investigación que la clave de esta cuestión, aparte de la gestión de las devoluciones a sus propietarios, se encuentra en el estudio de las entregas en depósito o las «devoluciones» desviadas de piezas de carácter patrimonial realizadas en la inmediata posguerra.

Es importante destacar que en este libro no he realizado un estudio completo de todas las piezas patrimoniales desviadas de su origen a otros destinos, tarea prácticamente imposible en el estado actual de la investigación y con numerosa documentación pendiente de salir a la luz. Mi objetivo ha sido demostrar —a partir de un número importante de piezas, que alcanza, como he dicho, unas 17.000— que es este un tema fundamental y hasta ahora no tratado que hay que afrontar. En este caso, podemos considerar las obras y casos aquí recogidos como muestras evidentes de un problema histórico no resuelto. Quizás la cuestión es tan amplia que solo a través de estudios parciales —de colecciones concretas o análisis locales— podremos ir desbrozando este intrincado panorama. A su vez, hay otros ámbitos patrimoniales cuyo destino durante la posguerra merecería un estudio monográfico, como es el caso de los libros y bibliotecas durante la guerra[631] y su restitución una vez finalizada esta.

---

631 Véase *Biblioteca en guerra,* catálogo de exposición, Madrid, Biblioteca Nacional, 2005. Enrique Pérez Boyero, «El archivo de la Biblioteca Nacional: fuentes documentales para el estudio de los archivos, bibliotecas y museos españoles durante la guerra civil», *Biblioteca en guerra,* catálogo de exposición, Madrid, Biblioteca Nacional, 2005, págs. 190-191; «El Cuerpo Facultativo de Archiveros, Bibliotecarios y Arqueólogos y la protección y evacuación del patrimonio histórico en la España republicana», en Arturo Colorado Castellary (ed.), *Patrimonio, Guerra Civil y posguerra,* Madrid,

Tal como hemos visto, el Sdpan dictó una serie de normas para las devoluciones de piezas procedentes de los depósitos republicanos, aunque es evidente que no fueron respetadas en todos los casos. Como ya se ha explicado con anterioridad, las dos fórmulas que utilizaban los gestores franquistas del patrimonio en la inmediata posguerra para las entregas a un destinatario se limitaban a la «devolución» —en varias ocasiones para encubrir una falsa devolución o el desvío de un propietario a otro— o la evidente entrega «en depósito», aunque en muchas ocasiones, por no decir en la mayoría, el receptor aseguraba que la obra recibida era suya. Por lo tanto, se puede concluir que la documentación no es garantía a la hora de diferenciar la devolución del depósito, pues una obra que se devuelve y que el destinatario reconoce como suya puede encubrir una entrega desviada.

Las zonas fundamentales de gestión de entregas de obras del Sdpan fueron la quinta, con capital en Madrid, y la cuarta, con capital en Barcelona, que concentran el grueso de la documentación localizada. Es evidente que puede haber documentación del Sdpan pendiente de localización que afecte a otras zonas, pero también lo es que desde Madrid se centralizó gran parte de la gestión de entregas, pues existen expedientes de envíos de obras a todos los rincones del país: a Barcelona y Pontevedra, a San Sebastián y Valencia, a Málaga y Cádiz... A su vez, desde Madrid se enviaron obras en depósito a otras comisarías del Sdpan, como a la primera zona, con capital en León y con destino a Santiago, o a la tercera zona, con capital en Zaragoza.

En este sentido, se puede deducir que, con la documentación localizada hasta la fecha, aunque haya todavía pendiente de estudio, podemos tener una visión de conjunto bastante cercana a la realidad de la política franquista de gestión del patrimonio mueble en la inmediata posguerra.

A su vez, habría que aclarar que los datos facilitados por los expedientes, tanto los de la JTA como los del Sdpan, no son en muchos casos excesivamente claros en la descripción del origen de las obras. En algunos se especifica claramente el propietario —especialmente en los libros de registro de pinturas de la JTA que conserva el IPCE—, pero otros se limitan a indicar una calle o una población. En varios de estos últimos se puede descubrir al propietario porque conocemos su dirección exacta, pero no en caso contrario. Hay también expedientes en los que figura la asignación de las obras a un propietario identificado con un apellido, y puede darse el caso de que con este nombre haya varias personas. Pero el problema principal es que no aparezca dato alguno de procedencia de la obra durante la guerra, que es lo que ocurría en la mayoría de los casos cuando no era la JTA la que había incautado la pieza.

Universidad Complutense / Museo Nacional del Prado / Sociedad Estatal de Conmemoraciones Culturales, 2010, págs. 125-158.

Con respecto al calendario, también es evidente que el franquismo manifestaba cierta urgencia en liquidar todo el proceso de devolución y recolocación de las miles de obras de los depósitos republicanos. La normativa franquista así lo muestra, pues en abril de 1940 se liquidaba definitivamente el Servicio de Recuperación Artística (o Servicio Artístico de Vanguardia) creado en enero de 1937 y que pasaba a integrarse en el Sdpan, y la Dirección General de Bellas Artes daba órdenes taxativas emplazando a los propietarios de piezas patrimoniales que «por inercia» no hubiesen acudido «con la debida presteza a recabar sus derechos» o a los que, habiéndolo hecho, no habían recogido sus obras «con la diligencia necesaria»[632]. A su vez, en mayo de 1942 se desmilitarizaba el Sdpan, cinco años después de su creación[633].

Sin embargo, también se demuestra que el proceso de gestión franquista va mucho más allá de la liquidación del Servicio de Recuperación Artística y de la desmilitarización del Sdpan. La cuantía y el calendario de las entregas de obras por parte del Sdpan pueden ser analizados en el cuadro siguiente, según el número de piezas gestionadas por año de cuyo destinatario y fecha de entrega tenemos noticia por los expedientes. Estos datos se encuentran, en la mayoría de los casos, en las 16.503 entradas de la base de datos, que darían, como ya he destacado, unas 17.000 piezas finales:

Tabla anual de las entregas de obras por el Sdpan

Año	Número	Porcentaje
1939	4.328	27,9
1940	4.596	29,6
1941	2.979	19,2
1942	1.776	11,4
1943	1.324	8,5
1944	156	1,0
1945	72	0,5
Desp. 1945	292	1,9
Total	15.523	100,0

Es evidente que el grueso de las entregas de piezas por parte del Sdpan se produjo desde el año 1939 —con el pico más alto en 1940— hasta 1943, pero que después, y durante varios años —que abarcan incluso los cincuenta y los se-

[632] Orden de 11 de enero de 1940 fijando normas para que en plazo no lejano pueda liquidarse el Servicio de Recuperación Artística, reintegrando al de Defensa del Patrimonio Artístico Nacional a las funciones únicas que le son propias, *Boletín Oficial del Estado,* núm. 13, de 13 de enero de 1940, págs. 286-287.

[633] Decreto de 7 de mayo de 1942 por el que se desmilitariza al personal afecto al Servicio de Defensa del Patrimonio Artístico Nacional, *Boletín Oficial del Estado,* núm. 148, de 28 de mayo de 1942, pág. 3557.

senta—, el proceso continuó como un goteo permanente, aunque, lógicamente, con un menor número de obras.

Parece que los gestores franquistas tenían mucha prisa por acabar esta tarea, para la que les faltaban medios y personal. Prueba de ello es la Orden de 11 de enero de 1940 de Liquidación del Servicio de Recuperación Artística, antes citada[634], que establecía en su artículo quinto:

> Los objetos que quedaren después de cumplido lo anteriormente dispuesto (las entregas de obras y el montaje de exposiciones temporales) serán subastados con arreglo a las normas oficiales, redactándose al efecto los oportunos pliegos de condiciones con indicación de los precios mínimos de licitación, los cuales serán expuestos, al igual que los objetos, durante un mes, precediéndose, transcurrido este plazo, a su adjudicación al mejor postor.
>
> Los beneficios que por todos conceptos se puedan obtener por el Servicio de Recuperación Artística, después de satisfechos todos los gastos que se originen, si a ello hubiere lugar, serán dedicados a la adquisición de obras de arte.

Sinceramente, desconozco si llegaron a subastarse los «sobrantes» de las devoluciones y entregas en depósito —y no he localizado documentación alguna en este sentido—, pero es evidente que se siguieron realizando entregas en los años posteriores a 1940 y que poco quedaría después de la transmisión masiva a la Iglesia, organismos públicos y particulares que hemos ido desgranando a lo largo de este libro.

Afirmaba Francisco Íñiguez que «las devoluciones, de cualquier casta que sean, se verifican siempre como entregas en depósito», lo cual es evidentemente falso por mucho que lo repita textualmente Manuel Chamoso[635] —tal como hemos visto y como si fuera una consigna justificativa del Sdpan—, pues los expedientes de entrega de piezas distinguen claramente entre «devoluciones» y entregas «en depósito». Y añadía Íñiguez, para incidir en esta perspectiva, que:

> Como se ve, el Servicio de Recuperación Artística nunca define propiedad; la aclara cuando posee o le suministran algún dato, y obra en consecuencia, pero siempre bajo la responsabilidad de quienes lo aducen, dejando claras sus actuaciones, para que nunca puedan llegar a ser definitivos los errores o suplantaciones que lesionen legítimos intereses[636].

---

[634] *Boletín Oficial del Estado,* núm. 13, de 13 de enero de 1940, págs. 286-287.

[635] Manuel Chamoso Lamas, «El Servicio de Recuperación y Defensa del Patrimonio Artístico Nacional», *Boletín de la Sociedad Española de Excursiones,* Madrid, 1943, pág. 292.

[636] Francisco Íñiguez, «El arte en España durante la guerra. Su destrucción, dispersión y rescate», *Revista Nacional de Educación,* núm. 5, mayo de 1941, págs. 39-40.

Sin embargo, estos «remiendos provisionales» —a los que se refiere Íñiguez en otra ocasión—, «errores» en las devoluciones y «entregas en depósito», han tenido consecuencias prácticamente definitivas hasta nuestros días, pues muchas instituciones o particulares no han reclamado todavía sus obras o, si lo han hecho, parece que los resultados han sido muy escasos, como veremos en el epílogo. Todo ello era debido también a la falta de medios y de personal que padecía el Sdpan para afrontar su labor y al deseo de acabar lo antes posible esta tarea. Sirva de ejemplo de este caos y de la avidez de muchos en la reclamación de obras el informe del comisario general de abril de 1939, ya citado, en el que se quejaba del «trabajo abrumador» que pesaba sobre el Sdpan y de las «apetencias particulares» de los que invadían los depósitos buscando las obras de su pertenencia[637] y, si no las encontraban, solicitaban otras que pudieran sustituirlas.

Pero seguramente el mejor ejemplo de esta política para los gestores franquistas del Sdpan fueron las obras expropiadas a los republicanos enemigos que habían fallecido, habían salido al exilio, dejando detrás sus colecciones, o habían sido condenados y estaban en prisión, y la entrega en depósito de estas piezas —o sencillamente la «devolución»— a otros destinatarios.

El ejemplo más significativo es el destino de la colección de Pedro Rico, antiguo alcalde republicano de Madrid que había marchado al exilio y que ya hemos analizado. De las 19 obras cuyo destino en la posguerra hemos podido localizar de las 25 incautadas, actualmente una se encuentra en el Museo de Bellas Artes de Valencia[638]; tres, en el Museo de Bellas Artes de Asturias[639], y dos, en el Museo del Prado[640]. Otras obras de esta procedencia fueron entregadas, pero no han sido localizadas en su ubicación actual; estas obras son: una, entregada al Museo de Segovia[641]; otras cinco, al Gobierno Civil de las Palmas[642]; dos, al Museo de Arte Moderno[643], y, finalmente, cinco, al Museo de Bellas Artes de Valencia[644].

[637] Arch. GA, (3)5.3 51/11101.

[638] *Romería,* de Ángel Lizcano, número Inventario 710.

[639] *Majas,* de Eugenio Lucas Villaamil, Registro 789; *El merendero,* de Ángel Lizcano, Registro 781, y *Vendedor de periódicos,* de José Jiménez Aranda, Registro 764.

[640] *Escena de majos y celestina* y *Asalto a la diligencia,* ambas atribuidas a Eugenio Lucas Villaamil (Números de catálogo P04430 y P04431).

[641] *Novios y cortejo,* de Eugenio Lucas Villaamil. De este museo no he recibido respuesta a mis requerimientos para conocer su actual localización.

[642] Una aguatinta titulada *Cruz de mayo,* de Eugenio Lucas; *Mosqueteros junto a una tapia,* de Francisco Domingo Marqués; *Toro fogueado,* de Roberto Domingo, y *Majos y garrochistas en el campo* y *Toro embistiendo a un grupo de majos en el campo,* las dos últimas de Eugenio Lucas.

[643] *Escena de una endemoniada en una cripta* y *Fiesta religiosa en un templo,* de Eugenio Lucas.

[644] *En la feria, Una capea de pueblo, Baile de majos* y *Una riña sangrienta,* de Eugenio Lucas Villaamil; anónimo: *Una corrida pueblerina.*

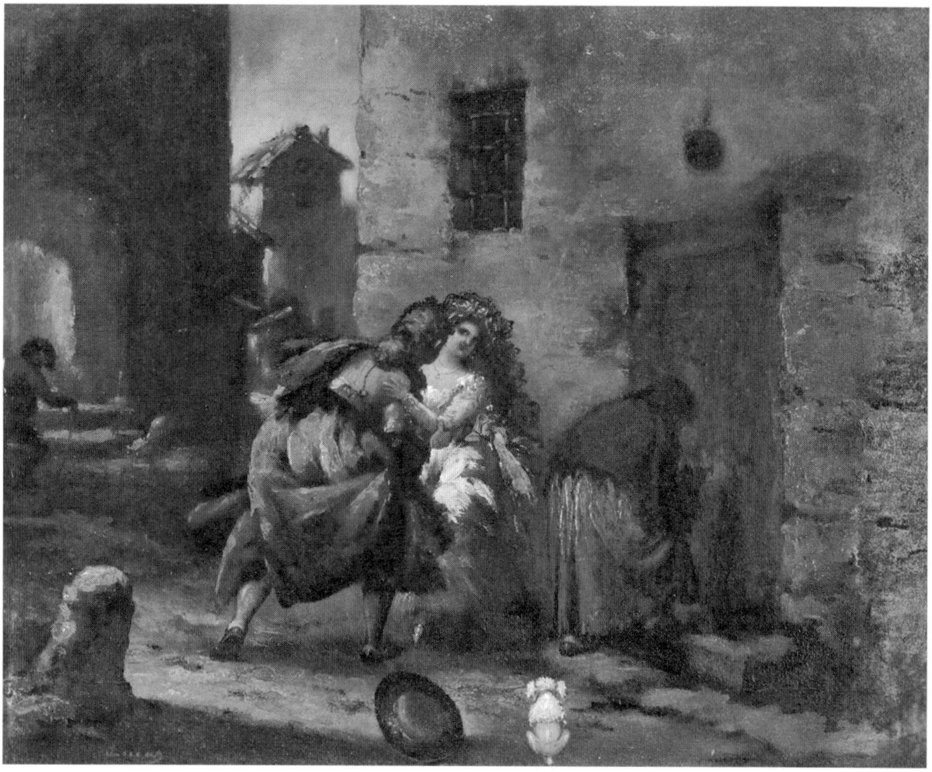

125. *Escena de majos y celestina,* atribuido a Eugenio Lucas Villaamil, perteneciente a la colección de Pedro Rico y entregado en depósito al Museo del Prado en junio de 1940, donde actualmente se encuentra.

Lo mismo se puede decir del desvío de las obras de la colección Sicardo-Carderera, que fue distribuida y entregada a diversos particulares, como también ocurrió —entre otros múltiples casos— con las colecciones de Domingo Barnés o Ángel Retana. Otro caso, como el de la confiscación de la colección del pintor José María López Mezquita, realizada por el general franquista Ricardo Rada y Peral en la inmediata posguerra, muestra que hubo múltiples desvíos y apropiaciones de obras que no han dejado acta de requisa ni huella de su destino.

¿Por qué se dieron estas obras en depósito o se desviaron a otros destinos cuando en muchos casos se conocía su origen y, por lo tanto, a su propietario? Pues en algunos porque su propietario era republicano y, por lo tanto, enemigo del régimen —como son los ejemplos dados—; en otros casos —como las obras entregadas en depósito procedentes de colecciones de adeptos al régimen franquista—, sinceramente, es difícil averiguar la razón: ¿Falta de medios y de personal? ¿Falta de interés? ¿Regalos a los amigos?

Habría que continuar, para entender en toda su complejidad la política franquista, por describir las numerosas peticiones de obras que llegaban al Sdpan, pues parece evidente que se extendió una especie de moralidad laxa, dada la entrega masiva de piezas por parte de este organismo. Y así es como llegaban peticiones por parte de los diferentes beneficiarios: museos, iglesias, conventos e instituciones oficiales y, por qué no, de particulares. Existen peticiones de obras en depósito con las indicaciones más variopintas: para presidir el oratorio de una escuela, como ornato para un monasterio o un ministerio, solicitando cuadros por sus medidas para un organismo o institución, al margen de la llegada masiva de los «sobrantes» a museos de provincias.

Entre los organismos, existen solicitudes, por ejemplo, de ministerios y de otras oficinas administrativas, igual que de instituciones culturales. La Real Academia de la Historia pedía —y se le entregaron— tres cuadros con documentos históricos manuscritos[645]. Por su parte, el Archivo Histórico Nacional solicitaba un conjunto de piezas de mobiliario (un arcón de madera tallada) y decorativos (relojes de bronce, jarros de cerámica y bronce, candelabros...), añadiendo a su petición el detalle de que esas piezas eran «de procedencia absolutamente desconocida»[646]. Pero una parte importante de las solicitudes llegaba de iglesias y conventos[647].

Es evidente que, además de las devoluciones, las entregas en depósito constituyen el núcleo fundamental de esta investigación, que resulta novedosa porque hasta ahora este tema ha sido escasamente tratado. Habría que partir de la constatación evidente de las miles de obras entregadas en depósito, que he ido desgranando en los capítulos de este libro y que alcanzan en este momento de la investigación las 8.710 piezas, que fueron a parar, según hemos ido describiendo, a museos, a organismos, a la Iglesia e incluso a particulares y que podemos cuantificar en el siguiente cuadro, que incluye las que habían permanecido en España y las que habían salido al extranjero:

Obras entregadas en depósito

Destinatario	Número	Porcentaje
Museos	3.761	43,2
Organismos	2.330	26,7
Iglesia	2.040	23,4
Particulares	579	6,7
Totales	8.710	100,0

A su vez, estas entregas en depósito estaban sometidas a un trasiego constante. Este ajetreo de obras es otra de las sorpresas y conclusiones de esta inves-

645 Arch. IPCE, SRA_1979. Desgraciadamente, en el expediente de entrega no se especifica ni contenido ni origen de dichos «manuscritos».

646 Arch. IPCE, SRA_2996.

647 Varias de ellas se encuentran en el Arch. HPS, Fondos Lozoya.

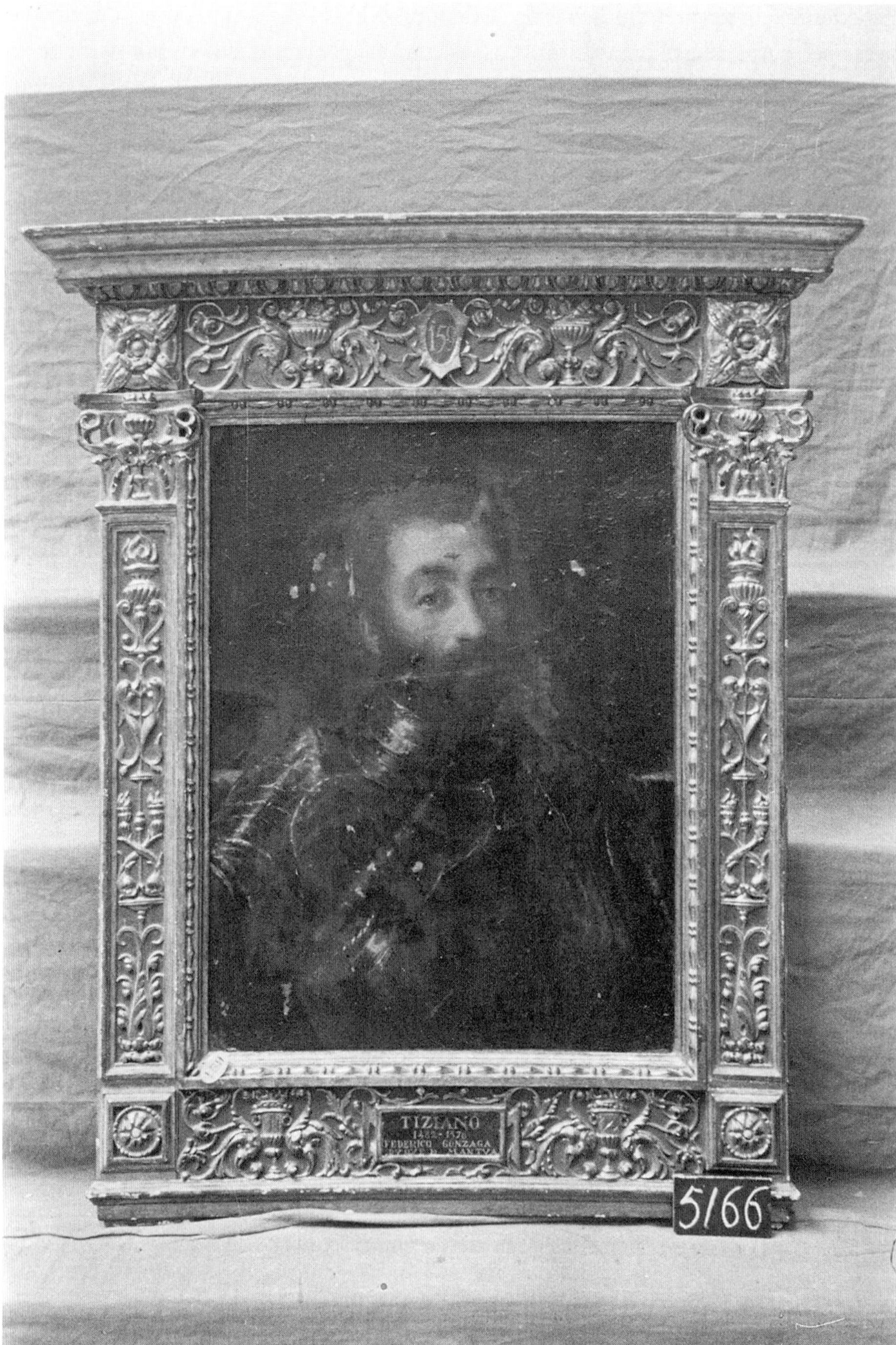

126. Tiziano, *Federico Gonzaga*. Esta pintura fue entregada en depósito a Capitanía General de Madrid, el 30 de marzo de 1940, y finalmente fue devuelta, el 13 de junio de 1940, a Jacobo Fitz-James Stuart y Falcó, duque de Berwick y de Alba, que reconocía de su propiedad.

tigación. Y es así como uno de los problemas fundamentales encontrados en el seguimiento de las obras es el de los movimientos de una serie importante de piezas: transmisiones difícilmente explicables, entregas, devoluciones al Sdpan que de nuevo las envía a otros destinatarios...

Un ejemplo muy significativo es el de las obras que recibió en depósito la Capitanía General de Madrid en 1941[648], y que después serían retiradas en 1945 y entregadas en depósito a su vez al Instituto Nacional de Industria[649], al Parador de El Paular de Madrid[650] y al Tribunal de Cuentas[651], con el agravante de que, durante el proceso, una de estas obras, atribuida a Tiziano, fue localizada como propiedad del duque de Alba y devuelta al aristócrata.

El caso más insólito es la entrega en depósito a sí mismo, al Sdpan, que se realizaba en abril de 1941 con un total de 500 piezas entre orfebrería, pinturas y grabados. Y para mayor confusión, hubo obras que se entregaron a otros organismos, como el Museo del Prado en enero de 1941, y que a los tres meses fueron recogidas de nuevo y devueltas al Sdpan. La mayoría de ellas eran de propietarios desconocidos, pero de muchas se conservan las actas de incautación de la Junta, donde se especificaban claramente el/la propietario/a (como el marqués de Chiloeches, Pilar Junco, Mariátegui, Ugalde, etc.) o direcciones concretas (Tutor 42, Cisne 6, Diego de León 10, etc.).

Un ejemplo de trasiego de obras fue el retrato de *Fernando VII y María Cristina,* realizado por Luis de la Cruz y Ríos (1776-1853), procedente de la colección de Ignacio Baüer, que fue incautada por la JTA desde el 15 de enero de 1936 hasta el 10 de septiembre de 1938[652]. En la posguerra, el 24 de noviembre de 1939, la obra fue entregada a la Comisión Liquidadora de Baüer y Cía, tras reconocer que la obra era de su propiedad. Finalmente, fue entregada el 15 de septiembre de 1941 en depósito al Museo Provincial de Oviedo[653], hoy denominado Museo de Bellas Artes de Asturias, donde actualmente se encuentra.

Por lo tanto, un aspecto fundamental y auténticamente revelador de esta investigación es el porcentaje de obras entregadas en depósito por los responsables franquistas del Sdpan durante la inmediata posguerra en comparación con el montante total de obras gestionadas[654]. Este desvío alcanza —tal como ya he se-

---

648 Arch. IPCE, SRA_2985.

649 Arch. IPCE, SRA_2119.

650 Arch. IPCE, SRA_2126.

651 Arch. IPCE, SRA_2120.

652 Arch. IPCE, JTA_0067.

653 Arch. IPCE, SRA_0013.

654 También es cierto que hemos dado prioridad a los expedientes que incluían entregas en depósito, con lo que seguramente este porcentaje bajaría si incluyéramos todos los pendientes por estudiar. Además, hemos procurado centrar nuestra atención preferentemente en las pinturas, esculturas y dibujos, aunque existan miles de piezas de orfebrería y de otro tipo, que alcanzarían una cifra realmente importante.

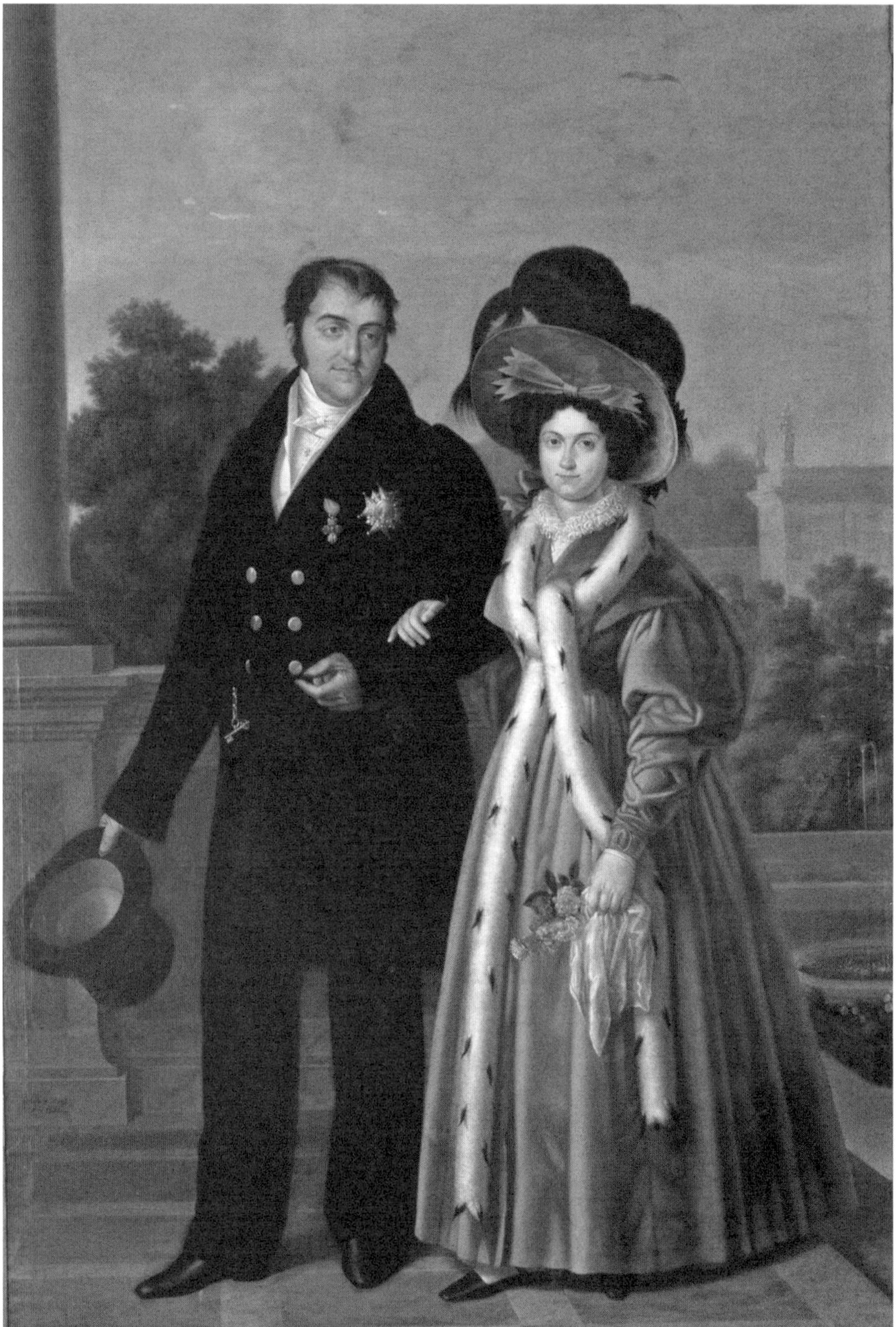

127. Luis de la Cruz y Ríos, *Fernando VII y María Cristina,* obra procedente de la colección de Ignacio Baüer y entregada en depósito en septiembre de 1941 al hoy denominado Museo de Bellas Artes de Asturias.

ñalado— la cifra de 8.710 piezas[655], lo que constituye más de la mitad de las aproximadamente 17.000 localizadas e introducidas hasta ahora en la base de datos de nuestro proyecto de I+D[656].

Dado el montante de este capítulo, podemos preguntarnos, como cuestión central, si existía o no una lógica en las entregas de obras en depósito en la inmediata posguerra. En otras palabras, después de haber analizado los numerosos expedientes de entregas en depósito de obras de arte, cabría examinar si había un criterio distributivo que nos permitiera entender este complejo proceso. Y, sinceramente, resulta muy difícil encontrarlo.

Parece que Manuel Chamoso sí encontró esa lógica a las entregas en depósito, pues, partiendo de que «una vez finalizada la enorme tarea de devolución, quedó en los depósitos del Servicio una cantidad bastante grande de objetos artísticos, que no fueron reclamados ni identificados», aseguraba que

> de estos objetos se hizo una clasificación, separando los pertenecientes al culto, de cuadros, porcelanas, esculturas, relojes artísticos, etc.; del primer grupo se hicieron lotes, que se entregaron en depósito a iglesias e instituciones religiosas que habían perdido todo su mobiliario y objetos, y del segundo se prepararon también lotes, que fueron entregados en calidad de depósito a distintos Museos del Estado, lo cual siempre constituye una garantía para el propietario anónimo[657].

El problema radica en que estas afirmaciones son, además de incompletas, falsas. Por un lado, Chamoso se olvidaba de las entregas a organismos públicos, como los ministerios, además de otras instituciones, y a los particulares; por otro, muchas de las obras entregadas en depósito eran de origen conocido, y fueron desviadas por razones incomprensibles, o de exiliados republicanos. Además, una parte de las obras entregadas a la Iglesia fueron a parar a templos y monasterios que no habían sufrido durante la guerra, como hemos visto en el capítulo correspondiente. Un caso evidente de diáspora fue la entrega masiva de las piezas «sobrantes» de la exposición *Orfebrería y ropa de culto,* celebrada en el Museo Arqueológico Nacional en 1941 con las obras almacenadas por la JTA. Fueron tantas las irregularidades y desvíos de las entregas en depósito que intentar encontrarle una lógica justificativa se antoja una tarea imposible.

---

[655] Habría que añadir que de otros centenares de obras se desconoce el destinatario o están en paradero desconocido, tal como ya se ha señalado.

[656] http://pgp.ucm.es/PGP/. Habría que señalar, como ya he destacado anteriormente, que en la base de datos el total de entradas introducidas es de 16.503, pero algunas de ellas incluyen varias obras, lo que nos permite calcular un montante final de aproximadamente 17.000 piezas.

[657] Manuel Chamoso Lamas, «El Servicio de Recuperación y Defensa del Patrimonio Artístico Nacional», art. cit., págs. 293-294.

Sin embargo, quizás sí que se pueda extraer alguna lógica de estas entregas en la política franquista, al menos la tendencia a favorecer a una serie de museos e instituciones, como el Museo de Artes Decorativas o el Museo Romántico, ambos en Madrid. O el favoritismo de Sánchez Cantón hacia los museos gallegos, especialmente el Museo Municipal de Pontevedra, su ciudad natal, a cuyo patronato pertenecía, así como con el de San Telmo, a cuyo patronato asesoraba y ayudaba[658].

El problema radica en que esta lógica se hace añicos cuando se constata —tal como ya he señalado— que se hicieron numerosas entregas en depósito a conventos e iglesias que estaban en la zona del «glorioso Movimiento Nacional» y que, por lo tanto, no habían sufrido los destrozos de los «revolucionarios marxistas». Es el caso de las entregas al Palacio Episcopal de León (12 piezas), al monasterio de Silos (con 32 piezas, de la mayoría de las cuales además «reconocía de su propiedad»), al Museo Provincial de Pontevedra (con 177 piezas) o al de La Coruña (con 14 piezas). Y no digamos las 12 piezas entregadas en depósito al Instituto Español en Bolonia. Y así podríamos continuar con otros múltiples casos, especialmente con las entregas a particulares, que ya he desgranado en el capítulo correspondiente.

Por lo tanto, la política franquista de entregas en depósito de obras de arte parece no seguir un criterio lógico, o al menos esta es la primera impresión al ver la diversidad de los destinatarios de miles de obras. Pero si lo analizamos con mayor detenimiento, se comprueba que sí existe cierto principio en algunos casos: potenciar aquellos museos e instituciones que interesaban a la política cultural franquista y, en última instancia, premiar a los amigos.

Muchas veces no se conocía el propietario, especialmente cuando las incautaciones las habían realizado organismos diferentes a la JTA republicana (como la Asociación Socialista Madrileña o la FAI/CNT, que no dejaron constancia del origen de las obras), pero también en varios casos se tenía noticias de las direcciones de procedencia e incluso del nombre del propietario. Pero en este sentido, el Sdpan no hizo esfuerzo alguno por localizar al propietario de las obras.

Si tomamos el ejemplo de las 14 obras entregadas en depósito en 1941-1942 al Museo de Alcoy (hoy en el Museu Arqueològic Municipal Camil Visedo Moltó)[659], tres de ellas eran de procedencia perfectamente documentada, una del

[658] Arch. STSS, Libros de Actas del Museo de San Telmo, en los que se recogen varias de estas colaboraciones en los años de la inmediata posguerra; https://www.santelmomuseoa.eus/archivo-digital/libro.php?libro=6.

[659] Josep Maria Segura Martí y Miquel Santamaria Cuello, *Col·lecció d'Art Ajuntament d'Alcoi. I. Catàleg de pintures. Del segle XVI a la dècada de 1930,* Alcoi, Ajuntament d'Alcoi-Àrea de Cultura, 2013. Este catálogo da cuenta de ocho pinturas entregadas en depósito y no aporta información sobre las seis restantes. Una de estas ocho —una pintura anónima sobre *El Arcángel san Gabriel*— fue cedida por el Ayuntamiento de Alcoy al Museu Parroquial de Sant Maure i Sant Francesc, robada en 2008 y hoy en paradero desconocido.

duque de Montellano[660], la segunda de Emilio Calzada[661] y la tercera del conde de Villapadierna[662]. Seguramente los responsables del Sdpan ni se molestaron en indagar el origen de las obras al entregarlas en depósito a una institución museística que se quería potenciar. Algo parecido ocurrió con el Museo Provincial de Oviedo, al que se entregaron obras de procedencia privada y no precisamente de enemigos del régimen[663].

A su vez, se producían los litigios y conflictos, dobles y triples reclamaciones entre instituciones y particulares, una problemática suscitada porque, de hecho, muchas de las devoluciones escondían un desvío de obras o la entrega en depósito encubierta, a pesar de que el destinatario reconociera que algunas de estas obras eran de su propiedad. En este sentido, el binomio devolución/depósito que planteaba el Sdpan en sus expedientes se diluye hasta alcanzar un espacio opaco y muy confuso en la política de entrega de obras.

Y ya, para rematar este complejo panorama, está el capítulo del desvío de obras procedentes de la Caja de Reparaciones republicana o de las cajas fuertes de los bancos de España e Hispano Americano que llegaron a Ginebra y que se les entregaron a instituciones o particulares. Y también el de los «sobrantes» que quedaron en los depósitos, cuyo paradero se desconoce o sencillamente fueron regalados.

Resulta también revelador y esclarecedor que el Gobierno de Franco, que tanto debía a la Iglesia por su apoyo incondicional durante la «cruzada», no le impidiera desprenderse de una parte de sus bienes patrimoniales y que incluso cerrara los ojos ante la venta masiva en la posguerra, cuando no colaboró en ella. Así es como arzobispos, obispos, abades y abadesas y hasta los párrocos de las iglesias más humildes dispusieron a su antojo de los bienes artísticos que estaban bajo su custodia y responsabilidad, sin que nadie —autoridad eclesiástica o civil— pusiera coto a semejante sangría. Lo cierto es que esta venta, más o menos encubierta, era una práctica habitual en la Iglesia española desde hacía años[664]. Ahora podían utilizar el pretexto de la guerra —y de las destrucciones sin cuento achacadas a los «rojos»— para intensificar el expolio artístico eclesiástico. Eso hizo posible, como hemos visto, que en estos años de la posguerra se vendiesen varias pinturas del Greco a museos o a particulares.

Marchantes desaprensivos o coleccionistas avispados aprovecharon aquellas ocasiones para poder adquirir obras de primera importancia sin el menor sonrojo

---

[660] Anónimo, *Triunfo de la Eucaristía sobre la idolatría,* pintura del siglo XIX.

[661] Escuela de Tiziano, *Magdalena,* pintura.

[662] Anónimo, *Sagrada Familia con san Juanito,* pintura del siglo XVI.

[663] Paula Lafuente Gil, «¿Lo que la guerra unió... lo habrá separado la historia?», en Arturo Colorado Castellary (ed.), *Patrimonio cultural, Guerra Civil y posguerra,* Madrid, Fragua, 2018, págs. 137-150.

[664] Véase María José Martínez Ruiz, *La enajenación del patrimonio en Castilla y León (1900-1936),* Valladolid, Consejería de Cultura y Turismo, 2008, 2 vols.

y a precios irrisorios. Numerosas obras fueron vendidas —más o menos clandestinamente, dado que muchos de los vendedores eran jerarcas del régimen—, y varias de las piezas fueron a parar al extranjero, a museos y colecciones de Estados Unidos o de Europa.

Para el franquismo el patrimonio fue una fuente inagotable de propaganda durante toda la posguerra, empeñado como estaba en alardear de su defensa frente a la «barbarie roja», cantinela que mantendría en pie durante décadas hasta su extinción. El problema es que esta propaganda ha calado tan hondo en la mentalidad dominante que todavía hay mucha gente que sigue pensando que esta versión de los hechos es cierta, e identifica la política republicana con la quema y robo de iglesias y palacios. Pero, como hemos comprobado, nada más alejado de la realidad.

Muchas veces, la propaganda franquista se basaba en auténticas falsedades, como cuando Manuel Chamoso Lamas afirmaba sin ambages la pérdida definitiva de piezas y de edificios históricos, como Santa María del Mar de Barcelona —por citar un edificio bien conocido—, que sostenía que «se perdió para siempre al ser incendiado y quedar derruidos sus muros»[665].

Son evidentes las falsedades inventadas por el franquismo sobre el robo masivo de obras de arte por los «rojos» y, al mismo tiempo, el silencio sobre su salvamento y la labor desarrollada por la junta central y las juntas delegadas de la JTA.

El resultado final de la política franquista en la posguerra fue la reubicación de una gran cantidad de obras, producto de las devoluciones desviadas o de las entregas en depósito a los más diferentes destinos, de obras procedentes de los depósitos republicanos.

Luis Monreal, en su libro ya citado, habla de que «el trasiego de bienes muebles en la zona republicana fue absolutamente indescriptible, a causa de las instalaciones de comités y de toda clase de organismos en los domicilios de quienes habían pasado a zona nacional y de los alojamientos que se procuraban los evacuados de los territorios que iban ocupando los nacionales»[666]. Y añadía que «en esa trashumancia, cada uno se llevaba de un sitio a otro lo que más le apetecía». Es evidente que Monreal, desde esta perspectiva del trasiego de obras, ignora de manera descarada el trabajo de recogida y almacenamiento de las miles de obras realizado por los agentes de la JTA; pero, de ser cierto ese trasiego durante la guerra, se podría afirmar que durante la posguerra franquista se ratificó y aumentó la desubicación del patrimonio español, como hemos visto con las «devoluciones» y las entregas «en depósito» a todos los rincones del país. En el estado actual de esta investigación, se puede aseverar que, en la guerra y en la posguerra españolas, además de la desaparición de numerosas obras o de encontrarse otras en paradero

[665] Manuel Chamoso Lamas, «El Servicio de Recuperación y Defensa del Patrimonio Artístico Nacional», art. cit., pág. 279.

[666] Luis Monreal y Tejada, *Arte y Guerra Civil,* Huesca, La Val de Onsera, 1999, págs. 137-138.

desconocido, se produjo seguramente la mayor diáspora de obras de arte de toda la historia de nuestro país. Y en esta diáspora, la labor del Sdpan fue esencial, ratificando y ampliando la que pudiera haber realizado la JTA.

No olvidemos que de 1936 a 1948 estuvo vigente el estado de guerra. Si el franquismo fue en toda su extensión un estado de excepción, los años de la guerra y de la inmediata posguerra estuvieron marcados por una brutal represión que se cebó en los vencidos, con métodos y procedimientos muy cercanos a los utilizados por sus admirados nazis. Este es el contexto del proceso de devolución y entrega en depósito de miles de obras, que se realizaron, además, ocultando a la opinión pública que todas ellas habían sido salvadas y custodiadas por la República.

En última instancia, se puede afirmar que el patrimonio artístico era considerado por el franquismo como una finca privada de los jerarcas del régimen y de la unión de la Iglesia y el Estado, esquema tan específicamente franquista. El arte al servicio del poder político.

La paradoja final que se desprende de este proceso es que si los agentes republicanos confiscaron numerosas obras para su protección durante la guerra, quizás con el objetivo final de que muchas de ellas fueran a parar a grandes museos públicos[667] —no hay que olvidar la incautación del Palacio de Liria por los milicianos del PCE, su perfecta conservación antes de su destrucción por las fuerzas franquistas y su apertura al público, ejemplo de protección y de puesta a disposición pública que se convirtió en bandera propagandística republicana de primera magnitud—, el franquismo, que no se planteaba ni de lejos la posibilidad de expropiar a los propietarios, con su desastroso proceso de devolución y entregas en depósito provocó que muchas de las obras acabaran precisamente en los museos. Aunque esta paradoja no debe esconder que, al mismo tiempo, muchas otras obras acabaron en despachos de jerarcas, organismos de la Administración, iglesias y particulares.

En última instancia, se puede considerar que las entregas de obras de arte por parte del franquismo fueron el botín de guerra del que se adueñó tras su victoria, y que además intervino en el patrimonio conservado y salvado por la República como si fuese finca privada donde se podía actuar sin control ni moral algunos.

Se podría decir que con su política de «devoluciones» y entregas «en depósito» el franquismo estaba ejecutando una especie de amortización, o una contra-

---

[667] Véase en este sentido y en el ámbito catalán el texto de Santos M. Mateos Rusillo, «De las llamas revolucionarias a la oscuridad de los almacenes. El salvamento del patrimonio artístico catalán (1936-1939)», en Arturo Colorado Castellary (ed.), *Patrimonio, Guerra Civil y posguerra, op. cit.*, págs. 61-85. Sin embargo, en el ámbito nacional, la República nunca llegó a establecer un plan de creación de museos con las obras incautadas; véase en este sentido Rebeca Saavedra Arias, *Destruir y proteger. El patrimonio histórico-artístico durante la Guerra Civil (1936-1939)*, Santander, Ediciones de la Universidad de Cantabria, 2016, págs. 228 y ss.

desamortización, viejo sueño pendiente de la derecha española. El arte se convertía en poder y en símbolo de la utilización política del patrimonio, lo que permitió saquear a los republicanos exiliados o en prisión y premiar a los vencedores. En última instancia, la instrumentalización política del patrimonio.

Pienso que, al menos, todos los museos y organismos públicos deberían dar cuenta del origen de las obras entregadas durante la posguerra y transmitir con orgullo que todas aquellas que actualmente están bajo su responsabilidad fueron salvadas de la guerra por aquellos que lo dieron todo por evitar su destrucción, los agentes republicanos de la JTA, y que hoy día están allí a disposición del público.

Epílogo

Habría que subrayar que esta investigación se ha centrado en la política franquista de devoluciones y entregas en depósito en la inmediata posguerra, pero que no ha sido posible hacer el seguimiento completo de las obras en su ubicación actual, tarea que sobrepasaba la perspectiva científica planteada.

Es importante destacar que estos son los datos que hemos podido recoger de las devoluciones o entregas en depósito en la inmediata posguerra, pero se desconoce en gran parte si estas piezas fueron reclamadas o devueltas a sus propietarios en años posteriores. Habría que hacer una investigación individualizada de cada pieza para confirmar su paradero final. En algunos casos, cuando los museos u organismos han publicado sus fondos, ha sido posible localizar varias obras en su ubicación actual, pero desgraciadamente este es un capítulo muy escaso dentro del panorama general de poner a disposición del público la información de los fondos de las instituciones. Por lo tanto, las dificultades para hacer un seguimiento exacto de las obras y conocer su ubicación actual son evidentes. Una vez más hay que subrayar la falta de un inventario general del patrimonio español.

En última instancia, hay que señalar que todavía muchos museos públicos no han hecho el cotejo necesario de las obras incautadas por las juntas republicanas y las entregadas entre 1939 y 1945 por el Sdpan, tarea que a mi entender es ineludible. Y este problema es aún más evidente en el caso de los organismos, iglesias y particulares que recibieron obras. En este sentido, se puede decir que son numerosas las desapariciones de obras o que se encuentran en paradero desconocido.

Sin embargo, a través de la investigación, he podido comprobar que después de 1943 se siguieron entregando obras, sea en calidad de devolución o de entrega en depósito. Sabemos por nuestra estadística de investigación que en 1943 se entregaron todavía 1.324 piezas; en 1944, 156 piezas; en 1945, 72 piezas, y después de este año —sin poner fecha límite, pero en los años cincuenta e incluso los sesenta— la cifra alcanza las 292 piezas. Se puede afirmar que la gestión franquista de piezas muebles incautadas por la República y entregadas se prolongó como un goteo incesante a lo largo de muchos años.

A su vez, he podido también conocer a través de la investigación que algunas de las obras entregadas por el franquismo en la inmediata posguerra fueron recuperadas por sus auténticos propietarios en los años posteriores o a partir de la transición.

Aquí podemos relacionar algunos de estos casos de obras recobradas por sus propietarios de las que he tenido noticias, empezando por los expropiados que pudieron recuperarlas en los años posteriores a la inmediata posguerra. Por ejemplo fue el caso del «judío austriaco» —denominación con la que figura en la documentación franquista— José Weissberger, quien, archivada su causa por el Tribunal de Responsabilidades Políticas, retiró de 1948 a 1952 una parte considerable de sus piezas entregadas en depósito al Museo Nacional de Artes Decorativas, mientras que algunas de ellas le fueron compradas por el mismo museo[668].

La obra *Encajera,* de Eduardo Chicharro, había sido dejada en depósito en el Museo Provincial de Oviedo el 17 de julio de 1941 y le fue devuelta a la Comisaría General del Sdpan con fecha 10 de enero de 1949 para, a su vez, ser entregada posteriormente a los herederos de Domingo Barnés Salina, que había sido ministro de Instrucción Pública y Bellas Artes durante la República y la reclamó como de su propiedad[669].

Al teniente coronel Joaquín Zulueta Isasi, de la Junta de Defensa de Madrid, condenado a 30 años de prisión por los tribunales franquistas en 1939 pero de la que consiguió salir en 1942 gracias a los avales de amigos derechistas, se le habían confiscado dos cuadros, uno de Bassano y otro de escuela inglesa, el 14 de abril de 1939. Estas obras fueron entregadas, la primera, a las religiosas mercedarias de Don Juan Alarcón (Madrid) —que, por cierto, la habían reconocido como suya—, y la segunda, al Ayuntamiento de Madrid en la inmediata posguerra. A pesar de haberlo solicitado su esposa ya en 1939, no recuperó la primera de estas dos obras hasta 1950, y la segunda, hasta 1952, tras una querella judicial[670].

Otro caso fue el de Joaquín Urzáiz y Cadaval, ministro de Estado entre el 30 de diciembre de 1935 y el 19 de febrero de 1936 en el Gobierno de Portela Valladares, que recuperó en 1954 dos obras suyas sobre cobre —*La adoración de los pastores* y *La adoración de los magos*— que habían sido entregadas en depósito en agosto de 1941 al Consejo Superior de Investigaciones Científicas, después de haberlas reclamado[671].

---

[668] Javier Pérez-Flecha González, «La colección de mobiliario de José Weissberger en el Museo Nacional de Artes Decorativas (Madrid)», *Res Mobilis,* vol. 5, núm. 6, 2016.

Este coleccionista hizo en 1948 una donación al Museo del Prado, consistente en una talla flamenca de los siglos XVI-XVII titulada *San Florián de Lorch* (número de catálogo E000485 del Museo del Prado). Ya en 1932 había realizado una donación al Museo del Prado consistente en dos dibujos italianos del siglo XVII [D1082 y D3824].

[669] Arch. IPCE, SRA_0013.

[670] Arch. GA, 51/11101.

[671] Arch. IPCE, SRA_2989.

Después vendrían los casos de recuperaciones por parte de propietarios cuyas obras habían sido desviadas. El cuadro *Escena bíblica,* de autor anónimo, que había sido entregado en depósito al Museo de San Telmo de San Sebastián el 23 de septiembre de 1941, fue recuperado por el conde de Casa Rojas cinco años más tarde, el 9 de octubre de 1946[672].

Al Museo de Bellas Artes de Zaragoza se había entregado en depósito el 6 de octubre de 1941 el cuadro *Retrato de señora de busto,* de Federico de Madrazo. Pero el 30 de junio de 1946 fue recuperado por Luis Maldonado Pardo en nombre de su madre Laura Pardo Manuel de Villena[673].

Un cuadro de Vicente López, *La potestad soberana en el ejercicio de sus facultades* —en realidad un boceto de las pinturas murales de los salones del Palacio Real de Madrid—, había sido entregado en la inmediata posguerra en depósito al Ministerio de Educación Nacional. Hasta el año 1955 no fue reclamado y recuperado por Patrimonio Nacional[674].

Otro caso de desvío de una obra después restituida a su dueño fue el *Paisaje con cardos,* de José Moreno Carbonero, que había sido entregada en depósito al Museo Provincial de Bellas Artes de Málaga el 23 de julio de 1942 y que fue recuperada —17 años después—, el 5 de enero de 1959, por César Travesedo Jimenez, hijo del propietario[675].

El caso de un dibujo de Benito Pérez Galdós, titulado *Visión portuaria* y fechado en 1861, fue diferente, pues, perteneciente a Gregorio Marañón, había sido entregado al Museo Provincial de Pontevedra en calidad de depósito[676]; pero, según información de dicho museo, cuando la obra fue identificada en 1951 por Francisco Javier Sánchez Cantón y José Filgueira Valverde, agente del Sdpan, estos prepararon el expediente para su devolución al propietario, aunque Marañón no quiso recuperarla y la dejó definitivamente en el museo[677].

---

[672] Arch. IPCE, SRA_1363. Un caso muy diferente aunque procedente del mismo museo fue el de la obra atribuida a Goya titulada *Escenas de interior,* evacuada a Ginebra, que fue entregada en depósito al Museo de San Telmo el 15 de noviembre de 1941, pero que fue reclamada por la marquesa de Arnuossa, a la que se le entregó a su vez el 14 de febrero de 1947.

[673] Arch. IPCE, SRA_0014.

[674] Arch. IPCE, SRA_2975.

[675] Manuel Travesedo Silvela. Arch. IPCE, SRA_0028.

[676] Según información del Museo de Pontevedra, el dibujo inicialmente estaba bajo la custodia de Pedro Romero, pero más tarde fue regalado por Benito Pérez Galdós a Gregorio Marañón, que lo perdió durante la guerra.

[677] Esta fue la carta que remitió Gregorio Marañón a Sánchez Cantón con tal motivo (Arch. MPont): «Mil gracias por su carta dándome cuenta del paradero actual del dibujo de Galdós. Le tengo mucho cariño, porque me lo regaló él como su primera obra importante, y por la profecía ripiosa y equivocada, pero llena de candor, que lleva al dorso. Yo le ruego que lo deje donde está, por lo mismo que lo estimo tanto. No solo porque los Museos y no las casas particulares están para

Un capítulo muy especial, que contrarresta este proceso limitado de devoluciones, sería el de la acumulación en manos de Franco de obras que después pasarían a sus herederos. En los años posteriores a la inmediata posguerra, Franco y su familia seguían con su obsesión por la posesión de bienes de carácter patrimonial-artístico. Un buen ejemplo es el de la Casa Cornide, un palacete del siglo XIX situado en la zona vieja de A Coruña, tasado ahora en millones de euros y que hasta 1957 era de propiedad pública, en concreto del Ministerio de Educación. Fue subastada y comprada por el empresario Pedro Barrié de la Maza, que se la regaló a Franco[678]. En 1955, Franco le había otorgado a Barrié de la Maza el título de conde de Fenosa.

También se sabe que Carmen Polo, la mujer de Franco, se incautó de dos pilas bautismales en 1960 de una iglesia de Muxía. Y a ellas se añadieron las dos esculturas del maestro Mateo —apóstoles o profetas (Isaac/Ezequiel; Abraham/Jeremías)— que se entregaron a Franco en 1961, procedentes de la catedral de Santiago. Recientemente, estas piezas tan significativas han sido reclamadas por el consistorio de Santiago, pero todavía siguen en posesión de los herederos de Franco[679].

Al mismo tiempo, se intensificaba la pasión de Franco por las reliquias, como la mano incorrupta de santa Teresa de Ávila, que conservó durante toda su vida, con el beneplácito del obispo de Málaga, a pesar de que las monjas carmelitas de Ronda, de donde procedía, la reclamaran.

Y finalmente se podrían citar varios casos de localización de obras o devoluciones ya en la transición. Un precedente en este caso —y antes de la muerte de Franco— fue el de la recuperación por los herederos de Ramón de la Sota en 1969, en aplicación del decreto de indulto de 1966 del Ministerio de Justicia[680]. Las

---

guardar las cosas estimables, sino porque en ello le doy una pequeña prueba de lo mucho que lo estimo y de lo que estimo a su país natal».

[678] Parece ser que los herederos de Franco pusieron esta propiedad a la venta. Véase Sonia Vizoso, «La familia Franco se revuelve y vende patrimonio», *El País,* 6 de agosto de 2018.

[679] En octubre de 2017, la Comisión de Cultura del Congreso de los Diputados apoyó por unanimidad una proposición no de ley promovida por Unidas Podemos por la que se instaba al Gobierno a realizar las actuaciones pertinentes para que la familia Franco devolviera al Ayuntamiento de Santiago las dos esculturas del pórtico de la Gloria que estaban en su poder. Parece que los abogados de la familia califican de «patraña» esta acusación y afirman que las obras fueron compradas por Franco y su mujer a un anticuario. Hasta la fecha.

[680] Según José María de la Sota Guimón («El expolio a la familia Sota: ¿responsabilidades políticas o botín de guerra? Los franquistas pusieron multas por el equivalente a 4.270 millones de euros a la familia Sota por ser nacionalistas vascos», *Deia,* 18 de octubre de 2015), «el 12 de noviembre de 1966 se decretó el indulto total de las sanciones, lo que permitió a la familia Sota recuperar la colección de cuadros de arte vasco». Según Eugenio Torres *(Ramón de la Sota [1857-1936]. Un empresario vasco,* Madrid, LID, 1998, pág. 450), después del decreto de indulto, «la primera actuación de los herederos de De la Sota consistió en solicitar la devolución de grupo de cuadros que no habían sido adju-

obras del nacionalista vasco —entre las que se encontraban piezas de Goya, Carreño de Miranda, el Greco[681] o Luis de Morales[682]— estuvieron decorando el despacho de Ramón Serrano Suñer, y que sepamos allí continuaron con los sucesivos ministros de la Gobernación —así como en otros ministerios y en destinos desconocidos— hasta que fueron devueltas —al menos una parte de ellas— a los herederos de Ramón de la Sota muchos años después, en 1969. Pero la familia Sota aún tendría que litigar con el Estado en plena transición a la democracia, a pesar del Real Decreto de 30 de julio de 1976 que concedía la amnistía total por delitos y faltas de intencionalidad política. Estaba abierto el camino a los herederos de Ramón de la Sota para recuperar los bienes a los que tenían derecho, aunque no antes de una sentencia de 1982 del Tribunal Constitucional y de abonar la cantidad de 62.332.822,10 pesetas que quedaban de los 100 millones de la multa impuesta en 1938[683].

Y hablando de obras de procedencia vasca, habría que citar la de Goya titulada *Vuelo de brujas,* que había sido incautada por el franquismo a Luis Arana, del PNV, y que en la posguerra decoraba el despacho del ministro de la Gobernación. Hasta que no llegó la transición, su heredera no pudo solicitar la devolución de la obra, que, al ser rechazada por el Gobierno, la obligó a recurrir a una demanda judicial para recuperarla[684].

No será hasta 1986 cuando se localicen sorprendentemente las 238 obras procedentes del pabellón español de París de la Exposición Internacional de 1937, en concreto en los almacenes del Palacio Nacional de Montjuïc en Barcelona, donde habían estado almacenadas desde el fin de la guerra[685]. Y digo «sorprendentemente» porque estas obras habían estado deslocalizadas durante los cuarenta

---

dicados al Estado. Se trataba de 170 unidades, incautadas en octubre de 1937, que les fueron efectivamente devueltas en junio de 1969». Todo ello apunta a que hubo más obras incautadas de las que aparecen en el inventario citado en el capítulo 5 de este libro dedicado a «La confiscación franquista de las colecciones de los represaliados republicanos y de los exiliados» o que hubo dos incautaciones de obras de arte de la colección Sota, una en 1937 y otra en 1939, a su regreso de Francia.

681 El Greco, *San Francisco,* hoy en día en el Museo Diocesano de Arte Sacro, Vitoria-Gasteiz. Es depósito de la Diputación Foral de Álava, que lo compró a los herederos de Ramón de la Sota y Aburto en 1982.

682 Hoy en día en el Museo de Bellas Artes de Bilbao, por «legado de don Ramón de la Sota y Aburto en 1980»; https://www.museobilbao.com/obras-comentadas/morales-luis-de-llamado-el-divino-40.

683 Patxo Unzueta, «La familia del naviero vasco Ramón de la Sota recupera su palacio tras pagar una multa impuesta en 1940», *El País,* 10 de septiembre de 1982.

684 E. P., «El "goya" comprado por el Prado en 275 millones fue subastado por 72 en 1985», *El País,* 26 de enero de 1997; http://elpais.com/diario/1997/01/26/cultura/854233208_850215.html.

685 Véase Josefina Alix Trueba, *Pabellón español 1937. Exposición Internacional de París,* catálogo de exposición en Centro de Arte Reina Sofía (25 de junio-15 de septiembre de 1987), Madrid, Ministerio de Cultura, Dirección General de Bellas Artes y Archivos, 1987, págs. 165-171.

años de franquismo —hasta cierto punto explicable por su carácter político republicano— pero también durante los diez años pasados desde el inicio de la transición.

También se ha planteado hace pocos años una reasignación en el seno de la Iglesia, como ha sido el caso de los cuatro tapices flamencos del siglo XVII, inicialmente entregados a la iglesia magistral de Alcalá de Henares, después a la Real Asociación de Santa Rita de Casia[686], hasta pasar finalmente —y muy recientemente— a ser propiedad del Arzobispado de Madrid tras un litigio con dicha asociación[687].

Sin embargo, se puede considerar que estas obras localizadas y recuperadas en su caso por sus propietarios suponen un número realmente insignificante frente a las miles de piezas entregadas durante la posguerra y que siguen, en su mayor parte, en los lugares —museos, iglesias y organismos— o en manos de los particulares y sus herederos a los que fueron a parar en calidad de depósito. A su vez, las obras «sobrantes», después de las devoluciones y las entregas en depósito, que parece ser que nadie quería o sencillamente se desconocía dónde estaban, permanecieron durante muchos años y en varios casos en las peores condiciones, en depósitos sin ninguna garantía de conservación.

Un buen ejemplo de la pérdida o desvío de obras puede ser la talla románica llamada *Virgen de Cabanes,* procedente de esta población de Castellón y cuya ubicación actual ha sido desvelada recientemente por la prensa[688]. Según esta información, esta pieza fue comprada en 2002 por una empresa española, su actual propietaria, a un coleccionista privado. Podemos imaginar que la obra, después de su incautación por la JTA, fue desviada de su origen y entregada por el Sdpan a un particular en depósito —o como regalo a un correligionario franquista— y que ha ido pasando de mano en mano hasta su actual ubicación. Tras la denuncia y reclamación de la pieza por parte del cura de la iglesia de Cabanes, donde se encontraba la talla hace 80 años, el tribunal decidió archivar la causa por haber prescrito el posible delito.

Es evidente que los casos expuestos aquí son simples ejemplos de algunas piezas recuperadas o en proceso de restitución, pero también es indudable que hay mucho todavía por investigar y rescatar. Quiero dejar muy claro que no estoy planteando cuestiones jurídicas —campo que no es el mío— de reclamación de obras desviadas a quienes no son sus propietarios, sino la localización de piezas

---

686 Arch. IPCE, SRA_1055.

687 «El Arzobispado de Madrid se queda con 23 tapices por los que litigaba. El Supremo da la razón a la Iglesia en el pleito que interpuso contra ella una asociación civil», *El País,* 2 de febrero de 2016; http://politica.elpais.com/politica/2016/02/02/actualidad/1454420502_596370.html.

688 Lucas Marco, «La historia de la escultura de la Virgen de Cabanes desaparecida en la posguerra: la fiscal archiva la investigación», *eldiario.es,* 1 de enero de 2019; https://www.eldiario.es/cv/Guardia-Civil-Cabanes-desaparecida-Fiscalia_0_936856833.html.

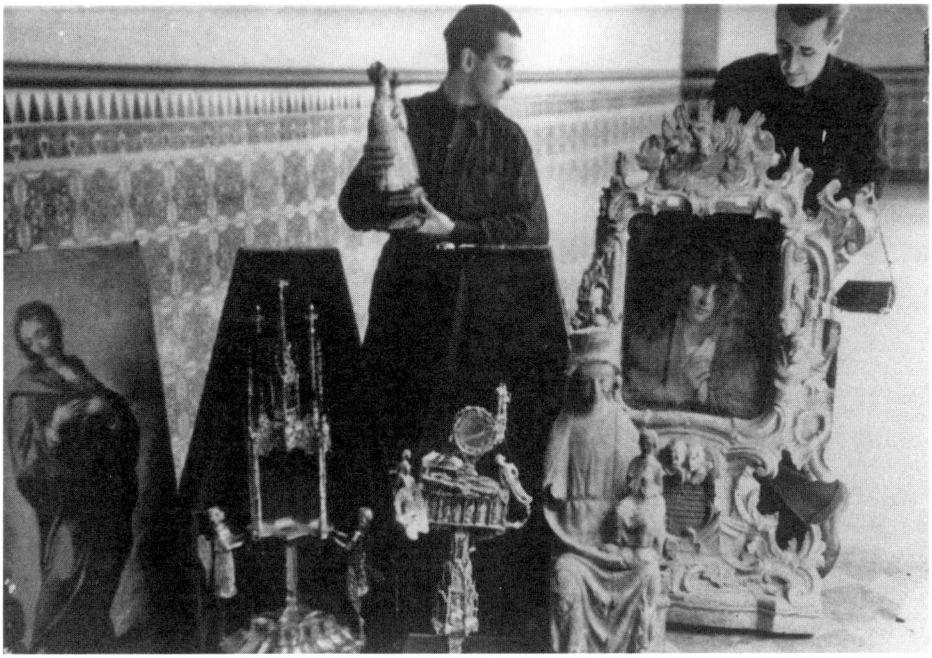

128. En esta fotografía de 1940 de los agentes franquistas del Sdpan en el depósito de Castellón, en la iglesia de la Casa de la Beneficencia, se localiza la *Virgen de Cabanes,* la primera imagen de la derecha en la primera línea de piezas, hoy en manos de una empresa.

de primera importancia que están en paradero desconocido, su recuperación y catalogación para un mejor conocimiento del patrimonio artístico español.

También es cierto que algunas de las instituciones beneficiadas por las entregas en depósito durante la posguerra han acudido a la «usucapión» como fórmula jurídica para consolidar el expolio y la diáspora que se produjo acabada la contienda, pero esas son cuestiones que tendrán que resolver los juristas[689].

Lo que sí me parece evidente es que hay que analizar y sacar a la luz las pérdidas patrimoniales y la desubicación de miles de piezas durante la inmediata posguerra franquista. Y a esta diáspora de entregas en depósito habría que añadir la terrible sangría que sufrió el patrimonio artístico español en estas fechas, producto de las

---

[689] En las actas del Congreso que tuve la oportunidad de dirigir en el Museo del Prado en octubre de 2019 y que están en edición (Arturo Colorado Castellary [ed.], *Museo, guerra y posguerra,* Museo del Prado) se incluyen varios textos jurídicos sobre el patrimonio en casos de guerra, entre los que destacaría por tratar la Guerra Civil española: Luis Anguita Villanueva, «La reivindicación de obras tras la Guerra Civil española y la Segunda Guerra Mundial: el Derecho español y los convenios internacionales de UNESCO, UNIDROIT y las Directivas de la UE de restitución de bienes culturales procedentes del tráfico ilícito»; Rafael Mateu de Ros y Laura Sánchez Gaona, «Bases jurídicas para la reivindicación de bienes culturales expoliados e incautados en tiempos de guerra. Especial mención a los bienes muebles incautados durante la Guerra Civil española y la posguerra».

ventas ilegales, tanto en España como en el extranjero. En el caso castellano-leonés, que ha sido estudiado por María José Martínez Ruiz, esta autora afirma que

> tras la Guerra Civil, el periodo de autarquía deparó una nueva etapa de amenazas sobre la integridad del patrimonio artístico; en este momento el mal fundamental fueron las ventas, silenciosas las más de las veces, producidas por toda la geografía castellano-leonesa. Los templos del medio rural se convirtieron en espacios especialmente atractivos para chamarileros, anticuarios e incluso coleccionistas, prestos a recorrer los pueblos a la caza de pequeños tesoros que párrocos o lugareños tuvieran a bien liquidar[690].

Y el panorama que se describe para Castilla y León se podría hacer extensible a todo el territorio español, a Galicia y Asturias, a Cataluña y Valencia, a Castilla-La Mancha y Andalucía...

En última instancia, mi propuesta es que esta investigación sea el punto de partida para futuras contribuciones. Hay todavía mucho por investigar, archivos pendientes de localización y muchas obras a las que hacer un seguimiento hasta descubrir su ubicación actual. Espero que esta investigación sirva para que otros investigadores continúen en esta línea, pues hay todavía mucho por descubrir.

Y espero, finalmente, que se abra alguna vía para impedir que estos delitos contra el patrimonio prescriban. En este sentido, el caso español durante la posguerra —con miles de obras expoliadas y entregadas a personas que no eran sus propietarias— puede ser comparado con el expolio nazi de las colecciones judías, cuyo robo y desaparición, según un acuerdo internacional, no prescribe, acuerdo firmado en Washington hace más de 20 años por 44 países y que todavía sigue en pie[691]. Hace muy pocos años, en 2016, el Congreso de los Estados Unidos aprobó una ley en este sentido[692].

Y lo mismo ocurre con las obras saqueadas por las más importantes potencias en otros países, como ha ocurrido recientemente con la devolución por parte de Francia a la antigua colonia de Benín de 26 piezas, procedentes del parisino Musée Quai Branly[693]. En mi opinión, la restitución de las obras a sus lugares de origen debería ser un proceso imparable.

---

[690] María José Martínez Ruiz, «Patrimonio de Valladolid emigrado», en VV.AA., *Conocer Valladolid,* Valladolid, Real Academia de Bellas Arte de la Purísima Concepción, 2018, pág. 283.

[691] Ana Carbajosa, «La restitución del arte robado por los nazis sigue pendiente 20 años después», *El País,* 2 de diciembre de 2018; https://elpais.com/cultura/2018/12/01/actualidad/1543675044_999521.html.

[692] Holocaust Expropriated Art Recovery Act, o HEAR Act.

[693] «Francia devolverá 26 obras de arte reclamadas por Benin», *La Vanguardia,* 23 de noviembre de 2018. «Los museos franceses devolverán 26 obras expoliadas durante el colonialismo», *Público,* 25 de noviembre de 2018.

Si se puede prever un movimiento masivo de devolución de obras a escala internacional, España no puede ser una excepción con las miles de piezas entregadas en depósito por el franquismo durante la posguerra. Seguramente en este proceso de localización, y para poder hacer el seguimiento de las obras, deberían ser los organismos públicos beneficiarios de estos depósitos —sean políticos o culturales— los primeros en darlos a conocer.

Existen algunos estudios que localizan y aclaran las obras entregadas en depósito procedentes del Sdpan que se encuentran en los fondos de algunas instituciones públicas —como los conservados en el Consejo Superior de Investigaciones Científicas[694] o en el Museo de Zaragoza[695]. Otras instituciones, como el Museo Nacional de Artes Decorativas, tienen en proceso de estudio la aclaración del origen de sus fondos de este período[696]. Pero es mucho lo que hay que sacar a la luz. La mayoría de los museos e instituciones beneficiarias de estos depósitos no han hecho todavía el cotejo necesario entre las obras incautadas por la JTA republicana y la entrada de las obras entre 1939 y 1945 y años posteriores entregadas por el Sdpan franquista.

Al mismo tiempo, y que yo sepa, la Iglesia no ha hecho todavía nada en este sentido. Y no digamos los particulares beneficiarios de las obras entregadas en depósito o desviadas.

Sin embargo, esta es una labor que se debería acometer sin dilación, y los beneficiarios de estas piezas entregadas deberían proporcionar la información de la que dispongan y de la ubicación de las obras. De alguna manera, sería una forma de reconocimiento —y de homenaje a sus protagonistas— de toda la labor de salvamento llevada a cabo durante la Guerra Civil por los miembros de la JTA. Y a su vez, de conocimiento del destino de estas obras en la inmediata posguerra, con la caótica labor del Sdpan, con sus devoluciones y entregas en depósito, que nos permitiría apreciar en toda su magnitud la importancia de este tema, comparable en tantos sentidos con el expolio nazi de obras de arte.

---

[694] María Paz Aguiló, «El destino de los objetos de arte en el Archivo de Recuperación», en Miguel Cabañas Bravo, Amelia López-Yarto Elizalde y Wifredo Rincón García (coords.), *Arte en tiempos de guerra,* Madrid, CSIC, 2009, págs. 583-598.

[695] María Pilar García Lasheras, «La platería en el Museo de Zaragoza: las cruces procesionales», *Boletín del Museo de Zaragoza,* núm. 4, Zaragoza, 1985, págs. 201-240; Laura Mañas Pérez y Elena Sarnago Notivoli, «Las obras de arte del Museo de Zaragoza recuperadas por el Servicio de Defensa del Patrimonio Artístico Nacional», *Seminario de Arte Aragonés,* núm. 48, Zaragoza, 1999, páginas 499-523.

[696] Laura Rodríguez Peinado, María Villalba Salvador y Ana Cabrera Lafuente, «Objetos artísticos procedentes del Servicio de Recuperación Artística en el Museo Nacional de Artes Decorativas de Madrid», en Arturo Colorado Castellary (ed.), *Patrimonio, Guerra Civil y posguerra,* Madrid, Universidad Complutense / Museo Nacional del Prado / Sociedad Estatal de Conmemoraciones Culturales, 2010, págs. 325-336.

Fondos documentales citados y siglas utilizadas

Arch. EB	Archivo de la Embajada de España en Berna.
Arch. FCA	Archivo de la Fundación Casa de Alba, Madrid.
Arch. GA	Archivo General de la Administración, Alcalá de Henares.
Arch. GP	Archivo General de Palacio, Patrimonio Nacional, Madrid.
Arch. HDO	Archivo Histórico de la Diócesis de Orihuela, Alicante.
Arch. HPS	Archivo Histórico Provincial de Segovia, Fondos Lozoya.
Arch. IPCE	Archivo de la Guerra del Instituto del Patrimonio Cultural de España, Madrid.
Arch. MAN	Archivo del Museo Arqueológico Nacional, Madrid.
Arch. MBAB	Archivo del Museo de Bellas Artes de Bilbao / Bilboko Arte Ederren Museoa.
Arch. MP	Archivo del Museo del Prado, Madrid.
Arch. MPont	Archivo del Museo de Pontevedra.
Arch. NP	Archives Nationales, Site de Pierrefite-sur-Seine, París.
Arch. SDN	Archivo de la Sociedad de Naciones. Naciones Unidas, Palacio de las Naciones, Ginebra.
Arch. STSS	Archivo del Museo de San Telmo, San Sebastián / San Telmo Museoa, Donostia.
Arx. MAC	Arxiu del Museu d'Arqueologia de Catalunya, Barcelona.
CDMH	Centro Documental de la Memoria Histórica, Salamanca.

Bibliografía

Libros y monografías

Aixalà i Fàbregas, Carme, y Ramos i Ruiz, Jordi, *Monestir de Pedralbes. República, guerra y patrimonio,* Barcelona, Reial Monestir de Santa Maria de Pedralbes / Ajuntament de Barcelona, 2014.

Alía Miranda, Francisco, y Valle Calzado, Ángel Ramón del (coords.), *La guerra civil en Castilla-La Mancha, 70 años después,* actas de Congreso Internacional, Cuenca, Ediciones de la Universidad de Castilla-La Mancha, 2008.

Alix Trueba, Josefina, *Pabellón español 1937. Exposición Internacional de París,* cat. exp. en Centro de Arte Reina Sofía, Madrid, Ministerio de Cultura, Dirección General de Bellas Artes y Archivos, 1987.

Alted Vigil, Alicia, *Política del nuevo Estado sobre el patrimonio cultural y la educación durante la Guerra Civil,* Madrid, Ministerio de Cultura, 1984.

Álvarez Casado, Ana Isabel, *Bibliografía artística del franquismo: publicaciones periódicas, 1936-1948,* tesis doctoral dirigida por José Álvarez Lopera y defendida en la Universidad Complutense de Madrid, 2002; http://eprints.ucm.es/2354/1/H0015201.pdf.

Álvarez Lopera, José, *La política de bienes culturales del Gobierno republicano durante la guerra civil española,* Madrid, Ministerio de Cultura, 1982, 2 vols. Segunda edición con introducción de Arturo Colorado Castellary, Madrid, Ministerio de Cultura y Deporte, 2019.

Amor Tapia, María Luisa, *El patrimonio cultural castellano expoliado,* Burgos, ACEPIDE, 2008.

Ara, Judith, y Argerich, Isabel (eds.), *Arte Protegido. Memoria de la Junta del Tesoro Artístico durante la Guerra Civil,* cat. exp. (Museo Nacional del Prado, 27 de junio a 14 de septiembre de 2003), Madrid, Museo Nacional del Prado e Instituto del Patrimonio Histórico Español, 2003.

Aranburu-Zabala Higuera, Miguel Ángel; Losada Varea, Celestina, y Saavedra Arias, Rebeca, *Patrimonio destruido en Cantabria,* Santander, PUbliCan, Ediciones de la Universidad de Cantabria, 2012.

Arnús, María del Mar, y Sert, Francisco (eds.), *José María Sert (1874-1945),* cat. exp. (Madrid, Palacio de Velázquez, 27 de octubre de 1987-3 de enero de 1988), Madrid, Ministerio de Cultura, El Viso, 1987.

Arte destruido, mutilado, perdido, en venta en el extranjero, recuperado, etc. Informes de las Comisarías y Agentes del Servicio de Vanguardia de Recuperación Artística, San Sebastián, Ministerio de Educación Nacional, Servicio Nacional de Bellas Artes, Comisaría General del Servicio de Defensa del Patrimonio Artístico Nacional, 2 vols., diciembre de 1938 y marzo de 1939.

Augusto, Manuel, *Via Crucis del Señor en las tierras de España,* Barcelona, Editora Nacional, 1939.

Babío Urkidi, Carlos, y Pérez Lorenzo, Manuel, *Meirás. Un pazo, un caudillo, un espolio,* A Coruña, Fundación Galiza Sempre, 2017.

Biblioteca en guerra, cat. exp., Madrid, Biblioteca Nacional, 2005.

Bolaños Atienza, María, y Cabañas Bravo, Miguel, *En el frente del arte: Ricardo de Orueta 1868-1939,* cat. exp., Madrid, Acción Cultural Española, 2014.

Cabañas Bravo, Miguel, *Josep Renau. Arte y propaganda en guerra,* cat. exp., Madrid, Ministerio de Cultura, 2007.

Cabañas Bravo, Miguel; López-Yarto Elizalde, Amelia, y Rincón García, Wifredo (coords.), *Arte en tiempos de guerra,* Madrid, CSIC, 2009.

Calvano, Teresa, y Forti, Micol (eds.), *Musei e monumenti in guerra, 1939-1945,* Ciudad del Vaticano, Edizioni Musei Vaticani, 2014.

Castillo, Alberto (del), *José María Sert. Su vida y su obra,* Barcelona, Argos, 1947.

Chacel, Rosa, *Timoteo Pérez Rubio y sus retratos de jardín,* Madrid, Cátedra, 1981.

Chamoso Lamas, Manuel, *Noticia de los trabajos realizados por el Servicio de Recuperación Artística,* Madrid, Hauser y Menet, 1943.

Colorado Castellary, Arturo, *El Museo del Prado y la Guerra Civil. Figueras-Ginebra, 1939,* Madrid, Museo del Prado, 1991.

— *Éxodo y exilio del arte. La odisea del Museo del Prado durante la Guerra Civil,* Madrid, Cátedra, 2008.

— *Arte, revancha y propaganda. La instrumentalización franquista del patrimonio durante la Segunda Guerra Mundial,* Madrid, Cátedra, 2018.

Colorado Castellary, Arturo (ed.), *Arte Salvado. 70 aniversario del salvamento del patrimonio artístico español y de la intervención internacional,* cat. exp., Madrid, Sociedad Estatal de Conmemoraciones Culturales, Presidencia española de la UE, 2010 (ediciones en español, inglés, francés y catalán).

— *Patrimonio, Guerra Civil y posguerra,* Madrid, Universidad Complutense / Museo Nacional del Prado / Sociedad Estatal de Conmemoraciones Culturales, 2010.

— *Patrimonio cultural, Guerra Civil y posguerra,* Madrid, Fragua, 2018.

Colorado Castellary, Arturo; Lachenal, François, y Pérez Sánchez, Alfonso E., *Du Greco à Goya. Chefs-d'oeuvre du Prado et de collections espagnoles. 50e anniversaire de la sauvegarde du patrimoine artistique espagnol, 1939-1989,* cat. exp., Ginebra, Musée d'Art et d'Histoire, 1989.

Constante Lluch, Juan Luis, *Efectos de la Guerra Civil en el Patrimonio Histórico-Artístico de la Provincia de Castellón,* Castellón, D.L., 1984.

De Barnaba da Modena a Francisco de Goya. Exposición de pinturas de los siglos XIV al XIX recuperadas por España, cat. exp., Madrid, Blass, 1939.

Delpech, Viviane (ed.), *Les arts et la diaspora basque, XIXe-XIXe siècle / Arteak eta Euskal diaspora,* Saint-Pée-sur-Nivelle, Kilika, 2018.

Documentos inéditos para la historia del Generalísimo Franco, Madrid, Fundación Nacional Francisco Franco, 1992, 3 vols.

Esteban Chapapría, Julián, *La conservación del patrimonio español durante la II República (1931-1939),* Barcelona, Fundación Caja de Arquitectos, 2007.

Exposición de orfebrería y ropas de culto (Arte Español de los siglos xv al xix), cat. exp., Madrid, Comisaría General del Servicio de Defensa del Patrimonio Artístico Nacional, 1941.

Feliciano, Héctor, *El museo desaparecido. La conspiración nazi para robar las obras maestras del arte mundial,* Barcelona, Destino, 2004.

Fernández Pardo, Francisco, *Dispersión y destrucción del patrimonio artístico español,* tomo V: *Desde la Guerra Civil a nuestros días,* Madrid, Fundación Universitaria Española, 2007.

Fuentes Mares, José, *Historia de un conflicto: México-España (El tesoro del «Vita»),* México, CVS Ediciones, 1975.

Gallego Burín, Antonio, *La destrucción del tesoro artístico de España. Informe sobre la obra destructora realizada por el marxismo, de 1931 a 1937, según los datos aportados por las Comisiones Provinciales de Monumentos, ordenado y redactado por D. Antonio Gallego Burín, Presidente de la de Granada,* Granada, Imp. H.º Paulino Ventura, 1938.

Gaya Nuño, Juan Antonio, *Historia del Museo del Prado (1818-1969),* León, Everest, 1969.

Gracia, Francisco, y Munilla, Gloria, *Salvem l'art! La protecció del patrimoni cultural català durant la guerra civil,* Barcelona, La Magrana, 2011.

— *El tesoro del «Vita». La protección y el expolio del patrimonio histórico-arqueológico durante la Guerra Civil,* Barcelona, Universitat de Barcelona, 2013.

Hayes, Carlton J. H., *Misión de guerra en España,* Madrid, Ediciones y Publicaciones Españolas, 1946.

Hernando Garrido, José Luis, *Patrimonio histórico e ideología. Sobre vandalismo e iconoclastia en España: del siglo xix al xxi,* Molina de Segura (Murcia), Nausícaä, 2009.

Herrerín López, Ángel, *El dinero del exilio. Indalecio Prieto y las pugnas de la posguerra,* Madrid, Siglo XXI, 2007.

Jiménez Guerrero, José, *La destrucción del patrimonio eclesiástico en la Guerra Civil, Málaga y su provincia,* Málaga, Arguval, 2011.

Joseph i Mayol, Miquel, *El salvament del patrimoni artistic català durant la guerra civil,* Barcelona, Portic, 1971.

León, María Teresa, *La historia tiene la palabra (Noticia sobre el salvamento del Tesoro Artístico),* prólogo, selección del apéndice y notas de Gonzalo Santonja, Madrid, Hispamerca, 1977.

— *Memoria de la melancolía,* Barcelona, Laia, 1977.

López Trujillo, Miguel Ángel, *Patrimonio: la lucha por los bienes culturales españoles (1500-1939),* Gijón, Trea, 2006.

Martínez Puig, Alfons, *L'Art dorment. El Tresor artístic a l'Alt Empordà (Abril 1938-Juny 1939),* Figueres, Brau Edicions / Amics del Castell de Sant Ferran, 2014.

Martínez Ruiz, M.ª José, *La enajenación del patrimonio en Castilla y León (1900-1936),* Valladolid, Consejería de Cultura y Turismo, 2008, 2 vols.

Martínez Ruiz, M.ª José, y Merino Cáceres, José Miguel, *La destrucción del patrimonio artístico español. W. R. Hearst: «el gran acaparador»,* Madrid, Cátedra, 2012.

Marzo, Jorge Luis, y Mayayo, Patricia, *Arte en España (1939-2015). Ideas, prácticas, políticas,* Madrid, Cátedra, 2015.

Mateos, Abdón, *La batalla de México. Final de la Guerra Civil y ayuda a los refugiados,* Madrid, Alianza Editorial, 2009.

Mateos Rusillo, Santos M., *Respecte, indiferència o menyspreu. La (des)cura del patrimonio històric a Cornellà de Llobregat,* Cornellà de Llobregat, Llivres de L'Avenç de Cornellà, 2007.

Monreal y Tejada, Luis, *Arte y Guerra Civil,* Huesca, La Val de Onsera, 1999.

Muñoz Fernández, Francisco Javier, *El museo ausente. La evacuación del Museo de Arte Moderno de Bilbao a Francia durante la Guerra Civil,* Bilbao, Universidad del País Vasco, 2017.

Nadal i Farreras, Joaquim, *Joan Subias Galter (1897-1984). Dues vides i una guerra,* Barcelona, Institut d'Estudis Catalans, 2016.

Nadal i Farreras, Joaquim, y Domènech i Casadevall, Gemma, *Patrimoni i guerra. Girona 1936-1940,* Girona, Ajuntament de Girona, 2015.

Négri, Vincent (ed.), *La patrimoine culturel, cibles de conflits armés,* Bruselas, Bruylant, 2014.

Pérez Carrasco, Yolanda, *Patrimonio confiscado. La incautación y el éxodo de colecciones de arte privadas en Barcelona durante la Guerra Civil (1936-1939),* Barcelona, Base, 2018.

Pérez Mulet, Fernando, y Socias Batet, Inmaculada (eds.), *La dispersión de objetos de arte fuera de España en los siglos XIX y XX,* Barcelona / Cádiz, Publicacions i Edicions, Universitat de Barcelona / Servicio de Publicaciones de la Universidad de Cádiz, 2011.

Pérez Sánchez, Alfonso E., *Pasado, presente y futuro del Museo del Prado,* Madrid, Fundación Juan March, 1977.

Prado Sánchez-Cambronero, Juan Francisco, *Conflictividad social y patrimonio en la provincia de Ciudad Real durante la II República (1931-1939),* Ciudad Real, Biblioteca de Autores Manchegos / Diputación de Ciudad Real, 2018.

Preston, Paul, *Franco, «Caudillo de España»,* Barcelona, Grijalbo, 2002.

Rayssac, Michel, *L'exode des musées, histoire des œuvres d'art sous l'Occupation,* París, Payot, 2007.

Renau, Josep, *Arte en peligro,* Valencia, Ayuntamiento de Valencia-Fernando Torres, 1980.

Rivera, Juan Francisco, *Despojo marxista de la catedral de Toledo,* Toledo, Editorial Católica Toledana, 1943.

Rosal, Amaro del, *El oro del Banco de España y la historia del Vita,* Barcelona, Grijalbo, 1977.

Saavedra Arias, Rebeca, *Destruir y proteger. El patrimonio histórico-artístico durante la Guerra Civil (1936-1939),* Santander, Ediciones Universidad de Cantabria, 2016.

Sánchez Soler, Mariano, *Los Franco, S.A. Ascensión y caída del último dictador de Occidente,* Madrid, Oberon, 2003.

Saqueo del tesoro religioso de España, Madrid, Oficina Informativa Española, 1948.

Sert, conde de, *El mundo de José María Sert,* Barcelona, Anagrama, 1987.

Sert, Misia, *Misia,* prólogo y notas de Francisco Sert, Barcelona, Tusquets, 1983.

Torres Santo Domingo, Marta, *La Biblioteca de la Universidad de Madrid durante la Segunda República y la Guerra Civil,* tesis doctoral, Madrid, Universidad Complutense; https://eprints.ucm.es/14119/1/BHTD6.pdf.

Tusell, Javier, *Arte, historia y política en España (1890-1939),* Madrid, Biblioteca Nueva, 1999.

Vaamonde, José Lino, *Salvamento y protección del tesoro artístico español durante la guerra, 1936-1939,* Caracas, Talleres de Cromotip, 1973.

Vega Almagro, Víctor de la (Vitejo), *Tesoro artístico y Guerra Civil. El caso de Cuenca,* Cuenca, Ediciones de la Universidad de Castilla-La Mancha, 2007.

Velázquez Hernández, Aurelio, *Empresas y finanzas del exilio. Los organismos de ayuda a los republicanos españoles en México (1939-1949),* México D.F., El Colegio de México, 2014.

Viñas, Ángel, *La otra cara del Caudillo. Mitos y realidades en la biografía de Franco,* Barcelona, Crítica, 2015.

Watson, Keith Scott, *Rumbo hacia una España en guerra* (1.ª ed., 1937), Salamanca, Amarú Ediciones, 2014 (ed. de Javier Sánchez Zapatero).

Artículos

Aguiló, María Paz, «El destino de los objetos incautados durante la Guerra Civil», en Miguel Cabañas Bravo, Amelia López-Yarto Elizalde y Wifredo Rincón García (coords.), *Arte en tiempos de guerra,* Madrid, CSIC, 2009, págs. 583-598.

Almagro Gorbea, Martín, «El expolio de las monedas de oro del Museo Arqueológico Nacional en la Segunda República española», tomo CCV, cuaderno I, Madrid, Boletín de la Real Academia de la Historia, 2008, págs. 7-72.

Almarcha Núñez-Herrador, Esther, «Arte, patrimonio artístico y Guerra Civil en Castilla-La Mancha», en Manuel Ortiz Heras (coord.), *La Guerra Civil en Castilla-La Mancha. De El Alcázar a Los Llanos,* prólogo de Josep Fontana, Madrid, Celeste, 2000.

Alonso Martín, Juan José, «Lo salvado y lo evacuado por el Patrimonio Nacional durante la Guerra Civil», en Arturo Colorado Castellary (ed.), *Arte Salvado. 70 aniversario del salvamento del patrimonio artístico español y de la intervención internacional,* cat. exp., Madrid, Sociedad Estatal de Conmemoraciones Culturales, Presidencia española de la UE, 2010 (ediciones en español, inglés, francés y catalán), págs. 56-61.

Alted Vigil, Alicia, «Recuperación y protección de los bienes patrimoniales en la zona insurgente: el Servicio de Defensa del Patrimonio Artístico Nacional», en Judith Ara e Isabel Argerich (eds.), *Arte Protegido. Memoria de la Junta del Tesoro Artístico durante la Guerra Civil,* cat. exp., Madrid, Museo Nacional del Prado e Instituto del Patrimonio Histórico Español, 2003, págs. 97-124.

— «La política patrimonial del Gobierno de Franco durante la Guerra Civil», en Arturo Colorado Castellary (ed.), *Patrimonio, Guerra Civil y posguerra,* Madrid, Universidad Complutense / Museo Nacional del Prado / Sociedad Estatal de Conmemoraciones Culturales, 2010, págs. 51-60.

Álvarez Lopera, José, «La organización de la defensa de bienes culturales en Cataluña durante la Guerra Civil», *Cuadernos de Arte de la Universidad de Granada,* vol. XVI, Granada, I: El período revolucionario (julio de 1936-junio de 1937), 1984, páginas 533-592. II: La fase de normalización (julio de 1937-marzo de 1938), vol. XVII, 1985-1986, págs. 15-26. III: La evacuación del P.H.A. catalán, vol. XVIII, 1987, págs. 11-24.

— «Realidad y propaganda. El patrimonio artístico de Toledo durante la Guerra Civil», *Cuadernos de Arte e Iconografía,* vol. 3, núm. 6, 1990, págs. 91-198.

— «La Junta del Tesoro Artístico de Madrid y la protección del patrimonio artístico en la Guerra Civil», en Judith Ara e Isabel Argerich (eds.), *Arte Protegido. Memoria de la Junta del Tesoro Artístico durante la Guerra Civil,* cat. exp., Madrid, Museo Nacional del Prado e Instituto del Patrimonio Histórico Español, 2003, págs. 27-62.

Ara, Judith, «El Museo del Prado en tiempos de Guerra», en Judith Ara e Isabel Argerich (eds.), *Arte Protegido. Memoria de la Junta del Tesoro Artístico durante la Guerra Civil,* cat. exp., Madrid, Museo Nacional del Prado e Instituto del Patrimonio Histórico Español, 2003, págs. 147-163.

Ara, Judith; Argerich, Isabel, y Bruquetas, Rocío, «El salvamento del Tesoro Artístico español durante la guerra civil y sus principales protagonistas», en Miguel Cabañas Bravo, Amelia López-Yarto Elizalde y Wifredo Rincón García (coords.), *Arte en tiempos de guerra,* Madrid, CSIC, 2009, págs. 525-537.

Argerich Fernández, Isabel, «El Fichero fotográfico de la Junta Delegada del Tesoro Artístico de Madrid», en Judith Ara e Isabel Argerich (eds.), *Arte Protegido. Memoria de la Junta del Tesoro Artístico durante la Guerra Civil,* cat. exp., Madrid, Museo Nacional del Prado e Instituto del Patrimonio Histórico Español, 2003, págs. 125-145.

— «Memoria fotográfica del salvamento del Tesoro Artístico Español en la Fototeca del Patrimonio Artístico del IPCE», *Patrimonio Cultural de España,* núm. 1, 2009, páginas 173-190.

— «José Lino Vaamonde en la defensa del Tesoro Artístico español (1936-1939)», en Arturo Colorado Castellary (ed.), *Patrimonio, Guerra Civil y posguerra,* Madrid, Universidad Complutense / Museo Nacional del Prado / Sociedad Estatal de Conmemoraciones Culturales, 2010, págs. 497-514.

Arroyas Serrano, Magín; Martínez Molés, Vicente, y Montolío Torán, David, «Recuperación y gestión del patrimonio cultural de la Catedral de Segorbe tras la Guerra Civil de 1936», en Juan Ignacio Pérez Giménez (coord.), *Thesaurus Ecclesiae Thesaurus Mundi,* Iglesia Colegial Basílica de Santa María de Xàtiva, 2018, págs. 17-51.

Barrios Rozúa, Juan Manuel, «Las destrucciones iconoclastas durante la Guerra Civil y su papel en la propaganda franquista», *Investigaciones Históricas,* núm. 28, 2008, páginas 185-200.

Bruquetas Galán, Rocío, «La protección de monumentos y obras de arte en tiempos de guerra: la acción de la Junta del Tesoro Artístico y su repercusión internacional», en Judith Ara e Isabel Argerich (eds.), *Arte Protegido. Memoria de la Junta del Tesoro Artístico durante la Guerra Civil,* cat. exp., Madrid, Museo Nacional del Prado e Instituto del Patrimonio Histórico Español, 2003, págs. 201-220.

Cabañas Bravo, Miguel, «Cambó y su legado artístico a través de la prensa española de postguerra», *Anuario del Departamento de Historia y Teoría del Arte de la Universidad Autónoma de Madrid,* Madrid, 1996, págs. 229-256.

— «Ricardo de Orueta y la Dirección General de Bellas Artes durante la II República y la guerra civil», en Miguel Cabañas Bravo, Amelia López-Yarto Elizalde y Wifredo Rincón García (coords.), *Arte en tiempos de guerra,* Madrid, CSIC, 2009, págs. 481-498.

— «La Dirección General de Bellas Artes republicana y su reiterada gestión por Ricardo de Orueta (1931-1936)», *Archivo Español de Arte,* 326, abril-junio de 2009, págs. 169-193.

— «La labor de salvaguarda del patrimonio artístico cultural de los Directores Generales de Bellas artes Ricardo de Orueta y Josep Renau», en Arturo Colorado Castellary (ed.), *Patrimonio, Guerra Civil y posguerra,* Madrid, Universidad Complutense / Museo Nacional del Prado / Sociedad Estatal de Conmemoraciones Culturales, 2010, págs. 31-49.

— «La II República española ante la salvaguarda del patrimonio artístico y la guerra civil», en Arturo Colorado Castellary (ed.), *Arte Salvado. 70 aniversario del salvamento del patrimonio artístico español y de la intervención internacional,* cat. exp., Madrid, Sociedad Estatal de Conmemoraciones Culturales, Presidencia española de la UE, 2010 (ediciones en español, inglés, francés y catalán), págs. 28-37.

— «El Archivo Fotográfico de Arte del CSIC tras 1939. Herencia, continuidad y uso en el estudio y protección del patrimonio artístico español», en Arturo Colorado Castellary (ed.), *Patrimonio cultural, Guerra Civil y posguerra,* Madrid, Fragua, 2018, págs. 305-341.

Cavea Mesa, María Jesús, «La Guerra Civil y el Tesoro Artístico», *Letras de Deusto,* núm. 35, Bilbao, mayo-agosto de 1986, págs. 105-122.

Cecilia Espinosa, Mariano, y Ruiz Ángel, Gemma, «El Museo Nacional de Orihuela: la creación de un museo en plena Guerra Civil», en Arturo Colorado Castellary (ed.), *Patrimonio cultural, Guerra Civil y posguerra,* Madrid, Fragua, 2018, págs. 117-132.

Cerro Malagón, Rafael del, «El Comité de Defensa del Patrimonio en Toledo durante la Guerra Civil», *Archivo Secreto: Revista Cultural de Toledo,* núm. 1, 2002, págs. 110-133.

Chamoso Lamas, Manuel, «El Servicio de Recuperación y Defensa del Patrimonio Artístico Nacional», *Boletín de la Sociedad Española de Excursiones,* Madrid, 1943, páginas 174-212 y 259-294.

Colorado Castellary, Arturo, «¡Salvad el Prado!», *Historia 16,* año XIV, núm. 163, Madrid, noviembre de 1989, págs. 35-54.

— «Bombardeo, éxodo y exilio del Museo del Prado», *Descubrir el Arte,* año IV, núm. 53, Madrid, 2003, págs. 20-28.

— «El Tesoro Artístico y el fin de la guerra. De Cataluña a Ginebra», en Judith Ara e Isabel Argerich (eds.), *Arte Protegido. Memoria de la Junta del Tesoro Artístico durante la Guerra Civil,* cat. exp., Madrid, Museo Nacional del Prado e Instituto del Patrimonio Histórico Español, 2003, págs. 63-95.

— «La salvaguarda del patrimonio artístico nacional en Valencia», en M. Aznar, J. L. Barona y J. Navarro (eds.), *Valencia, capital cultural de la República (1936-1937),* Valencia, PUV-SECC, 2008, págs. 409-432.

— «La diáspora del patrimonio artístico español», *Letra Internacional,* núm. 102, Madrid, primavera de 2009, págs. 24-35.

— «El Acuerdo de Figueras y el salvamento del patrimonio artístico español», en Jordi Canal (ed.), *Figueras, capital de la República: 1 de febrero de 1939,* Madrid, Congreso de los Diputados, 2010.

— «Arte salvado. Los antecedentes de una deuda histórica», en Arturo Colorado Castellary (ed.), *Arte Salvado. 70 aniversario del salvamento del patrimonio artístico español y de la intervención internacional,* cat. exp., Madrid, Sociedad Estatal de Conmemoraciones Culturales, Presidencia española de la UE, 2010 (ediciones en español, inglés, francés y catalán), págs. 6-17.

— «Evacuación y salvamento del Museo del Prado durante la Guerra Civil», en Arturo Colorado Castellary (ed.), *Arte Salvado. 70 aniversario del salvamento del patrimonio artístico español y de la intervención internacional,* cat. exp., Madrid, Sociedad Estatal de Conmemoraciones Culturales, Presidencia española de la UE, 2010 (ediciones en español, inglés, francés y catalán), págs. 50-55.

— «La política franquista sobre el patrimonio en la primera posguerra», en Arturo Colorado Castellary (ed.), *Patrimonio, Guerra Civil y posguerra,* Madrid, Universidad Complutense / Museo Nacional del Prado / Sociedad Estatal de Conmemoraciones Culturales, 2010, págs. 99-122.

— «Così salvarono i tesori del Prado», *BBC History Italia,* núm. 3, 2011, págs. 88-93.

— «L'Accord de Figueras: son contexte, le Comité international et sa mise en œuvre», en Vincent Négri (ed.), *Le patrimoine culturel, cible des conflits armés. De la guerre civile espagnole aux guerres du 21e siècle,* Bruselas, Bruylant, 2014, págs. 21-62.

— «La premessa spagnola: evacuazione, intervento internazionale e salvataggio del patrimonio artistico durante la guerra civile», en Teresa Calvano y Micol Fort (eds.), *Musei e monumenti in guerra, 1939-1945,* Ciudad del Vaticano, Edizioni Musei Vaticani, 2014, págs. 27-55.

— «Contribución al estudio de la salida delictiva de obras de arte al extranjero durante la Guerra Civil», *Archivo Español de Arte,* núm. XC, 359, julio-septiembre de 2017, págs. 275-286.

— «Síntesis de los resultados del Proyecto de I+D de Excelencia «"Investigación histórica y representación digital accesible. El patrimonio artístico durante la Guerra Civil y la posguerra"», en Arturo Colorado Castellary (ed.), *Patrimonio cultural, Guerra Civil y posguerra,* Madrid, Fragua, 2018, págs. 17-42.

Colorado Castellary, Arturo, y Moreno Sánchez, Isidro, «Patrimonio artístico durante la Guerra civil y la posguerra: investigación, catalogación y gestión digital del arte salvado», *El Profesional de la Información,* núm. 3, V. 26, 2017, págs. 534-542.

Cots Morató, Francisco de Paula, «La recuperación del patrimonio mueble de la catedral de Valencia después de la Guerra Civil española», en Miguel Cabañas Bravo, Amelia López-Yarto Elizalde y Wifredo Rincón García (coords.), *Arte en tiempos de guerra,* Madrid, CSIC, 2009, págs. 599-613.

Díaz Fraile, Teresa, «Medidas para la protección del Tesoro Artístico durante la Guerra Civil: las Juntas de Incautación y el Servicio de Recuperación Artística», en Miguel Cabañas Bravo, Amelia López-Yarto Elizalde y Wifredo Rincón García (coords.), *Arte en tiempos de guerra,* Madrid, CSIC, 2009, págs. 539-551.

— «El Servicio de Recuperación Artística (1937-1943)», en Arturo Colorado Castellary (ed.), *Patrimonio, Guerra Civil y posguerra,* Madrid, Universidad Complutense / Museo Nacional del Prado / Sociedad Estatal de Conmemoraciones Culturales, 2010, págs. 313-323.

— «Arte perdido: el paradero de las obras de arte incautadas durante la Guerra Civil», en Arturo Colorado Castellary (ed.), *Patrimonio cultural, Guerra Civil y posguerra,* Madrid, Fragua, 2018, págs. 409-429.

Esteban Chapapría, Julián, «Valencia y el patrimonio cultural durante la Guerra Civil», en *En defensa de la Cultura: València, capital de la República,* cat. exp., Valencia, 2008, págs. 92-123.

Fernández Pardo, Francisco, «De cómo afectó la Guerra Civil a nuestra platería y joyería», en Arturo Colorado Castellary (ed.), *Patrimonio, Guerra Civil y posguerra,* Madrid, Universidad Complutense / Museo Nacional del Prado / Sociedad Estatal de Conmemoraciones Culturales, 2010, págs. 201-213.

— «La saga de los Harris, grandes expoliadores del patrimonio cultural español, antes y después de la Guerra Civil», en Arturo Colorado Castellary (ed.), *Patrimonio cultural, Guerra Civil y posguerra,* Madrid, Fragua, 2018, págs. 487-507.

García Alcázar, Silvia, «Vicisitudes del Patrimonio Histórico Artístico durante la Guerra Civil en Valdepeñas», en Francisco Alía Miranda y Ángel Ramón del Valle Calzado (coords.), *La guerra civil en Castilla-La Mancha, 70 años después,* Cuenca, Ediciones de la Universidad de Castilla-La Mancha, 2008, págs. 1025-1054.

García Julliard, Mayte, «1er juin-31 août 1939. L'été espagnol au Musée d'art et d'histoire», *Genava,* 51, Ginebra, 2003, págs. 203-230.

— «Por amor al arte: motivo de todos y fatales consecuencias para algunos», en Miguel Cabañas Bravo, Amelia López-Yarto Elizalde y Wifredo Rincón García (coords.), *Arte en tiempos de guerra,* Madrid, CSIC, 2009, págs. 553-568.

— «Polémicas de una exposición. Les Chefs-d'oeuvre du Prado au Musée de Genève», en Arturo Colorado Castellary (ed.), *Patrimonio, Guerra Civil y posguerra,* Madrid, Universidad Complutense / Museo Nacional del Prado / Sociedad Estatal de Conmemoraciones Culturales, 2010, págs. 357-369.

— «Protéger, évacuer, oublier: la sauvegarde du patrimoine pendant la guerre civile espagnole», en Vincent Négri (ed.), *Le patrimoine culturel, cible des conflits armés. De la guerre civile espagnole aux guerres du 21e siècle,* Bruselas, Bruylant, 2014, págs. 3-20.

García Lasheras, María Pilar, «La platería en el Museo de Zaragoza: las cruces procesionales», *Boletín del Museo de Zaragoza,* núm. 4, Zaragoza, 1985, págs. 201-240.

García Martín, Francisco, «La gestión del Patrimonio Artístico durante la Guerra Civil en la provincia de Toledo: Tomás Malonyay», en Francisco Alía Miranda y Ángel Ramón del Valle Calzado (coords.), *La guerra civil en Castilla-La Mancha, 70 años después,* Cuenca, Ediciones de la Universidad de Castilla-La Mancha, 2008, págs. 979-1004.

Gaya Nuño, Juan Antonio, «José Lino Vaamonde. Salvamento y protección del Tesoro Artístico Español durante la guerra, 1936-1939», *Goya, revista de arte,* núm. 123, Madrid, 1974, pág. 204.

Granger, Catherine, «L'évacuation des musées espagnols pendant la guerre civile et des collections françaises pendant la Seconde guerre mondiale», en Arturo Colorado Castellary (ed.), *Patrimonio, Guerra Civil y posguerra,* Madrid, Universidad Complutense / Museo Nacional del Prado / Sociedad Estatal de Conmemoraciones Culturales, 2010, págs. 339-356.

— «El papel de Francia en la evacuación de las colecciones españolas», en Arturo Colorado Castellary (ed.), *Arte Salvado. 70 aniversario del salvamento del patrimonio artís-*

tico español y de la intervención internacional, cat. exp., Madrid, Sociedad Estatal de Conmemoraciones Culturales, Presidencia española de la UE, 2010 (ediciones en español, inglés, francés y catalán), págs. 62-67.

GUARDIOLA, Ramón, «Salvament del Patrimoni Artístic Nacional (Museu del Prado) i col·lecció Mateu, quan la guerra civil», *Annals de l'Institut d'Estudis Empordanesos,* vol. 21, Figueres, 1988, págs. 224-260.

GUASCH CANALS, Maria Teresa, «Cronologia del trasllat de la pintura mural durant la Guerra Civil, 1936-1939», *Butlletí del Museu Nacional d'Art de Catalunya,* núm. 3, Barcelona, 1999, págs. 165-170.

ÍÑIGUEZ, Francisco, «El arte en España durante la guerra. Su destrucción, dispersión y rescate», *Revista Nacional de Educación,* núm. 5, mayo de 1941, págs. 29-40.

IRUJO, José María, «Este greco me lo regaló Franco», *El País,* Madrid, 8 de septiembre de 2013.

KENYON, Frederick, y MANN, James G., «La protection du Patrimoine Artistique en Espagne», *Mouseion,* vol. 11, núm. 37-38, 1937, págs. 183-192.

LAFUENTE GIL, Paula, «¿Lo que la guerra unió... lo habrá separado la historia? », en Arturo Colorado Castellary (ed.), *Patrimonio cultural, Guerra Civil y posguerra,* Madrid, Fragua, 2018, págs. 137-150.

LARRINAGA CUADRA, Andere, «La Exposición Internacional de Arte Sacro de Vitoria de 1939: un hito artístico en la postguerra española», *Ondare. Cuadernos de Artes Plásticas y Monumentales,* núm. 25, monográfico dedicado a «1939-1975 bitarteko Euskal Artearen Berrikusketa. Revisión del Arte Vasco entre 1939-1975», 2006, páginas 221-232.

LEÓN, María Teresa, «Así salvamos el Tesoro Artístico Nacional», *La Actualidad Española,* 5 de junio de 1969.

LOZOYA, marqués de, «Arqueología militante, Labor ímproba del Servicio de Recuperación del Tesoro Artístico Nacional», *El Noticiero,* Zaragoza, 16 de febrero de 1939.

— «Algunas pérdidas del Patrimonio Nacional y de los Patronatos Reales en los años de 1936-1939», *Archivo Español de Arte,* Madrid, junio de 1962, págs. 89-94.

MACLAREN, Neil, «Spanish Art Salvage. From Catalonia to Geneva. Adventures by Lorry», *The Times,* Londres, 3 de marzo de 1939.

MAÑAS PÉREZ, Laura, y SARNAGO NOTIVOLI, Elena, «Las obras de arte del Museo de Zaragoza recuperadas por el Servicio de Defensa del Patrimonio Artístico Nacional», *Seminario de Arte Aragonés,* núm. 48, Zaragoza, 1999, págs. 499-523.

MARCH ROIG, Eva, «La Generalitat republicana. Algunes precisions sobre la seva actuació en materia de museus i patrimoni», *Rubrica Contemporanea,* vol. 3, núm. 5, 2014, págs. 109-131.

MARÍN, Miguel Á., «Así salvamos los tesoros del Museo del Prado», *Historia y Vida,* número 241, Barcelona, abril de 1988.

MARTÍNEZ PUIG, Alfons, «Setge a un museu: protegir la memoria. El Fons d'art del Museu del Prado a l'Alt Empordà durant la Guerra Civil (abril 1938, febrer 1939)», *Annals de l'Institut d'Estudis Empordanesos,* vol. 41, Figueres, 2010, págs. 15-50.

MARTÍNEZ RUIZ, María José, «No se perdió más en la guerra... La merma del patrimonio castellano leonés, más debido al abandono y al negocio de antigüedades», en Arturo Colorado Castellary (ed.), *Patrimonio, Guerra Civil y posguerra,* Madrid, Universidad

Complutense / Museo Nacional del Prado / Sociedad Estatal de Conmemoraciones Culturales, 2010, págs. 215-228.

— «Entre negocios y trapicheos. Anticuarios, marchantes y autoridades eclesiásticas en las primeras décadas del siglo XX: el caso singular de Raimundo Ruiz», en Fernando Pérez Mulet e Inmaculada Socias Batet (eds.), *La dispersión de objetos de arte fuera de España en los siglos XIX y XX,* Barcelona / Cádiz, Publicacions i Edicions, Universitat de Barcelona / Universidad de Cádiz, Servicio de Publicaciones, 2011, págs. 151-190.

— «Patrimonio de Valladolid emigrado», en VV.AA., *Conocer Valladolid,* Valladolid, Real Academia de Bellas Artes de la Purísima Concepción, 2018.

Martínez Taboada, Pilar, «El impacto de la Guerra Civil en el patrimonio artístico y urbanístico de la ciudad de Sigüenza. De la destrucción a la rehabilitación», en M. Cabañas, A. López-Yarto y W. Rincón (coords.), *Arte, poder y sociedad en la España de los siglos XV al XX,* Madrid, CSIC, 2008, págs. 615-626.

Mateos Rusillo, Santos M., «De las llamas revolucionarias a la oscuridad de los almacenes. El salvamento del patrimonio artístico catalán (1936-1939)», en Arturo Colorado Castellary (ed.), *Patrimonio, Guerra Civil y posguerra,* Madrid, Universidad Complutense / Museo Nacional del Prado / Sociedad Estatal de Conmemoraciones Culturales, 2010, págs. 61-85.

Mateu de Ros, Rafael, «Arte, ideas y emociones del exilio republicano», *Expansión,* 14 de diciembre de 2019, pág. 45.

— «Obras de arte incautadas y reasignadas ilegalmente en la guerra civil española y la posguerra: la herida abierta», *Letra Internacional,* núm. 128, 2019, págs. 37-40.

Mederos Martín, Alfredo, «Julio Martínez Santa-Olalla y la interpretación aria de la Prehistoria de España (1939-1945)», *Boletín del Seminario de Estudios de Arte y Arqueología,* tomos 69-70, 2003-2004, págs. 13-56.

Mesa Beltrán, José Antonio, «Entre incautaciones y museos: la salvaguarda del tesoro artístico de la provincia de Jaén», en Arturo Colorado Castellary (ed.), *Patrimonio cultural, Guerra Civil y posguerra,* Madrid, Fragua, 2018, págs. 97-116.

Morales Cano, Sonia, «El Patrimonio Artístico medieval en Toledo durante la Guerra Civil», en Francisco Alía Miranda y Ángel Ramón del Valle Calzado (coords.), *La guerra civil en Castilla-La Mancha, 70 años después,* Cuenca, Ediciones de la Universidad de Castilla-La Mancha, 2008, págs. 1005-1024.

Moreno Sánchez, Isidro, y Navarro Newball, Andrés, «Las bases de datos narrativas y la accesibilidad universal al conocimiento. Estudio de caso: Patrimonio artístico durante la Guerra Civil y la posguerra», en Arturo Colorado Castellary (ed.), *Patrimonio cultural, Guerra Civil y posguerra,* Madrid, Fragua, 2018, págs. 511-525.

Moya García, Concepción, y Fernández-Pacheco Sánchez-Gil, Carlos, «Otra forma de memoria histórica: el patrimonio perdido. Los retablos mayores de las iglesias parroquiales de La Solana y Manzanares (Ciudad Real)», en Francisco Alía Miranda y Ángel Ramón del Valle Calzado (coords.), *La guerra civil en Castilla-La Mancha, 70 años después,* Cuenca, Ediciones de la Universidad de Castilla-La Mancha, 2008, págs. 1055-1073.

Munilla, Gloria, y Gracia Alonso, Francisco, «El Servicio de Recepción y Clasificación de Metales. La Generalitat de Catalunya y la destrucción del patrimonio artístico durante la Guerra Civil», en Arturo Colorado Castellary (ed.), *Patrimonio cultural, Guerra Civil y posguerra,* Madrid, Fragua, 2018, págs. 457-485.

MUÑOZ FERNÁNDEZ, Francisco Javier, «Guerra, arte y exilio en el País Vasco», en Arturo Colorado Castellary (ed.), *Patrimonio, Guerra Civil y posguerra,* Madrid, Universidad Complutense / Museo Nacional del Prado / Sociedad Estatal de Conmemoraciones Culturales, 2010, págs. 87-98.

— «Las colecciones particulares de arte durante la Guerra Civil y la posguerra en Bizkaia», en Arturo Colorado Castellary (ed.), *Patrimonio cultural, Guerra Civil y posguerra,* Madrid, Fragua, 2018, págs. 45-69.

— «La tragedia del arte: éxodo y exilio del Museo de Arte Moderno de Bilbao durante la guerra civil», en Viviane Delpech (ed.), *Les arts et la diaspora basque, XIXe-XXe siècle,* Saint-Pée-sur-Nivelle, Kilika, 2018, págs. 199-212.

NADAL FARRERAS, Joaquim, «El escudo del arte. Protección e itinerancia durante la Guerra Civil en Cataluña (1936-1939)», en Arturo Colorado Castellary (ed.), *Patrimonio cultural, Guerra Civil y posguerra,* Madrid, Fragua, 2018, págs. 71-95.

NAVARRETE MARTÍNEZ, Esperanza, «La Real Academia de Bellas Artes de San Fernando durante la Guerra Civil (1936-1939)», en Arturo Colorado Castellary (ed.), *Patrimonio, Guerra Civil y posguerra,* Madrid, Universidad Complutense / Museo Nacional del Prado / Sociedad Estatal de Conmemoraciones Culturales, 2010, págs. 159-174.

PÉREZ BOYERO, Enrique, «El archivo de la Biblioteca Nacional: fuentes documentales para el estudio de los archivos, bibliotecas y museos españoles durante la guerra civil», en *Biblioteca en guerra,* cat. exp., Madrid, Biblioteca Nacional, 2005, págs. 190-191.

— «El Cuerpo Facultativo de Archiveros, Bibliotecarios y Arqueólogos y la protección y evacuación del patrimonio histórico en la España republicana», en Arturo Colorado Castellary (ed.), *Patrimonio, Guerra Civil y posguerra,* Madrid, Universidad Complutense / Museo Nacional del Prado / Sociedad Estatal de Conmemoraciones Culturales, 2010, págs. 125-158.

PÉREZ CARRASCO, Yolanda, «Más allá de la frontera: de Barcelona a Ginebra. Noticias sobre el éxodo de colecciones de arte privadas a finales de la Guerra Civil», *Goya, revista de arte,* núm. 359, Madrid, abril-junio de 2017, págs. 152-163.

— «El exilio del patrimonio artístico catalán durante la Guerra Civil: París y Ginebra. Análisis de las fuentes documentales», en Arturo Colorado Castellary (ed.), *Patrimonio cultural, Guerra Civil y posguerra,* Madrid, Fragua, 2018, págs. 431-456.

PÉREZ CHACEL, Carlos, «Timoteo Pérez Rubio: patrimonio, arte y exilio», en Arturo Colorado Castellary (ed.), *Patrimonio, Guerra Civil y posguerra,* Madrid, Universidad Complutense / Museo Nacional del Prado / Sociedad Estatal de Conmemoraciones Culturales, 2010, págs. 489-496.

PÉREZ-FLECHA GONZÁLEZ, Javier, «El marchante y coleccionista José Weissberger y la incautación y depósito de su colección en el Museo Nacional de Artes Decorativas», *Además de: Revista on line de artes decorativas y diseño,* núm. 2, 2016, págs. 139-152.

PROUS ZARAGOZA, Socorro, «Fuentes documentales sobre el Tesoro Artístico durante la Guerra Civil, en el Instituto del Patrimonio Histórico Español», en Judith Ara e Isabel Argerich (eds.), *Arte Protegido. Memoria de la Junta del Tesoro Artístico durante la Guerra Civil,* cat. exp., Madrid, Museo Nacional del Prado e Instituto del Patrimonio Histórico Español, 2003, págs. 221-241.

Renau, Josep, «La defensa del tesoro artístico español durante la guerra», *Ars,* núms. 1, 2 y 3, enero, febrero y marzo de 1942.

Rincón García, Wifredo, «Teruel 1938. Destrucción del patrimonio y aportaciones documentales», en Miguel Cabañas Bravo, Amelia López-Yarto Elizalde y Wifredo Rincón García (coords.), *Arte en tiempos de guerra,* Madrid, CSIC, 2009, págs. 511-524.

Rodríguez Domingo, José Manuel, «Destrucción y recuperación del patrimonio artístico en la diócesis de Guadix», en Arturo Colorado Castellary (ed.), *Patrimonio cultural, Guerra Civil y posguerra,* Madrid, Fragua, 2018, págs. 235-255.

Rodríguez Marco, Isabel María; Moreu Toloba, Nuria; Cabrera Lafuente, Ana, y Martín Moreno, Adriana, «La exposición de Orfebrería y Ropas de Culto de 1941 y la colección del Museo Nacional de Artes Decorativas», en Arturo Colorado Castellary (ed.), *Patrimonio cultural, Guerra Civil y posguerra,* Madrid, Fragua, 2018, páginas 167-186.

Rodríguez Peinado, Laura, «Los depósitos de arte del Servicio de Recuperación Artística de Madrid», en Miguel Cabañas Bravo, Amelia López-Yarto Elizalde y Wifredo Rincón García (coords.), *Arte en tiempos de guerra,* Madrid, CSIC, 2009, págs. 569-581.

Rodríguez Peinado, Laura; Villalba Salvador, María, y Cabrera Lafuente, Ana, «Objetos artísticos procedentes del Servicio de Recuperación Artística en el Museo Nacional de Artes Decorativas de Madrid», en Arturo Colorado Castellary (ed.), *Patrimonio, Guerra Civil y posguerra,* Madrid, Universidad Complutense / Museo Nacional del Prado / Sociedad Estatal de Conmemoraciones Culturales, 2010, págs. 325-336.

Saavedra Arias, Rebeca, «El mercado negro de obras de arte durante la guerra civil española (1936-1939). Una propuesta de análisis para su estudio», en Arturo Colorado Castellary (ed.), *Patrimonio, Guerra Civil y posguerra,* Madrid, Universidad Complutense / Museo Nacional del Prado / Sociedad Estatal de Conmemoraciones Culturales, 2010, págs. 189-199.

— «La destrucción del patrimonio artístico durante la Guerra Civil. El caso cántabro», en Miguel Ángel Aranburu-Zabala Higuera, Celestina Losada Varea y Rebeca Saavedra Arias, *Patrimonio destruido en Cantabria,* Santander, PUbliCan, Ediciones de la Universidad de Cantabria, 2012, págs. 49-105.

Serra Armengol, Maria de Lluc, «Patrimoni artístic, museus i dictadura: els dipòsits d'art a Catalunya en els primers anys de la postguerra», *Revista de Catalunya,* Barcelona, 2017, págs. 181-195.

— «Arte en tiempos de guerra. Los orígenes de los depósitos de arte en la Guerra Civil y su destino durante la posguerra en Cataluña», en Arturo Colorado Castellary (ed.), *Patrimonio cultural, Guerra Civil y posguerra,* Madrid, Fragua, 2018, págs. 151-165.

Serra, Maria de Lluc, y Alcalde, Gabriel, «Dictatorship and Museums: The museums of Catalonia (Spain) in the early years of the Franco dictatorship (1939-1947)», *Museum History Journal,* 2016, vol. 9, núm. 2, págs. 205-214.

Sota Guimón, José María de la, «El expolio a la familia Sota: ¿responsabilidades políticas o botín de guerra? Los franquistas pusieron multas por el equivalente a 4.270 millones de euros a la familia Sota por ser nacionalistas vascos», *Deia,* 18 de octubre de 2015.

Tusell, Javier, «Política de Bellas Artes: la II República», *Revista de Occidente,* núm. 17, Madrid, 1982.

— «La cultura, botín de guerra», *Lápiz,* núm. 36, 1986, págs. 29-31.

— «El patrimonio artístico español en tiempos de crisis», en Judith Ara e Isabel Argerich (eds.), *Arte Protegido. Memoria de la Junta del Tesoro Artístico durante la Guerra Civil,* cat. exp., Madrid, Museo Nacional del Prado e Instituto del Patrimonio Histórico Español, 2003, págs. 17-26.

Vaamonde Valencia, José Lino, «Objetivo: Museo del Prado», *Historia 16,* núm. 7, Madrid, noviembre de 1976.

Velasco González, Alberto, y Berlabé Jové, Carmen, «Violència i estralls contra el patrimoni artístic lleidatà durant la guerra civil espanyola», en Oriol Dueñas Iturbe y Josep Lluís Martín i Berbois (eds.), *La Guerra Civil al territori: Lleida, Tarragona i Girona,* Barcelona, Generalitat de Catalunya, 2018, págs. 179-254.

Fuentes gráficas[1]

Archives Nationaux, París: 5.
Archivo de la Fundación Casa de Alba, Madrid: 24.
Archivo del Instituto del Patrimonio Cultural de España, Madrid: 17, 23, 26, 27, 29, 32, 33, 39, 44, 50, 51, 56, 57, 58, 59, 60, 61, 62, 63, 64, 65, 66, 67, 68, 69, 70, 71, 72, 73, 74, 75, 76, 77, 78, 79, 82, 83, 84, 85, 86, 87, 88, 91, 92, 93, 94, 95, 96, 97, 98, 99, 100, 101, 102, 103, 104, 105, 106, 107, 108, 109, 110, 111, 112, 113, 114, 115, 116, 117, 118, 121, 122, 124, 126, 128.
Archivo Pablo Iglesias, Alcalá de Henares: 2.
Archivo Regional de la Comunidad de Madrid, Fondo Martín Santos Yubero: 13, 14, 18, 19, 20, 21.
Biblioteca Nacional, Madrid: 10, 34.
Catedral de Segorbe: 80, 81.
Chim (David Seymour), fotos de: 1, 3, 4.
Folletos, carteles y portadas de libros: 6, 7, 8, 11, 16, 22.
Fundación Goya en Aragón: 31, 35.
Ministerio de Justicia, Madrid: 53, 54, 55.
Monreal y Tejada, Luis: 9, 15.
Museo Arqueológico Nacional, Madrid: 30, 49, 89.
Museo de Belas Artes da Coruña: 36.
Museo de Bellas Artes de Asturias, Oviedo: 25, 38, 127.
Museo de Bellas Artes de Bilbao / Bilboko Arte Ederren Museoa: 28.
Museo de Bellas Artes de Valencia / Museu de Belles Arts de València: 43.
Museo de Pontevedra: 37.
Museo de San Telmo, San Sebastián / San Telmo Museoa, Donostia: 40, 41, 119, 120.
Museo de Zaragoza: 42.
Museo Nacional Centro de Arte Reina Sofía, Madrid: 45.
Museo Nacional del Prado: 46, 47, 48, 123, 125.
Museo Provincial de Bellas Artes de Córdoba: 52.
Parroquia Nuestra Señora de la Asunción de Galapagar, Madrid: 90.
Revista Nacional de Educación, núm. 4, abril de 1941: 12.

[1] La numeración se refiere al número de la fotografía.

Índice onomástico

Se incluyen los nombres de los artistas cuyas obras se citan en texto, así como los coleccionistas y los propietarios, direcciones e instituciones de donde procedían las piezas patrimoniales o destinatarios de las entregas de las mismas, respetando las denominaciones que aparecen en los expedientes.

Los cargos o funciones se refieren a los años que aborda este libro, a no ser que se especifiquen otros datos.

Índice

Segunda parte

LA POLÍTICA FRANQUISTA SOBRE EL PATRIMONIO EN LA INMEDIATA POSGUERRA

COLECCIÓN «ARTE GRANDES TEMAS»

TÍTULOS PUBLICADOS

AFINOGUÉNOVA, Eugenia, *El Prado.* La cultura y el ocio (1819-1939).

ARACIL, Alfredo, *Juego y artificio.* Autómatas y otras ficciones en la cultura del Renacimiento a la Ilustración.

BATTISTI, Eugenio, *Renacimiento y Barroco.*

BLANCO, Asunción, BLÁZQUEZ, Macià, CALLE, Manuel de la, FERNÁNDEZ, Alfonso, GARCÍA, María, LOIS, Rubén C., MÍNGUEZ, M.ª del Carmen, NAVARRO, Enrique, NAVALÓN, Rosario y TROITIÑO, Libertad, *Diccionario de turismo.*

BLASCO ESQUIVIAS, Beatriz, *Nuevo Baztán.* La utopía colbertista de Juan de Goyeneche.

BONET CORREA, Antonio, *Los cafés históricos.*

BORDES, Juan, *Historia de los juguetes de construcción.*

BORNAY, Erika, *Las hijas de Lilith.*

BORRÁS GUALIS, Gonzalo M. y PACIOS LOZANO, Ana Reyes, *Diccionario de historiadores españoles del arte.*

BROWN, Jonathan, *No solo Velázquez.*

CABEZAS, Lino, *El dibujo como invención.* Idear, construir, dibujar.

CABEZAS, Lino (coord.), *Dibujo y construcción de la realidad.* Arquitectura, proyecto, diseño, ingeniería, dibujo técnico (Dibujo y profesión 2).

CABEZAS, Lino y LÓPEZ VÍLCHEZ, Inmaculada, *Dibujo y territorio.* Cartografía, topografía, convenciones gráficas e imagen digital (Dibujo y profesión 3).

CABEZAS, Lino y LÓPEZ VÍLCHEZ, Inmaculada, *Dibujo científico.* Arte y naturaleza, ilustración científica (Dibujo y profesión 4).

CALVO-SERRALLER, Francisco, *Teoría de la pintura del Siglo de Oro,* 2.ª ed.

CHASTEL, André, *Arte y humanismo en Florencia en la época de Lorenzo el Magnífico,* 2.ª ed.

COLORADO CASTELLARY, Arturo, *Arte, revancha y propaganda,* La instrumentalización franquista del patrimonio durante la Segunda Guerra Mundial.

COLORADO CASTELLARY, Arturo, *Arte, botín de guerra,* Expolio y diáspora en la posguerra franquista.

CELLINI, Benvenuto, *Vida.*

DUBY, Georges, *La época de las catedrales,* 13.ª ed.

FANÉS, Fèlix, *Arte y cultura visual.* Ensayos sobre el siglo XX.

FREEDBERG, David, *El poder de las imágenes,* 3.ª ed.

FUENTES VEGA, Alicia, *Bienvenido, Mr. Turismo.* Cultura visual del “boom” en España.

FURIÓ, Vicenç, *Sociología del arte,* 2.ª ed.

GAITÁN SALINAS, Carmen, *Las artistas del exilio republicano español.* El refugio latinoamericano.

GAMBONI, Dario, *La destrucción del arte.* Iconoclasia y vandalismo desde la Revolución Francesa.

GÓMEZ MOLINA, Juan José, CABEZAS, Lino y BORDES, Juan, *El manual de dibujo.* Estrategias de su enseñanza en el siglo XX, 4.ª ed.

GÓMEZ MOLINA, Juan José (coord.), *Las estrategias del dibujo en el arte contemporáneo,* 4.ª ed.

GÓMEZ MOLINA, Juan José (coord.), *Las lecciones del dibujo,* 4.ª ed.

GÓMEZ MOLINA, Juan José (coord.), *Máquinas y herramientas de dibujo.*

GÓMEZ MOLINA, Juan José (coord.), *Los nombres del dibujo.*

Gómez Molina, Juan José (coord.), *La representación de la representación.* Danza, teatro, cine, música (Dibujo y profesión 1).

Grabar, Oleg, *La formación del arte islámico,* 9.ª ed.

Ibáñez Fanés, Fèlix, *Arte y cultura visual.* Ensayos sobre el siglo xx.

Koepf, Hans, *La arquitectura en sus planos.*

Kossoy, Boris, *Hercule Florence.* El descubrimiento aislado de la fotografía.

Laver, James, *Breve historia del traje y la moda,* 14.ª ed.

Lambert, Elie, *El arte gótico en España en los siglos xii y xiii,* 5.ª ed.

López Torrijos, Rosa, *La mitología en la pintura española del Siglo de Oro,* 2.ª ed.

Lozano Bartolozzi, María del Mar, *Historia del urbanismo en España.* Vol. II. Siglos xvi, xvii y xviii.

Machón, Antonio, *Los dibujos de los niños,* 3.ª ed.

Malraux, André, *El Museo Imaginario.*

Martín-Estudillo, Luis, *Despertarse de Europa.* Arte, literatura, euroescepticismo.

Martínez, Jusepe, *Discursos practicables del nobilísimo arte de la pintura.*

Martínez Ruiz, María José y Merino de Cáceres, José Miguel, *La destrucción del patrimonio artístico español. W. R. Hearst: «el gran acaparador»,* 5.ª ed.

Marzo, Jorge Luis, *La competencia de lo falso.* Una historia del *fake.*

Mayáns y Siscar, Gregorio, *Arte de pintar.*

Miranda, Antonio, *Un canon de arquitectura moderna (1900-2000).*

Miranda, Antonio, *Arquitectura y verdad.* Un curso de crítica.

Navarrete, Benito, *Murillo y las metáforas de la imagen,* 2.ª ed.

Montero Vallejo, Manuel, *Historia del urbanismo en España.* Vol I. Del Eneolítico a la Baja Edad Media.

Panofsky, Erwin, *Los primitivos flamencos,* 3.ª ed.

Panofsky, Erwin (ed.), *El abad Suger sobre la abadía de Saint-Denis y sus tesoros artísticos.*

Pérez Gallardo, Helena, *Fotografía y arquitectura en el siglo xix.* Historia y representación monumental.

Plaza, Lorenzo de la, Morales, Adoración, Bermejo, María Luisa y Martínez, José María, *Diccionario visual de términos arquitectónicos,* 6.ª ed.

Plaza Escudero, Lorenzo de la, Lizasoain Hernández, Javier, Martínez Murillo, José María, *Guía visual de la arquitectura en el Mundo Antiguo* (Prehistoria, Mesopotamia, Egipto Grecia y Roma),

Plaza, Lorenzo de la, Morales, Adoración y Martínez, José María, *Diccionario visual de términos de arte,* 3.ª ed.

Prieto, Eduardo, *La ley del reloj.*

Prieto, Eduardo, *Historia medioambiental de la arquitectura.*

Prinzhorn, Hans, *Expresiones de la locura,* 5.ª ed.

Revilla, Federico, *Diccionario de iconografía y simbología,* 10.ª ed.

Robertson, D. S., *Arquitectura griega y romana,* 5.ª ed.

Rose-de Viejo, Isadora, *La Real Fábrica de Papeles Pintados de Madrid (1786-1836).* Arte, artesanía, industria.

Rosón Villena, María, *Género, memoria y cultura visual en el primer franquismo.* Materiales cotidianos, más allá del arte.

SCHLOSSER, Julius, *La literatura artística.* Manual de fuentes de la historia moderna del arte, 4.ª ed.
SETA, Cesare de y LE GOFF, Jacques, *La ciudad y las murallas.*
STOICHITA, Victor I., *Cómo saborear un cuadro* y otros estudios de historia del arte.
STOICHITA, Victor I., *El efecto Sherlock Holmes.* Variaciones de la mirada de Manet a Hitchcock.
TERÁN, Fernando de, *Historia del urbanismo en España.* Vol. III. Siglos XIX y XX.
TUSELL, Genoveva, *El* Guernica *recobrado.* Picasso, el franquismo y la llegada de la obra a España.
VASARI, Giorgio, *Las vidas de los más excelentes arquitectos, pintores y escultores italianos desde Cimabue a nuestros tiempos,* 9.ª ed.
WITTKOWER, Rudolf y WITTKOWER, Margot, *Nacidos bajo el signo de Saturno,* 11.ª ed.
ZOIDO, Florencio, VEGA, Sofía de la, PIÑEIRO, M.ª Ángeles, MORALES, Guillermo, MAS, RAFAEL, LOIS, Rubén C. y GONZÁLEZ, Jesús M., *Diccionario de Urbanismo.* Geografía urbana y Ordenación del territorio, 2.ª ed.
ZUBIAURRE, Maite, *Culturas del erotismo en España, 1898-1939,* 2.ª ed.